| 한반도 화해와 평화통일을 위한 |

민중신학·마르크시즘·주체사상간의 대화

| 한반도 화해와 평화통일을 위한 |

민중신학·마르크시즘·주체사상간의 대화

인 쇄 | 2019년 8월 5일
발 행 | 2019년 8월 20일

저 자 | 김병균
발행인 | 정병석
발행처 | 전남대학교출판문화원

등록 | 1981. 5. 21. 제53호
주소 | 61186 광주광역시 북구 용봉로 77
전화 | (062) 530-0571~2 마케팅 530-0573
팩스 | (062) 530-0579
홈페이지 | http://www.cnup.co.kr
이메일 | cnup0571@hanmail.net

값 25,000원

ISBN 978-89-6849-649-3 (93200)

이 도서의 국립중앙도서관 출판예정도서목록(CIP)은
서지정보유통지원시스템 홈페이지(http://seoji.nl.go.kr)와
국가자료공동목록시스템(http://www.nl.go.kr/kolisnet)에서 이용하실 수 있습니다.
(CIP제어번호 : CIP2019032511)

| 한반도 **화해**와 **평화통일**을 위한 |

민중신학·마르크시즘·주체사상간의 대화

The Dialogue between Minjung Theology, Marxism, Juchae Philosophy for Reconciliation and Peace Unification on Korean Peninsula

김병균 저

전남대학교출판문화원

감사의 글

이 책을 쓰게 된 직접적인 동기는 갈릴리신학대학원장 홍성현 박사가 쓴 책 『마르크스주의자들의 종교비판을 넘어서서』를 읽은 후 받은 충격과 감동에서였습니다. 신학자들의 저작 중에서 마르크시즘의 종교비판에 관한 역사와 사상에 관한 알짬을 가르쳐 준 책을 처음 대했기 때문입니다. “진정한 신학은 세상의 도전과 물음에 응답하고 해석해야 한다”는 것이 필자의 평소지론입니다. 세계 절반에 가까운 인류가 종교처럼 신봉하는 마르크시즘에 대해서 그 비판적 관점을 알아야 경제·사회적 모순의 근원을 파악할 수 있는 것이 아닌가요?

마르크시즘의 후예들이 인류사에 기여한 바와 해악을 끼친 점에 대해 알아야, 현재의 모순을 시정하고 미래의 희망을 설계할 수 있을 것입니다. 조선민주주의인민공화국 동포들이 자주적 사상이라고 부르는 “주체사상”에 대한 역사적 배경과 주장을 이해해야 평화통일시대를 맞아 북녘 동포들에게 “하나님 나라의 복음”을 전파할 것이 아닌가요?

우리 민족 근 100년의 역사는 사상의 깜깜이 속이었습니다. 권력을 쥔 자들이 민중들의 사상과 표현의 자유를 안보이데올로기로 억압해 왔던 것입니다. 교회가 진실로 공산주의자와 주체사상에 젖은 이북 동포들을 구원할 열정이 있다면 그들을 이해하고, 그들과 토론할 준비를 갖춰야 할 것이 아니겠는가하는 생각이 앞섰던 것입니다.

사실 공산주의의 무신론에는 '신이 있다 없다'와 같은 논쟁에 관심이 없다는 것입니다. 오직 그들은 기독교 신앙이 민중(인민)의 삶의 질을 바꿀 수 있느냐에 초점이 맞춰져 있다는 것, 소위 '실천적 무신론'이 등장했던 것입니다. 마르크스와 레닌이 기독교를 "인민의 아편"이라고 비판했다고 해서 그들을 적으로 돌리면 안 됩니다. 우리가 민중들에게 참된 해방과 구원을 가져다주는 종교로서의 모범을 보인다면, 그들의 비판은 기독교가 상대할 가치도 없을 만큼 무력화될 것입니다. 그들이 보기에 교회가 민중의 삶의 질을 높이고 민중의 아픔을 위해서 존재하는 신을 갖고 있지 않기 때문에 교회를 거부하는 것입니다.

필자는 이 책을 쓰면서 마르크시즘, 레닌의 공산주의 혁명사, 중국 공산당 지배체제에서 기독교를 존속시켰던 오요종, 정광훈 주교의 이야기, 크리스천으로서 공산주의 혁명가 카스트로 등의 이야기를 읽었습니다. 또한 종교사학파의 사회적 관심, 칼 바르트의 신정통주의적 조직신학과 민중해방적 좌파신학도 읽었습니다. 무엇보다 한국교회의 낡은 근본주의적 보수정통 교리신학을 비판하면서, 역사의 예수에 천착하여 민중신학의 기초를 닦았던 서남동·안병무·송기득·박재순 교수 등이 주체사상에 관해 민중신학적 입장에서 연구한 노작(勞作)을 숙지할 수 있었던 것은 참으로 복된 일이었습니다.

필자는 주체사상을 조선공산당이 일본제국의 식민통치에 맞서, 자주독립을 쟁취하려는 피눈물 나는 투쟁의 역사 가운데서 이뤄진 실사구시적 사상으로 보는 것입니다. 그러나 오늘날 주체사상은 이북에서 사실상 지배이데올로기화 되어있다고 봅니다. 필자는 주체사상에 대해 자주성·창조성·의식성에 관한 인민에 대한 인간학적 주제에 대해서는 공감하는 바이나, 수령론이나 3대세습과 같은 정치 이데올로기화된 주장과 제도에 대해서는 신중한 검토와 비판을 거쳐야 한다는 생각입니다. 필자는 이북의 주체철학의 핵심사상에 대해 긍정적인 요소에 대해서는 동의하면서도, 자체적 모순에 대해서는 주저하지 않고 비판했습니다. 한편 민중신학은 한국교회 안에서 아직도 소수자의 신학이지만, 민중의 신학이요, 약자의 권익을 대변하는 신학이라는 데서 자긍을 갖고 있는 것입니다. 필자는 해방직후 이북에서 교회세력과 공산당과의 갈등 및 피 흘린 대결의 역사를 고찰하면서, 해방 이후 이북교회의 교회지도자들이 공산당의 공공성을 인정하고 그들의 체제를 현실적으로 수용하면서, 종교의 자유를 보장받았더라면 공산당과 교회 사이에 그토록 피맺힌 원수가 되지는 않았을 것이라고 생각했습니다.

주체사상과 기독교 사이에서 하나의 공통적인 화두는 "인간화 세상"을 만들어 가자는 데 있는 것입니다. 조선민주주의인민공화국에서 "봉수교회"와 "칠골교회" 외 500여개의 가정교회가 있다고 하지만, 기독교가 보편화되지 못하고 있는 것은 사실이지요. 이번 2019년 4월 역사적인 남-북 정상회담의 결과로 얻은 "판문점 선언"

이후, 남과 북의 경제·사회·문화적 교류와 함께 종교와 사상의 교류도 활기차게 이뤄져야 할 것으로 기대하는 것입니다.

필자가 이 책을 구상할 때만해도 전 대통령 박근혜의 반북·반공 정책으로 남북관계는 신냉전상태였지요. 특히 개성공단을 남측에서 일방적으로 폐쇄하므로 남-북교류는 중단된 상태였지요. 진보세력들의 개혁적 언행에 대해 극우보수세력들의 종북몰이, 빨갱이 프레임이 극성을 부리던 시기였습니다. 이런 상황에서 마르크시즘과 주체사상에 대한 논문을 써서 발표한다는 것 자체가 상당한 부담이 될 수밖에 없었지요. 특히 필자는 1995년 정부에서 이적단체로 규정했던 '범민련남측본부' 실행위원으로서 활동하다가 자주통일을 부르짖어 온 목사 강희남 등과 함께 "범민련 29인사건"에 연루되어 구속되었고, 실형을 받아 징역을 살고 나온 전력이 있기에, 상당한 심리적부담도 따랐으나, 내 신앙과 민족적 양심이 명령하는 대로 2년여 간에 걸쳐서 이 책을 완성하게 되었습니다.

남북평화통일시대가 열리게 되면 인적·물적 교류와 함께 종교적·사상적 교류가 반드시 이뤄져야 한다고 생각했기 때문이었지요. 민족의 분단을 고착화하고 반공을 안보이데올로기로 내세워 수구보수세력을 기반으로 장기집권하려는 세력이 금과옥조처럼 받드는 악법이 "국가보안법"입니다. 국가보안법은 민족의 화해와 통일을 결정적으로 방해하는 폐지되어야 할 악법입니다. 북측동포들에게 "예수 믿으면 죽어서 천당 간다"는 방식의 종교적 메시지는 별로 큰 관심을 모으지 못할 것입니다. 오히려 예수는 "포로 된 자에게 자유를, 눈먼 자를 보게 하고, 억눌린 자를 해방하러 오신 분"(눅

4:18-19절)이라는 "인간해방의 메시지"가 그들의 체질에 익숙할 것입니다. 동시에 이 해방의 주 예수는 인간의 죄를 용서하고, 구원하며, 반드시 약속하신 대로 재림주로 와서 역사와 인간을 심판할 것이라는 복음을 심어주어야 할 것입니다. 이 글을 쓰는 동안 저는 성경과 역사에 대한 눈이 더욱 밝게 떠지는 기쁨을 맛보았습니다.

한반도의 평화와 통일은 우리 민족의 힘으로 이뤄내야 합니다. 4.27 판문점선언과 9.19 평양공동선언은 우리 민족의 운명은 우리 민족 스스로의 힘으로 주도해 나가겠다는 민족자주선언에 있습니다. 한미공조에 매달리려만 하지 말고 민족의 자주·평화통일 염원에 따라 남북교류협력을 통해 정전선언·평화협정으로 나아가야 합니다. 일제의 강제동원 배상 판결과 이행을 둘러싼 한일간의 갈등이 격화된 가운데 아베정권은 경제보복의 칼을 겨누고 있습니다. 온 국민, 남북 해외 8천만민족이 단결하여 일본제국주의의 경제전쟁과 군국주의 부활을 막아내야 합니다. 어느 때보다 우리 민족의 자주성과 주체성의 확립과 단합이 요청되는 카이로스를 맞고 있음을 선언하는 바입니다.

이 책의 작성과정에서 교회사학자 김흥수 교수님의 자상한 지도에 뜨거운 감사를 드립니다. 조직신학자 홍성현 교수님과 황금지 교수님의 격려와 사랑에 깊은 존경을 드립니다. 민중신학자로서 90에 가까운 노령에도 후학들에게 "역사의 예수"를 신학으로, 몸으로 가르쳐주신 송기득 교수님의 깊은 가르침에 감사드립니다. 또한 제주위에서 이 책에 관해 유익한 조언을 해주신 김영태 교수님, 강성

열 교수님, 신선희 교수님께도 진정어린 감사를 드립니다. 특히 칼 바르트 연구에 있어 심도 있는 가르침과 조언을 해주신 하은규 교수님, 김원배 교수님께도 깊은 감사를 드립니다. 누구보다도 부족한 남편을 위해 평생을 헌신한 아내 전보애님과 자녀들에게, 그리고 25년 동안이나 부족한 종의 사회선교·인권선교·통일선교 활동을 위해 기도해주시고 협력해 주신 고막원교회 성도님들께도 절절한 감사를 드립니다. 모든 영광과 감사를 역사의 주요, 인간 해방자요, 구원자요, 영원한 나의 주님이신 예수님께 드립니다.

— 이 사람아, 야훼께서 무엇을 좋아하시는지,
무엇을 원하시는지 들어서 알지 않느냐?
정의를 실천하는 일, 기꺼이 은덕에 보답하는 일,
조심스레 하느님과 함께 살아가는 일,
그 일밖에 무엇이 더 있겠느냐?
그의 이름을 어려워하는 자에게 앞길이 열린다.
(공동번역성서, 미가 6:8)

2019년 8월

영산강변에서 김 병 균

목차

들어가는 글

이 책은 강대국 미국과 소련에 의해 분단된 민족모순과 독재정권의 억압과 수탈로 민중모순에 빠져 고통당하는 한반도에 화해와 통일, 자주와 평화, 민중이 주인 되는 새 세상이 열리기를 염원하면서 작성한 것이다. 제2차 세계대전이 일본제국주의의 패망으로 종식되었음에도 불구하고, 한반도는 강대국인 미국과 소련에 의해 강제로 분할점령 되었다. 일본제국주의의 가혹한 식민통치를 받았던 우리 민족은 해방된 것이 아니라, 새로운 상전인 미군과 소련군의 지배를 받게 되었던 것이다. 김일성의 남침으로 야기된 6.25전쟁으로 인해 우리 민족은 동족상잔의 참상을 겪어야 했다. 남-북간의 전쟁은 사실상 강대국의 대리전이었다. 제3차 전쟁이 이 좁은 한반도에서 벌어졌던 것이다. 미국의 시카고 대학 석좌교수 브루스 커밍스는 미국이 그들의 전략상 미군을 철수시키므로 이북의 남침을 유도했다는 "남침유도설"을 주장하기도 했다.

1953년 정전협정 이후 남북은 군비를 증강했고, 신무기를 개발하고 도입했으며, 남과 북은 군사적 대결과 이념공세, 상호비방을 지속해 왔고, 독재정권은 동족을 적으로 몰고 가면서 정권안보에 이용하였다. 그동안 7.4 공동성명, 남북합의서, 6.15 남북공동선언, 10.4 선언을 도출해내므로 민족의 화해와 통일로 나아가자는 노력은 수차례 있었다. 그랬지만 결국은 미국의 군산복합체의 이익과 반민주·반민중 정권의 권력안보 계략에 철저히 이용만 당해왔었던 것이다. 조선인민공화국도 핵보유국이 되려는 의지로 2006년 10월 9일 제1차 핵실험부터 2017년까지 6차 핵실험을 강행했다. 2017년 11월에는 신형 ICBM 화성-15형의 시험발사 직후 "국가 핵무력이 완성됐다"고 주장했다. 조선인민공화국의 핵실험과 ICBM 발사는 국제사회(UN)의 제재대상이 될 수밖에 없었다.

2017년 12월까지만 해도 북-미간 말폭탄 설전으로 인해 평화는 완전히 깨지고, 한반도에 전운이 감돌고 있었다. 그러나 2018년 조선민주주의인민공화국 국무위원장 김정은이 신년사에서 "평창 동계올림픽"에 참가의사를 표명하므로 남-북관계는 급진전되었다. 뒤이어 남북정상이 만나서 발표한 '판문점 선언'은 민족의 화해와 한반도 평화에 커다란 이정표가 되었다. 이어서 싱가포르 북-미 정상회담이 성공적으로 개최되었다. 미국은 조선인민공화국에 대해 완전한 비핵화를 약속받았고, 조선인민공화국은 미국으로부터 체제보장을 받는다는 싱가포르 북-미 정상합의서를 발표하였다. 이 지구상에 마지막으로 남은 냉전을 깨뜨린 역사적 대사변이 일어난 것이다. 향후 한반도에 냉전이 풀리고 동북아 평화시대를 열어가기까지 많은 절차와 시간이 남아있다. 무엇보다 우리 민족이 민족자주적 역량을 가지고 종전선언에서 평화협정으로 나아가기를 기대하는 것이다.

이 책은 남-북교회의 분단역사 갈등과 대립의 역사를 청산하고 선교적 화해추구를 위한 현장신학 실천방향을 제시하고자 하였으며 아울러 작금에 이르기까지 독재정권은 정권안보를 위해 공안정국을 조성하여 '국가보안법'이라는 악법을 주무기로 하여 평화통일 세력을 좌경, 용공으로 내몰았던 '빨갱이 몰이'에 광분했던 공안당국의 죄악상을 통찰하고 그 실상을 드러내고자 했다. 나아가서 현 정권과 한국교회와 평화통일운동이 정전협정을 종식하고 평화협정을 이뤄내야 한다는 당위성과 실천방안을 제시하고자 하였다. 따라서 필자는 조선민주주의인민공화국에서 주체사상을 사상체제로 삼고 있는 사회주의자, 공산주의자와 신학적·사상적 대화를 나누려는 시도를 했다.

먼저, 성경과 기독교 신앙은 우리가 사는 이 사회의 민중억압의 현실과 제국주의로부터 해방과 인간화를 쟁취하려는 현상 속에서 발생한 것이라고 말하고자 한다. 칼 마르크스에 대한 이해와 연구를 하는데는 상당한 용기와 결단이 따른다. 왜냐하면 마르크스는 당시 유럽사회의 자본주의 모순을 지적하고 나왔기 때문이다. 그는 철학자요 뛰어난 경제학자였다. 마르크스는 철학의 목적을 세계를 해석하는데 국한한 것이 아니라, 세상을 변혁하는데 두었던 것이다. 마르크스를 적으로 돌리는 사람들은 마르크스가 주장하는바 '사람을 비인간화하는 계급에 속한 자들'이다. 마르크스는 인간을 얽어매는 제도를 사유제산제로 보았기 때문에 그것을 없애는 방법으로서 "계급투쟁"을 역설하게 되었다. 그런데 필자의 관심은 마르크스의 철학과 경제이론을 넘어서 "종교는 인민의 아편이다"라고 당시의 기독교를 정면으로 비판했던 그의 진실을 추적하는데 있다.

마르크스에 의하면 종교란 인민(민중)의 관심을 현세(비인간화 현상)로부터 내세로 돌리기 위해 지배계급에서 고안해낸 "발명품"

이라는 것이다. 다시 말해서 종교는 해방되려는 민중의 욕망을 내세에 투사케 함으로써 현세에서 겪는 고통을 달게 받게 하는 마취제 구실을 하게 한다는 것이다. 여기에서 종교는 물론 그리스도교가 그 중심이 된다.

예수가 선포한 "하나님의 나라"는 어떠한 성격인가? 하나님의 나라는 우선 이 땅의 구체적인 정치, 경제, 사회, 문화, 역사 속에서 이뤄진다. 지금, 여기에 실사구시적(實事求是的)으로 이뤄진다는 것이다. 소위 C. H. Dodd가 주장한 대로 실현된 종말론(Realized Eschatology)은 이미 예수 안에서 실현되었고, 또한 그와 더불어 현존하는 것으로 표현하고 있다. 즉 "하나님의 나라"는 지금 이 땅에서 예수의 십자가와 부활의 사건이 재현되는 곳에 현존하게 되는 것이다. 그리스도 예수는 로마제국 식민통치하에서 신음하는 이스라엘 민중들 속에서 민중들이 겪어야 했던 고난을 짊어지고 "가난한 자들의 친구"로서 이 땅에서 구체적인 삶을 살았다. 예수는 인간성을 억압하고 말살하는 당대의 율법주의와 타락한 제의제도 즉 안식일법과 정결법 등의 악법에 도전하였다. 예수의 교훈과 삶은 인간회복 즉, 인간의 주체성을 내세워주는 "인간이 세계의 주체가 되는 인간회복"이었다. 바로 여기가 '역사의 예수'와 민중신학이 만나서 대화할 수 있는 동기가 부여되는 지점인 것이다.

김정일에 따르면 "주체사상은 사람중심의 새로운 철학이다. 주체사상은 사람이 모든 것의 주인이며 모든 것을 결정한다"고 말함으로써 사람이 모든 것의 주인이요, 세계와 자기 운명의 주인이라는 것이다. "사람이 모든 것을 결정한다는 것은 사람이 자기를 개조하고 자기 운명을 개척하는 데서 결정적인 역할을 한다"는 뜻이다. 사람다움은 자주성과 창조성, 그리고 의식성을 가진 사회적 존재라는 데 있다. 따라서 "사람 중심과 사람 위주의 이러한 주체철학"은 철저한 인간주의적 철학이다. 이것이 민중신학과 어떠한 관계를 갖게 되는 것일까? 성서는 하나님이 사람을 "하나님의 형상"(imago Dei) 대로 만들었다고 한다(창 1:26). 이는 사람의 존엄성, 세계지배성, 공동체성을 뜻한다고 본다. 이것을 주체사상의 말을 빌려 말하자면 사람은 자주의 존재, 창조의 존재, 의식의 존재로 만들었다고 볼 수 있다.

민중신학적 관점에서 보자면, 예수는 안식일 법 논쟁에서 주체사상의 원리와 공통적인 원리를 선포한다. "사람이 안식일을 위하여 있는 것이 아니고, 안식일이 사람을 위해서 있다." "사람은 안식일의 주인이다"(막 2:27-28). 예수 당시 안식일 법은 민중에 대한 지배이데올로기였다. 즉 "민중은 이데올로기의 주인"이라는 말로 바꿀 수 있다. 민중이 이데올로기의 예속에서 벗어나 주체가 되어야 한다는 메시지를 안고 있는 것이다.

남과 북의 화해단계에 있어서 사상성과 종교 간의 대화는 중요하다. 주체사상의 인간 중심의 사상이 권력과 기득권자들의 억압과 수탈에서 해방되어 인간다운 삶을 살게 하자는 민중신학과의 소통의 여지가 있는 대목이라는 점에서, 민중신학과 주체사상간의 대화가 절실히 요청된다고 보는 것이다. 주체사상의 긍정적인 요소인 '인간중심'의 사상이 바로 민중신학과 남한 대중이 바라는 바와 상통한다는 점에서 남북화해와 대화의 물길을 터갈 수 있다는 희망을 갖고 이 저술을 착수한 것이다.

주체사상에 따르면, 인류역사는 인민대중의 자주성을 옹호하고 실현하기 위한 투쟁의 역사이다. "사회주의, 공산주의를 위한 투쟁은 인류사회에서 인간에 의한 인간의 착취, 계급에 의한 계급의 압박, 국가에 의한 국가의 지배를 영영 끝장낸다. 이것은 모든 사회의 구속으로부터 벗어나기 위한 투쟁이다." 즉 인민대중이 완전한 자주성을 누리기 위한 투쟁이라는 것이다. 이러한 주체사상의 실천성에 비해, 민중신학은 민중사건을 증언하려 할 뿐, 민중해방을 위한 실천적 변혁론이 없다고 하는 비판을 받고 있는 것이다. 민중신학의 실천방향에 대한 모색은 민중신학이 주체사상, 마르크시즘, 오늘날 진보적 시민사회운동의 역사적 경험과 부딪치면서 실천적 방안을 제시해야 할 커다란 과제로 남아있는 것이다.

또한 주체사상은 공산주의 혁명과 사회주의 사회건설에 인민대중을 절대 요건으로 내세운다. 그러나 인민대중의 자주성과 자발성에만 맡겨두지 않고 당과 수령의 영도에 의해서 효과 있게 실현시키려 한다. 인민들의 자주성을 기대하면서도 이들을 깨우쳐서 혁명운동에 효율적으로 동원하기 위해서는 당과 수령의 지도가 절실하다는 것이다. 그러나 당과 수령의 지도(영도)가 절대화되면 인민대중의 자발성이 사라져서 인민들이 수령에게 종속될 위험이 있다. 사실상 수령(지도자, 영도자)은 인민 가운데서, 민주적 방법에 의해 선출되야 한다는 것이다. 조선인민공화국은 이제 싱가포르 북-미 합의서 선언 이후에 국제사회의 일원으로서 자신의 주체성을 살리고, 인민민주주의의 원칙에 충실하여 조선인민공화국다운 사회와 나라를 세워 나가기를 바라는 것이다. 왜냐하면 민중(인민)이 민중해방의 실체이기 때문이다. 당과 수령은 어디까지나 부차적인 것이다. 민중신학에서 말하는 민중의 메시야(그리스도)성, 민중의 예수다움은 여기에 좋은 본보기가 될 것이다. 오늘날에는 민중(인민)이 예수의 구실을 대신하고 있기 때문이다. 그런데 주체사상은 폐쇄적이고 획일적인 이념체제를 인민에게 강요함으로써 인민의 자발적 중요성을 억압할 위험이 있다. 따라서 당과 수령의 지도를 절대화하지 말고, 인민의 자주적 역량의 실현을 위해 봉사하는 자세를 민중신학에서 배워야 한다. 그러나 민중신학은 민중운동을 민중 자신에게 맡기고 지배권력과 지배체제를 비판하는데 머물음으로써 한반도의 변혁운동 과정을 추동하는 구체적인 목표와 수단을 제기하지 못했다. 역사적 예수(민중운동가)가 민중운동 과정에서 수행했던 역할을 적극적으로 밝힐 수 있어야 한다. 이 점에서 민중신학은 민중의 힘을 각성시키고 동원하려는 주체사상에서 배울 수 있다.

남북의 교회는 분단조국의 대결과 갈등구조를 해소하기 위해서 남-북간의 화해의 사자(使者)가 되어야 한다. 이 시대의 성령의 역사는 '창조주 하나님'과 '화해의 주 그리스도'와 '하나 되게 하시고 자유케 하시는 영'이심을 고백해야 한다. 또한 그 신앙고백은 교회를 '세상에서 봉사하고 이 땅에 하나님의 나라가 임할 때까지 세계의 평화와 민족의 평화 통일을 위해 일하도록 부름 받은 하나님의 선교공동체'라는 이 시대의 교회관을 정립해 나가야 한다. 이러한 신앙고백에 토대하여 남북 교회는 민족을 위해 분단의 상처를 치유하고 남·북의 화해와 평화와 통일을 실현하기 위해 미력이나마 노력하였다. 비록 우리가 다른 사상과 체제에서 살고 있다고 할지라도, 우리는 북측 그리스도인들도 한 분이신 하나님, 한 분 그리스도에 매여 있으므로 우리와 한 몸을 이루는 지체들임(고전 12:12-26)을 믿는다. 우리가 그리스도인으로 산다는 것은 분단된 남·북 민족 간에 화해의 사절이 되는 것이다. 무엇보다 평화와 통일의 선구자가 되는 것을 의미한다고 생각한다. 나아가서 우리는 세계교회협의회(WCC)와도 연대하여 한반도 통일과 세계의 분쟁지역에 그리스도의 화해자의 사명을 감당하기 위해 연대하고 에큐메니칼 활동의 범위를 확산해 나가야 할 것이다.

본 저서에서는 민족분단의 고통과 남-북, 북-미 대결로 인한 전쟁위기를 남북의 교회가 그리스도의 화해와 평화정신으로 만나서 대화하며 민족갈등의 화해의 사절이 될 것을 제안했다. 민족의 분단이 장기화되면서 양 체제에서 모두 안보의 이데올로기의 이름 아래 인권은 유린되어 왔으며, 언론과 출판, 집회와 결사의 자유는 억압되어 왔다. 한반도는 세계에서 가장 이질적인 나라가 되었다. 남북한의 교육과 선전은 상호비방 일색이며, 상대방을 약화시키고 없애야 할 철천지원수로 인식하게 하고 있다. 양극 체제는 같은 피를 나눈 동족을 가장 무서운 원수로 인식하게 하고 있는 것이다. 이제 더 이상 남한사회에서 사상으로 인하여 감옥에 가고, 학문적 진리를 논하다 빨갱이로 낙인찍히고, 인간의 평등적 분배와 인간이 인간답게 살아가는 평등사회를 만들어야 한다고 주장을 하는 사람들이 감시받고, 국가보안법 등 악법에 의해 감옥에 가는 일은 없어야 한다는 것이 필자의 신념이다.

2018년 4월 27일 대한민국 대통령 문재인과 조선민주주의인민공화국 국무위원장 김정은이 만나서 합의한 '판문점 선언'은 민족의 화해와 한반도 평화에 커다란 이정표가 되었다. 이어서 개최된 싱가포르 북-미 정상회담에서 조선인민공화국은 완전한 비핵화를 약속하였다. 이에 상응한 미국의 조선인민공화국에 대한 체제보장 합의는 온 세계의 이목을 집중시키고 있다. 이것은 바로 인류가 이제는 더 이상 반인간적인 전쟁의 상태에서 벗어나, 인류가 서로 상생할 수 있는 세상이 "뜻이 하늘에서 이룬 것같이 땅에서도 이루어지게 하소서"하는 기도처럼 실현되기를 바라고 있기 때문이다. 한 번의 회담과 선언으로 비핵화 문제와 체제보장에 대한 보증이 해결될 수는 없다. 한반도 평화와 통일로 가는 길에는 수많은 난관이 있을 수 있다. 우리 모두가 지혜와 인내를 발휘하여 이제는 마지막 냉전을 풀고 동북아 평화시대를 열어가야 한다. 아직도 남-북관계의 개선과정 속에서 복병처럼 숨어있는 것은 남측의 극우반통일 세력에 의한 종북몰이와 빨갱이 놀음이 남남갈등을 유발시키고 있다. 그러나 2018년 6·13지방선거에서 보여준 보수세력의 몰락은 한반도에 일고 있는 평화체제를 야당이 외면하고 반대했기 때문에 "평화와 통일을 바라는 민심"이 적나라하게 드러난 사건이었다. 특히 지난날 독재정권이 정권안보수단으로 유지해 왔던 반공이념교육의 학습효과가 지금까지 온존해 있다는 사실을 잊어서는 안된다.

이러한 망령들을 깨부수기 위해서는 대한민국의 민중신학과 조선민주주의인민공화국의 주체철학사상이 "인간화"라는 공통주제를 매개로 삼아 남-북간의 격의 없는 토론과 연구과정을 필히 가져야 한다고 생각한다. 향후 남-북간의 교류와 대화가 발전되는 과정 속에서 사상적·신학적 소통의 기회를 자주 가짐으로써 "이 땅에 하나님 나라의 구현"을 앞당겨 나갈 것을 제언한다. 이러한 충정에서 "한반도 화해와 평화를 위한 민중신학과 마르크시즘 및 주체사상간의 대화"라는 제목의 저서를 기획하게 되었음을 밝히는 바이다.

제1장

서론

제1절 본서 저술의 동기와 목적

분단 70여년의 세월동안 우리 민족은 강대국의 대리전이 된 한국전쟁의 비극을 겪었다. 동족상잔의 전쟁으로 한반도는 시산혈해(屍山血海)를 이루었고, 남북의 골은 더욱 깊어갔다. 정전협정 이후 남북은 각각 무장력을 강화해왔으며, 얼마 전까지도 실전을 방불케 하는 전쟁연습이 연례적으로 벌어지고 있었다. 다른 한편으로는 7.4 공동성명, 남북기본합의서, 6.15 남북공동선언, 10.4 선언과 같은 자주·평화·민족대단결의 원칙에 의해 평화통일로 나아가자고 했던 조국통일을 향한 노력은 줄기차게 이어져왔다.

그러나 이러한 약속들은 남북의 정치세력이 정권강화의 수단으로 이용해 왔고, 미국의 군산복합전략적 패권주의와 남한의 반북수구세력에 의해 남-북대결은 전쟁직전의 상황까지 치닫게 해왔다. 이북은 분단을 정략적으로 이용하면서 김씨 세습 일당독재를 강화했으며, 2017년 12월까지만 해도 북-미간에 말 폭탄을 주고받으며 전쟁위기의 수위를 높였다.

한반도의 전쟁공포분위기가 급격하게 반전된 것은 조선인민공화국에서 발표한 김정은 국무위원장 '신년사'였다. 2018년 새해 벽두에 김정은 국무위원장은 남-북 정상회담을 제안했다. 동시에 정전협정 이후 지속되고 있는 한반도의 군사적 갈등과 긴장을 해소할 수 있는 길을 모색해 보자는 제안은 신선한 충격이었다. 이후 평창동계올림픽 기간에 남-북아이스하키팀의 공동출전이 극적으로 이뤄졌다. 북측대표단의 방남으로 문재인 대통령과 충분한 대화가 시작되었다. 이후 남-북관계는 급물살을 타고 발전하게 된 것이다. 이어서 2018년 4월 27일 민족분단의 상징인 판문점에서 대한민국 대통령 문재인과 조선민주주의 인민공화국 국무위원장 김정은이 만나서 남-북 정상회담을 가졌다. 화기애애하면서도 진중한 분위기 속에서 온 민족과 세계에 발표한 "4.27 한반도 평화와 번영, 통일을 위한 판문점 선언"은 우리 민족과 전 인류에게 놀라운 '복음의 소식'이었다. 이 '판문점 선언'은 북-미 정상회담, 비핵화와 북측 체제보장, 종전선언, 평화협정, 남북교류협력, 평화통일로 줄기차게 이어져 나아가야 한다. '판문점 선언'은, 북-미 정상회담으로 이어졌다. 싱가포르에서 열린 북-미 정상회담의 비핵화와 체제보장이 명기된 양국 정상의 선언문은 지난날 70여 년간의 냉전체제를 깨고 한반도의 화해와 평화시대를 여는 장엄한 축포였다. 향후 종전선언과 6자회담, 평화협정으로 한반도 평화 프로세스가 성실하게 진전되기를 간절히 기대하는 바이다. 남-북간의 민족적 화해와 동질성 회복, 이와 동시에 주변 강대국들과의 외교적 노력과 협력 속에서, 한반도에 평화는 급진전하게 될 것이라는 희망을 갖고 있다.

예수는 이 땅에 화해자로 오셨다. 한국교회는 500년 전의 종교개혁의 '오직 믿음' '오직 성서' '오직 은총'의 교리적 구호만 외칠 것이 아니라, 동시에 '하나님 나라'의 정의·평화·생명·자주통일의 역사적 구현을 한반도에 이뤄내야 한다. 즉 정교(正教, Orthodoxy)와 함께 정행(正行, Orthopraxis)을 수반해야 한다는 말이다. 한국기독교교회협의회(NCCK)는 1988년 2월 "민족의 통일과 평화에 대한 한국교회 선언"을 발표했다. 위 선언문에서 "남한의 그리스도인들은 반공을 종교적 신념처럼 우상화해 북한정권을 적대시한 나머지 북한 동포들과 이념을 달리하는 우리의 동포들을 저주하기까지 하는 죄를 범하였다"고 죄책을 고백했다. 한국교회는 이제 우리 민족의 화해자로 나서야 한다. 이것은 그리스도와 8천만 민족의 준엄한 명령인 것이다.

> 이제는 전에 멀리 있던 너희가 그리스도 예수 안에서 그리스도의 피로 가까워졌느니라 그는 우리의 화평이신지라 둘로 하나를 만드사 원수 된 것 곧 중간에 막힌 담을 자기 육체로 허시고(엡 2:13-14)

한국 교회는 남북화해와 평화통일의 희망을 가지고, 주체사상에 깊이 젖어 있는 북한동포들의 사상과 정신을 이해하고, 그들과 함께 민족공영의 발전과 민중의 인간적 삶을 한반도에 이루기 위해 대화하고 선교해야 할 역사적 사명을 갖고 있다.

조선민주주의인민공화국의 사상은 '김일성주의'라고도 불리는 주체사상이다. 그 사상을 이해하려면 공산주의의 뿌리인 칼 마르크스 사상을 먼저 이해해야 한다. 아울러 이북의 사상과 만나려면 이에 가장 근접한 민중신학에서의 민중의식과 주체사상의 인간론이 만나야 한다고 본다. 주체사상의 중심은 인민이다. 이남의 독재정권하에서 발생한 민중을 억압과 고통에서 해방하려는 신학사상이 민중신학이다. 두 개의 사상과 신학적 주제는 민중(인민)이라는 공통분모가 있다. 민중(인민)을 인간화시키자는 데에 공통성이 있는 것이다. 여기에 민족의 사상과 대화의 길을 여는 길이 놓여있는 것이다. 우리 민족의 반쪽인 이북의 주체사상과 이북공산주의에 대한 역사를 이해하는 것이 대화에 앞선 마중물인 것이다.

조선인민공화국의 "수령론"이나, "3대 세습론"이 대한민국의 시각에서는 거침돌이 되는 점도 있지만, 그렇다고 우리가 지속적으로 적대의식을 갖고 언제까지 전쟁준비, 무기경쟁에만 몰두해야 하겠는가? 이제 '판문점 선언' '북-미회담' 이후 상호간에 사상적 이해와 화해가 온전히 이뤄진다면, 뜻이 통하는 곳에 길이 열리게 될 것이다. 이제부터 한반도에는 냉전과 대결의 시대를 넘어 정치·군사·사상·문화·종교 분야에서 활발한 교류가 이뤄지게 될 것을 기대한다. 이북공산주의는 이남의 기독교의 무엇을 어떻게 비판했는가 하는 것을 알아야 한다. 남과 북, 북과 남이 역지사지(易地思之) 입장에서 원초적 이해를 갖고 대화를 시작해야 된다는 말이다. 그들에게도 기독교가 이해되고 용납될 수 있도록, 한국교회는 고난 받는 남-북민중을 인간화하고 이 땅에 하나님의 정의·평화를 세워 나가야 한다.

냉전시기에 남북대화와 교류, 평화통일 정책을 촉구하는 민족통일인사들은 보수여당, 종편, 극우언론과 국정원, 정권의 비호를 받은 극우보수단체에 의해 좌경, 극좌, 주사파, 빨갱이, 종북세력의 색깔이 덧칠되어 있었다. 이명박·박근혜 보수정권 9년간 국정원과 군 수사기관, 청와대가 주도한 댓글사건, 블랙리스트 작성에서 밝혀진 바에 의하면, 이것들이 개혁세력에 대한 종북몰이란 사실이 적나라하게 드러나게 되었다. 이에 온 국민들은 경악을 금치 못하였다. 엄동설한에 '이것이 나라냐'라고 외치며 연인원 1,700만 명의 시민들이 촛불을 들고 광화문을 비롯한 전국의 거리로 쏟아져 나왔다. '박근혜-최순실 국정농단' '박근혜 퇴진·구속'을 외친 '촛불혁명' 이후 문재인 정부가 태어났다. 새 정부는 당초의 약속대로 '적폐청산'과 '남북대화'의 실천에 진정성 있는 노력을 아끼지 않고 있다. 이제 '감추인 것이 드러나지 않을 것이 없고 숨은 것이 알려지지 않을 것이 없느니라'(마 10:26)고 하신 예수의 말씀이 오늘날 이 역사현장에서 이뤄진 것이다.

한반도에는 2018년 4월 27일 판문점에서 8천만 민족과 온 세계인이 주목하는 가운데 남북의 정상이 악수하고 뜨겁게 포옹하는 극적인 만남을 가졌다. 남북정상이 만나 전쟁과 대결의 시대를 끝내고 남북화해와 협력, 평화와 통일로 나아갈 것을 '판문점 선언'에서 선포하였다. 싱가포르에서 북-미정상회담에 이어 이북의 비핵화와 미국의 체제보장을 빅딜하는 단계적 대화와 실행국면이 무르익어가고 있는 중이다. 이른바 한반도와 동북아에 냉전의 기류가 걷히고 세계에 평화의 바람을 불러일으키는 대역사가 진행 중인 것이다. 이와 같은 시대적 상황에서 필자는 향후 전개되는 남북교류협력시대에 부응하여 남북대화와 화해의 가교가 되고자 하는 충정에서 남-북의 사상적 이해와 신학적 대화의 단초를 마련하고자 본서를 통하여 제언하는 바이다. 따라서 필자는 남측의 기독교가 신냉전 종식과 종전선언·평화협정·평화통일을 향한 화해자의 민족적 사명을 감당하자는 취지에서 감히 본서를 세상에 내어놓는 바이다.

제2절 연구의 범위 및 주요 자료

1. 연구의 범위

본 저서는 갈릴리 신학대학원장 홍성현의 『마르크스주의자들의 종교비판을 넘어서』를 기본적인 틀로 이해하면서, 목원대학교 신학과 명예교수인 김흥수의 한반도 북부지역의 기독교사 강의자료집 안에 들어 있는 논문들을 사상적·신학적 분석의 기본으로 삼았다.[1]

1 세미나 자료집에 들어있는 글들은 다음과 같다. 유관지, "한국기독교와 북한교회." 『한국기독교사 탐구』(대한기독교서회, 2011); 이광린, "평양과 기독교," 「한국기독교와 역사」 제10호(1999년 3월); 이용민, "미국북장로회 서울선교지부와 평양선교지부의 관계," 「한국기독교와 역사」 제32호(2010년 3월); 안종철, "아더 베커(Arthur L. Becker)의 교육선교활동과 '연합기독교대학' 설립," 「한국기독교와 역사」 제34호(2011년 3월); "애국애족의 위대한 품: 공화국 부주석이었던 강량욱 선생이 받아 안은 고귀한 온정에 대한 이야기," 김흥수 편, 『해방 후 북한교회사』(다산글방, 1992); 림이철, 『사랑과 믿음 속에서 빛내인 삶』(평양출판사, 2013). 요약문서(원본은 국립중앙도서관 통일부자료실 소장); 전현수(편저), 『쉬띄꼬프 일기 1946-1948』(국사편찬위원회, 2004). 비매품;"To the Headquarters of Allied Forces," 『대한민국사자료집 18』(국사편찬위원회, 1994); 김흥수, "분단 70년, 북한기독교의 이해," 「한국기독교와 역사」 제44호(2016년 3월); 정하철, 『우리는 왜 종교를 반대하여야 하는가?』

민중신학과 주체사상의 대화부문에서는 전 목원대교수 송기득의 『그리스도교 신앙과 인간해방』과 씨알사상연구소장인 박재순의 『열린 사회를 위한 민중신학』 등을 읽고 도움을 받았다. 주체사상 연구에 관하여는 조선그리스도교연맹 목사 고기준의 "사회주의와 기독교", 조선민주주의인민공화국 전 국방위원장 김정일의 "주체사상에 대하여", 북측 주체주의사상연구소장 박승덕의 "기독교에 대하는 주체사상의 새로운 관점" 등 수편의 논문들을 남-북교회의 분단역사 갈등과 대립의 역사를 청산하고 선교적 화해추구를 위한 현장신학실천의 중요자료로 삼았다. 또한 남측의 경우 정권안보를 위해 공안정국을 조성하여 평화통일 세력을 좌경, 용공으로 내몰았던 '빨갱이 몰이'에 의한 지난날의 죄악상을 통찰하고, 향후 정권과 한국교회와 평화통일운동이 정전협정을 종식하고 평화협정을 이뤄내야 한다는 당위성과 실천방안을 제시하였다. 이를 바탕으로 민중신학과 주체사상의 신학적·사상적 이해 및 대화 모색, 남북교회간의 만남 및 한국교회협의회 선언문 정신, 남북교류 및 한반도 평화협정 제안, 한국교회의 평화통일 역할 및 대안을 제시하고자 하는 열정을 갖고서 본서를 집필하였다.

(로동당출판사, 1959). 기독교사상(2017년 2월)에 실린 새 자료; 김흥수, "분단 70년, 북한기독교의 이해,"「한국기독교와 역사」 제44호(2016년 3월); 김정일, "주체사상에 대하여," 서대숙 편, 『북한문헌연구: 문헌과 해제. 제Ⅲ권 상, 통일』(경남대학교 극동문제연구소, 2004); 박승덕, "기독교에 대하는 주체사상의 새로운 관점," 북미주기독교학자회, 『기독교와 주체사상』(신앙과 지성사, 1993); 고기준, "사회주의와 기독교," 『제1차 조국통일을 위한 북과 해외동포, 기독자간의 대화 자료집』 프린트 자료(1982).

2. 주요 자료

1) 민족분단과 남북교회의 갈등 상황 관련

부르스 커밍스, 『한국전쟁의 기원』; 권오창, 『우리민족끼리』; 고기준, “사회주의와 기독교”; 윤정란, 『한국전쟁과 기독교』; 김병희, 『한경직 목사』; 한경직, 『건국과 기독교』; 김동춘, 『대한민국은 왜?』; 김흥수, “분단 70년, 북한 기독교의 이해”; 김양선, 『한국기독교해방십년사』.

2) 사회주의 사상과 예수의 하나님 나라 이해 관련

유시민, 『부자의 경제학 빈민의 경제학』; 김병균, 『새날을 향한 예언자의 소리』; 홍성현, 『마르크스주의자들의 종교비판을 넘어서서』; Karl Marx, *The Difference Between the Natural Philosophy of Democritus and the Natural Philosophy of Epicurus*; 임석진, 『철학사전』; 최영숙, 『러시아의 동방정교』; 송기득, 『끝내 사람이고자』; 강신준, 『러시아 혁명과 두 개의 마르크스』; 정상영, 『100년을 이어온 러시아 혁명』; 송기득, 『하느님의 두 아들』; 안병무, 『갈릴래아의 예수』; G. 엥겔스(박준석 외 옮김), 『영국 노동자계급의 상태』; 홍성현 편저, 『중국교회의 전기와 새로운 중국의 신학』; 김애영, 『칼 바르트 신학의 정치·사회적 해석』; 울리히 단네만, 이신건 역, 『칼 바르트의 정치신학』; 김균진, 『20세기 신학사상』; E. 부에스/M. 마트뮐러, 손규태 역, 『예언자적 사회주의』.

3) 민중신학과 주체사상과의 대화 관련

박순경·파블로 이하르 외, 『제3세계의 상황신학(서문, 박형규)』; 성서 : 공동번역, 대한성서공회; 이원규, 『한국교회와 사회』; 박순경, 「민족통일과 민중신학의 문제」; 박재순, 『열린사회를 위한 민중신학』; 서남동, 『민중신학의 탐구』; 송기득, 『그리스도교 신학과 인간해방』; 안병무, 『민중신학 이야기』; 조현, 「다시 조명받는 ‘한국 민중신학」; 김진호, 「21세기와 민중, 그리고 신학적 상상력」; 송기득, 『끝내 사람이고자』; 류장현, 「한국그리스도교 사회주의의 태동과 의의」; 이반송·김정명 편저, 「식민지 시대 사회운동」; 이광수, 「금일 조선야소교회의 결점」; 주재용, 「한국민중과 개신교」; 김창순·김준엽, 「한국 공산주의 운동사 Ⅱ」; 류장현, 「한국그리스도교 사회주의의 태동과 의의」; 유경상, 「社會主義者 예수」; 홍동근, 「조선 기독교의 사회주의 크리스천들」; 고기준, 「사회주의와 기독교"; 고태우, 『한 권으로 보는 북한사 100장면』; 김정일, 「주체사상에 대하여」; 박승덕, "기독교에 대하는 주체사상의 새로운 관점"; 김정일, 「주체사상에 대하여」;「주체사상 교양에서 제기되는 몇 가지 문제에 대하여」; 박재순, 『열린사회를 위한 민중신학』; 김일성, 「외국기자들이 제기한 질문에 대한 대답' 3권」; 김정일, 「영화예술론」; 서재진, 『주체사상의 이반』; 김삼웅, 『사료로 보는 20세기 한국사』; 심주일, 『성경에서 훔친 주체사상』; 이제훈·황춘화, 「근현대사 유례없는 '3대 승계' 추진」; 김진향, 『개성공단 사람들』.

4) 한국교회의 반공주의 극복과 남북화해 관련

고기준, "사회주의와 기독교"; 고태우, 『한 권으로 보는 북한사 100장면』; 김정일, "주체사상에 대하여"; 박승덕, "기독교에 대하는 주체사상의 새로운 관점"; 서재진, 『주체사상의 이반』; 김삼웅, 『사료로 보는 20세기 한국사』; 심주일, 『성경에서 훔친 주체사상』; 사회과학출판사 철학연구소, 『공산당 선언』; 이제훈·황춘화, "근현대사 유래없는 '3대 승계' 추진"(한겨레신문, 2010년 9월 29일); 박재순, 「김일성 사상 비판」; 김일성, 「외국기자들이 제기한 질문에 대한 대답 3권」; 김정일, 「영화예술론」; 김정일, "주체사상 교양에서 제기되는 몇 가지 문제에 대하여"; 박재순, 『열린 사회를 위한 민중신학』; 최형묵, 『민중신학과 마르크스주의』; 류장현, 「한국그리스도교 사회주의의 태동과 의의」; 이반송·김정명 편저, 「식민지 시대 사회운동」; 이광수, "금일 조선야소교회의 결점" 「청년」 1917년 11월호); 주재용, "한국민중과 개신교"; 김창순·김준엽,

「한국 공산주의 운동사' Ⅱ」; 유경상, "社會主義者 예수"; 홍동근, "조선 기독교의 사회주의 크리스천들"; 윌프레드 켄트웰 스미스·길희성(역), 『종교의 의미와 목적』; 윤하영·한경직(Ha Young Youn and Kyong Chik Han)의 편지, "Gentleman"; 김양선, 『한국기독교해방십년사』.

5) 민중신학과 주체사상의 대화 필연성 관련

박재순, 『열린사회를 위한 민중신학』; 최형묵, "민중신학과 마르크스주의"; 송기득, 『그리스도 신학과 인간해방』 등.

제2장

강대국에 의한 민족분단과 한국전쟁 이후 남북 대결구도

제1절 해방 이후 강대국 미국과 소련에 의해 분단된 정황

1. 한반도는 미·소 강대국의 이익에 따라 분단

일제의 식민통치하에서 36년간 신음했던 우리 민족에게 '8.15 해방'의 소식은 복음이었다. 그러나 해방의 기쁨은 1945년 8월 15일 그 날이었을 뿐이다. 미국과 소련은 자국의 이익에 기반하여 38도선으로 분단선을 그어 한반도를 분할점령 하는데 합의하였다. 이후 북한의 침략으로 시작한 동족상잔의 전쟁은 결국 중국과 소련, 미국을 비롯한 연합국이 참여한 대리전이 되고 말았다. 한국전쟁으로 인해 한반도는 시산혈해를 이루었고, 뼛속 깊이 한 맺힌 남북의 골은 더욱 깊어갔다.

정전협정 이후 남북은 각각 무장력을 강화했다. 한미상호방위조약에 근거해 2만 9천여 명의 주한미군이 현재 주둔하고 있으며, 한국군의 작전통제권은 미국이 쥐고 있는 실정이다. 최근까지도 한미동맹에 의해 실전을 방불케 하는 키리졸브/독수리 훈련 같은 전쟁 연습이 연례적으로 실시되었다. 7.4 공동성명, 남북기본합의서, 6.15 남북공동선언, 10.4 선언과 같은 자주·평화·민족대단결의 원칙에 의해 평화통일로 나아가자고 했던 약속들은 미국의 군·산·정 복합 전략, 패권주의 압력, 남한의 반공·반북세력에 맞선 북측의 강성대국, 적화통일 전략에 의해 남북의 대결은 전쟁직전의 상황까지 치닫고 있었다. 따라서 북측은 한미동맹의 전쟁연습에 맞서 수소폭탄 실험, ICBM(대륙간탄도미사일) 발사, SLBM(잠수함발사탄도미사일사출) 실험을 강행해 왔을 뿐만 아니라, UN 안보리의 대북제재에 맞서 전쟁불사를 외치면서 반발하였다. 참으로 우리 민족은 이 지구상에서 열강들의 간섭과 패권에 휘둘리면서, 동족상잔·적대행위·무력증강을 지속해 왔다. 그러나 '4·27 판문점 선언' 이후, 남한 당국과 민중들은 북의 김정은 국무위원장의 언행에서 진정성을 엿볼 수 있었다. 북측은 '인민들을 먹여 살리기 위해서 개혁·개방'으로 나선 것으로 봐야 한다. 북이 핵을 포기하고서라도 체제유지를 보장받고 미국을 비롯한 세계와 외교적·경제적 교류를 하겠다고 나선 것이다. 이제 종전선언을 하고 평화협정을 맺자는 주장이었다.

예수는 전쟁과 갈등, 승자독식으로 인해 고통당하는 약소국과 민중들이 신음하는 세상에 진정한 화해자로 왔다. 한국교회는 남과 북이 첨예하게 대립하고 있는 대결상태에서 벗어나 이 민족이 갈등과 대결의 악순환에서 벗어날 수 있는 화해자의 사명을 감당해야 한다. 정전협정 상태를 속히 끝내고 평화협정을 맺으므로 한반도에서 종전이 선포되고, 남북교류와 협력으로 신뢰를 쌓아가야 한다.

주한미군철수 문제는 동북아 안보환경을 고려해 가면서 평화협정 이후에 후속조치로서 다자간, 남북 간의 합의를 거쳐서 반드시 이행되어야 할 것이다. 미군이 70년 이상 남측에 상주하고 있다는 것은 자주국가를 표방하는 나라에서 있어서는 안될 일이다. 한국교회는 이 민족과 함께 이 땅에 하나님의 정의·평화를 세우는 데 최선을 다해 기도하고 실천하는 것이 역사적 사명인 것이다.

예수 그리스도는 '평화의 종'(엡 2:13-19)의 모습으로 이 땅에 왔다. 로마제국의 억압과 착취, 허위의식과 부패로 썩은 냄새나는 예루살렘 성전세력들의 지배 아래서 신음하는 민중들 틈에 찾아온 것이다. 로마제국의 폭력과 수탈, 예루살렘 성전세력의 타락한 교권주의와 율법주의, 기득권자들의 수탈과 계급차별로 인한 '목자 없는 양처럼' 갈 길을 몰라 헤매는 이스라엘 민중들 속에서 평화와 화해와 해방의 나라를 선포하였던 것이다(눅 4:18, 요 14:17).

2. 해방을 전후한 미국의 한반도 정책과 작업

미국이 일본의 식민지 조선 문제에 관해서 연구를 시작한 것은 언제부터라고 볼 것인가? 1945년 2월 얄타회담에서 중국의 장개석과 소련의 스탈린이 즉시 조선의 해방 독립을 제안할 때부터였던 것으로 보여진다. 미국은 조선에 군대를 진주시키려고 사전 작업을 했다. 일본 항복 직후부터 조선에 관한 정보를 일본군부, 특히 조선총독부와 조선군 사령부에 요구했던 것이다. 이들이 조선에 진주할 24사단장 하지 중장 앞으로 보낸 많은 정보 전문이 공개되었다. 일본인이 제공한 정보는 조선 민족이 무능력한 인종이라는 것이었다. '일본군의 지속적인 지배가 없이는 조선의 치안은 총체적으로 문란

해질 것이다'라는 따위의 악질적인 내용이었다.

제2차 세계대전의 승자인 미군이 한국 땅에 진주한 모습은 어떠하였는가? 한반도 문제 전문가로서 시카고 대학교의 석좌교수인 브루스 커밍스는 '한국전쟁의 기원'에서 이렇게 밝히고 있다.

> 하지 장군과 그의 제24군단은 9월 5일 오키나와 근해에서 일제히 닻을 올렸다. 21척의 배가 다섯 줄로 밀집된 선단을 이루고 있었다. 선단은 9월 8일 새벽 인천만의 조류를 거슬러 해안에 접근하였다. 미군이 하오 1시에 하선을 하기 시작했을 때 인천거리에서 총 끝에 대검을 꽂은 검은 제복의 일경들이 도열하고 있었다. 그날 조금 전에 상륙한 미군을 환영하는 시위에서 한인 2명이 살해당했으므로 분위기는 살벌했다. 1945년 9월 12일자 '매일신보'는 일본인들이 노동조합 지도자 권평근과 보안대원 이석우를 사살하였음을 보도하였다. 미군 상륙을 환영하러 나간 민중지도자 두 사람이 일본군의 총에 맞아 죽은 사건이 발생했을 때, 미군은 오히려 일본군을 두둔하였던 것이다. 9월 9일 아침 미군은 조용한 분위기 속에서 서울로 진주했다. 미군 고위장교들은 조선호텔에 자리를 잡았으며 나머지는 반도호텔에 제24군단 사령부를 설치했다. 그날 하오에 하지는 총독부 건물에서 일본군의 항복을 정식으로 접수했다. 그 때부터 한인 군중들은 흥분에 휩싸여 거리를 휩쓸었다. 목총을 든 치안대원들이 이제 도시의 치안을 장악하였다. 그날 밤 미군은 밤부터 새벽까지 통행금지령을 선포했다.[1]

1 브루스 커밍스, 『한국전쟁의 기원』(서울: 일월서각, 1986), pp.187-189.

3. 미군의 포고문과 점령정책

미군은 1945년 9월 7일 인천항에 상륙하고 9월 8일 서울에 무혈 입성하였다. 하지가 이끄는 제24군단은 9월 7일 맥아더에 의해서 만들어진 포고 1호, 2호, 3호를 비행기로 연달아 뿌려댔다. 이것이 악명 높은 '맥아더 포고서'이다. 이 포고들은 남한의 통치권이 태평양 육군 사령관 맥아더와 미군 사령관 하지에게 장악된다는 것을 선포한, 말 그대로 침략의 선포였다. 포고령 2호에는 다음과 같은 규정을 어기면 사형에 처하거나 법령이 정한 형을 받게 된다고 되어 있었다.

첫째, 항복 문서나 포고문의 규정을 위반하는 행위

둘째, 태평양 미 육군 총사령관의 권위로 내려진 명령을 어기는 행위

셋째, 미국과 동맹국의 국민이나 재산과 질서, 생명, 안전 및 치안을 해치는 행위

넷째, 공중의 평화와 질서를 깨는 것으로 인정되는 행위

다섯째, 법의 집행을 방해하는 행위

여섯째, 연합군에 대한 의도적인 적대 행위

이것은 1910년대 일본이 우리나라에 무단통치를 실시하던 방식과 조금도 다름이 없는 것이었다.[2]

1945년 9월 9일 태평양방면 미국육군부대 총사령관 더글러스 맥아더에 의해 발표된 포고령 제1호는 이렇게 시작한다.

---

2 권오창, 『우리민족끼리』(서울: 녹두, 2004), p.25.

> 조선인민에게 고함. 태평양 방면 미국 육군부대 총사령관으로서 나는 이에 다음과 같이 포고함. … 나의 지휘 하에 있는 승리에 빛나는 군대는 금일 북위 38도 이남의 영토를 점령한다. 제1조. 북위 38도 이남의 조선영토와 조선인민에 대한 통치의 전권한은 당분간 나의 권한 하에서 시행한다. 제3조. … 점령부대에 대한 모든 반항행위 혹은 공공안녕을 문란케 하는 모든 행위에 대하여는 엄중한 처벌이 있을 것이다. …

'일제시대 총독부 관리들을 그대로 유임하고 군정선포 후에도 행정고문으로 남게 된다'는 규정도 있었다.(해방 후 한국에 대한 미군과 소련군의 포고문 비교, 인터넷 아고라 자료)

하지의 성명을 살펴보면 이러하다.

> 38선 이남의 조선 땅에는 미국 정부만이 있을 뿐이며, 그 외의 다른 정부는 존재할 수 없다. 한 나라에 두 정부가 있을 수 없다. 현재 남조선에는 유일한 정부로서 미군정이 있을 뿐이다. 아직 주권이 조선인민에 있을 수 없다. 조선 통치권은 우리 군정에 있으니, 인민위원회의 주권을 취소하고 그 자체는 정당으로 존속하거나 그렇지 않으면 해산하라(하지의 발언, 1945년 12월 12일).

미군은 이 민족을 36년간 수탈했던 일제에서 대체된 세력에 불과했던 것이다. "전 조선총독이 가졌던 직권과 권리를 나 자신 즉 군정장관 아놀드가 징수하고 있다"고 1945년 9월 16일 매일신문은 보도하였다.

미군은 점령군 모습을 하고 이 땅에 들어왔다. 1945년 9월 8일 하지 중장을 지휘관으로 하는 미 제24군단이 들어왔고, 9월 12일에는 아놀드를 군정장관으로 하여 남한 내 군정이 시작되었다. 미군은 해방군으로서의 인상이 아니라, '점령군'으로서 인식하게 되는 통치방식을 수행해 나갔다. 이것은 미국의 편의주의적 점령정책과 함께 아예 한국 민중을 무시하는 제국주의적 미군정의 오만한 태도를 보여주는 일단이었다. 해방에 대해서는 아무런 축하도 없었던 이 포고문은 미군을 해방군으로 환영했던 한국인들의 기대에 찬물을 끼얹는 것이었다.

뿐만 아니라 군정장관 아놀드는 상해 임시 정부와 인공(인민공화국)을 부인하는 성명을 발표하였다. 그들은 모든 농민은 공산주의자이며 노동 조직들은 해산되어야 한다고 하였다. 미국은 자기들의 입지를 더욱 확고히 하기 위하여 1945년 10월 5일 고문회의를 구성하였는데, 이의 구성원들은 대부분 과거 친일행각을 했던 자들이었다. 또한 미군정청은 과거 일본 육사와 만주 군관학교 출신으로 일본 천황에게 충성하였던 사람들을 집합시켜 국군준비대를 결성하였는데, 미군정에 협조한 한국민주당(한민당) 출신들을 군정 내 주요 직책에 기용하였다. 대표적인 인물로는 김병로(법무장관), 조병옥(정무장관), 정일형(인사행정처장), 김용무(대법원장), 유억겸(문교부장관), 이인(검사총장), 장택상(수도청장) 등이다.

미국은 1945년 10월 16일 입국한 이승만을 전면에 내세우기 위하여 정치 활동을 적극 지원하였고, 10월 23일에는 2백여 명이 참석한 가운데 독립촉성 중앙협의회(독촉)가 결성되어 통일 정부 수

립을 가로막는 난관이 조성 되었다.[3]

이로서 이남에는 친일파 청산이라는 민족적 과업이 무너져버린 것이었다. 결국 일제강점기에 풍찬노숙하면서 만주벌판과 중국대륙을 기지삼아 독립운동을 했던 애국민족 인사들의 민족정기는 미국의 신식민지 정책에 의해 말살되었다. 친일파가 득세하고 일본천황에게 충성을 맹세하고 일본의 주구(走狗)로 일본제국주의에 충성했던 만군(滿軍)출신들이 군대의 요직을 독차지하였다. 그 면면들을 살펴보면 박정희, 정일권, 김창룡, 백선엽 등이었다. 학계와 재계에서도 친일파가 영화(榮華)를 이어 갔으니 김활란, 백낙준, 이기붕, 고황경, 윤치영, 윤치호, 장덕수 등 친일파들이었다. 이들은 친일행적 이후 이승만 독재정권과 군부독재 정권에 충성하므로 반민족, 반민주로서 역사에 씻을 수 없는 죄업을 남긴 자들이 되었던 것이다. 결국 미국의 한반도 점령정책이 민족의 분단과 민족정기 말살에 막대한 영향을 끼쳤던 것은 부인할 수 없는 사실이며 역사에 크나큰 오점을 남겼던 것이다. 결과적으로 민족자주는 실종되었고 대미종속의 멍에를 멘 채 자주성을 잃어버린 분단 70여년의 부끄러운 세월을 지내온 것이다. 이제 촛불혁명 이후 적폐청산과 아울러 남북이 연합해서 민족자주를 이루고 주변 4대강국과의 연대를 이루면서 한반도 평화와 번영의 시대를 이뤄나가야 할 것이다.

4. 소련군의 포고문과 점령정책

소련군 진주하의 북한은 어떠했는가? 1945년 8월 25일 미군 선

3 위의 책, pp.25-26.

발대 일부 군대가 인천에 상륙했을 때, 이미 소련군은 북한 전역을 점령했고 평양에 군사사령부가 설치되었다. 소련군 사령관 치스챠코프 대장의 포고문을 보면 그 사실이 명백하다.

> 조선인민들이여! 붉은 군대와 연합국 군대들은 조선에서 일본 약탈주의자들을 구축했다. 조선은 자유국이 되었다. … 조선사람들이여 기억하라! 행복은 당신들의 수중에 달려있다. … 조선사람들이여 기억하라! 행복은 당신들의 수중에 있다. … 조선 노동자들이여 노력에서의 영웅심과 창작적 노력을 발휘하라. 진정한 사업으로서 조선의 경제적 및 문화적 발전에 대하여 고려하는 자라야만 모국 조선의 애국자가 되며 충실한 조선사람이 된다. 해방된 조선인민 만세![4]

소련군 진주 후에 북한에는 기본적으로 다른 조치가 취해졌다. 소련은 미군정과 같은 군사정부를 만들지 않았다. 소련의 북한지배는 모든 수준에서 인민공화국과 인민위원회를 승인하고 이용함으로서 군사정부 수립 없이 통치하였다. 소련은 한국문제에 대한 충분한 지식과 잘 준비된 계획을 갖추고 있었다. 그리고 이북을 소련 영향권에 정치, 사회, 경제적으로 밀접하게 통합시키려는 목적을 갖고 있었다. 점차 친소적 강경한 공산당을 조직하기 위한 작업을 진행해 나갔던 것이다. 적군(赤軍)은 일본 정복자를 분쇄하기 위하여 이북에 들어온 것이며, 조선에 소비에트식 체제를 도입하려거나 또는 조선 영토를 획득하려고 하는 목적을 추구하지 않았던 것이

4 "해방 후 한국에 대한 미군과 소련군의 포고문 비교" 다음 창, https://m.search.daum.net/search?q

다. 북한주민의 사유재산과 공유재산은 소련당국의 보호 하에 있었던 것이다. 북한에 있는 군대에게 규율을 엄격히 지키고, 주민에게 피해를 주지 않으며, 예의바르게 행동할 것을 지시하였다. 종교의식과 예배를 방해하지 말고, 성당 및 기타 종교시설에 손을 대지 말 것을 당부한 것이다. 인민위원회 지도부는 일제 강점기 동안 비타협적 독립운동을 수행하여 민중의 신뢰를 받는 인물들로 구성되었다. 식민지시대 억압받던 하층민들이 노동자, 농민해방 이후에 북한에서 진정 나라의 주인으로 굳게 서게 되었다. 즉 식민지 시대의 위계질서가 완전히 전도(顚倒)되었던 것이다.

5. 한반도 신탁통치안이 원래 제기된 경위

미국의 한반도 전후 처리 정책의 핵심은 무엇이었는가? 그것은 카이로회담(1943년 11월) 이후 얄타회담(1945년 2월)에 이르러 루스벨트와 스탈린 사이에 구두로 합의된 연합국들에 의한 신탁통치안이었다. 이 정책은 1945년 12월 16일부터 26일까지 개최된 모스크바 삼상회의에서 본격적으로 구체화된 것이다. 미국은 미·영·소 3상 회의에서 과거 자기들이 지배했던 필리핀 정도로 평가하였다. 조선인들은 자치능력이 없으므로 30년 동안의 신탁통치를 제안했었던 것이다. 미국의 30년 신탁통치 제안이 그나마 5년으로 단축되었던 것도, 스탈린과 장개석의 덕이라고 볼 수 있었다. 이들은 조선인민의 자치능력을 인정했다. 일본 패망과 동시에 즉시 독립을 허용할 것을 카이로 회담과 포츠담 회담을 통해서 주장했던 것이다.

사실상 조선에 관한 모스크바 3상회의 결정서는 문자 그대로 식민통치를 시행하자는 것이 아니었다. 다음과 같은 내용이 이를 뒷받침한다.

> 조선인민의 정치적 경제적 사회적 진보와 민주주의적 자치 발전과 또는 조선 국가독립의 수립을 원조 협력 후견(後見)할 방책을 작성할 것도 또한 임시 조선 민주주의 정부 및 조선 민주주의 단체의 참여하에 공동위원회가 수행할 과업이다. 공동위원회의 제안은 최고 5개년 기간의 4개국 후견(Trusteeship)의 협약을 작성하기 위하여 미·영·소·중 제국 정부의 공동 정부가 이바지하도록 조선정부와 협의한 후 제출되어야 한다.[5]

그런데 미국은 '모스크바 3상회의 결정서'를 위반하고 반탁으로 돌아섰다. 이제까지 신탁통치안을 주장했다가 남한 민중들이 반탁으로 기울자 반탁세력을 지지하고 나섰던 것이다. UN 주도하에 신탁통치가 실시되면, 5년 후에는 자명하게 한반도에서 미군이 주둔할 명분을 잃게 될 것을 우려했던 것이다. 당시 사실을 오도한 것은 동아일보였다. 그러나 당시 정보가 취약하던 때에, "소련은 찬탁이요, 미국은 반탁이다"라고 이미 알려진 오보를 수정하기에는 우리 조선의 상황이 너무 혼란스러웠다. 결국 오보는 기정사실화되어 버린 것이었다.

이뿐만 아니라 38도 선을 그어서 조선을 분단하자고 하는 것도 미국의 제안이었다. 소련이 일본 패망 직전에 급속히 진격해 들어

5 김삼웅, 『사료로 보는 20세기 한국사』(서울: 도서출판 가람기획), 1997, p.186.

오니까, 미국은 오키나와에서 미처 남조선으로 진격할 여력이 없었던 것이다. 미국이 급히 스탈린에게 38도선에서 미·소 양국 군대에 의한 분할 점령통치를 제시한 것이다. 스탈린은 이에 동의하였다. 이렇게 해서 조선 국토와 민족의 분단이 시작된 것이다.

6. 한국교회의 민족분단에 대한 견해

한반도의 남북분단은 현대 세계의 정치구조와 이념체제가 낳은 죄의 열매이다. 세계 초강대국들의 군사적, 이념적 대결과 상호분쟁 속에서 한국민족은 속죄양의 고난을 당하였다. 1945년 제2차 세계대전이 끝나자 한국민족은 일본 제국주의의 식민지 노예상태로부터 해방되었으나 남북분단이라는 또 다른 굴레가 민족을 속박하기 시작하였다. 일본 제국주의 침략군대의 무장을 해제시킨다는 명목 하에 설정된 남북분단선은 소련과 미국의 냉전체제에 의하여 고착화되었다. 남북한에는 각기 서로 다른 정부가 수립되어 한반도에서는 지난 70여 년간 군사적, 정치적, 이념적 갈등과 분쟁이 심화되어 왔다.[6]

제2절 한국전쟁의 원인과 책임

한국전쟁 이후 남한사회에서는 '아아 잊으랴 어찌 우리 이 날을 / 조국의 원수들이 짓밟아 오던 날에 / 맨주먹 붉은 피로 원수를 막

6 "민족의 통일과 평화에 대한 한국기독교회 선언" (한국기독교교회협의회, 1988년 2월 28일).

아내어 /' 이러한 반공의식 속에서 70여년을 지내왔다. 이때까지 남과 북이 서로 부르는 명칭 속에 적개심이 가득 차 있었다. 남한에서는 북한을 '북괴'라고 불렀다. 북한에서는 남한을 어떻게 불렀는가? '미제의 앞잡이 남조선'이라고 불렀다. 한동안 '평화통일'이란 말까지도 감시의 대상이 되었다. 한국교회 안에 '반공의식' '반공신학'이 견고했다. 미소의 냉전과 남북 간의 갈등은 맞물려 돌아가는 톱니바퀴였던 것이다.

1. 한국전쟁의 원인

6.25전쟁의 원인에 관해서는 통상적으로 세 가지 견해가 있어 왔다. 남침설, 북침설, 남침유도설이다. 필자는 6.25전쟁의 직접적인 원인은 북한의 전면적인 남침에 의한 것이라고 생각했었다. 그러나 미국 시카고 대학 석좌교수 브루스 커밍스가 주장해 온 것처럼, 그 배후에 '남침유도설'에 무게를 두고 6.25전쟁의 원인을 생각하게 되었다. 물론 김일성이 소련 및 중공과 사전 논의하고 전쟁무기를 공급받은 것은 사실이다. 북은 아직도 한국전쟁을 통일전쟁이라고 부른다. 이북 김일성이 미국이 쳐놓은 그물에 걸려든 것으로 생각하는 다수의 진보진영 인사들의 견해이기도 하다.

미국은 '한반도를 극동 침략을 위한 군사기지'로, '잉여상품 판매시장' '자본투하지' '원료공급지'로 활용하려고 했다. '준비된 전쟁'을 위해, 미군사고문단장 로버트 리와 미 대사 무초는 전방유발계획(행정적인 북진계획)을 작성하였다. 1949년 1월 군사고문단장 로버트는 한국군 참모총장에게 38선 지역에서 무력 침공을 감행할 것을 주장하였다. 같은 해 트루먼에 의해 맥아더가 R3라는 한국전쟁계획 유발계획을 세웠다. 한국군은 의무 병력제를 실시, 군 병력을 5만에서 11만으로 증강하였다. 또한 미국은 1950년 1월 12일 '에치슨 라인'을 발표하여 한반도와 대만을 미 방어선에서 제외한다는 기만선전을 하였다. 미국의 저명한 한반도 전문가 브루스 커밍스 교수는 '이미 한국전쟁이 발발하기 전에 한반도는 내전 상태에 있었고 미군이 이에 참여함으로써 확전되었을 따름이라'고 평가하였다.

그런데 필자는 이 문제에 관해서는 진보의 가치관을 가지고 평화통일 운동에 평생을 보낸 한양대 교수 리영희의 견해와 상당한 차이가 있는 것을 보았다.

2. 한국전쟁에 관한 소위 '좌파적 진보주의' 주장

먼저, 통혁당 사건 등에 연루되어 옥고를 치른 후 줄곧 6.15 남북공동선언 실천운동에 몸 담아온 상임대표 권오창의 견해를 들어 본다. 권오창은 그의 저서 '우리 민족끼리'에서 이렇게 쓰고 있다.

> 한국전쟁은 이미 전쟁의 상황에 들어가 있었다. 제주 4.3 항쟁, 여순항쟁, 전면적인 유격전, 그리고 38도선에서 교전을 거치면서 최소한 10만 명 이상의 희생자를 낸 적대적인 두 세력-남북한의 민중과 미국, 이승만 정권-사이의 대규모 무장충돌은 그 자체로서 하나의 전쟁이었다고 말할 수 있다. 한국전쟁의 화염은 이미 오래 전부터 그 불길이 지펴지고 있었던 것이다. 누가 먼저 총을 쏘았느냐 하는 것은 그 당시 상황에서 중요한 것이 아니다. 한국전쟁은 1945년 미국의 남한 점령 이후 우리 민중과 미국, 자주 세력과 친미 세력 사이에 진행되었던 정치 투쟁의 피할 수 없는 총결산으로서 한국전쟁이 일어났

던 것이다. 그러므로 남북한의 충돌은 어느 쪽이 확대 도발했는가? 그리고 누가 타오르는 불길 위에 기름을 퍼부었는가 하는 문제로 구체화되지 않으면 안 된다.

한국전쟁이 일어난 지 2개월이 지난 뒤 '뉴욕 헤럴드 트리뷴'지가 어느 노르웨이 선장을 인터뷰하는 과정에서 그가 한국전쟁이 일어나기 2-3시간 전에 한국의 어떤 항구에서 650명의 미국인 부인들과 어린이들을 이주시키던 상황을 설명했다. 그의 배 리인홀트호는 서울에서 차로 1시간 거리에 위치한 인천항에 정박하고 있었다. 그때 선장 요한센은 오전 5시 반에 인천항에 있던 미국 군사고문단 가운데 한 명이 자신을 깨워 침략이 임박했으니 지금 몰려온 650명의 부인과 어린이 중 반수를 배에 태워 줄 수 있는지에 대해 문의했다고 한다. 이러한 사안들을 보아도 미국은 이미 전쟁의 발발을 예상하고 미리 준비까지 갖추고 있었다는 것이 자명해진다.

1950년 1월 12일 미국 국무장관 에치슨이 미국출판협회에서 한 연설을 통해 발표한 '한국과 대만은 미국의 방위선에서 제외된다'는 에치슨 라인은 그것이 공식적으로 담고 있는 내용과 미국의 정책이 전혀 일치하지 않는다는 사실 때문에 위장선언이라고 평가를 받고 있는 것이다.[7]

3. 민족민주, 평화통일운동의 원로 리영희의 견해

평화통일운동의 원로이자 한양대 교수였던 리영희는 6.25전쟁의 원인에 대해 최근에 공개된 자료에 의거하여 이렇게 말한다. 얼마 전부터 이십여년 전만해도 볼 수 없었던 구 소련과 중국과 북한 사이에 오고간 극비문서들이 많이 공개되었다는 것이다. 6.25가 에치

7 권오창, 위의 책, pp.53-54.

슨 성명이 있기 훨씬 전인 1948년 말경부터 치밀하게 진행되었다는 것은 의심의 여지가 없이 밝혀졌다. 소련공산당 서기장이었던 후르시초프의 유명한 회상록은 김일성이 '애치슨성명' 전인 1949년 말에 모스크바를 방문해서 스탈린에게 "모든 준비를 다 마쳤다. 남조선은 첫 일격에 무너질 것이다. 첫 일격으로 남조선 인민의 폭동이 일어나서 전쟁은 단시일에 끝날 것이다"라고 한 말을 기록하고 있다. 여기에서 6.25전쟁에 관한 북한 면책론은 이미 부정된 지 오래라는 것이다.

전쟁책임론에 대해서는 어차피 이승만도 분단된 민족을 통일하기 위해서 통일전쟁을 하려다 못한 것이라고 봐야 할 것이다. 이승만 정권 당시의 구호가 '북진통일'이었음을 상기하면 이해가 될 것이다. 그러나 김일성은 같은 목적의 전쟁을 훨씬 더 치밀한 계획과 준비하에 감행했다는 차이 뿐이라는 것이다. 북한의 남한 공격(통일전쟁)은 미국에게 일본 확보를 위한 교두보로서의 남한유지의 군사적 정당성을 부여한 것이라는 것이 리영희의 견해라고 볼 수 있다.

4. 국군통수권과 사법권을 미국에 넘겨준 이승만

1950년 7월 7일 유엔 안전보장이사회(안보리)에서 유엔군 사령부를 설립하고 미군이 사령관을 맡는다는 결의가 통과되었다. 곧바로 한국군을 미군의 지휘 하에 두기 위한 조치가 취해졌던 것이다. 7월 14일 이승만은 맥아더에게 한 통의 편지를 썼다. "대한민국 육·해·공군 지휘권 이양에 관한 이승만 대통령으로부터 유엔군 사령관 맥아더 원수에로의 서한"이라는 긴 이름이 붙여진 편지에서 이승만은 다음과 같이 쓰고 있다.

> 한국군은 귀하의 휘하에서 복무하는 것을 영광으로 생각할 것이며 또한 한국 국민과 정부도 국제연합의 모든 조사권을 맡고 있는 귀하의 지휘를 받게 된 것을 영광으로 생각합니다.

이승만의 굴욕적인 편지를 받은 맥아더는 다음과 같이 답장을 보냈다.

> 그와 같은 조치는 한국에서 작전 중인 유엔군의 전력을 크게 증대 시켜 줄 것이며 본관은 대한민국 국군을 본관 휘하에 두게 된 것을 진실로 자랑스럽게 생각합니다.

이것이 이른바 이승만이 미국에 주권을 팔아먹은 '대전협정'(大田協定)이라는 것이다. 이렇게 해서 한국군은 미군 사령관의 명령을 받게 되었고 이것은 오늘까지도 지속되고 있다. 3월 12일 미국은 이승만 정부에 대해 다음의 사항을 요구하였다.

> ① 미국 군법회의가 주한미군과 그 구성원에 대한 형사재판권을 행사한다.
> ② 한국인이 미군 및 그 구성원에 가해 행위를 저질렀을 때는 그 한국인을 미군이 구속한다.
> ③ 주한미군은 미군 이외의 어떠한 기관에도 복종하지 않는다.

이상과 같은 요구를 이승만 정부는 기탄없이 받아들이고 만 것이다. 이제 미군은 한반도에 무슨 일이든지 다 할 수 있는 막강한 권한을 갖게 되었다. 이승만은 한 나라의 주권이자 독립국가의 존립 근거인 국군통수권과 사법권을 미국에 넘겨주었다. 그것도 이승만의 표현에 의하면 '영광스럽게' 넘겨주었다. 한국전쟁은 이제 이남과 이북의 전쟁이 아니라 미국과 북한의 전쟁이 되고 말았다.[8]

5. 한국전쟁의 피해 실상

진보통일운동가 권오창은 한국전쟁의 피해에 관해 이렇게 기술한다. 합동통신 1951년 9월 15일자에 따르면 전쟁이 시작되면서부터 1951년 여름까지 학살된 남한 민간인만도 100만명이 넘는다고 한다. 그 대부분은 미군과 이승만 군대의 패주 시기에 이루어졌다. 북한지역의 학살은 더욱 참혹했다. 1950년 가을 북한 점령 시기 미 육군이 민간인에게 저지른 만행은 실로 엄청난 것이었다. 황해도에서만 12만 명의 주민이 학살되었고 북한 전체에서 약 100만명에 이르는 사상자가 발생했다.

1950년 7월 13일 맥아더는 이미 자신의 목표를 다음과 같이 표현했다. "나는 북한군을 쫓아내려는 것이 아니라 파멸시키려고 생각한다. 나는 북한 전역을 점령하려고 한다. 나의 임무는 북한 전역을 깨끗이 청소하는 것이다"[9]

전쟁이 시작된 이래 1953년 4월까지 26만 발의 대·중형 폭탄, 2억 발의 탄환, 약 40만 발의 코메트탄이 사용되었다. 이것은 태평양

8 위의 책, pp.54-55.

9 특히 황해도 신천군 궁흥면 만궁리에서는 주민의 87%, 주천면 운봉리에서는 66%, 신천면 양장리에서는 남자 모두가 당하였다.

전쟁을 치르면서 미군이 사용한 총 폭탄의 양을 웃도는 것이다. 전쟁 전 40만이었던 평양의 인구는 전쟁이 끝났을 때 8만 명으로 줄었다. 평양에는 단 두 채의 공공건물만이 남아있었다고 한다. 선 것은 모두 누워버린 것이다.

미군은 세균무기까지 사용하였다. 세균탄은 일본에서 가져왔으며 공식보고로 언급할 때는 불발탄으로 불렀다. 이에 더하여 미국은 두 번에 걸친 핵폭탄 사용을 시도했으나 세계 여론에 밀려 사용을 중지하였다. 1950년 11월 30일 기자회견에서 트루먼은 원자폭탄 사용을 선언했으며, 1951년 7월 5일 미합참본부의 작전에서도 휴전회담 결렬 시 원자탄을 사용하도록 권유한 바가 있다.[10]

제네바 협약 제118조에 '포로는 전쟁 종결 뒤 즉시 석방되어 본국으로 송환되어 가야 한다'고 규정되어 있음에도 불구하고 송환을 원한다고 표명한 사람들을 수없이 구타하여 골병을 들게 하고 살해하기도 하였다. 그래서 대부분의 포로들은 공포심에 질려 자신의 선택을 정직하게 표현할 수 없었다. 이러한 고통을 견디다 못해 포로들은 거제도 수용소에서 포로수용소장 돗드(FrancisT. Dodd)를 인질로 하여 투쟁하는 과정에서 38명이 살해되고 200명이 부상을 당하였다.

휴전회담 중에도 미국은 원하는 대로 휴전협상을 매듭짓기 위하여 1952년 6월 23일의 수풍댐 폭격과 8월 29일의 평양공습을 통해 한국전쟁의 폭격 가운데 가장 잔혹한 폭격을 가하여 평양 인구를

10 위의 책, pp.55-56.

살상했던 것이다.

그러한 가운데 이승만은 1953년 6월 18일 이른바 반공포로 석방이라는 이름 아래 부산, 마산, 논산에 수용되어 있는 포로 2만 5천명을 경찰의 손으로 넘기고 말았다. 전쟁을 치르는 동안 미국은 천문학적 예산을 들여 공황이라는 유령을 몰아냈다. 이른바 군산복합체를 가동하므로 전쟁특수를 누리게 된 것이다. 일본은 태평양 전쟁을 야기시킨 전범국가였지만, 미국의 배려로 한국전쟁 당시 미국의 병참기지 노릇을 하였다.

패전국 일본은 전쟁피해의 잿더미에서 일어나, 전쟁특수를 누리므로 일약 경제성장의 발판을 마련하게 되었다. 한국전쟁은 우리 민중에게는 식민지 백성의 지위와 침묵을, 미국에게는 반공전선의 강화와 안정적인 신식민지 지배경제의 번영을, 일본에게는 군국주의의 부활과 경제부흥, 한국에서의 상권 지위의 회복을, 그리고 이승만 정권과 장개석에게는 권력의 안정을 주었다.[11]

한국전쟁은 북의 남침에 의해 시작된 전쟁임은 역사적 사실이다. 그러나 전쟁이 장기화되어 갈수록 미국과 연합국의 압도적 군사력에 의한 엄청난 학살은 세계전쟁 역사상 찾아보기 어려울 만큼의 참혹한 전쟁이었다. 과연 미국과 연합국은 자유수호를 위해서만 한국전쟁을 치러냈을까? 미국은 일본을 한국전쟁 당시 병참기지화했다. 한반도의 전쟁에서 2차 대전 후에 남아있던 폭탄과 무기들을 대량 소모하므로 군산복합체의 전쟁특수를 누렸다. 한반도를 미국

11 위의 책, p.56.

의 패권 하에 놓으므로 동북아의 군사기지로 삼으려고 그 엄청난 인명을 살상해가면서, 천문학적 전쟁물자를 소모하여 한반도를 피로 물들였던 것은 아닐까? 또한 북의 김일성 정권은 과연 그들이 주장하는 바 통일을 위한 전쟁이었을까? 공산주의 세력을 확장하기 위한 무력침략과 동족학살의 전쟁을 벌였던 것은 아닌가?

이제 한반도는 2018년 4월 27일 남-북 정상이 선포한 '판문점 선언'을 통해 전쟁과 대결의 시대를 청산하고 대화와 평화의 시대로 나아가고 있다. 기나긴 정전체제 70여년 만에 민족화해와 통일의 기회를 맞고 있다. 민족 간의 전쟁을 넘어 국제전으로 확대되었던 한국전쟁에 대한 원인규명, 역사적 반성, 회개와 화해를 통해서 이 땅에 전쟁의 상처를 치유하고 화해와 평화 번영의 한반도 시대로 나아가야 할 것이다.

제3장

한반도 분단 상황에서 남북교회의 이데올로기 갈등

한국전쟁 기간에 동족상잔의 비극을 체험한 남과 북은 좌우의 사상적 대립과 보복으로 인해 한 맺힌 남북의 골은 더욱 깊어갔다. 자국의 체제안전보장을 명분삼아 유엔 안보리 규제를 어기고 수년간 핵실험을 강행해왔던 북측의 책임도 물론 있는 것이다. 그러나 이제 조선민주주의인민공화국이 완전한 비핵화를 미국과 국제사회에 약속한 이후, 이북에서 그토록 경제난과 국제사회의 압박을 견디어 내면서 핵무기와 ICBM을 완성한 것은 침략과 전쟁을 위한 것이 아니라, 미국과의 협상력을 높여 조선민주주의인민공화국의 체제보장을 받기 위함이었다고 하는 사실이 진실로 드러나고 있다. 이제 '판문점 선언' 이후, '북-미협정'을 거치면서 금강산 관광이 재개되고, 개성공단도 다시 복원되고, 남북대화와 교류, 남북경협사업도 새롭게 시작해야 한다. 아울러 끊어진 민족의 혈맥을 잇고, 한반도에서 냉전을 극복하고 화해와 평화의 길을 적극적으로 모색해야 한다.

예수는 강자들의 횡포 속에서 민중들이 신음하는 세상에 진정한 해방과 구원, 정의와 평화가 입 맞추는 세상을 이루고자 '하나님 나라'를 선포하였다(막 1:15). 반북정책으로 일관해 온 박근혜 정권은 헌정문란, 국정농단의 책임을 지고, 결국 대한민국 국회에서 탄핵이 가결되었다. 헌법재판소장 권한대행 이정미는 "피청구인 박근혜를 파면한다"고 엄중하고도 정의로운 선고를 하였다. 이후 이 나라의 적폐와 모순이 적나라하게 드러났다. 민심은 분노하여 '이게 나라냐, 박근혜 퇴진'을 외치면서 1700만 이상의 국민이 촛불을 들고 서울광장과 광화문, 전국의 주요도심에 모여들었다. 문재인 후보는 '대통령에 당선되면 북한을 먼저 갈 것이냐, 미국에 갈 것이냐'에 서슴없이 북한을 가겠노라고 대답했다. 문재인은 대통령에 당선된 후에도 남북대화와 화해와 통일의 문을 두드려 왔다. 결국 "판문점 선언"도 남측 대통령 문재인과 북측 국무위원장 김정은의 결단에 의해 냉전의 벽을 깨뜨리고 민족화해와 대화의 장을 열어나갔다.

한국교회는 민족대결과 갈등의 악순환의 고리를 끊을 수 있도록, 화해자의 사명을 감당해야 한다. 남한과 북한은 각자가 처해있는 입장과 형편, 서로의 체제와 사상을 올바로 이해해야 한다. 무엇보다 군사적 긴장완화가 우선되어야 하는데, 최근 이북에서 이남의 서울을 비롯한 성남까지도 사정거리에 포함되는 장사정포를 뒤로 물리겠다는 제안이 들어오고 있다고 하니 반가운 소식이다. 이제 남-북의 화해와 교류, 평화 통일의 기회가 우리 민족 앞에 성큼 다가오게 되었다. 남-북의 지도자들은 역지사지(易地思之)의 자세를 갖고 상대방을 존중하면서 정치·경제·사회·문화·사상·학술·과학·환경·스포츠·종교의 각 분야에서 대화와 교류의 장을 열어 갈 것을 간절히 기대하는 바이다. 이제는 조속한 시일 내에 정전선언과 아울러 정전협정에서 평화협정단계로 이행해 나아가는 수순을 지속적으로 밟아나가야 할 것이다. 필자는 이러한 관점에서 북한의 사상기조와 현상을 역사적 비판의식을 갖고 개진하고자 한다.

제1절 북한식 사회주의와 기독교

1. '사회주의와 기독교'-북한식 사회주의와 교회

북측의 목사 고기준은 조선그리스도교연맹 서기장을 역임하였다. 다음은 '제1차 조국통일을 위한 북과 해외동포, 기독자 간의 대화'가 1981년 오스트리아의 비엔나에서 열렸을 때, '사회주의와 기독교'란 제목으로 고기준이 강연한 내용의 서언이다.

> 항상 하느님의 보호와 은혜 가운데 있는 사랑하는 우리 성직자들과 존경하는 교포 여러분! 저는 먼저 오늘의 이 중대한 역사적인 모임에서 연설하게 된 것을 더 없는 영광으로 생각하면서 저에게 이런 기회를 허락하여 주신 주최 측에 심심한 사의를 표하는 바입니다.
>
> 천지만물의 창조자이신 하느님께서 택하여 주신 동방의 금수강산 삼천리반도에서 조선민족의 피를 받아 태어난 우리 겨레가 외세의 침략으로 말미암아 서로 갈라져 살아오던 중 하느님의 각별한 보호로 이역에서나마 이렇게 한 자리에 모여 친목을 도모하고 민족의 비원인 조국통일 방도를 의논할 수 있게 된데 대하여 하느님 앞에 감사하면서 이제 나는 '사회주의와 기독교'라는 제목을 가지고 말씀드리고저 합니다.[1]

고기준은 하나님을 창조주로 고백하는 신앙을 가진 기독교 목사요, 사상적으로는 사회주의자이다. 나아가서 마르크시즘을 토착화했다고 할 수 있는 주체사상의 신봉자이다. 그는 그리스도인으로서 분단된 조국의 통일을 염원하면서 이렇게 말을 이어갔다.

> 저는 8.15 전에는 물론 8.15 후에도 오늘까지 이북에서 교직자 생활을 하고 있습니다. 여러 성직자 선생님들도 아시고 계시는 바와 같이 지금 이북은 사회주의 사회입니다. 사회주의 사회에서 온 목사라고 하면 혹 어떤 분들은 여러 가지 의혹을 가질 수 있다고 생각합니다. 왜곡된 선전을 오랫동안 일방적으로 들어온 분들에게 있어서 그러한 의혹은 있을 수 있는 일이며 우리로서는 그것을 충분히 이해할 수 있습니다.
>
> 그러나 저는 대대로 하느님을 믿는 가정에서 태어나 유아세례를 받고 환갑이 지나도록 신앙생활을 하여온 기독자입니다. 오래전 일이기는 하지만 저도 한 때 사회주의에 대하여 의혹을 품어 왔고 기독교와 사회주의는 '수화상극'(水火相剋)이라고 생각하여 왔습니다. 내가 보아오던 옛날의 행세기리 사회주의자들 중에는 기독교와 사회주의가 이념상 상반된다고 하여 신자들끼리 소외시하는 사람들이 있었는가 하면 목회자들 중에는 반공사대사상을 고취시키는 설교를 해온 사람들도 있었습니다.[2]

고기준은 해방 이전에 모태신앙인으로서 유아세례를 받은 전통

---

1 고기준, "사회주의와 기독교", (한반도 북부지역의 기독교사 세미나 자료집, 갈릴리신학대학원, 2016), p.275.

2 위의 자료집, p.275.

적인 그리스도인이다. 해방을 전후해서 당시 일반적인 그리스도인들의 사상은 반사회주의요, 근본주의적 정통신학의 영향권에 있었던 것이다. 사회주의에 대해 부정적인 관념을 갖고 있던 고기준은 이북의 사회주의 체제 속에서 실제로 살아보았다. 이렇게 자신이 경험한 이야기를 '제1차 조국통일을 위한 북과 해외동포, 기독자간의 대화'에서 신앙고백적으로 이야기했던 것이다.

2. 북한사회에서의 사회주의

고기준은 이북식 사회주의라고 불리우는 '주체사상'에 대해서 한마디로 '사람중심의 주체철학'이라고 말한다. 그리스도교의 중심사상이 무엇인가? '하나님 사랑, 인간사랑'이라고 말할 수 있다. 하나님의 사랑을 받은 사람은 그 무엇보다 하나님의 형상으로 지음받은 인간을 사랑해야 되는 것이다. 주체사상이 인간을 중심에 놓고 인간을 귀하게 여기는 사상이라고 할진대, 여기에 그리스도교의 가르침과 주체사상간에 공통분모가 있는 것이다. 고기준의 말은 다음과 같이 이어진다.

> 그러나 저는 근 40년간 위대한 수령이신 김일성주석께서 이끄는 주체의 사회주의 조국에서 살면서 북의 공산주의자들의 이념에 대하여 이해를 달리하게 되었습니다. 나는 과거의 사회주의 이념이나 사회주의자들, 또 다른 나라의 사회주의에 대하여 다는 몰라도 우리나라의 사회주의 이념과 사회주의자들, 이북에 세워진 사회주의 제도에 대하여서는 실생활 체험을 통하여 잘 알고 있습니다. 한마디로 말하여 북반부에서 공산주의자들의 지도 사상은 주체사상입니다. 기독교인인 저의 견해를 볼 때 주체사상이란 사람중심의 철학 사상으로서

모든 것을 사람을 중심으로 생각하고 사람을 위하여 봉사할 것을 요청하는 인간사랑의 이념입니다. 주체사상을 구현하고 있는 이북의 사회주의 제도는 가난하고 억눌리던 사람들이 모든 것의 주인으로 되고 사회의 모든 것이 근로민중을 위하여 복무하며 그들에게 자유와 권리가 보장되어 있는 제도이며 모두가 한 형제와 같이 단합되고 서로 교통하며 도와주는 화목한 사회제도입니다.[3]

3. 북측의 종교의 자유와 기독교 신앙활동

고기준은 이북에는 종교가 없는 것으로 알려져 있는데 대해 조선민주주의인민공화국 헌법의 조항을 열거하면서 우선 법적으로 확실히 보장되어 있음을 밝혔다. 모든 종교가 평등한 입장에서 종교활동을 자유롭게 할 수 있다는 점을 역설한 것이다. 나아가서 사회정치적인 결사와 활동도 보장하여 주고 있다는 고기준의 강연에 대해 민주화와 통일을 염원해 온 필자는 적잖은 놀라움을 금할 수 없었다.

북에서는 종교의 자유가 법적으로 보장되어 있는 것은 물론, 종교인들을 차별하거나 그들의 사회정치 활동을 간섭 압박하는 것과 같은 비민주주의적인 모든 행위가 허용되지 않고 있습니다. 실례로 1946년 3월 23일 발표한 20개조 정강 제3조에는 '전체인민에게 언론, 출판, 집회 및 신앙의 자유를 보장할 것'이라고 밝혀져 있으며 이 정강 제5조에는 '전체 공민들에게 성별, 신앙 및 재산의 유무를 불문하고 정치경제생활에서 동등한 권리를 보장할 것'이라고 명문화되어 있

3 위의 자료집, pp.275-276.

습니다. 그리고 1972년 12월 27일에 채택된 사회주의 헌법 제4장 제54조에도 '공민은 신앙의 자유를 가진다'고 규정되어 있습니다. 이처럼 공화국 정부는 신앙의 자유를 법문화하고 있을 뿐 아니라 그를 실제적으로 담보하여 주고 있습니다. 공화국에서는 모든 종교와 교파가 다같이 평등한 처지에서 자유로운 종교활동을 하도록 해주고 있으며 그들의 사회정치적인 결사와 활동도 보장하여 주고 있습니다.[4]

분단 73년 동안 남과 북의 불신과 오해가 이제 제3차 평화 남북정상회담 이후에는 '핵없는 한반도' '조선민주주의인민공화국 제재완화'가 진전되므로 남북교류와 주변 4강대국의 협력 가운데 풀려야 할 것이다. 고기준의 설명은 다음과 같이 계속되었었다.

이러한 상황 하에서 이북의 우리 기독자들은 신앙과 전도활동을 자유롭게 벌리었으며 당회와 노회, 총회 등 교회기구들과 주일학교, 성경학교, 신학교 등 종교교육기관들도 법적보호 밑에서 제대로 운영하였습니다. 지난 조국해방전쟁 직전에 이북에는 1,473개 교회와 11만7천여명의 교인이 있었습니다. 뿐만 아니라 우리 기독자들은 초교파적인 조선기독교도연맹을 결성하고 조국통일민족주의전선(당시는 민족주의 민족통일전선)의 일원으로서 기독자들의 권리옹호와 새조국건설을 위한 활동을 활발히 벌였습니다.[5]

해방직후 이북교회의 중심적인 그리스도교 목사였던 윤하영과 한경직을 비롯한 다수의 목회자들과 수많은 그리스도교인들의 대

4 위의 자료집, p.276.
5 위의 자료집, pp.276-277.

거 남하가 있었다. 당시 상당한 그리스도인들이 이북 사회주의 체제에 불만이 컸던 것은 사실이었다. 그리스도인들 중에 다수의 지주와 지식인과 사회적 유력자가 많았다. 이들 중에는 이북 정권의 '무상몰수, 무상분배'의 원칙하에 실시된 토지개혁에 의해 재산상의 피해를 많이 입었던 것은 사실이었다. 이들이 이북에 남아서 이북 정권에 협력하면서 신앙의 자유를 보장받을 길은 없었는가? 사회주의 안에서 종교가 자생력을 갖는 길을 갔어야 했던 것은 아니었을까? 이에 대한 정답은 이웃나라 중국의 기독교사에서 찾아야 할 것이다. 중국이 사회주의 체제하에서 종전 이전보다 더 강한 신앙과 신학을 가진 교회를 유지했던 모습과 이북 그리스도교와의 행태는 너무 대조적이기 때문이다.

4. 6.25전쟁 당시 미군에 의한 기독교 피해상황

고기준의 설명은 계속해서 다음과 같이 이어졌다.

> 그러던 우리 기독교는 지난 전쟁시기 미군에 의하여 치명적인 타격을 받게 되었습니다. 조국해방전쟁시기 미군은 무차별적인 폭격과 포격으로 이북의 모든 거리와 마을들을 파괴하면서 두메산골에 있는 자그마한 교회당까지 모조리 파괴소각하고 수많은 교인들을 살육하였습니다. 이북 땅을 일시 강점하였을 때는 미군은 평민이건 교인이건 남녀노소 할 것 없이 닥치는 대로 학살하였으며 귀중한 재부들을 약탈하고 방화하였습니다. 그리고 또 남으로 나갈 때에는 원자탄을 퍼붓겠다고 위협하여 수많은 주민들과 교인들을 남으로 끌고 갔습니다. 원래 전쟁 전 평양에는 40여개의 교회당이 있었는데 미군의 폭격에 의하여 서문밖교회, 장대재교회, 남산재교회, 산정재교회, 창동교

회, 연화동교회, 기림리교회, 동평양교회 등 크고 작은 모든 교회당들이 다 파괴되었습니다. 신의주에서도 미군이 1950년 11월 8일에 120여대의 B29 폭격기로 소이탄과 폭탄을 떨구었는데, 제일교회로부터 제칠교회까지 그리고 동부성결교회와 서부성결교회 등 모든 예배당들을 다 파괴 소각하였으며 순식간에 수천 명의 교인들을 폭살하였습니다. 신의주시 제일교회 이택순 장로님은 교회당에서 기도를 하다가 두 손을 마주 잡은 채 불타 죽었습니다. 의주읍 동교회 김하원 목사님과 용천군 양서면 동상교회 이상국 목사님도 미군 폭격기의 직탄에 맞아 온 가족과 함께 참살 당하였습니다. 황해남도 신천군에 일시 들어왔던 미군 중위 해리슨과 종군목사인 한의렴은 이 군내 인구의 1/4인 3만 5천명을 잔인하게 학살하는 만행을 직접 조직 지휘하였으며, 평양시에 일시 들어왔던 한 미군장교는 장대재교회 변인서 목사의 며느리를 겁탈하였습니다. 이러한 야만성을 체험하게 된 기독자들 속에서 미국사람들에 대한 감정이 나빠지고 그들에 대한 환상이 깨졌을 뿐 아니라 신앙생활에서도 변화가 일어나게 되었습니다.[6]

고기준의 보고에 의하면 한국전쟁 당시 미국은 청교도의 후예로서 너무나 큰 오류를 범하였다. 또한 인도주의적인 입장에서도 미군이 저질렀던 죄악은 천인공노할 만행이었던 것이다. 제네바 협정에 '전투 범위 밖에 있는 자와 전투행위에 직접 참여하지 않는 자'는 보호받아야 하고, 존중되어야 하며, 인도적인 대우를 받지 않으면 안된다고 규정되어 있다. 국제적 분쟁, 전쟁상황 가운데 규범으로 인용되는 제네바 협정에 대한 중대한 위반이었던 것이다.

6 위의 자료, p.277.

5. 전후(戰後) 이북 기독교 복구와 조선민주주의 인민공화국 정부의 지원

아래의 글도 고기준의 증언이다.

> 이러한 때에 우리 기독교인들을 보살펴주고 우리의 신앙생활에 대하여 걱정해 준 것은 공화국정부였습니다. 경애하는 김일성주석님께서는 전쟁시기 미군의 폭격이 심해지자 심야삼경에 친히 전화로 기독교연맹을 찾아주시고 교인들이 안전한 지대로 피난하도록 세심한 대책을 세워주시었습니다. 전후에도 정부에서는 기독교인들이 교회당을 복구하는데 필요한 모든 조건을 보장하여 주겠다고 하였으나 민생문제가 절박하였던 당시의 형편에서 우리 교인들은 정부가 인민생활 관련된 초대교회와 같이 교인들 중의 집을 예배처소로 정하여 신앙생활을 하도록 하였습니다. 그때로부터 근 30년 세월이 흘러 갔습니다. 지금 이북에는 5천명의 기독교인들이 있고 평양시의 60여개소를 비롯하여 전국적으로 500여개소의 예배처소가 있습니다. 공화국정부는 우리 기독교인들을 차별하지 않는 것은 물론 우리들에게 국사에 참여할 충분한 기회를 주고 있습니다. 현재 우리 교인들은 나라의 크고 작은 정사에 광범히 참여하고 있습니다. 우리 기독교인으로서 지금 최고인민회의와 지방주권기관 대의원수는 100여명입니다.[7]

위의 글은 고기준 목사의 보고서 중 일부이다.

지금까지도 이남의 그리스도인들은 이북에는 종교의 자유가 없고, 기독교가 박해를 받고 있으며, 봉수교회나 칠골교회는 외국인

7 위의 자료, pp.277-278.

들에게 보여주기 위한 선전용 가짜교회라는 인식이 일반화되어 있다. 조선그리스도교연맹도 이북정부가 세운 어용기관이라는 식이다. 이북의 주석 김일성의 부모인 김형직과 강반석은 신실한 그리스도인으로 살아온 것으로 알려져 있다. 필자는 고기준의 비엔나 강연에서 밝힌 이북 그리스도교가 당한 전쟁시기의 참혹한 희생 속에서 이북정부가 보낸 지원과 협력에 대해 진실성있는 증언이라고 믿고 싶다. 이북정부와 이북교회와 조선그리스도교연맹의 밀접한 관계에 대해 상당히 신뢰할 부분이 있다고 보는 것이다. 열악한 상황 속에서도 진실한 그리스도인으로서 신앙생활을 하는 이북의 그리스도인 형제자매들과 교직자들에게 뜨거운 연민과 사랑을 보낸다. 종교인들의 교류와 사상적 상호이해는 조국의 평화통일과 한반도의 평화를 위해 필수불가결한 중대한 요소라고 생각하는 바이다.

6. 사회주의 건설과 조국통일을 위해 함께 갈 수 있는 근거

북의 사회주의 체제하에서 북한 기독교인들이 사회주의 건설과 조국통일을 위해 협력할 수 있는 근거는 무엇이겠는가를 고기준은 북한 기독교 목사로서 다음과 같은 두 가지를 확실성 있게 말씀 드릴 수 있다고 하였다.

첫째로, 이북의 공산주의자들은 철저한 애국자들이라는 점이다. 북의 공산주의자들은 조국광복을 위하여 피어린 항일무장투쟁을 전개하여 왔고 북반부에 전인민이 복리를 누리는 주체의 사회제도를 세워 놓았으며 나라를 통일하여 민족자주권을 확립하고 민족적 번영을 이룩하기 위하여 모든 심혈을 다하고 있으며 그들은 자신의 철학을 가지고서 민족 주체성을 철저히 견지하고 있으며 민족적 존엄과 최고의 높이에서 고수하고 있다는 점.

둘째로, 공산주의자들과 기독교인들이 조국통일을 위한 길에서 얼마든지 단결 합작할 수 있다는 점이다. 사상과 신앙의 차이는 북의 공산주의자들과 기독교인들이 단결하고 합삭하지 못할 조건이 될 수 없다는 것이다.[8]

북한 조선그리스도교 연맹은 1981년에 세계교회에 진출하여 북한식 사회주의 체제 속에서 기독교가 선교활동을 지속하고 있음을 알렸다. 해방 직후의 교회상황, 한국전쟁을 전후한 북한교회가 당한 극심한 박해와 대량학살, 그리고 예배당 폭격 사실에 관하여 처절하게 기술하고 있다. 남북한 교회 모두는 회개해야 한다. 우리는 고기준 목사의 강연자료를 구입하여 읽으므로 북한교회의 신앙과 신학에 대해서, 그리고 주체사상이 지배하는 북한사회 속에서 그리스도에 대한 신앙고백을 하면서 교회가 존속해 나감을 보았다. 실로 감격스러운 일이요, 오직 이 민족을 사랑하시는 하나님의 은총이었다.[9]

8 위의 자료, pp.275-280.

9 고기준 목사는 1981년 비엔나 회의에 참석하여 '기독교와 사회주의'라는 제목으로 위와 같이 강연하였다. 이 때 북한교회의 실상과 북한식 사회주의와 기독교인의 공동이해에 관한 소식을 들을 수 있었다. 고기준 목사는 이렇게 강연을 맺는다. "사상과 신앙의 차이는 북의 공산주의자들과 기독교인들이 힘을 합칠 수 있고 조국통일의 역사적 대업을 실현하는데서 능히 합작할 수 있다는 확신을 가지게 되었습니다. 존경하는 여러분, 오늘 우리 민족에게 있어서 지

제2절 분단 70년, 북한 기독교의 이해

1. 북한 기독교에 관심을 갖는 이유

지난 70여 년 동안 북한 기독교는 사회주의 체제 하에서 여러 형태로 재편과 변형을 거쳐 왔다. 조선그리스도교련맹, 가정교회, 봉수교회, 지하교회, 이 네 가지는 북한 기독교의 역사적 면모를 잘 보여주는 것들이다. 조선그리스도교련맹과 몇몇 공인교회들이 북한정부의 종교이용과 간섭으로 만들어진 재편된 형태의 기독교에 속한다면, 가정교회와 지하교회는 종교탄압 환경에서 생긴 전통적 기독교의 변형이라고 할 수 있다. 이 글의 목적은 북한 기독교를 이해하는 한 방편으로 조선그리스도교련맹과 교회들이 어떤 환경과 동기에서 재편되거나 변형되어 왔는가를 찾아보는 데 있다. 조선그리스도교련맹과 교회들의 결성과 건립 동기에 관심을 갖는 이유는 그것들에 대한 남한교회의 오래된 부정적 인식 때문이다. 남한의 연구자들과 교회 지도자들 가운데는 북한정권에 적대적인 남한정부의 자료, 월남자나 탈북자들의 부정적 증언, 혹은 불과 며칠 동안

상최고의 민족적 과제는 3분의 1세기가 넘도록 분열되어 있는 나라의 통일을 하루 빨리 이룩하는 것입니다. 예수께서는 조국과 민족을 사랑하는 것은 우리 기독자들의 마땅한 도리라고 보았을 것으로 저는 생각합니다. 일제 식민지 통치시기에 뼈저리게 체험하였지만 나라 없는 민족의 신앙생활은 참으로 처참한 것입니다. 제 나라, 제 민족이 있고서야 신앙생활이 있고, 신자들의 복된 삶이 있다는 것을 역사는 충분히 입증하였습니다. 그러기에 이북의 우리 기독자들은 조국통일을 민족지상의 과업으로 내세우고 거기에 사사로운 모든 것을 복종시키면서 통일 위업의 조속한 성취를 위하여 모든 힘을 기울여 왔습니다. 우리는 물론 앞으로도 자기가 정당하다고 확신하는 이 길을 따라나갈 것입니다."

의 평양방문에서 얻은 단편적인 인상 등을 통해 종교기구로서의 조선그리스도교련맹을 불신해왔으며 봉수교회나 장충성당의 종교적 아이덴티티도 부인해 왔다.[10]

종교학자 윌프레드 켄트웰 스미스(Wilfred Cantwell Smith)는 말하기를, 종교라는 것은 쉽사리 이해되는 것도 아니고 인간의 꿈을 담고 있는 것이어서 연구자가 조심해서 접근해야 한다고 했다.[11] 이런 자세는 냉전의 환경뿐만 아니라 반종교정책이나 주체사상 같은, 종교에 적대적이거나 비우호적인 환경에 둘러싸여 생존해 온 북한의 기독교를 이해하려고 할 때에는 특히 더 필요할 것이다.

2. 조선그리스도교련맹의 결성

조선그리스도교련맹은 2015년 11월 28일자로 결성 69주년을 맞이했다. 남북분단 한 시기 70여년을 거쳐 북한 기독교를 이끌어온 조선그리스도교련맹을 이해하려면 무엇보다도 먼저 조선그리스도교련맹의 결성 동기와 결성 과정을 살펴보아야 한다. 이 문제는 1990년대 초반까지만 해도 해방 직후의 월남자들의 증언을 통해서 부정적으로 이해되어 왔으나 이제는 조선그리스도련맹의 결성 과정을 기록하고 있는 『쉬띄꼬프 일기 1946-1948』(2004)와 강량욱 전기 『사랑과 믿음 속에 빛내인 삶』(2013) 등의 문헌을 통해서 좀

10 김흥수, "분단 70년, 북한 기독교의 이해", (한반도 북부지역의 기독교사 세미나 자료집, 갈릴리신학대학원, 2016), p.174.

11 윌프레드 켄트웰 스미스, 길희성(역), 『종교의 의미와 목적』(서울: 분도출판사, 1991), p.27, 한반도 북부지역의 기독교사 자료집 (갈릴리신학대학원, 2016), 재인용, p.175.

더 객관적으로 결성전후의 역사를 찾아 볼 수 있다.[12]

조선그리스도교련맹은 1946년 11월 28일 목사 강량욱을 위원장으로 하는 북조선기독교련맹에서 출발하여 1974년에는 조선기독교도련맹으로, 1999년에는 지금 사용하는 조선그리스도교련맹으로 명칭을 바꾸었다. 평양에서 간행된 『조선대백과사전』은 조선그리스도교련맹을 '우리나라 그리스도교인들의 권리와 리익을 옹호하며 그들의 신앙생활을 지도하는 민주주의적이며 초교파적인 그리스도교 조직'으로 정의하고 "주체 35(1946)년 11월 28일 평양에서 결성되었다"고 소개한다.[13] 『조선대백과사전』에서는 그리스도교 신앙에 대해 긍정적인 관점으로 소개했다. 조선그리스도련맹에 대해 그리스도인의 신앙의 자유를 옹호하는 기관으로 인정하고 있다는 것은 앞으로 이북의 사상과 종교와의 대화에서 희망적인 신호라고 볼 수 있다.

3. 분단 직후 북한교회들의 정치성향

분단 직후 북한지역 교회들이 처해있던 상황을 살펴본다면 당시 교회지도자들의 정치적 성향과 밀접하게 관련되어 있다. 1945년 연말까지만 해도 소련 주둔군 및 사회주의자들과 종교집단 사이의 관계는 지역에 따라 다소 차이는 있으나 적대적인 것은 아니었다. 기독교와 사회주의 세력은 일종의 통일전선을 맺기도 했다. 그 대표적인 것이 산정현 교회의 장로이자 10여 년 동안 평양 YMCA의

12 김흥수, 위의 자료집, p.175.

13 조선그리스도교련맹, 『조선대백과사전』 17권(평양: 백과사전출판사, 2000)

총무를 지낸 조만식이 1945년 11월 결성한 조선민주당이었다. 조선민주당의 하부조직은 기독교 세력이 압도적으로 많았지만 김일성의 항일 유격대 동료들인 최용건이 부당수, 김책이 서기장으로 있었던 통일전선적 조직체였다. 조선민주당은 기독교 세력을 중심으로 창당 3개월 만에 당원이 50만에 이르렀다.

사회주의 세력과 종교집단 사이의 통일전선은 오래 지속하지 않았다. 상호관계가 소원해진 데는 종교단체나 종교인들 가운데 계급적, 역사적으로 반제반봉건 혁명의 대상이 된 때문이기도 하지만, 무엇보다도 북한 지역의 종교 지도자들 가운데 많은 수가 북한보다는 남한의 이념과 체제를 더 선호하고 있었으며 교회 지도자들 중에는 새 나라가 마르크시즘이 아니라 미국처럼 '그리스도의 확실한 토대 위에' 세워지기를 원한 데 있었다.[14]

예컨대, 미국 유학 경험이 있는 신의주 제1교회 목사 윤하영과 제2교회 목사 한경직은 1945년 9월 중순 평안북도의 도청 소재지 신의주에서 '사회민주당'(Social Democratic Party)을 조직하였다. 그들이 연합군사령부를 수신자로 1945년 9월 26일 보낸 서신에 따르면, 8월 30일 소련군의 신의주 진주 이후 좌파의 부상을 보면서 주민들을 '올바른 원칙'(right principle)에 따라서 인도하기 위해 사회민주당을 창당했다. 그 후에도 장로교회와 감리교회 지도자들이 창당을 추진했는데, 1946년 4월경 교회 지도자들의 정치적 입장은

---

14 윤하영·한경직, "Gentleman (Ha Young Youn and Kyong Chik Han)의 편지", 한반도 북부지역의 기독교사 세미나 자료집, (갈릴리신학대학원, 2016) p.176.

"리승만 박사나 림시정부 김구 주석에 대한 신의", 민주당과의 협력, 신탁통치 반대, 하지 장군과 아놀드 장군이 하는 방송의 경청 등으로 나타났다. 조선민주당은 신탁통치 문제로 1946년 2월 조만식이 당에서 축출되고 기독교인들이 대거 탈당함으로써 좌우합작의 성격을 상실했다. 이 상황에서 대부분의 기독교 지도자들의 남한 선호와 이승만에 대한 지지는 확고했다. 예컨대, 북한지역 장로교회의 가장 큰 조직인 이북5도 연합노회는 공공연히 친미·친이승만적 태도를 취하였을 뿐 아니라, 비밀리에 미군정과 연락을 취하고 있는 노회원들도 있었다.[15] 사회민주당과 이북5도 연합노회의 정치적 입장과 11월 신의주 학생사건은 북한정권에 대한 일부 기독교인들의 비협조를 보여주는 것이었다. 이러한 비협조는 1946년 장대현교회에서의 3·1운동 기념 집회와 무장 경비대의 교회 난입으로 이어졌다.[16]

기독교내의 좌우분열과 이북공산당 정권에 대한 비타협주의 노선과 저항은 6.25전쟁을 전후하여 기독교와 공산당 간에 엄청난 피의 학살과 보복을 자초하고 있었던 것이다. 당시 좌우 정치적 지도자들, 기독교 지도자들이 민족화합과 기독교의 생명존중의 차원에서 좀 더 대화하고 숙고했더라면 그토록 가공(可恐)할 피의 희생은 최소화되었을 것 아니냐는 반성을 해보자는 것이다.

15 김양선, 『한국기독교해방십년사』(대한예수교장로회총회 종교교육부, 1956), p.49, 한반도북부지역의 기독교사 세미나 자료집, 2016. p.177.

16 "The New York Times", (April 28, 1946), 한반도 북부지역의 기독교사 세미나 자료집, 2016, p.177.

제3절 6.25전쟁을 전후한 남북교회의 이념갈등

1. 남측교회가 친미·보수·반공교회가 된 경위

6.25전쟁 이후, 냉전시대 속에서 한국 그리스도인들은 어떠한 관점을 갖게 되었는가?

1950년 6월 25일에 일어난 한국전쟁은 동족상잔의 비극을 낳았으며, 국제적 갈등은 극대화되었다. 제2차 세계대전 동안에 유럽 전 지역에 투하된 폭탄보다 더 많은 양의 폭탄이 투하되어 한반도는 초토화되었던 것이다. 이 전쟁에서 남한군 22만 명, 북한군 60여만 명, 중공군 1백만 명, 미국군 14만 명, 유엔군 1만 6천여 명의 사상자가 났다. 전쟁 중에 병으로 사망한 숫자를 포함하면 250만 명이나 되는 군인들이 전쟁 중에 희생되었다. 남한 50만과 북한 300만 명의 민간인 사망자를 합치면 6백만명의 피가 이 땅에 쏟아진 것이다.[17] 그리고 3백여만의 피난민과 1천만 명의 이산가족이 생겼던 것이다.

6.25전쟁을 전후하여 북한 공산정권과 대립했던 북한의 그리스도인들은 수난과 죽음을 겪어야 했으며, 수십만의 북한 그리스도인들이 고향과 교회를 버리고 남한으로 내려와 피난생활을 감내해야 했다. 한국전쟁동안 적지 않은 남한의 그리스도인들이 납치되었고 참혹하게 처형되기도 했다. 한편 공산주의 동조자들은 이념전쟁의 제물이 되었고 '부역자'라는 명목으로 사회에서 매장되지 않으면 안 되었다.

---

17 『브리테니카 백과사전』(1970년판 통계).

1953년 휴전협정 이후 일시적인 것으로 여겨졌던 '휴전선'이 영구불변의 '분단선'처럼 되면서 남북분단의 벽은 높아져갔고 남북한의 군비경쟁은 가속화되었으며, 북한병력 84만과 남한병력 60만을 합하여 근 150만 군대가 무장대치하는 상태에서 한반도에 배치되었거나 겨냥되고 있는 핵무기는 이 땅을 없애버리고도 남을 정도의 가공할 파괴력을 보유하기에 이르렀다. 민족의 분단이 장기화되면서 양 체제 모두 안보이데올로기의 이름 아래 인권은 유린되어왔으며, 언론과 출판, 집회와 결사의 자유는 억압되어 왔다. 그리고 서신 왕래도, 방문도, 통신도 두절된 양쪽은 한 땅 덩어리 위에서 가장 멀고 이질적인 나라가 되었다. 남북한의 교육과 선전은 상호비방 일색이며, 상대방을 상호체제경쟁을 통하여 약화시키고 없애야 할 철천지원수로 인식하게 하고 있다. 따라서 남북한 국민들은 동족의 생활과 문화에 대하여 서로 무지할 뿐 아니라 서로 알아서는 안 되는 관계로까지 길들여져 왔다. 양 체제는 같은 피를 나눈 동족을 가장 무서운 원수로 인식하게 하고 있는 것이다.

남북대화의 길은 1972년, 이른바 7.4 공동성명이 계기가 되어 트이기 시작하여 대화와 협력과 교류에 희망을 갖게 하였다. 1985년에는 남북적십자회담이 재개되고 이산가족 고향방문이 이루어졌으나 그 수는 극히 한정되었으며 대화와 협상은 끝없이 공전되고 있는 실정이다. 남한 그리스도인들은 1980년대 초반까지만 해도 북한에 그리스도인들과 교회가 있는지 없는지조차 확인할 수 없었고, 분단이 고착화되는 과정에서 북한 공산정권에 대하여 깊고 오랜 불신과 뼈에 사무치는 적개심을 그대로 지닌 채 반공 이데올로기에 맹목적으로 집착해왔다.[18]

2. 미국 복음주의의 성장과 한경직의 전쟁고아사업에 관해

미국 복음주의의 성장은 한국 기독교, 특히 영락교회 목사 한경직과 월남한 서북 출신의 기독교인들이 정치적·사회적 헤게모니를 확장하는데 중요한 역할을 했다. 이와 동시에 한경직 등 기독교인들은 미국 복음주의가 성장할 수 있도록 한국에서 그 발판을 마련하는 역할을 했다. 한경직과 월남한 서북 출신의 기독교인들은 한국전쟁이 발발하자 세계교회협의회(WCC)와의 관계를 독점해서 한국 기독교에서 주도 세력으로 자리 잡았다. 미국기독교교회협의회(NCCCUSA) 산하의 구호 단체인 기독교세계봉사회(CWS)는 한국에 기독교세계봉사회 한국위원회(KCWS, Korea Church World Service)를 설치하고 구호에 앞장섰는데, 월남한 서북 출신 기독교인들은 한국기독교교회연합회(NCCK)를 통해 이러한 구호물자를 독점함으로써 자신들의 세력을 키웠다.[19] 6.25전쟁 이후 고아들과 피난민들, 전쟁피해자들에 대한 상황이 알려지자 미국과 세계는 구호의 손길을 한국에 뻗쳤던 것이다.

한경직은 WEF(세계복음주의협의회, World Evangelical Fellowship)의 인물들이 한국에서 기반을 마련하는 데 도움을 주었으며, WEF를 대표하던 그레이엄과 피어스의 부흥 집회에 적극적으로 협력했다. 그리고 피어스와 홀트를 끌어들여 한국에서 미국 복음주의 세

18 "민족의 화해와 평화에 대한 한국기독교회 선언", (한국기독교교회협의회, 1988. 2. 28.).

19 윤정란, 『한국전쟁과 기독교』(서울: 한울, 2016), p.203.

력을 확장했다. 이를 위해 교역자 수양회, 부흥집회, 전쟁고아 사업 등을 전개했다. 이들과 한경직이 친분을 맺을 수 있게 해준 인물은 미국 선교사 해럴드 보엘켈이다. 그는 북장로교 선교사로, 한경직과는 프린스턴 신학교의 동기 동창이었다. 1950년에 보엘켈은 한경직에게 피어스를 소개했고, 피어스는 한경직의 초청으로 영락교회에서 처음 설교를 했다. 한경직은 또한 남대문 옆에 있는 공터에서 연합 전도대회를 할 수 있게 주선했다.[20]

'전쟁의 부산물', '거리의 부랑아'로서 범죄 용의자 취급을 받던 전쟁고아들은 반공과 한미 혈맹의 상징물로 재발견되었다. 이는 한국과 미국의 신문, 잡지, TV, 영화 등을 통해 이루어졌다. 한국과 미국 언론은 '인류의 공적 공산도배들', '이리 떼', '인정도 용서도 없는 적구(赤狗, 공산주의 앞잡이를 얕잡아 일컫는 말)의 도발적 남침'으로 '집을 태우고 전재(戰災)로 부모형제를 잃어 헐벗고 굶주리고' 집을 잃어버린 전쟁고아들을 미군이 부대로 데리고 가서, 들고 다니던 깡통과 누더기 같은 옷을 새 옷으로 갈아입히고 혈색이 도는 아이들로 바꾸어놓았다고 경쟁적으로 보도했다.[21]

미군은 전쟁을 성공적으로 수행하기 위해 제8군 사령관 벤 플리트에서 사병에 이르기까지 대민 정책 차원에서 긍정적인 이미지를 심으려고 노력했다. 전쟁에 시달리는 미군들에게 잠시나마 정서적

20 김병희 편저, 『한경직 목사』(서울: 규장문화사, 1982), p.82, 위의 책 재인용.

21 "Young Marine Adopt South Korea Orphan, Why Refuses Tasting G.I Food", (*The New York Times, Aug, 22, 1950*), 윤정란, 『한국전쟁과 기독교』(서울: 한울, 2016), pp.173-174.

인 휴식을 주기 위해 고아를 돌보는 것을 장려하기도 했다. 벤 플리트는 이러한 목적을 위해 여러 차례 서울에 있는 고아원을 방문해서 구호물자를 기증했다.[22] 미군들은 본국의 친지 혹은 가족에게 편지를 보내 물자 원조를 요청했다. 이 편지를 받은 사람들은 그 지역의 방송, 지역 단체, 학교, 교회 등을 동원하고 물자를 수집해 고아원을 지원하는 미군을 도와주었다.[23]

이러한 과정 속에서 미군은 전쟁고아들에게 자신들을 보호해주려고 온 '하늘의 사절', '아버지' '할아버지'였다. 그러나 고아원에 수용되어 있어도 배불리 먹지 못했다. 따라서 고아들은 부활절, 추수감사절, 성탄절 등 특별한 날을 기다렸다. 특히 성탄절 축하 잔치는 미군이 개최하는 큰 행사였다. 이 행사는 휴전회담 후에도 계속되었다.[24]

한경직과 월남한 서북 출신 기독교인들이 재정적 기반을 마련하는 데 중요한 역할을 한 단체가 WEF다. 이 조직이 성장하는 데 중요한 기반이 된 것이 한국 전쟁고아 사업이었다. 이 사업은 월드비전, CCF, 홀트 입양 프로그램을 통해 이루어졌다. 월남한 기독교인들을 대표하는 한경직은 이 조직의 정책을 결정할 수 있는 중요한

---

22 예컨대 벤 플리트는 1952년 3월 서울 고아원을 방문해 약 1만 1,000달러 상당의 구호 의류를 기증하고, 이어 자하문 밖 콜롬방고아원을 찾아가 구호물자를 증정했다("일만 달러 의류 기증", 「동아일보」(1952월 3월 20일), 윤정란 재인용, p.174.

23 「동아일보」(1953년 2월 7일).

24 "벌써 산타크로스", 「경향신문」(1958년 12월 10일).

위치에 있었다. 한국선명회(오늘날의 한국 월드비전)는 피어스와 한경직이 함께 설립했으며, 1964년에 이사장직이 만들어지자 한경직은 이사장으로 취임해 1985년까지 활동했으며, 그 이후로도 명예 이사장으로 계속 자리를 지켰다. 홀트 입양 프로그램과 관련해서는 월드비전 창립자로서 처음부터 함께 활동했으며 1967년부터 1974년까지 이사장으로 활동했다. 이렇듯 한경직의 정치적·사회적·재정적 기반을 확대·강화하는 데 가장 큰 도움을 준 것은 월드비전이었다.[25]

미국 복음주의는 한국 전쟁고아 사업을 통해 성공했고, 이를 기반으로 미국정부와 한국 정부에 영향력을 미치는 세력이 되었다. 이와 같이 미국 복음주의자들과 밀접한 관계를 맺어온 한경직과 월남한 서북 출신 기독교인들은 이를 기반으로 한국의 종교·정치·사회에서 무시할 수 없는 존재로 성장했다.[26]

3. 박정희 군부독재와 유착된 한경직의 선교행태

한경직과 월남한 서북 출신 기독교인들은 이를 기반으로 종교뿐만 아니라 정치적·사회적으로 세력을 확장했다. 한경직이 이끌었던 영락교회는 1960년대에 교인 수가 1만 명을 넘었고, 1963년부터는 한국 최초로 주일 3부 예배를 시작하는 대형교회가 되었다. 영락교회는 다른 지역의 많은 교회도 지원했다. 1980년 초반까지 영락교회에서 세운 교회가 200여 곳 이상이었으며, 남한의 어느 교파나

25 윤정란, 위의 책, p.203.

26 윤정란, 위의 책, p.212.

교회보다 많은 수의 '군인교회'를 설립했다.

한경직과 월남한 서북 출신 기독교인들에게 한국전쟁은 신이 준 기회였다. 하지만 월남한 서북 출신 기독교인들은 이승만에게는 항상 의심스러운 존재였다. 왜냐하면 이들은 한국과 미국의 관계에서 창구 역할을 했으며, 이 창구를 독점하고 있었기 때문이다.

미국정부는 박정희 정권과는 협력 관계를 유지했다. 그러나 1961년 5.16 군사 정변이 일어나자 미국 정부와 미국인들은 박정희에 대해 약간의 의심을 품었다. 그의 남로당 전력과 군사 정변 때문이었다. 그러므로 정변세력에게 가장 먼저 필요했던 것은 국민과 국제 사회의 승인을 얻는 것이었다. 특히 국가 예산의 50%, 국방 예산의 72. 4%를 후원하고 있는 미국의 지지를 얻는 것이 가장 중요했다.[27] 이러한 상황에서 박정희 군사 정부에 대한 미국과 미국인들의 부정적인 인식을 변화시키기 위해 나선 이가 한경직이다. 군사 정변이 일어난 지 한 달 정도 지났을 때 친선 사절단이 미국으로 파견되었다. 이 친선 사절단은 한경직, 동아일보사 사장 최두선, 이화여자대학교 총장 김활란 등이 포함되었다.[28]

한경직은 아울러 '선명회 어린이 합창단'을 통해 한미 관계가 가족적 혈맹 관계임을 다시금 확인할 수 있게 했다. 단원은 여자 어린이 36명과 남자 어린이 7명으로 총 43명이었다. 전국에 있는 한국

---

27 김형아, 『박정희의 양날의 선택 : 유신과 중화학공업』, 신명주 옮김 (서울: 일조각, 2005), p.125. 윤정란 위의 책 재인용, p.207.

28 김활란, 『그 빛 속의 작은 생명』(서울: 이화여자대학교출판부, 1965). pp.376-379, 윤정란, 위의 책, 재인용, p.207.

선명회 시설 산하의 고아원에 있는 어린이 1만5,000명 중에서 선발했다.[29] 합창단은 우선 국내에서 활동을 시작했다. 한경직이 친선 사절단으로 미국에 다녀온 지 두 달이 지난 후였다. 피어스가 내한한 것은 같은 해 10월로 예정된 어린이 합창단의 방미를 앞두고 사전 준비를 하기 위해서였다. 어린이 합창단은 미국을 방문하기 전인 1961년 10월 13일에 박정희를 만났으며, 16일에 가슴에 태극기를 달고 노스웨스트 유나이티드 에어라인 편으로 미국을 향해 떠났다. 순회공연은 미국 44개 주 72개 도시를 망라해 이루어졌다. 이들의 공연은 약 4개월 동안 50여 군데에서 이루어졌다.[30]

어린이 합창단의 공연에는 박정희의 후원이 크게 작용했다. 박정희가 시애틀에 도착하자 어린이 합창단은 국제공항에서 그를 환영했다. 그리고 박정희는 어린이 합창단이 순회공연으로 미국인들의 인기를 한 몸에 받고 있던 1961년 11월에 미국 대통령 케네디(John F. Kennedy)를 만남으로써 미국으로부터 정식으로 인정받았다.[31]

---

29 어린이 합창단은 매일 아침 6시 반에 기상해 새벽 예배를 본 후 발성 연습으로 시작했고, 학교에서 돌아온 뒤 저녁예배를 드렸다. 이러한 훈련 끝에 1960년 8월 26일 개원 예배를 드렸으며, 10월 10일 피어스의 방한을 계기로 정식으로 개원식을 가졌다.(민경배, 『월드비전 한국 50년 운동사』(서울: 홍익재, 2001) p.234, 윤정란, 위의 책, 재인용, p.208.

30 교회, 방송국, 시 공화당, 비행기, 기차, 백화점, 식당, 호텔 로비, 뉴욕 엠파이어 스테이트 빌딩 꼭대기, 번잡한 도로 등 미국인들의 관심을 끌 만한 곳에서 기회가 있을 때마다 공연했다. 이에 관한 선전 활동은 3-4명의 미국 월드비전 직원들이 담당했다. 이렇듯 전략적 사전 준비로 인해 공연 장소는 시작 30분 전에 초만원을 이루었다 (노래하는 고아 사절, 경향신문, 1962년 2월 4일, 윤정란 위의 책 재인용, p.209).

31 "역사적 박·케네디 회막 개막", 「경향신문」, 1961년 11월 15일, 윤정란 위의 책 재인용, p.210.

합창단은 귀국 후 박정희를 찾아가 귀국 인사를 했다. 박정희는 이후 어린이 합창단을 계속 지원했다. 어린이 합창단은 박정희 정권을 미국인이 적극적으로 지원하도록 한 '꼬마친선사절단'이었다.[32]

미국 정부와 미국인들은 어린이 합창단을 통해 한미 간에 혈맹적 관계를 다시 확인했고, 한국 정부에 열렬한 시원을 보냈다. 이로써 박정희는 자신이 일으킨 정변에 대해 정당성을 인정받을 수 있는 발판을 마련한 셈이었다. 미국 정부와 미국인들의 지지는 국내에서도 군사 정변의 정당성을 인정하도록 하는 중요한 요소가 되었다. 박정희는 1975년 한국 선명회에 5.16민족상을 수여했다. 한경직은 어린이 합창단을 통해 미국이 박정희 정권을 지지하게 만드는 데 성공했다. 이러한 활동으로 박정희 정권과 한경직을 중심으로 한, 월남한 서북 출신 기독교인들은 굳게 결합할 수 있었다.[33]

4. 극우반공체제 성립과 경건의 베일에 싸인 한경직의 영향력

한국교회는 1970년대에 들어 획기적인 성장을 이루었다. 여기에는 한국교회가 박정희의 개발독재체제가 주도한 폭압적 근대화에 조응했기 때문이다. 한국교회 100주년을 기념하여 교회의 성장을 분석한 한 연구에서도 "70년대부터의 성장은 도시화 현상과 대중집회, 경제성장, 그리고 다소 친불교적 정권에 대한 반발적인데서 온 성장"으로 보았다.[34] '월남자형 교회(북한에서 월남한 사람들 중

---

32 "노래사절꼬마합창단", 「경향신문」, 1962년 2월 6일, 윤정란 위의 책 재인용, p.210.

33 윤정란, 위의 책, pp.210, 212.

심의 교회)'를 대표하는 영락교회의 성장은 여의도 순복음교회를 필두로 하는 '선발 대형교회'에 비해 사회경제적 요인보다 정치적 요인이 중요하게 작용하였다.[35] 영락교회는 극우반공체제의 성립과 궤를 같이하는 가운데 최대 수혜자였기 때문이다.

영락교회의 성장은 일차적으로 동향(同鄕) 사람들 간의 강한 연대의식으로 이루어졌다. 그러나 이러한 성장에는 물적 토대가 있었기 때문에 가능했다. 그것은 바로 월남자들을 대상으로 한 구호 및 안내 활동이었다. 영락교회 한경직은 백영엽, 황은균 목사 등과 함께 〈기독교상조회(基督教相助會)〉라는 조직을 1946년 초반에 만들어 월남해 온 신자들의 거처, 식량, 직장문제 등을 해결해 주었다. 강원용을 중심으로 만들어진 〈선린형제단(善隣兄弟團)〉은 잠시나마 월남하는 학생들에 대한 숙식을 제공해주었는데, 고문 가운데 한 사람이 한경직이기도 했다.[36] 1946년 8월에 조직된 영락교회의 부인전도회는 200명의 회원을 가졌는데 월남자들을 위한 봉사와 전도활동을 조직적으로 전개하였다. 이러한 활동들이 영락교회의 성장과 맞닿아 있음은 물론이다. 다음과 같은 한경직의 발언이 이를 여실히 뒷받침한다.

---

34 한경철, 『한국교회성장 어디까지왔나』(삼영서관, 1984), p.72, 인터넷 네이버 창. https://m.blog.naver.com/ PostView.nhn

35 김진호, 『시민K, 교회를 나가다』(서울: 현암사, 2012), p.75, 인터넷 다음 창, https://m.search.daum.net/ search

36 강원용, "빈들에서", (서울: 열린문화, 1993) p.160, 인터넷 네이버 창 재인용, https://m.blog.naver.com/ PostView.nhn

… 아 그래서 우리교회 청년들이 열렬한 반공청년들이라 가서 쳐부수고 해산시켰거든. 지금은 그 청년들이 다 장로됐수다. 그러니까 공산당들이 자꾸 대립을 하고 그러니까니 그런(반공적인) 설교도 하고 대립을 했시오. 또 그때 신탁통치 문제가 나오지 않았시오? 그때도 우리 영락교회를 중심으로 적극 반대도 하고 그랬지요.[37]

우리는 영락교회와 관련하여 1946년에 일어났던 두 사건을 기억해야 한다. 하나는 2월 10일에 조직된 베다니 청년회이다. 모든 월남자들이 공유하는 특징이긴 하지만, 강력한 반공주의로 무장한 이들은 신탁통치 반대운동과 반공활동에 적극적으로 참여하였다. 특히, 3·1운동의 33인 중 한명이었던 사회주의 성향의 목사 김창준을 중심으로 결성된 기독교민주동맹의 창립대회를 습격한 사건은 잘 알려진 경우이다.

기독교민주동맹은 “기독교 본래의 사회정신은 일부 특권계급의 이익을 두둔하거나 전제와 압박에 추종하는 것이 아니요 어디까지나 인민적이요 평화적이요 정의감이 굳센 곳에 있다”면서 “성스러운 8·15 해방을 당하여도 그들 일부 지도자층은 과거를 회개, 근심함이 없이 자신이 의연히 반인민적 노선을 걸을 뿐 아니라 자기들의 이익만을 위하여 신도를 오도하고 있음은 실로 통한사라 아니할 수 없다”고 친일목사들을 규탄하였다.[38] 김창준은 1946년 10월에 발생한 대구항쟁을 목격하면서 “경제적 공평이 없는 곳에 정치적

37 김병희 편저, 『한경직 목사』(서울: 규장, 1982), p.55.

38 김흥수 엮음, 『일제하 한국기독교와 사회주의』(서울: 한국기독교역사연구소, 1992). p.224.

평등과 세계평화는 없다"는 것을 깨달은 교역자로 좌익노선을 지향하는 정치사회단체들의 연합체인 '민주주의 민족전선'에 참여하기도 했다.

그러니까 영락교회 목사 한경직을 중심으로 한 영락교회의 청년들은 자신과 이념이 다르다는 이유로 상대방에게 폭력을 아무렇지 않게 행사하기도 했던 것이다.

한경직의 설교문을 읽어보면 그의 반공주의적 사상이 어느 정도였는지를 엿볼 수 있다. 1947년 12월 영락교회 창립 2주년을 맞이하여 한경직은 〈건국과 기독교〉라는 제목으로 설교를 했다. 여기서 한경직 목사는 "새 나라의 정신적 기초는 반드시 기독교이어야 한다"고 강조하면서 기독교적 건국론을 주장하였다.[39] 한경직은 참된 민주주의를 구축하기 위해서는 유물주의와 세속주의를 이겨내야 한다고 강조했다. 그는 유물주의가 "공산주의라는 말(馬)을 타고 사회정의와 무산자 해방이라는 간판을 내걸고 인간의 최대 본능인 물욕에 호소하여 인간을 동물로 환원케 하며, 하나님도 모르는 유물론적 견지에서 인간 생명을 보아 때로 방축 약탈 등을 일삼고 기독교를 멸하려"한다고 파악했다.

〈기독교와 공산주의〉라는 다른 설교에서 그는 "이런 분자들이야

39 이것은 해방정국 시기의 기독교인이 대체로 가지고 있었던 사상으로 보인다. 다른 예로 김상권 목사는 "그런고로 이제 주머니끈을 풀어서 온 몸과 재물을 들여 재건되는 조국을 기독교 국가로 만듭시다"고 주장하기도 했다.(김춘배 편, "해방의 종교", 선문학사, 1948, p.30). 이들이 가지고 있었던 기독교적 건국론은 이후에 이승만 '장로'를 대통령으로 만들려는 정치적 욕망과 결부된 것으로 보인다.

말로 종교적, 도덕적 견지에서 뿐 아니고 실로 인도적, 민족적 견지에서 단연 용서할 수 없을 것이다. 따라서 맹성을 촉구하여 마지아니한다"고 외치면서 공산주의자들이 "묵시록에 나오는 붉은 용"이므로 "이 용을 멸할 자 누구냐"고 설교하였다.[40]

이처럼 한경직은 공산주의를 성서에 나오는 붉은 용과 동일시하면서 공산주의와의 대결을 기독교인들에게 촉구하였다. 이념대립이 한참이었던 역사적 상황에 대한 고려가 있어야 하겠지만, 한경직을 중심으로 한 영락교회 청년들의 반공주의와 여기에 기반을 둔 폭력적 행위들은 성서의 '평화주의'사상과 상반되었다는 점에서 비판받아야 한다고 생각한다. 기독교인은 예수를 통해 하나님과 평화를 이루었기 때문에 세상에서 화평케 해야 하는 것이 아닌가. 한국교회는 반공주의를 바탕으로 한 폭력과 불신, 불화와 소외의 메시지가 아니라 '평화의 복음'을 전해야 할 것이다. 하나님 나라는 평화이기 때문이다. 해방 이후, 6.25전쟁을 거치면서 영락교회 한경직과 같은 극우적 반공주의가 한국교회의 주류를 이루었다.

김일성과 공산주의는 짐승이었을까? 이승만과 반공세력은 참 민주주의와 인권을 실현했는가? 대한민국 헌법에는 사상과 표현의 자유가 보장되어 있다. 어느 이데올로기나 권력에는 명암이 있기 마련이다. 한국교회와 한국의 친미, 반공 일변도 정치는 민족의 분단과 갈등을 더욱 심화시켜왔다. 가난한 자, 약자의 편에서 인권과 평

40 한경직, 『건국과 기독교』(서울: 보린원, 1949), pp.148, 196, 212.

등경제를 말하면, 권력을 가진 자나 부를 축적한 자들은 친북, 좌파, 빨갱이 몰이를 하여 자신들의 권력을 더욱 굳혀 왔다. 북측도 마찬가지였을 것이다. 남측의 정권과 지도자들을 친미, 괴뢰, 부르주아 착취계급으로 몰아가지 않았는가? 이제 남북이 서로의 이념과 종교의 참 모습을 놓고 서로 반성하고, 이해하고, 토론하므로 진정한 민주사회공동체를 남북한에 각각 건설해야 할 기회를 맞고 있는 것이다. 한반도의 위기는 더욱이나 화해와 평화의 시급성을 웅변하고 있지 않는가?

영락교회 목사 한경직은 개인의 영혼을 회개시키고, 구원하고, 배고프고 헐벗은 자를 먹이고 입히는 데는 큰 공헌을 했다. 그러나 배고픈 자와 헐벗은 자들을 만들어 낸 전쟁구조를 무너뜨리는 일에는 오히려 역기능을 한 셈이다. 한경직은 성직자로서 독재자 이승만과 군부쿠데타를 일으켜 권력을 탈취한 박정희, 그의 후계자 전두환에 대해 예언자적 입장에서 부정·부패를 책망하고 독재정권을 회개시키는 일은 하지 못했다. 오히려 그들의 정치적 배경으로 이용당했던 것이다. 갈등하는 남북의 화해와 평화를 위해 복음을 선포하고 실천해야 할 그리스도인의 사명은 감당치 못한 것이다. 한경직은 한국교회에서 대중적 공신력이 높은 인물이요, 친미세력이요, 보수진보를 망라한 한국교회의 간판 격이었다.

그러한 그가 일방적 친미-반공주의 일변도 선교와 군사독재정권에 침묵 내지 동조하였던 점에 대해서는 마땅히 비판받아야 한다고 생각한다. 성자(聖者)의 모습에 가려진 어두운 면을 밝히므로, 한국교회의 지도자들이 같은 우(愚)를 범하였음을 시인하고 회개해야 한다. 이 땅에 진실로 다수의 인권과 생존권을 보장하고, 인간이 인간답게 살아갈 수 있는 정의롭고 평화로운 '하나님 나라'가 구현되기를 기원하는 바이다.

5. 기독교와 유착된 서북청년회와 보수 반공주의가 끼친 영향

서북청년회(이하 '서청')는 1946년 11월 30일에 결성되어, 1948년 12월 19일 대한청년단의 결성으로 해체된 대표적인 우익 청년단체다. 이 단체는 서북 지역의 오산학교, 신성학교, 숭실학교 등의 기독교 문화를 계승한 월남한 서북 출신 기독교인들과 연결되어 있었다. 한경직이 세운 영락교회의 학생회와 청년회는 '서청'의 중심세력이었다. 서북청년회, 서북학생총연맹, 월남한 서북 출신의 기독교인들은 서로 유기적인 관계였다.[41] 서청회원들은 대부분 정치적·사회적으로 북한에서 '반동분자'로 낙인찍혔거나 다양한 이유로 북한 체제에서 생존하기 어려워 월남한 청년 학생들이었다. 이들은 월남했다는 이유만으로 북한에서는 '반동분자'가 되었으나, 남한에서는 그중 대부분이 '애국자'가 되었다.[42]

1945년 말에 월남한 사람들은 주로 기독교인이거나 계층적으로 중상류층에 속했던 사람들로 다수의 미군정 산하 각 기관에 쉽게 취직할 수 있었다. 이들 가운데 다수의 청년이 한경직 목사의 영락교회로 모였는데, 이후 영락교회 청년회는 '서청' 같은 반공단체로

41 윤정란, 위의 책, pp.126-128.

42 위의 책, p.220.

변했다. 이들은 군과 경찰에 들어가서 남로당 평정에 신명을 바쳤다. 당시 미군정 경찰은 '서청'의 극우 테러를 공공연하게 지원하거나 묵인했고, 반민특위 활동으로 위기에 몰린 친일 기업가들도 이들을 재정적으로 뒷받침했다. '서청'에 자금을 댄 사람으로 제헌국회 부의장 김동원, 화신백화점 박흥식, 한국유리 회장 최태섭, 신동아그룹 창업주 최성모, 한민당 재정간부 원익섭, 금광갑부 최창학 등이 있다. 전쟁 중 미군 폭격의 두려움 때문에 뒤늦게 월남한 사람들은 남한에서 '반공투사'를 자처했다. '공산당과 싸우다 월남한' 이력은 반공국가가 된 남한 어디에서나 통하는 보증수표였다. '서청' 등의 극우 청년 조직은 제주 4.3사건에도 투입되어 테러와 학살로 악명이 높았다. '서청'은 각종 정치 테러에 동원됐으며 여운형·김구 등의 요인 암살에도 개입했다는 의혹이 짙다. 이렇게 반공투사를 자처한 월남자들은 휴전 이후 오늘까지 대한민국 사회를 극단적인 진영 논리로 갈라놓은 역할을 했다.

전쟁 이후 국군과 경찰이 저지른 국민보도연맹원 학살 사건과 인민군 부역자에 대한 학살은 극단적이고 히스테리적인 반공주의의 결과였었다. 학살을 명령한 군·경 지휘관의 상당수가 월남자들이었다. 보도연맹의 구상자인 일제 검사 출신이었던 오제도, 6.25 개전 직후 보도연맹원 학살을 구상한 것으로 추정되는 장석윤, 그의 뒤를 이어 치안국장으로 일한 김태선, 육군 정보국을 지휘했던 장도영 등이 모두 월남한 기독교인이다. 즉 월남자들은 한국 정치·사회에서 반공의 이름을 내건 공권력의 폭력, 기독교 보수주의, 수사·사찰기관의 범법과 월권, 친미 이데올로기가 정착하는 데 결정적으로 기여했다.[43]

'서청'은 1948년 단독 정부가 수립될 때까지는 이승만과 정치적 협력 관계를 맺고 있었으나, 여순사건 이후 점차 정치적으로 배제되었다. 그러나 이 단체 출신들은 박정희 정권이 들어서면서 정치적으로 부활했다. 이후 '서청' 출신들은 한국 사회에서 중요한 영향력을 지닌 세력으로 성장했으며, 오늘날까지 막대한 영향을 미치고 있다. 이러한 정치적 특성을 지닌 '서청'에 대해 지금까지는 주로 '민간인 학살'과 관련하여 조사와 연구가 진행되었다. 서북청년회의 민간인 학살과 관련된 최초의 조사는 1960년 4·19와 함께 시작되었으나 5.16 군사 정변으로 더는 조사할 수 없었다. 이후 1978년의 '창작과 비평'에 현기영의 소설 '순이 삼촌'[44]이 실리자, 다시 관심이 집중되기 시작했다.

---

43 김동춘, 『대한민국은 왜?』(서울: 사계절, 2015), pp.127-128.

44 제주 4.3 민중항쟁 당시의 양민 학살 과정이 드러난다. 당시 내 나이 일곱 살이었다 …… 연설 들으러 나오라는 군인들의 말에 모두 초등 학교 운동장으로 모였다. 군인가족, 경찰가족, 공무원 가족 등을 가려내자 군중들은 동요하기 시작했고, 지체없이 총소리가 났다. 사람들은 제주 읍으로 소개시킨다는 말에 반신반의하면서 군인들의 눈치를 살폈다. 사람들이 교문을 향해 늘어서기 시작했을 때, 별안간 "군인들이 우리를 죽이레 데려감져"하는 말이 전류처럼 군중 속을 꿰뚫었다. 일주도로에 내몰린 사람들은 울며불며 살려달라고 애걸했다. 군인들은 총구로 찌르고 개머리판을 사정없이 휘둘렀다. 군인들이 이렇게 사람들을 끌고 우리 시야 밖으로 사라지고 나면 얼마 없어 일제사격 총소리가 콩 볶듯이 일어나곤 했다. 우익인사 가족들도 넋놓고 엉엉 울고 있었다. "그때 혼자 살아난 순이삼촌 허는 말을 들으란, 군인들이 일주도로변 옴팡진 밭에다가 사름들을 밀어붙였는디 사름마다 밭이 안 들어가젠 밭담 우엔 엎디어젼 이마빡을 쪼사 피를 찰찰 흘리멍 살려달렌 하던 모양입디다" 길수형이 말했다. 오백 내지 육백 여명이 사살된 이 사건은 옥석을 가리지 않은 무차별 사격이었음을 의미했다.(순이 삼촌, 『창작과비평』에 발표된 현기영의 중편소설, 1978년 9월, 네이버 창 https://m.blog.naver.com/PostView.nhn?blogId.

1987년 직선제 개헌과 함께 15대 대통령 김대중이 선거 공약으로 제주 4.3 사건의 진상 규명을 내세우면서 정치적 문제로까지 확대되었다. 이러한 사회적 분위기 속에 서북청년회의 민간인 학살에 관해 학술적으로 처음 규명한 것은 1998년 박명림의 『제주도 4.3 민중항쟁에 관한 연구』다. 다음에는 임대식, 정종석의 연구를 거쳐 2010년 김평선의 『서북청년회의 폭력행위 연구 : 제주 4.3을 중심으로』 등으로 이어졌다. 임대식은 미군정과 극우 세력의 희생양이 되었다는 관점에서 보았으며, 정종식은 북한의 공산화 과정에서 피해를 입고 월남해 우익 세력에게 이용당한 피해자로서의 모습을 강조했다. 김평선은 '서청' 회의 폭력 동기에 대해 정치적 차원과 세속적 차원으로 구분해 살펴보았다.[45]

8·15 이후, 일제의 특고(特別高等係)와 헌병대에서 일본인의 지휘 아래 항일투사들을 사찰하고 고문하던 인물들이 거의 그대로 살아남았고 또 기용되었다. 일본제국주의의 하수인 역할을 한 조선인 경찰과 군인들은, 미군정의 반공노선이 강화되자 경찰의 사찰과나 군 특별조사대에 발탁되었다. 이들은 정부 수립 이후 좌익 세력 검거 활동이 필요해지자 단기간에 그 역할과 권력을 키워나갔던 것이다.

특무대는 이승만의 정적(政敵)을 제거하는 일에 앞장섰다. 김구 암살에도 특무대가 관여한 흔적이 있고, 김구 암살범인 안두희 역시 미 방첩대 요원으로서 '이승만이 가장 총애하는 측근'이라는 미

45 윤정란, 위의 책, pp.218-219.

군의 기록이 남아 있다. 안두희는 부유한 지주 집안 출신으로 반공·반북을 신앙처럼 말하던 월남자(越南者)였다. 그는 미군정 시기에 '서청'의 핵심 간부였고, 대북 첩보공작을 주도한 전문가였다. 또한 미군 971방첩대파견대와 긴밀한 연계를 맺어온 정보요원으로 미국이 보증한 인물이다. 안두희는 1992년 '단정수립에 반대하는 백범을 제거해야 한다고 김창룡[46] 특무대장이 세뇌시켰다'고 증언하기도 했다.[47]

김창룡은 6.25전쟁 때, 같은 이북 출신인 오제도 검사와 함께 군·검·경 합동수사본부를 이끌면서 죄없는 사람을 공산당으로 몰아 재판에 회부하고, 법관을 협박하여 중벌을 선고하게 하고, 그 일을 경무대에 보고하여 대통령에게 칭찬을 받기도 했다. 이런 권력 남용과 패륜적 행동 때문에 그는 1956년 1월 30일 부하인 허태영 대령에게 저격당해 사망했다. 이승만은 그가 사망하자 매우 이례적으

46 함경남도 영흥군에서 태어난 김창룡은 만주의 일본군 헌병대 군속으로 일하다가 관동군 헌병이 되었다. 이후 오장(하사관)으로서 중국의 조선인 항일 세력과 좌익세력을 체포했다. 1946년 5월에 월남하여 '공산당 때려잡는 것이 소원'이 되었고, 이를 위해서라면 물불을 가리지 않았다. 1947년 경비사관학교 3기를 졸업하고, 대공첩보 분야에서 승승장구했다. 여순 사건 직후에는 군대 내부 좌익색출에 공을 세웠다. 6.25전쟁 때는 같은 이북 출신인 오제도 검사와 함께 군·검·경 합동수사본부를 이끌면서 인민군에게 부역한 사람을 선별하여 처형하라는 학살명령을 내렸다. 한국전쟁 시기 최대의 비극인 국민보도연맹원 학살 사건에도 그가 개입한 흔적이 있다. 대공 업무와 좌익 제거 분야에서 큰 공적을 올리자 이승만 대통령은 김창룡을 전적으로 신임했다. 대통령과 독대를 할 수 있다는 사람은 곧 그의 힘을 말해준다.(김동춘, 『대한민국은 왜?』사계절, 2015, pp.154-157.)

47 김동춘, 위의 책, pp.153-154.

로 직접 조문을 가기도 했다. 김창룡은 반공의 이름으로 진행된 이승만 정권기의 대통령 정적제거, 민간인 학살, 고문, 간첩 조작 등 모든 사건에 개입했다. 6.25전쟁 전후에 반공주의라는 광풍이 휘몰아치던 시대는 곧 김창룡의 시대이기도 했다. 그가 길러낸 첩보요원과 그들의 활동방식은 오늘날까지 특무대→기무사, 중앙정보부→안기부→국정원으로 이름만 바뀐 채 살아 왔다. 그가 만든 수사정보기관이 촛불혁명 직전까지도 간첩 조작과 선거 개입 등의 방식으로 한국의 민주주의를 비웃고 있다는 사실이 오늘의 대한민국을 말해준다.[48]

6. 반공을 넘어서 민족화해로, 무기경쟁을 넘어서 평화협정으로

북한의 핵기술이 나날이 급성장하여 북한 ICBM(대륙간탄도미사일)이 미국 본토를 위협하게 되었다. 미국을 비롯한 강대국들이 북핵 위협을 느끼고 있는 현실이다. 북-미 간에 말싸움이 격화되면 언제 한반도에 핵전쟁이 일어날지 모르는 위급한 상황이되었다. 촛불혁명 이후에도 자유한국당이니 바른정당이니 하는 한국의 보수정당을 자처하는 사람들은 반공을 민족의 화해와 평화보다 우선시하고 있지 않았던가?

1961년 5.16 쿠데타를 일으킨 박정희 일단(一團)은 '반공을 국시'로 삼는다고 선언했다. '국시(國是)'라는 전체주의 용어가 아직도 대한민국을 지배하고 있다. 헌법상의 민주주의나 법의 지배라는 가치

48 김동춘, 위의 책, pp.154-157.

는 반공·반북 논리 앞에서 대세에 밀리고 있는 형국이었다. 2012년 대선에서 국정원이 개입한 사건이 '대북심리전'이란 이유로 정당화 되었다. 이후 박근혜-최순실 국정농단 사건으로 인해 대통령 박근혜가 파면·구속된 이후에 이명박·박근혜 정권 내내 9년간에 걸쳐서 국정원을 중심으로 청와대의 지시에 의해 '심리 전담반' '댓글 공작'이 이뤄진 사실이 낱낱이 드러나게 되어 특검이 수사에 착수하게 되었다. 이 댓글, 즉 악플의 핵심 내용은 양심적 시민운동가, 존경받는 정치인, 역사의식이 있는 문화예술인, 시민운동, 세월호 진상규명, 백남기 농민 물대포 죽음에 진상을 규명을 하자는 정의 세력들에 대해 좌경·종북몰이를 해왔던 것이다.

일제강점기에 친일파, 민족반역자들이 8·15 이후 살아남기 위해 친미·반공세력에 자원편입하였다. 이들이 주로 대한민국 반공사와 친군부독재세력의 맥을 이어왔다. 아직도 민족화해와 평화통일에 거침돌이 되는 언행을 가차없이 해대고, 박근혜를 옹호하는 태극기 집회에 나와 '박근혜 석방', '적폐청산은 정치보복'이라고 거침없이 주장하는 사람들이 있다. 탈북단체니 어버이연합이니, 자유총연맹이니, 베트남 고엽제 피해자회니, 재향군인회니 하는 관변단체들을 동원하기 위해 전국경제인연합(전경련)에서 거액의 재정지원을 해왔다는 것은 이미 언론에 발표되었고, 이제 사법당국에 넘겨져 법의 심판을 받고 있는 중이다. 이 나라 국민들의 70% 이상이 '적폐청산'은 '정치보복'이 아니니 끝까지 정의로운 나라를 세워달라는 염원을 놓지 않고 있는 것이다.

제4절 한국교회 신학의 현주소와 반공주의적 행태가 갖는 문제점

1. 한국전쟁과 한국교회 반공주의의 신앙화

1950년 6월 25일 한국전쟁이 일어나자 강력한 반공투쟁에 앞장섰던 한경직은 이 사태를 해결하기 위해 한국기독교교회연합회(NCCK)의 총무 남궁혁을 만났다. 그들은 한국기독교연합회 명의로 트루먼, 일본 동경에 있는 맥아더, 그리고 국제선교협의회(IMC)에 즉각적인 도움을 요구하는 전보를 보내도록 요청하였다. 이에 따라 미국 교회 지도자들과 국제선교협의회는 세계교회협의회(WCC)의 지원을 요청했다. 세계교회협의회는 이 문제를 신속하게 처리했고 한국전쟁을 북한의 침략으로 규정하였다. 그리고 국제연합(UN)의 즉각적인 개입을 요구하였다. 그동안 월남 기독교인들의 경험에만 그쳤던 공산주의자들과의 물리적인 충돌이 한국전쟁으로 한반도 전역을 휩쓸게 되자 월남 기독교인들만이 아닌 대부분의 기독교인들은 '전투적 반공주의자'가 되었다. 한국전쟁이 끝날 즈음 남한에서 한국교회는 전투적인 반공주의자들의 거점이 되었다.[49]

이북에서 내려온 청년들은 '서북청년회'를 조직하여 반공전사가 되었다. 소위 '서청'은 제주 4.3 사태에 앞장서 들어가 양민학살의 주범이 되었다. 일부 남로당 세력이 지도한 것은 사실이지만 대부분의 희생자들은 이승만의 이남 단독정부론(단정)에 반대하고, 김구 선생의 남북협상을 통한 통일정부의 수립에 찬성하는 민족주의

49 윤정란, "한국기독교의 친미반공주의 역사와 그 극복을 위하여" 「농촌과 목회」 통권 74호, (2017). p.169.

적 노선에 지지를 보내던 사람들이 약 5만 희생자들 중의 대부분이었다.

한국전쟁이 발발했을 때 일부 기독교인들은 전쟁을 신의 심판론으로 이해하기도 했으나 대다수 기독교인들은 전쟁을 겪으면서 공산주의자들을 성서의 사탄과 동일시하였다. 이러한 사탄론과 함께 선민의식, 구원론도 등장하였다. 일부 기독교인들이 한국전쟁을 신의 심판이라고 이해한 것은 전쟁 발발 2개월을 앞두고 교권을 둘러싼 무력충돌 때문이었다. 이러한 사태 이후 한국전쟁이 일어나자 이러한 분열 때문에 신이 심판한 것이라고 단정지었다. 일선에서 군목을 하던 황금천도 "민족의 양심이요, 빛과 소금이 되어야 할 우리 교회가 먼저 허위모략, 교권다툼, 불신앙들을 회개하고 하나님의 용서와 구원을 받아야 한다"고 주장했다.[50]

2. 한국전쟁이 공산당의 야욕에서 비롯되었다는 주장

월남 기독교인을 대표하던 한경직을 비롯해 많은 기독교인들은 한국전쟁을 공산당들의 야욕에서 비롯되었다고 주장하였다. 기독교인들은 공산당을 적룡, 아낙자손, 사탄, 마귀로 표현하였다. 여러 차례의 집회와 성명서에서 기독교인들은 공산주의자를 마귀로 표현하였다. "마귀의 승리를 초래할 휴전을 반대"라든지, 휴전은 "그리스도로 하여금 마귀와의 타협을 강요하는 것"이라고 주장했다. 미국 대통령 아이젠하워에게 보내는 메시지에서도 "공산주의는 영

50 위의 자료, pp.169-170.

원히 회개할 수 없는 마귀"라고 표현했다. 한국전쟁 발발을 공산주의자인 '마귀'들이 일으킨 것으로 여기면서 이들을 전멸시키는 것만이 세계 평화를 이룩하는 것이기 때문에 이 전쟁에서 이길 수 있도록 신의 축복이 내리기를 기원하였다.[51]

기독교인들은 1950년 7월 3일 대전제일장로교회에서 기독교구국회를 결성하였다. 회장은 한경직, 부회장은 김창근, 황치헌, 황종률이 맡았다. 이후 기독교구국회는 대구, 부산을 비롯하여 남한 30개 도시에 지회를 설치하고 남한 정부의 국방부, 사회부와 협력하여 선무(宣撫), 구호, 방송, 의용대 모집 등의 국방상 중요한 사업을 수행하였다.[52]

기독교구국회의 주요 사업은 선무공작대 활동과 기독교 의용대 모집이었다. 선무공작대원들은 주로 공산군과의 접전 지역인 지방과 도시로 파견되어 반공투쟁의 선무에 주력하였다. 1950년 9월 28일 인천상륙작전 이후에는 국군과 함께 서울에 복귀하여 북한 점령 지구에 약 1천명의 선무공작대원을 파견하였다.[53]

서북청년회 출신들은 한국군에 대거 입대하여 앞장서서 전투에 임하였다. 이와 동시에 전쟁 구호사업을 통해 많은 민간인들이 반공투쟁을 지지하게 만들었다. 전쟁 동안 서북청년회 출신들의 전쟁

51 위의 책. pp.267.

52 위의 책. p.268.

53 윤정란, "한국기독교의 친미반공주의 역사와 그 극복을 위하여" 「농촌과 목회」 통권 74호, (2017). pp.170-171.

중 사망, 한국교회의 막대한 인명, 재산상의 피해는 기독교인들을 더욱 격렬한 전투적 반공주의자로 만들었다. 전쟁이 끝난 후에는 '남은 자의 사명'이라는 흐름과 함께 선민의식이 강조되었다. 즉 한국전쟁은 하나님이 한민족을 선택하여 특별한 사명을 부여하신 계기이자 징표였다는 것이다. 이러한 선민의식과 함께 구원론, 선교론까지 주장하였다.

기독교인들은 공산주의자들에 대한 분노의 감정에서 한걸음 더 나아가 악의 세력에게 고통을 당하는 북한 동포를 구원하고 이러한 사명을 다하기 위해서는 각처에 많은 교회가 설립되어야 한다고 주장하였다.[54]

3. 한국기독교와 친미반공주의 극복

한국교회는 전투적 반공주의가 성경의 가르침에 어긋난다는 것을 알아야 한다. 기독교의 기본정신은 정의와 사랑, 화해와 용서, 겸손과 감사, 섬김과 나눔이다. 지금까지도 한국대형교회의 수구보수적인 목회자들은 '전투적 반공주의와 숭미주의에 가득 차' 있다. 한국교회는 반공주의를 표방함으로써 군사독재정권 때부터 정부의 지원을 받아 막대한 특혜를 얻었기 때문에 정부나 시민단체 차원에서 한국 대형교회의 특혜에 대한 규제가 필요하다고 생각한다. 예컨대 종교인 과세에 대해서도 막대한 부를 축적하고 있는 대형교회에서 부정적으로 대하고 있다는 것은 참으로 민주시민으로서 자질 미달이라고 보는 것이다.

54 위의 자료, p.171.

연인원 1,700만 명이 서울광장과 광화문을 비롯해 전국에서 '박근혜 탄핵' '적폐청산'을 외쳤던 촛불혁명은 온 세계를 놀라게 했다. 하지만 당시 일부 대형교회 목회자들과 성도들이 태극기와 성조기를 들고 나와 정의로운 민주시민항쟁에 맞불을 놓는 반윤리적이고 반역사적인 모습은, 타락한 권력을 대변하는 기독교의 모습을 적나라하게 드러내었다. 세계역사상 그 유래를 찾기 어려운 "국정농단"과 "공작정치", "정경유착"의 범죄로 탄핵받은 대통령 박근혜를 구명하고자, 촛불국민들과 시민단체를 종북, 좌경, 용공으로 몰아세우는 언사를 남발했던 자들이 한국교회의 극우보수 대형교회 세력들이었다. 이들은 확고한 반공주의를 내세움으로써 남한 지배엘리트층과의 유대를 형성하고자 했다. 기득권 세력과의 우호적 동맹관계를 이룸으로써 정치적, 경제적 반사이득을 얻으려는 흑심을 품고 있었던 것이다.

2017년 5월 이후, 문재인 정부가 출범하므로 "시민주권"시대가 열렸다. 비로소 국민주권시대가 열린 것이다. 그러나 한국교회는 최근 '명성교회'라는 대형교회 원로목사 김삼환이 아들목사 김하나에게 세습하였다. 부자(父子)세습이 한국 중대형교회 70여 교회에서, 이미 이루어졌다는 것이다. 명성교회 부자세습은 형식적 합법을 내세웠으나, 실상은 밀실야합과 비선실세가 작동했다는 의심을 진하게 할 수밖에 없는 후진적 교회정치 행태를 보였다. 이후 교회재판 과정에서도 올바른 방향을 잡지 못하고 혼돈과 갈등에 빠져있다.

결국 2018년 8월 7일 예장통합 총회재판국(국장 이경희)은 명성교회 위임목사 김하나 청빙이 적법하다는 판결을 내렸다. 교회세습반대운동(세반연, 공동대표 김동호, 오세택, 백종국)에서는 예장통합총회의 '세습금지법'(헌법 제28조 6항)은 "유명무실한 법이 되었다"면서, "재판한다는 자들에 의하여 짓밟힌 법과 정의를 마주하면서 우리는 참담한 마음을 금할 수 없다"고 유감의 뜻을 표했다. 총회 재판국은 명성교회의 부와 권력에 의해 무너진 것이다. 이러한 대형교회 원로목사의 세습시도는 교회권력과 돈을 놓치지 않으려는 욕심 때문이다. 그러나 이러한 불의와 불법은 결코 오래가지 못한다. 아직도 이 땅에는 살아있는 양심들이 남아있기 때문이다.

선과 악 이분법으로만 규정되는 반공주의로는 통합과 소통의 시대를 열어갈 수 없다. 반공주의를 통해서 획득한 모든 특권을 한국교회는 내려놓아야 한다. 한국교회는 시민주권시대에 화합과 통합의 모범을 보여야 할 것이다. 나아가서 '전투적 반공주의' '선동적 종북몰이식'에서 벗어나 북한의 사회주의자들에 대한 과거의 원한을 풀고, 대화와 협력의 길을 모색해야 한다. 원수를 사랑하라는 성경의 가르침에 철저히 순종해야 할 것이다. 진실로 교회가 진리로 거듭나면, 민족문제, 평화통일 문제, 여러 가지 사회적, 민족적 모순을 해결할 수 있다. 교회는 민족과 사회의 앞날에 거침돌이 아니라, 봉사자요 희생제물이 될 각오를 해야 할 것이다. 이것이 바로 실천적으로 이 민족의 역사 가운데서 자기를 부인하고 자기 십자가를 지는 모습이 될 것이다.

제4장

마르크시스트의 종교비판 배경과 이해

제1절 칼 하인리히 마르크스의 성장과정과 공산당 선언까지

1. 마르크스-레닌주의를 이야기하는 이유

인류 역사상 가장 많은 추종자를 가지고 있는 인물 두 사람을 든다면, 필자의 견해로는 나사렛 예수와 칼 마르크스라고 말할 수 있다. 이 두 사람을 지지하거나 반대하는 사람들 간의 갈등으로 인해 엄청난 순교자와 희생자가 나올 정도로 세계사에서 가장 중요한 인물들이었다. 로마제국의 식민지 이스라엘의 갈릴리 출신 청년 나사렛 예수와 근현대 독일출신 유대인 칼 마르크스 사이에 가장 공통적인 관심사가 있다면, 무엇보다 당대의 기득권 세력과 구조에 대한 비판과 억눌린 민중들의 자주의식과 평등주의 및 민주의식의 고양을 위한 혁명적 성찰을 촉구한 점이다.

나사렛 예수가 살고 있었던 사회는 로마제국주의의 무시무시한 억압·수탈이 자행되었던 반인륜적 시대였다. 나사렛 예수가 속한 당시의 사회적 계급은 목수의 신분이었다. 목수로 번역된 그리스어

'택톤'(tekton)은 경멸적인 용어들 가운데 하나였다. 당시 하층계급에는 농민들이 있었는데, 이들은 인구의 대부분을 차지했고, 그들의 수확물 중 2/3는 상층계급을 지원하는 데로 흘러갔다. 다음으로는 장인(匠人)계급이 있었는데, 이들은 인구의 5% 정도를 차지했고 사회계급상 농민보다 낮은 계급이었다고 한다. 예수 시대에는 유대인들의 95%에서 97%까지가 문맹이었기 때문에 예수가 문맹(文盲)이었을 것으로 추정된다는 것이다. 이것은 역사적 예수를 연구하는 존 크로산의 이야기이다. 예수는 인간을 노예화하는 율법체제에 대해 '사람이 안식일의 주인이다'라고 선언하면서 인간중시 운동을 일으켰는데 그것이 바로 '종교혁명운동'이었다. 예수는 인간해방자요, '늦게 온 포도원 노동자'에게도 동일한 임금을 지급하는 비유로서 '인간은 각자의 능력껏 일하고 필요에 따라 분배한다'는 평등공동체, 밥상공동체의 이상을 실현하다가 당시의 기득권자인 예루살렘 성전세력들과 체제유지에 위협을 감지한 로마제국의 폭력에 의해 사형을 당하지 않았는가?

칼 마르크스가 출현했던 당시 19세기말 유럽의 부르주아지(Burgeoisie)는 100년도 채 못 되는 계급 지배 동안에 과거의 모든 세대가 만들어 낸 것을 다 합친 것보다도 더 많은 부를 쌓았다. 보다 더 거대한 생산력을 만들어 냈던 것이다.

노동자들은 부르주아지들에 대항하여 결사체(즉 노동조합)를 조직하는 일부터 시작했다. 그들은 자신들의 임금 수준을 유지하려고 뭉쳤으며 그들은 앞으로 충돌이 일어났을 때 먹고 살 것을 마련하려고 상설 단체까지 세웠다. 지금까지 일어난 모든 운동이 소수의 운동이었거나 소수의 이익을 위한 운동이었다면, 프롤레타리아 운동은 압도적 다수의 이익을 위한 자주적 운동이었다. 공산주의자들의 당면 목적은 다른 모든 프롤레타리아 당들의 당면 목적과 같았다. 즉 프롤레타리아트를 계급으로 형성시키고, 부르주아지의 지배를 뒤엎으며, 프롤레타리아트의 손으로 정치권력을 장악하는 것이다.

한마디로 공산주의자들은 어디서나 현존하는 사회 정치 제도를 반대하는 모든 혁명 운동을 지지한다. 결국 공산주의자들은 모든 나라 민주주의 정당의 단결과 협력을 위해 어디서나 애쓴다. 공산주의자들은 자신의 견해와 의도를 감추는 것을 경멸받을 일로 여긴다. 공산주의자들은 자신들의 목적이 현존하는 모든 사회 질서를 폭력적으로 타도함으로써만 이루어질 수 있다는 것을 공공연하게 선언한다. "지배 계급들로 하여금 공산주의 혁명 앞에서 벌벌 떨게 하라." "프롤레타리아가 혁명에서 잃을 것이라고는 쇠사슬뿐이요 얻을 것은 세계 전체다." "전 세계의 프롤레타리아여, 단결하라!" 과연 마르크스주의는 레닌과 그의 동지들을 중심으로 해 일으켰던 1917년 볼셰비키 혁명을 통해 거대한 운동체로 변하여 전 세계에 확산되어 갔다.

21세기 오늘 과연 마르크스주의는 이 시대의 대안인가? 그들은 지난 세기 동안에 실패하고 좌절했던 이데올로기의 오류와 역사적 전개과정에서의 실패를 반성해야 할 것이다. 이 땅에 인간화를 지향하는 사람들은 마르크시스트의 당위적 주장과 실패를 반추하면서, 그것을 인간의 얼굴과 삶이 있는 세계를 이뤄가기 위한 역사적 해석의 도구와 자료로 삼을 수 있다고 본 것이다.

2. 마르크스의 태생과 성장과정

1818년 칼 마르크스가 태어났을 때 빼어난 경관을 가진 독일의 남서부 트리에르(Trier)는 인구 1만 5천명의 전원적인 도시였다. 트리에르는 라인 강 지류인 모제르 강 유역에 위치해 있다. 마르크스는 유대인 가정에서 태어났다. 그의 이름은 칼 하인리히 마르크스(Karl Heinrich Marx)였다. 그의 아버지는 유능하고 성실한 변호사 하인리히 마르크스였다. 그는 유대인이었지만, 1818년 5월 5일 마르크스 출생 직전 자유주의적 프로테스탄티즘으로 옮겨갔다. 후일 사회주의에 반대하는 사람들은 유대인에 대한 사회적 편견을 악용하여 마르크스를 비난했다. 반마르크스주의를 선동하는 무기로 반유대주의를 악용한 것이다. 그러나 마르크스의 일생에서 유대인적 요소는 전혀 없었다.[1]

칼 마르크스는 아버지처럼 법률을 공부하고자 마음먹었고, 고향 트리에르(Trier)에서 고등학교를 마치고 법률을 공부하기 위해 본(Bonn)으로 갔다. 그는 본대학에서 두 학기를 공부한 뒤, 1836년 베를린(Berlin)대학 법학부로 옮겨 공부했다. 마르크스는 재능 있고 열심히 공부하는 학생이었다. 그는 거기서 프리드리히 사비니(Friedrich Savigny, 1779-1861) 교수의 로마법 강의를 듣는 한편, 사비니 교수와 반대 입장에 서 있는 헤겔과 에드워드 간스(Edward

1 유시민, 『부자의 경제학 빈민의 경제학』(서울: 푸른나무, 1992, 초판), p.147.

Gans) 교수의 강의도 함께 들었다. 간스 교수는 생시몽의 사회주의에 동조하는 교수였기에 마르크스의 관심을 프랑스 사회주의 경향에 쏠리도록 했다. 이런 사적 훈련을 통해 그는 서서히 전통적 기독교의 분위기를 떠나 인간 중심적이고 무신론적인 방향으로 전환하게 되었다. 이렇듯 칼 마르크스의 경우 공산주의 사상가로서 인생 역정이 시작된 곳은 베를린 대학이었다. 여기에서 마르크스는 법학이 아니라 당대 독일 지식인 사회를 들끓게 한 철학상의 대논쟁에 휩쓸려 들었다. 논쟁의 대상은 헤겔의 사상이었다.

3. 마르크스의 헤겔연구와 파리망명 이후, 사상적 발전과정

헤겔(Friedrich Hegel, 1770-1831)의 사상은 평범한 인간들로서는 실로 접근하기 어려운 난해한 것이었다. 그는 변증법이라는 변화의 철학을 창안했는데 우리가 정-반-합이라는 도식으로 배우는 바로 그것이다. 헤겔에 의하면 세계의 본질은 변화이다. 그리고 모든 역사적 발전은 사물 자체에 내포된 자기 모순에 의해 이루어진다. 다시 말해서 모든 사물은 그 내부에 대립하고 투쟁하는 것을 포함하고 있으며, 그 대립과 투쟁을 통해 새로운 것으로 변화한다는 것이다.

이러한 사상은 프랑스 대혁명과 관계가 있다. 부르봉 왕조를 무너뜨리고 국왕의 목을 잘라 버린 대혁명은 유럽의 지식인들을 경악과 충격의 도가니로 몰아들였다. 신이 부여한 '영원한 질서' 봉건왕조의 붕괴가 '하늘 아래 영원한 것은 없다'는 생각을 가져다 준 것이다. 그러나 헤겔에 의하면 사회 그 자체의 변화가 사상의 변화를 가져 오는 것이 아니라, 거꾸로 인간 관념의 변화 발전이 사회의 변화를 일으킨다. 물질이 아니라 정신이 우선하는 것이다. 따라서 이것은 관념론적 변증법이었다. 마르크스는 변화에 대한 헤겔의 사상 위에서 무신론과 공산주의 등 현실의 문제를 연구하는 한 무리의 청년 지식인 그룹에 참여함으로써 그는 철학적으로 급진주의자가 되었다. 마르크스는 헤겔철학을 너무나 열심히 연구한 나머지 그만 건강을 해쳤는데, 그때 이후 죽을 때까지 병마에 시달려야 했다.

박사학위 논문을 마치고 1841년 쾰른으로 옮겨 간 마르크스는 저널리스트로서 사회에 첫발을 내디뎠다. 그는 금방 저널리스트로서 두각을 나타냈다. 그런데 1980년대 프러시아에서는 '두각을 나타낸 언론인'이란 곧 검열기관과 경찰의 요시찰인 명부에 등록되는 것을 의미했다. 그는 '라인신문'에 입사한 지 얼마 되지 않아 편집장이 되었다. 그리고 당대의 정치 사회적 쟁점을 날카로운 필치로 다룬 논설과 평론을 발표했다. 그래서 이 신문은 1843년 3월 프러시아 정부의 폐간의 운명에 처했다. 검열을 피하기 위해 일부러 난해하거나 모호한 표현을 사용했지만 프러시아 검열기관은 냄새 잘 맡는 사냥개와 같아서 누가 위험한 인물인지를 잘도 찾아냈다. 프러시아정부는 사사건건 가난한 사람들의 권리를 옹호하는가 하면 러시아 황제를 비판함으로써 간접적으로 정부를 비판하고, 반종교적인 행동을 일삼는 마르크스를 묵인할 정도로 너그러운 정부가 아니었다. 칼 마르크스는 재빨리 파리로 도망쳤다. 이때부터 망명생활이 시작되었다. 1843년 6월 그와 결혼한 옌니에게도 고생길이 열렸다.

파리에서 보낸 시간이 헛된 것은 아니었다. 마르크스는 그곳에서 프리드리히 엥겔스와 우정을 맺었다. 그는 또한 유럽 각지에서 온 수많은 혁명가들과 사상가들을 사귀었다. 프랑스 노동자단체와도 활발히 접촉하고 공산주의적 비밀결사와도 교류했다. '공산당선언'과 '자본론'의 토대가 된 헤겔철학과 고전학파 경제학과 유럽 역사를 깊이 공부하면서 많은 초고를 쓴 것도 파리 망명생활의 성과였다. 엥겔스와 함께 청년헤겔파의 관념론을 비판하고 변증법적 유물론의 입장에서 근대 철학사를 분석한 '신성가족'을 집필한 것도 파리에서였다.

4. 칼 마르크스의 '자본론'과 '공산당 선언'의 의미

1847년의 경제공황은 도처에서 노동자들의 파업과 폭동을 불러일으키기 시작했다. 1847년 6월 런던에서는 최초의 국제공산주의 단체인 '공산주의자동맹'이 결성되었다. 마르크스는 이 동맹의 사상적 지도자가 되었다. 마르크스와 엥겔스는 이 동맹을 위해 '공산당선언'을 집필했다. 그러나 노동자들은 가난과 고통에 대한 절망적인 증오감과 좀 더 나은 세상에 대한 강렬하지만 막연한 희망밖에 갖지 못하였다. 그들은 아직 사회를 장악하는 데 필요한 조직과 사상을 갖고 있지 않았다. 게다가 부르주아지가 손잡은 기존의 권력은 여전히 막강했다. 마르크스는 독일로 돌아가 '신(新)라인신문'을 창간하여 예의 날카로운 필봉을 휘둘렀다. 그는 낡은 지배권력과 자본주의의 모순을 통렬히 공격하는 동시에 파멸로 끝날 수밖에 없는 노동자들의 무분별하고 모험주의적인 행동에 대해서도 강력한 경고를 보냈다. 1849년 여름 마르크스는 런던으로 건너갔다. 혁명이 분쇄된 유럽은 그 과격한 혁명에 대한 반동의 물결에 휩싸였다. 이 반동의 물결은 유럽 대륙의 모든 곳에서 마르크스가 발붙일 곳을 없애 버렸다. 처음 몇 년간의 런던 생활은 그와 가족에게 최대의 시련을 안겨 주었다. 빵과 감자만 먹고 살다시피 하면서 근근이 연명한 마르크스는 그 와중에도 '자본론' 집필에 열정을 쏟았다. 이 같은 생활은 약 7년간 계속되었다.[2]

어느 나라, 어느 시대나 변혁과 혁명의 중심에는 이론과 구호에 앞서 제국주의의 폭압적 침략과 지배와 탐욕적, 부패한 권력에 의해 고통당하는 식민지 백성들이 억압과 수탈로부터 해방되고자 하는 민중의 함성이 있었다. 소위 민족모순과 민중모순이 겹치는 곳에서 혁명은 왕왕 발단하는 것이다. 영국은 중국에 면직물 등을 수출해 홍차를 수입하려 했지만, 홍차를 독점하고 있던 중국은 은(銀)으로만 교환 할 것을 요구한다. 영국 측에서는 대영제국의 식민지였던 인도에 엄청난 범위의 아편 생산시설을 갖추고, 이것을 중국에 밀수출한다. 마약인 아편은 순식간에 중국 전역에 확산되게 되었다. 중국은 다시 피폐해지고, 은은 다시 꾸준히 영국으로 빠져나가게 되었다. 결국 청나라 황제 선종은 아편 밀수선을 수색하여 불살라버렸다. 이 사건을 빌미로 영국은 청나라를 향해 아편전쟁을 일으켰다. 1840년 영국은 아편전쟁을 일으켰고, 결국 중국은 패배하고 오히려 전쟁배상금(2,100만 달러)를 지급하게 되었다. 홍콩의 할양(割讓), 상하이를 비롯한 중국 굴지의 항구들이 개항되었다. 당

2 위의 책, pp.149-152.

시 중국의 인민들의 삶은 피폐해질 대로 피폐해 있었다. 아편전쟁과 청일전쟁 이후 힘을 잃은 청나라는 영국을 비롯한 열강의 꼭두각시가 되어 버렸다. 1911년 중국의 위대한 지도자 쑨원(孫文)이 일어나서 민족·민주·민생을 실현하자는 삼민주의(三民主義)를 주장하면서, 중국혁명동맹회를 조직해 신해혁명을 일으켰다. 여기에서 공화제 정부인 중화민국을 수립하게 된 것이다.

1849년 여름 칼 마르크스는 도버해협을 건너 영국으로 망명했다. 1848년 유럽의 지축을 뒤흔들었던 반란과 폭동과 유혈사태를 선동하고 조종했다는 매우 과장된 범죄 혐의 때문에 유럽 대륙의 어느 곳에서도 안전하게 살 수 없었기 때문이다. 이 "붉은 혁명박사"는 조국 독일뿐만 아니라 불온한 공산주의 혁명을 두려워한 거의 모든 유럽 나라의 비밀경찰에 의해 요시찰 인물 제1호로 지목되어 있었던 것이다. 칼 마르크스는 미국으로 건너갈 생각을 했지만 여비를 구하지 못해 가까운 영국으로 발길을 돌렸다. 그런데 낡은 유럽의 모든 권력자들을 놀라게 한 이 "붉은 박사"의 나이는 이제 겨우 31세에 불과했다. 19세기 자본주의 아성이었던 영국은 자본주의의 멸망을 예언한 이 위험한 인물에게 두 가지의 중대한 은혜를 베풀었다. 그것은 더할 나위 없이 너그러운 정치적 자유와 역시 더할 나위 없이 풍부한 자료를 보유한 대영박물관의 도서관이었다. 마르크스는 죽을 때까지 런던에 살면서 자본주의에 대해 시한부의 삶을 선고한 대저작 '자본론'(Das Kapital)을 집필했다. 참으로 기묘한 역사의 아이러니가 아닐 수 없다.

1848년 '프랑스 2월 혁명'과 동시에 마르크스는 '공산당 선언'을 내놓았다. 물론 이 선언은 그의 충실한 지원자이고 동료이며 스스로도 뛰어난 학자였던 프리드리히 엥겔스와 함께 작성한 것이다. 그 선언의 시작과 끝은 다음과 같다.

> 하나의 유령이 유럽을 배회하고 있다…… 공산주의라는 유령이, 교황과 짜르, 메테르니히와 기조, 프랑스 급진파와 독일의 비밀경찰 등 낡은 유럽의 모든 권력들이 이 유령을 몰아내기 위해 신성동맹을 체결했다.(중략) 공산주의자는 자신의 견해와 목적을 감추는 것을 경멸한다. 공산주의자는 자신의 목적이 오직 기존의 모든 사회적 조건을 힘으로 전복시킴으로써만 달성될 수 있다는 것을 공공연히 선포한다. 모든 지배계급을 공산주의혁명 앞에서 전율하게 하라. 프롤레타리아가 잃을 것이라고는 쇠사슬밖에 없으며 얻을 것은 온 세상이다. 전 세계의 노동자여 단결하라![3]

5. 칼 마르크스의 '공산당 선언'과 세계사에 끼친 영향력

'공산당선언'은 1848년의 혁명적 사태를 불러일으킨 유럽사회의 현실을 반영한 것이며, 그러한 사태가 필연적일 뿐만 아니라 새로운 사회를 잉태하고 출산하는 과정에서 불가피하게 발생하는 고통임을 정당화한 문헌인 것이다. 그러나 어쨌든 칼 마르크스는 30세도 되기 전에 '폭력과 유혈과 파괴를 선동하는 붉은 박사'라는 악명과 동시에, '인류의 해방을 가져 온 새로운 사상의 창조자'라는 명성을 한꺼번에 얻게 되었다.[4]

---

3 위의 책, 2013. 개정 10쇄, pp.148-149.

4 위의 책, p.152.

칼 마르크스는 한마디로 설명하기 어려운 인간이다. 그는 철학자·역사학자·사회학자·저널리스트였으며, 무엇보다도 뛰어난 경제학자였다. 또한 그는 철학의 목적을 '세계를 해석하기만 하는 것이 아니라 그것을 변혁하는 데' 두었기 때문에 파란만장한 혁명가의 삶을 살았다. 20세기에 태어나 보통교육을 받은 사람이라면 누구나 조금씩은 그를 알고 있다. 그러나 칼 마르크스란 이름이 주는 인상은 천사와 야수의 그것만큼이나 대조적이다. 지난 한 세기 동안 지구상의 사회주의 국가와 '노동자가 인간답게 사는 세상을 꿈꾸는 일부 사람들'에게는 마르크스는 성인(聖人), 영웅의 지위에 올라있었다.

사회주의 국가에서 그의 사상을 비판, 비난하려면 반역죄, 반동의 혐의와 총살형을 감수할 수 있는 용기가 필요했다. 그러나 동시에 다른 나라, 즉 자본주의 국가와 사회에서 마르크스는 중세기의 마녀사냥보다 더 혹독한 박해를 받아야 했다. 심지어는 그가 원래 인도주의자이며 옳고 그름을 떠나 그의 사상이 인도주의적 동기에서 비롯되었다고 말하는 것만으로도 감옥에 끌려갈 충분한 이유가 되었다.

'마르크스의 사상을 실현하기 위해서' 또는 '마르크스의 사상이 사회를 감염시키지 못하도록 하기 위해' 그의 추종자나 반대자가 저지른 대량 학살의 사례 또한 너무나 많다.

한국사회에서는 현재까지도 이승만 정권 이후 반공교육과 반공과 멸공 일변도의 체제하에서 마르크스-레닌주의를 공공연하게 공부할 수도, 토론 할 수도 없었다. 사실 이것은 명백한 양심의 자유를 규정하고 있는 헌법 19조의 위반이다. 양심이 허락하는 범위에서 사상도 표현도 자유롭게 발표할 자유가 있는 것이 진정으로 민주주의 사회가 아닌가?

'공산당 선언'(*Manifest der Komunistischen Partrit*, 1848)은 '의심할 여지없이 19세기에 쓰인 가장 영향력있는 텍스트'[5]라고 일컬어져왔다. 정치가, 과학자, 군인, 종교인 같은 부류를 겸하지 않은 사상가 가운데 이 책의 저자만큼 결정적으로 실제 역사의 경로를 바꾼 사람은 거의 없다. 반(反)사회주의 사상가 루트비히 폰 미제스(Ludwig von Mises)[6]는 사회주의를 '역사적 가장 강력한 개혁운동, 인류의 특정 분파에 한정되지 않고 온갖 인종과 국가와 종교와 문명에 속한 사람들에게 지지를 받은 최초의 이데올로기 경향'이라고 묘사했

---

5 Perter Osbome, in Leo Panich and Colin Lays(eds.), 『*The Communist Manifasto Now: Scialist Register*』(New York, 1998), p.190. 재인용.

6 루트비히 폰 미제스(Ludwig Edler von Mises, 1881-1973년)는 오스트리아 태생의 미국 경제학자. 화폐가치를 효용이론에 둔 화폐이론체계를 완성하고, 화폐적 경기이론의 전개에 공헌했다. 경제계산론 분야에서는 사회주의 제도에는 가격기구에 의한 합리성이 없으므로 사회주의 계획은 불가능하다고 주장했다. 그는 '관료제'란 책에서 "사회주의의 옹호자들은 자신들은 진보주의자라고 부르지만 그들은 엄격하게 관례를 존수하고 온갖 종류의 개선에 저항하는 특징을 가진 체제를 추천한다. 그들은 자신들은 Liberal이라고 부르지만, 자유를 폐지하는데 여념이 없다. 그들은 자신들을 민주주의자라고 부르지만, 독재 체제를 갈망한다. 그들은 자신들을 혁명가라고 부르지만, 정부를 전능하게 만들고 싶어 한다. 그들은 에덴동산의 축복을 약속하지만, 세상을 거대한 우체국으로 변환시키려고 계획한다. 한 사람을 제외하고는 누구나 다 관청의 하급 관리다. 얼마나 매력적인 이상향인가! 얼마나 고귀한 투쟁 대의인가! 이 모든 선동 광란에 대항해서는 쓸 수 있는 무기가 단지 하나 뿐이다, 그것은 이성이다. 사람이 실체가 없는 환상과 공허한 구호의 희생이 되는 것을 막기 위해서는 다만 상식이 요구될 뿐이다." 200여 페이지의 짧은 책이지만 관료제와 사회주의의 모순에 대해 집약적으로 잘 다뤄진 책인 것 같다(다음 창 인용)

다. 마르크스는 자본주의로 알려진 역사적 대상을 확인하고, 그것이 어떻게 발생하여 어떤 법칙들로 작동되며 어떻게 그것을 끝낼 수 있을 것인지 보여준 최초의 인물이었다. 아이작 뉴턴이 중력의 법칙으로 알려진 보이지 않는 힘을 발견하고 프로이트가 무의식으로 알려진 보이지 않는 현상의 작용을 밝혀냈듯이, 마르크스도 우리의 일상생활의 가면을 벗겨 자본주의적 생산양식으로 알려진 감지할 수 없는 실체를 드러냈다. 소외, 사회적 삶의 '상품화', 탐욕과 공격성과 무분별한 쾌락주의와 점점 커지는 허무주의의 문화, 인간 경험에서 의미와 가치의 꾸준한 유실 같은 문제들에 대한 지적 논의 중에서 마르크스주의 전통에 크게 기대지 않은 것을 찾기는 어렵다.[7]

마르크스에 관심을 가져야 할 대목은 그의 혁명적 활동보다도 인류사회와 자본주의의 운동법칙을 분석한 그의 학문적 저서들이다. 마르크스 자신의 세계관과 역사철학에 입각해서 생각해 보아도 그의 사상은 19세기 자본주의 사회가 만들어낸 역사의 산물이지, 역사를 뛰어넘는 보편성을 지닌 절대불변의 진리는 아니라고 할 수 있는 것이다.[8] 마르크스는 19세기 유럽의 정치, 경제적, 사회적 상황 속에서 그 시대를 통찰하고 노동자들의 생존권과 인간해방에 관심을 갖고 학문하고, 사고하고, 행동했던 것이다.

---

7 테리 이글턴, 황정아 역, 『왜 마르크스가 옳은가』(서울: 도서출판 길, 2014) pp.8-9.

8 유시민, 위의 책, 2013년 개정 10쇄, p.154.

제2절 칼 마르크스의 '공산당 선언'과 '자본론'에 대한 이해

1. 마르크스의 저작인 '공산당 선언'과 '자본론'을 이해해야 할 이유

마르크스에 대한 필자의 관심은 그가 종교를 '인민의 아편'이라고 비판했다는데 대한 그 맥락의 이해와 기독교적 반성을 솔직히 시인하자는 것이다. 이 땅에 '하나님의 정의·평화·인권'을 실현시키기 위해 마르크스의 방법과 기독교의 대안을 비교하여 성찰해 보고자 하는 것이 필자의 생각인 것이다.

1856년 이후 마르크스 일가는 당시의 기준으로 보아 제법 만족할 만한 생활을 유지할 수 있었다. 마르크스는 그야말로 연구와 혁명활동에만 전념할 수 있게 되었다. 1848-1849년 혁명의 과정과 결과를 다룬 '프랑스의 계급투쟁'과 '루이 보나파르트의 브뤼메르 18일' 등의 저서와 많은 팜플렛을 썼지만 마르크스의 주된 일은 '자본론' 집필이었다. 이 책은 1867년에 출판되었다. 마르크스는 1864년 런던에서 조직된 국제공산주의자 단체인 '제1인터네셔널'의 서기장으로 선출되는 등 '만국의 프롤레타리아트의 단결'을 위해서도 동분서주했다.[9] 마르크스의 저작 가운데 '공산당 선언'과 '자본론'에 관한 개략적 이해는 어느 정도 필요하다고 본다. 왜냐하면 자본주의 사회의 물질적 부의 원천과 그 분배원리, 그것과 관련된 인간들 사이의 싸움, 그리고 풍요와 빈곤의 원인과 결과에 대한 마르크스의 생각을 알아보는 데는 이 두 책들이 중요하다고 보기 때문이다. 마르크스는 유토피안[10]들인 생시몽(Saint Simon, 1675-1755)이나

9 유시민, 위의 책, 1992 초판, p.153.

오언(Robert Owen, 1771-1858) 같은 공상적 사회주의자[11]들과는 달리 모든 문제를 엄격하고 냉정하게 다루었다. 그는 19세기 중엽 노동자들의 처참한 고통을 동정하고 부와 빈곤을 동시에 생산해 낸 자본주의 체제를 누구보다 혐오했다. 그러나 그는 상상에 의해 만든 이상사회를 제시하고 다른 사람들의 정의감과 도덕성과 동정심에 호소하지 않았다. 그는 사람들이 원하든 원하지 않든, 자본주의 그 자체가 발전한 결과 마치 밤이 지나면 아침이 오는 것처럼 자본주의의 파멸과 공산주의의 승리가 찾아올 것이라고 말했다. 상상력이 아니라 사회적 현실 속에서 유토피아가 도래할 필연성을 찾아낸 것이다. 칼 마르크스가 부르주아 계급으로부터 종교재판을 능가하는 박해를 받은 것은 바로 이것 때문이었을 것이다.[12]

---

10 '유토피아주의자'는 마르크스에 의하여 다음과 같이 정의되었다. "유토피아주의자"란 정치라는 형식구조를 사회적 기반으로부터 분리시켜 그것을 보편적이고 추상적인 교의로 내세우는 사람들이다. 푸리에, 생시몽, 오언 등 협의의 공상적 사회주의자들의 특징은 첫째, 프롤레타리아트와 전혀 결합되지 못했으며, 둘째, 사회계층의 재교육 등 평화적인 방식으로도 계급 없는 사회에 도달할 수 있다고 믿은 점에 있었다. 마르크스와 엥겔스는 유토피아 사회주의자들이 이와 같은 한계에도 불구하고 공산주의 이론의 여러 주요관점들을 포착하고 있었음을 강조한다.

11 공상적 사회주의(utopian socialism, 空想的社會主義)란 산업자본의 미성숙 단계에서 자본주의의 본질과 미래사회의 이상은 밝혔으나 아직 계급투쟁이론에는 미치지 못한 사회주의를 말한다. 칼 마르크스는 〈철학의 빈곤 Das Elend der Philosophie〉(1847)에서 프롤레타리아트가 스스로를 해방시키고 새로운 사회의 형성에 필요한 물질적 조건들을 꿰뚫어 볼 수 있을 만큼 성숙되어 있지 않는 한, 이론가들은 억압받는 계급의 욕구를 채워주기 위하여 체계를 고안하고 새로운 과학을 추구하는 유토피아주의자들일 따름이라고 기술했다.

12 유시민, 위의 책, 2013년 개정 10쇄, pp.153-154.

2. 칼 마르크스가 자본주의를 보는 관점

경제학자 칼 마르크스는 아담 스미스와 리카도 등 고전학파 경제학자들이 이루어 놓은 성과를 출발점으로 삼았다. 그가 자본주의를 분석하기 위해 설정한 경제 모델은 아담 스미스나 리카도의 것과 근본적으로는 동일하다. 마르크스는 자본가를 '부르주아지'로 노동자를 '프롤레타리아트'라고 명명한다. 마르크스는 자유방임시장의 원리에 동의하고 그것이 이룩한 엄청난 업적을 승인했다. 또한 프롤레타리아트와 부르주아지는 자신의 생존을 위해 서로를 필요로 하는 관계에 놓여 있다고 보았다. 그렇지만 그들은 항상 대립하고 투쟁해야 하는데 이것은 역사가 그들에게 내린 운명이기 때문이다.

마르크스가 자본주의를 일방적으로 비난하고 저주했다고 생각한다면 큰 잘못이다. 마르크스의 세계에서 자본가는 이전의 어떤 지배자보다 훨씬 위대하며 그들이 거둔 성공과 업적은 장엄하기까지 하다. 공명정대한 역사가라면 자기의 철학을 위해 사실을 왜곡하지 않는 법이어서 마르크스는 '공산당선언'에 이렇게 썼다.

> 부르주아지는 인간의 활동이 무엇을 이룩할 수 있는가를 처음으로 보여 주었다. 그들은 이집트의 피라밋이나 로마의 수로(水路)들, 고딕식 성당을 능가하는 숱한 경이로운 업적을 달성했다. 부르주아지는 …… 모든 국민을 …… 문명 안으로 끌어들였다.
>
> 부르주아지는 거대한 도시를 만들고 도시 인구를 농촌 인구에 비해 크게 늘림으로써, 인구의 대부분을 우매한 농촌 생활에서 건져 냈다. …… 부르주아지는 100년도 채 못 되는 계급 지배 동안에 과거의

모든 세대가 만들어 낸 것을 다 합친 것보다도 더 많고, 더 거대한 생산력을 만들어 냈다. 자연력의 정복, 기계에 의한 생산, 공업과 농업에서의 화학의 이용, 기선에 의한 항해, 철도, 전신, 세계 각지의 개간, 하천 항로의 개척, 마치 땅 밑에서 솟아난 듯한 엄청난 인구, 이와 같은 생산력이 사회적 노동의 태내에서 잠자고 있었다는 것을 과거의 어느 세기가 예감이나 할 수 있었으랴![13]

3. 칼 마르크스가 말하는 '잉여가치'의 의미

'잉여가치설'은 필자도 일찍이 들어왔던 말이다. 그런데 정작 본서의 집필과정에서, '아 하! 이런 뜻이었구나'하는 마음에 울림이 왔다. 마르크스 당시에는 가장 선진국인 영국에서조차 성인 남자의 하루 노동시간은 아무리 적어도 12시간을 초과했다. 이런 경우 노동자는 12시간을 일하고 6시간 동안의 생산물을 대가로 받는 셈이다. 여기서 속임수는 없다. 그들은 자신의 '노동력의 가치' 만큼 보수를 받았다. 그러면 나머지 6시간의 노동은 무엇인가? 마르크스는 이것을 '잉여노동'이라고 하고, 이 잉여노동에 의해 생산된 물질적 부를 '잉여가치'라고 했다. 이윤이란 '잉여가치'의 다른 이름에 불과하다. 잉여가치는 누가 가지는가? 자본가의 소유가 된다. 무엇 때문에? 그가 생산수단, 즉 자본의 법률적 소유자이기 때문이다. 이상이 그 악명 높은 '잉여가치설'의 개요이다. 이렇게 해서 노동자가 생산물의 전부를 가져야 마땅하다고 한 사회주의자들의 사상은 이론적 근거를 얻었다. 물론 자본가들의 편에서 보자면 몹시 불쾌한 이론

---

13 위의 책, pp.156-157.

이었다. 마르크스는 이 '잉여가치설'을 근거로 하여 곧장 자본가에게서 모든 부를 빼앗아 버리자고 선동하지도 않았다.[14]

부의 증진이라는 '신성한 소명'을 부여받은 자본가들은 사업을 확장하기 위해서 더욱 많은 이윤을 얻어야 한다. 그리고 이윤이 '잉여가치'의 다른 이름인 이상 그들은 잉여가치를 확대시켜야만 한다. 여기서는 두 가지 방법이 있다. 하나는 노동시간을 늘임으로써 잉여노동시간을 증대시키는 것이다. 다른 하나는 노동자의 생필품과 편의품을 생산하는 데 필요한 노동시간을 줄이는 것이다. 이것은 곧 한층 높은 효율성을 가진 기술과 기계의 도입을 의미한다. 마르크스는 전자를 '절대적 잉여가치의 확대', 후자를 '상대적 잉여가치의 확대'라고 정의했다.[15]

4. 마르크스가 본 19세기의 세계관과 인간관

마르크스는 단순한 경제학자가 아니라 매우 철학적이었다. 그의 세계에서 모든 것은 다른 것과의 관계 속에서만 존재하며 고립된 것은 하나도 없다. 인간이 다른 인간을 노예로 소유한 고대 사회나 인간을 토지와 온갖 형태의 봉건적 인습과 신분제도에 비끄러매었던 중세 사회에 비해 자본주의가 훨씬 문명화되고 진보된 사회임을 마르크스는 부인하지 않았다. 그러나 엄청난 부를 창출한 자본주의가 모든 면에서 인간의 삶을 자유롭고 풍성하고 아름답게 만드는 것은 아니었다. 그는 자본주의를 이끄는 부르주아지가 만들어 놓은

14 위의 책, pp.160-161.

15 위의 책, p.161.

사회의 여러 특성들을 조롱하고 혐오했다. '공산당 선언'은 부르주아지가 지배하는 사회를 '오직 적나라한 이기심과 냉혹한 현금거래'만이 존재하는 속물들의 세상으로 규정하고, 그것을 새로운 형태의 착취제도라고 맹렬하게 비난했다. 예수에게서처럼 마르크스에게도 인간은 '빵으로만 살 수 있는 존재'가 아니었던 것이다.

부르주아지는 자신이 지배권을 확립한 곳에서는 어디서나 모든 봉건적·가부장적·전원적 관계를 종식시켰다. 부르주아지는 인간을 '타고난 상하관계'에 묶어 놓는 여러 가지 봉건적 유대를 가차 없이 잘라버렸으며, 모든 인간관계에 '오직 적나라한 이기심과 냉혹한 현금거래'만을 남겨 두었다. 부르주아지는 또한 가장 신성한 종교적 정열과 기사도적 열정과 세속적 감상주의의 환희를 이기적 타산이라는 얼음물에 빠트려 버렸다. 부르주아지는 또 개인의 존엄성을 교환가치로 용해시켜 버렸으며, 결코 무효화할 수 없도록 인정된 무수한 자유 대신 '자유 거래'라는 또 하나의 파렴치한 자유만을 세워 놓았다. 한마디로 부르주아지는 종교적·정치적 환상으로 가려진 착취를 적나라하고 후안무치(厚顔無恥)하며 노골적이고 야수적인 착취로 바꾸어 놓았다.[16]

어떤 사람들은 마르크스의 사상을 일컬어 '증오의 과학'이라고 한다. 더 많은 사람들은 그의 사상 가운데서 증오만을 보고 진저리치거나, 아니면 그 증오마저도 배워야 한다고 주장해 왔다. 그러나

16 위의 책, pp.164-165.

어디까지나 과학은 과학이며 증오는 증오일 뿐이다. 중요한 것은 증오가 없어도 성립할 수 있는 그 사상의 과학적 측면을 직시하는 일이며, 그 증오를 19세기 자본주의가 처했던 역사적 상황에 비추어 이해하는 일일 것이다.

5. 자본주의의 태동과정

어떤 사람이든 자본주의적 기업을 세우려면 밑천—최초의 자본이 있어야 한다. 체제로서의 자본주의 역시 마찬가지다. 마르크스는 자본주의가 탄생한 시점에서 이미 축적되어 있었던 부의 축적과정을 '자본의 원시적 축적'이라 명명했다. 마르크스에 반대하는 사람들은 개미와 베짱이의 우화로 이 과정을 설명했다. 재능있고 근면한 사람들은 부지런히 저축해서 자본가가 되었고, 게으르고 방탕한 사람들은 노동자가 되었다는 것이다. 그러나 이것은 사실과 다르다. 농노제도와 신분제도에 의해 유지된 중세 봉건사회의 지배계급인 토지귀족들, 그리고 봉건왕조가 부여한 각종의 특권과 식민지에서의 약탈을 통해 재산을 모은 자들이 최초의 자본가계급을 형성했다. 새로운 발명으로 자본가가 된 제임스 와트[17]나 아크라이트[18]는 매우 희귀한 사례일 뿐이다. 자본의 원시적 축적 과정을 마르크스는 이렇게 묘사했다.[19]

17 와트(James Watt, 1736-1819년)는 영국의 산업혁명에 실질적으로 공헌한 증기기관을 발명했다. 그는 1785년 왕립학회의 회원으로 선출되었다.

18 아크라이트(Richard Arkwright, 1732-1792년)는 영국의 직물제조업자요 발명가이다. 그는 동력기계의 이용과 생산에 있어 공장체계의 도입함으로 그의 발명품보다 더 큰 업적을 남긴 것으로 알려져 있다.

19 위의 책, pp.177.

교회 재산의 강탈, 국영지의 기만적인 양도, 공유지의 약탈, 봉건적인 씨족 재산의 횡령, 그리고 무자비한 폭력에 의해 이것들을 근대적 사유재산으로 전환시킨 것이 바로 원시적 축적의 목가적 방법이었다. 그들은 자본주의적 농업을 위해 경작지를 정복했으며, 토지를 자본의 일부분으로 만들었고, 농촌공업에 필요한 '자유로운' '프롤레타리아트' 원주민의 말살과 노예화, 동인도에 대한 정복과 약탈의 시작, 그리고 아프리카를 무대로 한 흑인들에 대한 상업적 착취 등은 자본주의 생산의 시대에 대한 장밋빛 새벽을 상징하는 것이었다.[20]

아담 스미스는 국부의 증진을 위해 자유시장에 대해 이래라 저래라 간섭하지 않는 '작은 정부'를 권장했다. 그리고 '공정하게' 사회 질서를 유지해야 할 정부가 자산계급 쪽으로 편향되는 현상을 걱정스럽게 지켜보았다. 그러나 마르크스에게 국가란 '부르주아지의 일상사를 처리하는 위원회'에 불과했다. 그것은 '공정한 중재자'도 아니고 '일반의지의 결합체'도 아니다. 옛날에는 그것이 봉건적 토지귀족의 전유물이었지만 이제는 새로운 지배자인 부르주아지의 전유물이 되었다. 따라서 국가권력의 실체는 인민의 반항을 무력으로 진압하기 위한 경찰과 군대의 폭력이었다. 빈곤에 대한 노동자들의 절망적인 저항이 가차 없이 분쇄된 당대의 상황과 그 자신에게 가해진 정치적 박해를 고려할 때 이러한 생각은 충분히 이해할 만하다. 마르크스가 노동자의 비참한 상태를 개선하기 위한 이런저런 잡다한 개량책 대신 하나의 단순하고 결정적인 수단—프롤

20 위의 책, pp.177-178.

레타리아트혁명을 선택한 것은 당시의 시대 상황과 '도구론적 국가관'의 산물이다. 그러나 그는 생전에 이러한 혁명을 보지 못했으며, 최초의 혁명 역시 그가 별로 눈여겨보지 않았던 러시아에서 일어났다.[21]

6. 마르크스시즘의 이상과 소련의 '개혁과 개방정책'이 주는 의미

자본주의에 대한 칼 마르크스의 '과학적 예언'은 그대로 실현되지는 않았다. 사회주의혁명은 자본주의가 가장 고도로 발달한 서유럽에서가 아니라 러시아에서 일어났으며 나중에 동유럽과 중국, 쿠바, 베트남 등 후진 농업국과 제3세계로 확산되어 세계의 절반을 붉은 깃발 아래 놓이게 했다. 그러나 사회주의는 20세기의 막바지에 이르러 헤어나기 어려운 심각한 위기를 맞이했다. 레닌이 최초로 프롤레타리아 혁명을 성공시켰던 소련은 세계지도에서 사라져 버렸다. '인류의 미래'를 짊어진 각국 공산당은 인민의 증오와 불신을 받아 와해되었으며, 그 위에서 사유재산 제도가 부활되고 있다. '멸망의 운명'을 선고받았던 자본주의가 오히려 몰락한 사회주의 국가에 경제원조를 제공하고 있기까지 하다.[22]

러시아에서 일어난 1917년 볼셰비키 혁명은 마르크스의 사회주의 이념을 계승하여 일어났던 노동자들과 무산대중의 봉기였다. 이 러시아 혁명은 구부르주아 국가형태를 대신하여 소비에트 체제를

21 위의 책, pp.178-179.

22 위의 책, p.184.

수립시키고 생산수단과 사회적 소유에 입각한 사회주의적 생산양식을 사회의 지배적인 경쟁관계로 창출하였다. 러시아 혁명이 일어난 후 70여년이 지난 오늘날 소련은 출범 당시의 낙후된 미개발 상태로부터 벗어나 발전의 거대한 잠재력을 지닌 강력한 사회주의 공업국가로 탈바꿈하였다. 혁명 이후 최초로 소련에 부과된 과제는 발전된 사회주의를 건설하는 것 자체가 아니라 사회주의를 건설할 수 있는 물질적 문화적 기초의 전제들을 확립하는 것이었다.

1990년 초, 고르바초프에 의한 소위 '페레스트로이카·글라스노스트'라고 불리우는 개혁과 개방정책이 추진되었을 당시만 해도 소련은 그 공업력이 총량에 있어서 영국·서독·프랑스의 공업력을 합친 수준으로 상승했다. 그리고 세계 과학자 수의 1/4을 보유하고 있었으며 국민의 실질소득은 15년을 단위로 하여 배가되었다. 소련은 여러 가지 불리한 제약 속에서도 대단히 급속한 발전을 이루어 왔음을 알아야 할 것이다. 소련은 발전된 자본주의 생산력을 사회주의 건설을 위한 전 시대의 유산으로 물려받지 못했고, 자본주의에 의해 전면적으로 포위된 상황 속에서 거의 자력에만 의존해 건설해야 했다. 더구나 외국의 지원을 받은 백군과의 내전과 파시즘의 침공에 대항한 조국방어전쟁 및 그 복구사업에 혁명 이후 전 기간 중의 1/3을 소비했음을 감안해야 할 것이다.[23]

생산력발전 수준이 뒤진 소련이 미국과 군사적인 전략적 균형을 이룩하는 것은 실로 엄청난 부담이었다. 미국의 군사력에 대응하

23 김병균, 『새날을 향한 예언자의 소리』 "페레스트로이카와 한반도 통일운동" (광주: 해동출판사, 1995), pp.240-241.

여 이를 수행한다는 것은 내부의 사회주의 건설을 실패하게 하는 방해 요인이 되었던 것이었다. 70년대 이르러서 소련은 미국과의 전략적 균형을 이룩하는데 성공한 것으로 알려져 있는데 이를 소련은 70년대 자국이 이룩한 최대의 성과중의 하나로 보고 있다. 고르바초프 시대에 들어와 소련은 그 경직성을 탈피하고 놀라운 유연성을 발휘하여 평화구조를 정착시키고 이른바, 제2의 긴장완화 시대를 만들어냄에 있어 주도권을 발휘했던 것이다. 소련은 핵 선제공격을 포기하고 20세기 말까지 전 세계에서 핵무기를 완전 철폐하기 위해 노력한다는 강령을 채택했다. 이미 발효된 중거리 핵미사일제거 협정을 주도했으며 핵무기 완전폐기를 위한 한 단계로써 전략 핵무기를 50%로 감축하기 위한 교섭을 미국과 진행했던 것이다.[24]

필자는 1989년 12월 일본 교오토 크리스챤 아카데미에서 'Perestroika and Glasnost in Asia'라는 주제로 아시아교회협의회 사무국(CCAIA)이 주관하는 국제회의에 한국기독교교회협의회(NCCK, 총무: 권호경)에서 파송한 대표단으로 참석한 경험을 하였다. 이 회의에서 러시아 정교회의 대표인 안드레이의 발표 중에 소련에서 일고 있는 페레스트로이카[25] 운동은 고르바초프 한 사람에 의한 창작물이 아

24 김병균, 위의 책, pp.244-245.

25 페레스트로이카(Perestroika) 정책이란 1986년 이후 소련의 고르바초프 정권이 추진하였던 개혁 정책이다. 페레스트로이카는 1985년 소련 공산당 서기장으로 선출된 고르바초프가 추진한 소련의 정치·경제·사회·외교 분야에서의 개혁 정책을 말한다. 페레스트로이카는 '고쳐 세운다.' 또는 '낡은 체제를 고친다.'라는 뜻이며, '국가 정책의 개혁'이란 의미로 널리 사용된다. '페레스트로이

니라 지금까지 스탈린주의적 독재와 관료주의의 왜곡된 사회주의 하에서 부단히 민주화와 인간화를 요구했던 소련의 반체제 지식인들을 포함한 인민의 요구가 수렴되어 고르바초프의 정책으로 나타난 것이라고 말했다. 페레스트로이카가 성공하는 사회란 '이스베스차'에 뉴스가 나오고 '프라우다'[26]에 진실이 실리고 사회주의 이념대로 인민이 정책을 주도하는 민주집중제가 이루어지고 선언적 소유가 아니라 실질적으로 모든 인간이 복지를 누리는 사회가 이뤄져야 한다는 것이었다. 그 후 소련 연방은 해체되었고, 미국과 소련을 종주국으로 나뉘어 동서 양진영으로 대립했던 양극화 시대는 막을 내렸다. 러시아나 중국, 동구사회는 아직도 '사회주의'라는 명칭을 그대로 사용하고 있으며, 그 체제는 여전히 유지되고 있다. 그러나 교조주의적 사회주의는 이미 빛을 바랬고, 신자유주의 물결 속에 편입되어 국제금융자본주의 방식으로 교역을 하면서, 자국의 이익과 생존을 위해 각자도생의 길을 걷고 있는 중이다. 특히 중국은 덩샤오핑(鄧小平) 이후, 사회주의의 깃발을 내걸면서도 국제금융질서

카' 정책은 소련 최초의 민주화 시도였다. 복수후보자의 경합 하에 부분적으로 비밀투표가 행해졌고, 시장경제의 요소들이 도입되기 시작했다. 국가의 보조금과 모스크바의 지령에 의존해왔던 산업체들이 스스로 생산, 자금, 이윤을 관리하게 된 것은 실로 획기적인 일이었으며, 소규모의 가내생산과 개인영업도 용인되었다. 그러나 페레스트로이카 정책이 추진되는 가운데 국가경제에 대한 통제권을 잃지 않으려는 관료들의 저항 또한 만만치 않았고, 민중의 개혁에 대한 열망은 이와 첨예하게 대립했다.

26 고르바초프 개혁과 개방운동 당시 이런 농담이 있었다. 프라우다에는 진실이 없고, 이스베스차에는 뉴스가 없다는 말이 회자되었다. 소련 공산당 기관지 프라우다는 진리, 진실이란 뜻이고, 이스베스차는 보도 또는 뉴스란 뜻이다. 당시 소련 사회의 언론은 진실도 없고, 뉴스도 없다는 사실을 풍자하는 말이었다.

에 편입하여 세계시장의 큰 손으로 부상된 지 오래이다. 덩샤오핑은 1970년대 말 개혁과 개방을 주장하면서 경제정책 논리에 있어서 '흑묘백묘론'(黑猫白描論)을 펼쳤다. 즉 검은 고양이든 흰 고양이든, 고양이는 쥐만 잘 잡으면 되듯이, 자본주의든 공산주의든 상관없이 중국 인민을 잘 살게 하면 그것이 제일이라는 생각이 아니었겠는가? 이미 중국은 G2 국가로서 부상되었고, 미국과 겨룰만큼 경제적, 군사적 강대국으로 위상을 확보하면서, 미국과 일본의 견제를 받고 있다.

현재까지 동북아에는 한·미·일 삼각안보동맹과 중·러·북 대륙동맹체제가 첨예하게 대립하고 있는 중이다. 미국이 남한에 사드포대를 배치하는 문제, 한미동맹에 의해 연례적으로 벌이고 있는 키리졸브훈련, 을지프리가이던 군사훈련은 원천적으로 중단되어야 한다. 북측이 국제적인 비난을 무릅쓰고 핵탄두와 ICBM을 개발하여 스스로 핵보유국이 된 실제적인 의도는 자국의 체제보장을 위한 것이었다는 것이 북-미 정상회담 과정을 통해서 드러났다. 북-미 정상회담 이후 북측의 완전한 비핵화와 미국의 체제보장이 실현되는 과정 속에서 최신전략무기를 동원하여 한반도의 평화를 위협하는 군사훈련은 이제 폐기되어야 한다고 주장하는 바이다.

7. 마르크스는 아직도 공산주의의 아버지인가?

독일 베를린의 훔볼트 대학교 본관에 "철학자들은 세계를 다양하게 해석해왔을 뿐이다. 중요한 것은 세계를 변화시키는 것이다"라는 글귀가 새겨져 있다. 이 문구는 이곳에서 공부했던 한 젊은이가 1845년 무렵 그의 노트에 쓴 메모에서 따온 것이다.

마르크스는 그의 단짝인 엥겔스와 더불어 오늘의 세계가 형성되는 데 가장 큰 영향을 끼친 인물 중 한 사람으로 회자된다. 이들은 "공산주의의 아버지"로 추앙되기에 이른다. 그렇게 된 이유는 그의 사후에 벌어진 일 때문이다.

결정적으로는 1917년 러시아에서 일어난 볼셰비키 혁명이다. 1990년을 전후로 사실상 공산주의가 몰락하자 동유럽 각지에 세워졌던 그의 동상도 끌어내려졌다. 한때 그의 충실한 제자를 자임하던 학자들은 그의 사상의 유효기간 만료를 선언했다. 그러나 이들에 맞서, 여전히 우리는 진짜 마르크스를 모른다고 목소리를 높이는 사람들이 있다는 것도 놀랄 일이 아니다. 마르크스는 철학자인가 경제학자인가? 그의 저작을 전체적으로 읽어보면, 그가 20대 후반 무렵에 철학에서 경제학으로 옮겨갔다는 것이 꽤 명확히 드러난다. 20대의 마르크스가 일련의 철학적 사유를 거쳐 현실의 부조리를 파악하고 이를 근거로 노동자와 하층민을 조직해 실제로 세상을 변혁하는 데 주력했다면, 20대 이후가 되어서는 변혁운동에 탄탄한 과학적 기초를 놓기 위해 현실의 물질적 구조 연구에 매진했다는 것이다.

마르크스는 자본주의 경제에 자멸적인 성격이 내재해 있다고 주장했다. 이 체제가 자본가와 노동자라는 서로 적대하는 두 계급 간의 관계에 기초하고 있다고 보았기 때문이다. 그에 따르면, 이윤동기에 의해 추동되는 자본주의에서 자본가는 이윤을 오직 노동자를 착취함으로써만 얻을 수 있다고 한다. 동시에 서로간의 경쟁 때문에 노동을 줄이고 기계화에 매진할 수밖에 없다. 이것이 성공적인 몇몇 개별 자본에는 당분간 높은 이윤을 보장해줄 수도 있지만, 궁극적으로는 자본 전체에 대해 착취의 재료 곧 노동을 줄임으로써 평균이윤율을 떨어뜨리고 경제를 파국으로 몰고 갈 것이다. 그가 주목한 것은 자본주의의 '자동붕괴' 가능성이 아니라, 모순을 누적시키는 자본주의의 작동방식 그 자체가 체제변혁을 위한 노동자들의 투쟁을 역사적으로 정당한 것으로 만들고, 또 거기에 힘을 실어주기도 하리라는 점이다.

"자본론"을 위한 연구와 집필에 매진하면서도 동시에 국제적인 노동자 운동을 조직하는 데 마르크스가 진력했던 것은 바로 그 이유 때문이다. 마르크스가 공산주의의 태두로 손꼽히는 이유는 최초의 혁명이 일어난 곳이 러시아였기 때문이다. 특히 러시아에서는 마르크스가 생존당시부터 그의 저작이 인기를 끈 유일한 나라이다. "자본론"이 최초로 번역된 나라도 러시아였다. 볼셰비키 혁명의 영웅 레닌은 어려서부터 마르크스의 저작에 심취하였고, 본격적인 혁명가가 되기까지 마르크스주의 경제학자의 면모까지 보였다.[27]

8. 아직도 마르크스가 이야기되고 있는 이유

오늘날까지 마르크스의 사상이 크게 논의되고 회자되는 것은 그의 유토피아적 소망 때문이 아니라, 그가 경제학자로서 행한 자본주의운동법칙에 대한 분석과 결론 때문이다. 자본주의는 마르크스

27 「한겨레신문」(2018년 5월 5일), 김공희, "혁명이 없다고 모순이 사라지는 것은 아니다"

의 예언을 어긋나게 했지만 결코 경제학자 마르크스와의 대결에서 승리한 것은 아니다. 마르크스는 자신이 설정한 '순수자본주의', 즉 자유경쟁 자본주의가 그 내적 운동법칙 때문에 필연적으로 거대한 독점자본을 출현시키리라고 말했는데 이는 그대로 실현되었다. 1870년대에 독점자본주의의 출현을 예고했다는 것은 마치 오늘날의 시점에서 향후 50년 이내에 미국이나 일본의 자본주의가 소기업체제로 갈 것이라고 말하는 것만큼 파격적인 예언이었다. 이윤율의 경향적 저하와 신기술의 부단한 도입, 그로 인한 주기적 공황의 도래 또한 그대로 적중되었다. 그러나 그의 가장 결정적인 예언–자본주의의 필연적 붕괴는 부분적으로만 실현되었다. 마르크스는 변화를 세계의 본질로 보는 철학자였지만, 자기 시대의 역사에 대해서는 그렇게 일관된 입장을 견지하지 못했다. 이것은 아마 부르주아 사회에 대한 인간적 증오심 또는 자본주의의 붕괴에 대한 간절한 소망 때문이었을 것이다.[28]

부르주아지들, 자본주의 사회는 '보이지 않는 손'의 축복에 지나치게 의존하면서 가난한 노동자들의 항의와 저항에 진지하게 귀 기울이지 않았다. 실업과 공황이 자본주의의 불가피한 유전병이라는 것도 인정하지 않았다. 많은 나라의 정부와 부르주아지들은 마르크스가 정해 준 그들의 행동방침을 준수했다. 러시아 짜르 체제와 부르주아지들, 장개석의 국민당 정부와 중국 자본가들, 나찌 정권과 그에 협력한 동유럽의 자본가들은 그 벌로 권력을 빼앗겼을 뿐 아

28 유시민, 위의 책, p.185.

니라 생명과 재산을 잃었다. 독점과 카르텔을 공공연히 장려하고 노동조합운동을 탄압한 19세기 말 20세기 초 서유럽 국가들도 대파업과 혁명적 정세를 맞아야 했다. 그토록 수많은 수업료를 지불한 연후에야 그들은 정신을 차리고, 완전하지는 않지만 그런대로 효과 있는 방법으로 자본주의를 수정하기 시작했다. 그들이 '복지국가'라고 자랑하는 현대의 자본주의는 아담 스미스와 리카도, 그리고 칼 마르크스가 설정했던 경쟁자본주의의 순수한 모델과는 다르다. 따라서 우리는 케인즈를 통해서 자본주의가 어떻게 자기 수정을 이룩하게 되었는지를 살펴보게 될 것이다.[29]

다시 말하자면 칼 마르크스의 사상은 19세기 유럽 자본주의의 산물이다. 오늘날 선진 자본주의 국가의 노동자는 '잃을 것이라고는 쇠사슬 밖에 없는' 절대빈곤의 나락에 빠져 있지 않다. 지난 한 세기의 경제·사회적 변화는 마르크스의 사상과 이론을 무비판적으로 적용할 수 없게 만들었다. 한 세기를 뛰어넘어서까지 인류 문명의 귀중한 자산이 되고 있는 것은 그가 추구한 가치이지 그가 선택했던 방법이 아니다. 자본주의의 자기 수정과 그간의 사회·경제적 변화를 이유로 그가 추구한 이념적 가치까지도 부정하려는 모든 시도 역시 시대착오적인 것이다. 칼 마르크스가 지향했던 경제적 평등에 의해 뒷받침되는 자유, 소외되지 않는 노동, 정당한 근로에 의한 소득, 인간의 자유를 침해하는 모든 불합리한 관습과 이데올로기로부터의 해방, 개인의 자유롭고 전면적인 발전 등 그가 옹호한 '영원한 진리'는 아무리 먼 미래라 할지라도 인류 문명이 지향해야

29 위의 책, pp.185-186.

할 목표를 분명하게 제시하고 있기 때문이다.[30]

제3절 마르크스의 종교비판

오랫동안 한국 교회는 이북 연구를 도외시했다. 통일을 염원하면서도 상대방을 알려 하지 않았다. 즉 한국 기독교는 처음부터 공산주의 이념을 가진 이북과 대화하려 하지 않았다. 다만 적으로 간주하고 원수로 여기고만 있었다. 기독교는 '원수를 사랑하라'라는 진리를 선포하는 종교이다. 따라서 기독교인은 원수를 사랑하기 위해서 그를 이해해야 한다. 우선은 말을 건내야 한다. 여기서 대화는 필수적이다. 서로 통하는 대화를 열기 위해서는 상대방을 알아야 한다. 이북의 이념을 알아야 하고 저들의 생활을 연구해야 한다. 통일을 염원하고 이북에 그리스도를 전하려는 한국 기독교는 먼저 이북 사람들의 사상을 연구하고 알아야 한다. 필자는 여기에서 한 걸음 더 나아가 자주적 사회주의 사상이라고 불리는 주체사상과 한국의 정치·경제·사회적 모순과 억압 속에서 민중이 주인 되는 세상을 '하나님 나라'의 이상으로 삼고 전개해 온 민중신학과의 대화를 시도할 필요가 있다고 보는 것이다.

1. 칼 마르크스의 종교거부에 관하여

마르크스의 종교비판에 관한 최초의 글은 그의 박사학위 논문 '데모크리토스[31]와 에피쿠로스[32]의 자연철학에 관한 차이점에서 발

30 위의 책, pp.187-188.

견할 수 있다. 이 논문에서 마르크스는 에피쿠로스(Epicouros)를 계몽자로 찬양하면서 다음과 같이 말했다.

> 에피쿠로스는 위대한 그리스의 계몽자이다 따라서 루크레티우스(Lucretius)[33]가 다음과 같이 칭찬한 것은 에피쿠로스에 합당하다. 땅 위에서의 고달픈 삶이 사람들을 억압하고 하늘 높이 고개를 내밀고 얼굴을 잔뜩 찌푸린 인간들을 도도히 위협할 때, 처음으로 한 그리스인이 감히 그의 죽을 운명을 가진 눈을 치켜뜨고 저 괴물에게 용감히 대항했다.[34]

마르크스는 이미 헤겔(Georg W. F Hegel)[35]의 관념철학과 결별

---

31 데모크리토스(Demokritos, BC 460-370년경)는 그리스의 유물론적 철학자로서 크라키아의 아부레라 사람이다. 레우키포스의 원자론을 자연계뿐 아니라 널리 인간의 인식 작용이나 사회생활을 설명하고 평가하는 데까지 적용하여 동시대의 플라톤의 관념론 철학에 대립하는 유물론철학의 체계를 수립하였다. 동시대의 플라톤의 관념론철학에 대립하는 유물론철학의 체계를 수립하였다. 그에 따르면 자연(physis)에 있어서는 공간에서의 모든 원자의 기계적인 결합·분리의 운동이 있을 뿐이고, 이것만이 진실이고 객관적, 절대적, 필연적이라고 한다.(소병훈, 임석진 감수, 『철학사전』, 서울: 이삭, 1983)

32 에피쿠로스(Epicouros, BC 341-270년경)는 그리스의 유물론 철학자로서 에피쿠로스 학파(Epicouros School)의 시조(始祖(시조)이다. 데모크리토스의 제자에게서 원자론을 배우고, BC 306년에 아테네로 돌아와 자신의 학교를 개설하였다. 그의 철학은 원자론적 유물론을 기초로 하는 규준론(規準論), 자연학, 윤리학의 세 부문으로 구성되어 있으며, 그 목적을 행복한 생활의 확보에 두고 있다.

33 루크레티우스는 BC 97년경에 살았던 에피쿠로스 철학파 중 한 사람이다.

34 홍성현, 『마르크스주의자들의 종교비판을 넘어서서』(서울: 한울, 2015년), p.22.

35 헤겔(Hegel, George Wilhelm Friedrich 1770-1831)은 독일 고전철학의 최대의 철학자로 예나(Jena), 하이델베르크 등에서 강의하였으며, 만년에는 베를린 대학의 교수로 활동하였다. 그의 철학은 칸트, 피히테 그리고 셸링의 체계를 집

했다. 마르크스 이전에 루트비히 포이어바흐(Ludwig A. Feuerbach)[36]가 종교의 소외성을 비판한 바 있는데, 마르크스는 바로 포이어바흐의 계승자로서 종교를 비판했다. 포이어바흐는 종교의 소외성을 철학의 소외성의 근거로 보았고, 철학의 소외성이 가장 최근에 그리고 적나라하게 나타난 데가 헤겔의 철학 체계라고 생각했다. 포이어바흐의 말을 들어보자.

> 헤겔의 철학은 인간을 자기 자신과 소외시켰다. 그의 철학의 전 체제는 추상에 근거하고 있다. ……
>
> '절대정신'[37]이란 신학의 '죽은 영'인데 그것이 헤겔 철학 안에서

대성한 절대적 관념론으로, 독일 고전철학은 헤겔에 와서야 비로서 완성되었다고 할 수 있겠다. (이삭 편집부, 철학사전, 이삭, 1983)

36 포이어바흐(Ludwig A. Feuerbach, 1804-1872년)는 독일의 유물론자로 헤겔 좌파에 속하며 그의 저서 '죽음과 영생에 관한 사상'(1830년) 속에서 행한 기독교 비판으로 인해 에를랑겐대학의 교직을 사임하고 평생 남독일의 변두리에서 저술에 몰두하였다. 그에 의하면 '신학의 비밀은 인간학이다.' 신이란 인간의 모든 성질과 모든 사념(思念)의 소외, 이상화에 지나지 않는다고 하는 그의 종교비판은 근대적인 종교 비판의 한 정점이 되었다. 즉 포이어바흐의 견해는 '신은 인간의 내적 본성의 외적 투사일 뿐이라는 생각'으로 귀결된다고 보는 것이다. 마르크스와 엥겔스도 한때 여기에 경도되었다.

37 헤겔은 우주에 존재하는 모든 것의 총체를 '절대정신'으로 간주하였다. 이 절대정신이 모든 발전의 여러 단계를 관철하고 있으며, 그 각 단계가 각각 논리적 현상이나 자연적 및 사회적 현상을 표현한다. 다시 말하여 절대정신은 처음에 즉자적 단계에 머물러 있다가, 그 발전의 각 단계에서 자신의 새로운 측면이나 규정을 발현시킨다. 논리적 개념은 주관적이며 객관적인 모멘트를 통하여 이념으로 진화한다. 절대이념은 순수 논리의 영역에서 자기를 외화하여 자연으로 진화하고, 다시 정신으로서 그 자신에게로 돌아온다. 정신의 발전단계에 해당하는 것은 그 중에도 가족, 국가, 종교, 마지막으로 철학이며 철학은 자기 자신을 인식하는 절대정신으로서 헤겔에 와서 나타난다. 이것이 헤겔의 관념론이다.(소병훈, 임석진 감수, 『철학사전』 pp.412-413, 1983, 서울: 이삭)

영적인 존재를 인도한다. …… 신학은 영혼들을 믿는 믿음인데 …… 사변적 신학은 감지할 수 없는 추상성 속에서 그 영혼들을 가지고 있다.[38]

2. 마르크스의 종교비판과 소외(疏外)현상 이해

마르크스가 포이어바흐를 신학적으로 우수하다고 본 것은 그가 기적을 자연적이거나 인간적인 욕망의 실현이라고 주장했기 때문이다. 그런데 슈트라우스를 옳다고 인정했기 때문에 루터는 포이어바흐와 같은 올바른 신학적 표준을 갖지 못했다는 것이다. 마르크스는 루터의 글을 인용하면서 다음과 같이 루터를 공박했다.

> 하나님과 그의 아들 예수 그리스도 안에서 우리는 강해질 수 있다. 하나님은 우리가 할 수 없는 것을 하실 수 있기 때문이다. 우리가 어떻게 할 수 없을 때 그때 하나님은 도울 수 있고 또 기쁘게 그것을 해주신다.[39]

하나님이 약한 자의 보상으로서 그런 일을 한다는 루터의 주장을 마르크스는 못마땅하게 생각했다. 즉 루터가 말하는 믿음은 인간의 무능을 전제한다는 것이다. 인간이 강할 때가 아니라 인간이 약할 때 하나님에 대한 믿음이 필요하다는 논구에 대해 마르크스는 비판했다. 그러면서 마르크스는 인간의 강함을 높이 세우는 포이어바흐의 철학을 찬양한다. 마르크스 초기 저작에서 그의 종교비판의 중요

38 위의 책, 포이어바흐, 재인용, p.23.
39 홍성현, 위의 책, p.25.

성은 무엇인가? '정치경제학비판'(Kritik der Politischen Okounomie) 서문에서 그는 초기의 작품이 '자기이해'를 위해 봉사했고 거기서 그 일을 완성했다고 서술했다. 실제로 마르크스의 초기 종교비판은 어딘지 막연하고 추상적이었다. 그리고 엄밀한 의미에서 독창적이지 못했다. 그러나 마르크스의 의도는 어떤 논리를 전개하면서 엄격성을 지키려는 데 있지 않았던 것 같다. 그는 종교를 비판함에 있어 그 논리성을 트집 잡은 것이 아니다. 그의 관심의 초점은 종교가 구체적인 세상에서 존재 가능하게 된 조건을 따져보는 데 있었다. 그는 당대 교회의 신앙이 현실의 문제와는 동떨어지게 움직일 뿐만 아니라 오히려 문제를 악화시킨다고 믿었다. 종교는 어디까지나 현 세계 안에서 구체성을 띠는 것이어야 한다고 생각한 마르크스는 오히려 종교현상이 그 반대임을 보고 이에 비판을 가한 것이 틀림없다.[40]

과연 마르크스가 서 있었던 철학, 즉 '철학의 현세성'은 그가 보기에 이 세상을 넘어 있는 종교와 기독교를 거절할 수밖에 없었다. 역사 안에서의 구원은 절대적인 초역사적 '정신'(Geist)에 의해 보장될 수 없고 인간의 현실적 이성에 의해서만 보장될 수 있다고 그는 믿었다. 더 이상 구원은 하나님의 계시에 의해 되는 것이 아니다. 삶의 의미도 초월적 하나님에 의해 주어지는 것이 아니다. 오히려 '프로메테우스'가 구속하고 삶의 의미를 제공한다. 프로메테우스는 누구인가? 그는 '군중의 신들을 거부한 자가 불경한 자가 아니고, 신들에 대한 군중의 의견을 받아들이는 자가 불경한 자'라

40 홍성현, 위의 책, pp.26-27.

고 규정한 자로 '철학 달력에 있는 성자와 순교자 가운데 최고로 고귀한 자이다'41

신에게만 유일하게 주어졌던 불의 사용권을 신에게서 빼앗아 땅 위로 가져온 프로메테우스를 최고 성인으로 인정한 20대 시절 마르크스의 논문이 보여주듯 그의 철학적 관심은 구체적인 땅의 현실에 있었다. 그의 철학적 종교비판은 여기서부터의 자연스러운 도출이라 할 수 있다.42

그의 관심은 종교가 구체적인 세상에서 존재 가능하게 된 조건을 따져보는데 있었다. 그는 교회의 신앙이 현실의 문제와는 동떨어지게 움직일 뿐만 아니라 오히려 문제를 악화시킨다고 믿었다. 마르크스는 '신이 있다 없다'라는 존재론적 관념론을 전개한 일이 없다. 역사 안에서의 구원은 절대적인 초역사적 '정신'(Geist)에 의해 보장될 수 없고 인간의 현실적 이성에 의해서만 보장될 수 있다고 그는 믿었다.

현실적인 역사의 국면 속에서 모든 발전의 원동력이 되는 것은 오직 노동이다. 인간은 자기의 본질적 힘을 완화시키는 사회적 실천을 통해서 자기의 역사를 스스로 형성해 나갈 뿐만 아니라, 또한 이 노동이야말로 비록 정치적 활동으로서나마 인간의 자기 산출, 자기 것의 과정임을 밝혔던 것이다. 포이어바흐는 이 개념을 종교 비판에 적용하였다. 그에 의하면 종교는 인간적 본질의 자기 소

41 Karl Marx, "The Difference Between the Natural Philosophy of Democritus and the Natural Philosophy of Epicurus"On Religion(NY: Schocken Books, 1964), p.15, 위의 책 재인용, p.27.

42 위의 책, p.27.

외이며, 현실의 세계에서 실현할 수 없는 인간적 본질을 이상화하여, 그것을 밖으로 투사(投射)하여 만들어 낸 환상적·공상적 존재가 신(神)이라고 하였다.

그렇다면 철학에서의 이 소외개념은 종교, 특히 기독교에서 하나님과 인간 사이에 막힌 담, 인간과 인간 사이에 막힌 장벽이라고 할 수 있는데, 이것은 곧 죄를 말하는 것이다. 여기에서 특히 죄의 개념을 경제에 국한시키자면, 공(公)을 사유화(私有化)하는 것이 바로 죄인 것이다. 자본가의 갑질착취, 지주의 과도한 소작료, 회사의 저임금, 노동착취, 노동시설 부실화, 뇌물증여, 부패사범, 부당거래, 재산도피, 증권시세조작, 국제금융의 과도한 이윤착취, 군산복합체(軍産複合體)의 첨단무기 구매강요 등등이 모두 현실적인 경제적 죄에 해당하는 것이다.

마르크스는 종교 비판은 지상의 현실을 비판하지 않으면 안 된다고 주장하고 현실 세계 내에서의 비참한 상황을 소외의 문제로 파악하여 이 점을 초기 저작에서 논술하였다.

인간의 자기 소외는, 인간이 자기 생산물에서 소외되면, 생산 활동도 자기에게 별로 달갑지 않은 서먹서먹한 것이 됨으로써 단순히 생활유지의 수단으로 전락한다. 따라서 이것은 고통스러운 강제된 노동이 되므로 생산자는 결코 여기서는 자기의 충족을 누릴 수가 없다. 모든 노동자가 노동을 단순한 생활 수단으로 하는 상태에서는, 노동자 상호간의 관계도 서먹서먹해지기 마련이다. 즉 인간의 인간으로부터의 소외, 즉 생산 활동이 자기로부터 소외되는 경우와 인간 상호간의 소외를 마르크스는 인간의 '자기 소외'라고 부르고,

유산자(有産者)인 자본가도 이 굴레를 벗어날 수 없다고 하였다. 요약하면, 소외(疏外)란 인간이 자기가 생산해 낸 것(흔히 제도도 여기에 포함될 수 있다)에 의하여 지배되는 것과 동시에, 인간이 자기의 생활상의 업무에 만족할 수 없으며, 또한 인간 상호간의 관계도 이해타산(利害打算)의 관계로 변질되어 스스로 인간성을 상실하게 되는 현대와 같은 상황을 가리킨다. 그것은 초역사적(超歷史的) 현상이 아니라 특히 자본주의 하에서 현저하게 나타나는 현상으로서 이 소외의 극복에는 사회의 변혁이 따를 수박에 없다.[43]

3. 종교는 민중의 아편이다

마르크스는 1843년 말 파리에서 쓴 '헤겔 법철학 비판'에서 정치와 종교가 밀접하게 결부되어 있다는 사실을 밝히고 있다. '종교의 지배가 지배의 종교'라고 생각한 마르크스에게는 '종교비판이 모든 비판의 전제'였다. 그는 이 논문 서두에 이 말을 쓰고 있다. 그의 날선 종교비판은 '사람이 종교를 만든 것이지 종교가 사람을 만든 것이 아니다'라는 사실에 근거하고 있다.

> 다른 말로 하면 종교란 자기 자신을 아직도 발견하지 못했거나 아니면 자기 자신을 이미 잃어 버린 사람의 자의식이고 자기 감정이다. 그러나 사람은 이 세계 밖에 쪼그리고 앉아 있는 추상적인 존재가 아니다. 사람은 사람들과 국가와 사회의 세계이다. 이 국가와 사회가 종교를 만든다.[44]

43 소병훈, 임석진 감수, 위의 책, (서울: 이삭, 1983년), pp.206-207.

44 Karl Marx, *On Religion,* p.41, 홍성현, 재인용, p.35.

종교적 의식은 이 세계를 일그러뜨린다. 종교적 고뇌는 진짜 고통의 표현임과 동시에 진짜 고통에 반대해 항의하는 것이 된다. 종교는 뒤틀린 세상에서 고통당하는 사람에게 구체적 해결을 이 땅에서 약속하지 못하고 저 세상에서의 보상만을 약속한다. 그렇기 때문에 '종교가 억압당하는 피조물들의 탄식이요, 마음 없는 세상의 마음인 것은 마치 그것이 정신없는 조건들의 정신인 것과 같다. 종교는 민중의 아편이다.[45]

종교는 결국 인간의 의식을 마비시켜 진짜 고통을 잠시 잊게 할 뿐이다. 종교가 참된 고민의 표현임이 분명하지만 그 표현된 고민이 실제적으로 종교에 의해 해결되는 것은 아니다. 일시적인 마약주사로 당장의 고통을 잊을 수 있고 기분이 최고조에 달하는 것처럼, 종교의 기능 역시 고통당하는 인간의 괴로움을 정신적 아편주사로 일시적으로 잊게 하는 것에 지나지 않다.

결국 종교란 실제적 행복을 주지 못하고 환상적인 거짓된 행복을 줄 뿐이다. 사람에게 참된 행복을 주기 위해서는 환상적 행복으로서의 종교를 제거해야 한다. 사람으로 하여금 '상상의 꽃' 대신에 '생화'를 갖게 하려면 종교비판은 필연적이다. 사람에게서 종교를 벗겨버릴 때 그의 환상이 제거되고 그때에야 그는 그의 진짜 현실을 생각하고 행동하며 또 만들 수 있게 된다. 마르크스는 계속 다음과 같이 말한다.[46]

45 위의 책, p.35.
46 위의 책, p.36.

> 진리를 넘어선 세계가 일단 사라져버렸을 때 역사의 임무는 이 세계의 진리를 세우는 것이다. 일단 인간의 자기소외의 거룩한 형태가 그 껍질을 벗어버리게 되면 역사를 섬기는 철학의 직접적인 과제는 자기소외를 거룩하지 않은 형태로서 드러내는 일이다.[47]

인간주의적 무신론은 칼 마르크스에서 사회적 휴머니즘의 형태로 구체화한다. 마르크스는 포이어바흐의 '신투영론'(神投影論)을 받아들인다. 포이어바흐에 따르면, 신이란 인간성의 객관적인 투영이다. 신은 사람이 만든 것이다. 따라서 사람이 신을 예배한다는 것은 곧 인간성 자체를 예배하는 것과 같다. 그러므로 신학은 인간학이다. 그러기에 종교란 하나의 환상이다. 마르크스는 이러한 종교환영론, 인간 투영론을 바탕으로 삼아 종교를 "민중의 아편" 이라고 혹평했다. 그 까닭은 어디 있는가? 민중은 지배계층의 온갖 억압과 착취로부터 참혹한 괴로움을 겪어왔다. 민중은 이 탄식을 "하늘"에 호소해서 풀려고 한다. 이 세상에서는 고통에 시달리지만 하늘나라에서는 영생과 복락을 누리려한다. 종교가 이를 담보한다고 믿는 것이다. 민중은 비록 굴욕의 삶을 살고 있지만 종교를 통하여 위로와 위안을 받고, 삶을 견디는 격려를 받는다.

마르크스에 따르면 사람은 생산과 소비 사이에 있는 톱니바퀴이다. 노동자는 생산과정에서 도구화, 수단화, 물(건)화되었다. 다시 말해서 시장에서 사고 팔리는 "상품"이 되었다. 노동자는 살기 위해서 자기의 노동뿐 아니라 자기의 "사람"마저도 판다는 것이다.

---

47 위의 책, p.36.

이것이 사람을 비인간화하는 사회적 소외현상이다. 그래서 마르크스는 사람을 얽어매는 쇠사슬에서 해방시켜야 한다는 것이다. 이 쇠사슬의 고리는 자본주의체제가 빚어내는 사유재산제(私有財産制)라고 보고서, 그것을 없애는 방법으로 "계급투쟁"을 역설하게 되었다. 마르크스에 따르면 종교는 인민(민중)의 관심을 현세(비인간화 현상)로부터 내세로 돌리기 위해 지배계급에서 고안해낸 "발명품"이다. 마르크스는 "종교는 현실적인 불행의 표현이며, 억눌린 사람들의 한숨(탄식)이며, 인민(민중)의 아편이다"라고 공포하였다(『헤겔의 법철학비판』의 머리말). 마르크스나 레닌이 종교를 "인민의 아편"이라고 비판한 것은 신이 있느냐 없느냐의 문제가 아니라, 민중들을 수탈하고 사실상 권력자와 가진 자들의 편에 서있던 기독교의 타락에 대한 신랄한 비판인 것이다. 당시 권력과 재력을 가진 자들은 바로 기독교 그 자체였던 것이다.

4. 마르크스의 경제적 관점에서의 종교 비판

왕좌와 제단, 돈과 성직의 밀접한 연결은 교회의 실책으로 언제나 비난을 받고 있다. 특히 마르크스 당대에는 권력과 교회가 그 사회의 정치와 경제에 깊이 관심하고 관여했다는 증거들이 많다. 성직자들은 말로는 초월적인 설교와 신학을 한다면서도 실제로는 땅위의 것에 온통 관심하고 있었던 위선자들이었다.[48]

당대 교회는 심지어 교회의 사회 원칙을 제정하기도 했고 어떤 사람은 기독교사회주의를 제창하기도 했다.[49] 그러나 마르크스는

48 위의 책, pp.39-40.

당대의 "기독교의 사회 원칙은 고대의 노예제도를 정당화했고 중세의 농노제도를 찬양했다. 그리고 지금도 필요할 때는 프롤레타리아가 억압당하는 것을 보고 동정의 얼굴을 하면서도 그 억압을 옹호하고 변명하는 방법을 잘 알고 있다"[50]라고 교회의 사회 원칙을 비난했다. 당대 교회 지도자들은 당대를 지배하고 억압하는 계급의 필요성을 설교했고, 그들을 축복했다고 마르크스는 꼬집는다. 당시 교회 구조는 프롤레타리아가 앉을 자리가 없도록 되어 있었음이 확실하다. 마르크스의 글에서는 물론이고 다른 여러 기록에서 당대 기독교의 구조적모순이 지적되고 있다. 브루주아에게나 안성맞춤인 성서 해석, 설교, 교회, 정치 등으로 프롤레타리아는 전혀 함께 어울릴 수 없었다. 독일의 신학자 발터 디르크스(Walter Dirks)의 글은 이상의 사실을 분명하게 알려준다.[51]

> 당대 사람들이 가지고 있던 옛 농경적·소시민적 기독교 형태에서 벗어나 전혀 다른 형태 속으로 프롤레타리아가 처해졌기 때문에 농경적·소시민적 기독교 형태는 더 이상 프롤레타리아에게 효력이 없게 되었을 때, 그리스도는 기독교인의 매개를 통해 프롤레타리아에게 새롭게 해석되어야 했다.[52]

이는 당시의 성직자가 설교하는 그리스도를 프롤레타리아가 받

49 홍성현, 위의 책, pp.38-40.

50 Karl Marx, 『On Religion』p 83, 홍성현, 위의 책 재인용, p.40.

51 홍성현, 위의 책, p.40.

52 Walter Dirks, 『Marxismus in Christliche Sicht』Frantfurter Hefte(Feb, 1947), p.141, 홍성현, 위의 책, p.40.

아들일 수 없었던 상황을 보여준다. 마르크스는 이런 교회를 다음과 같이 통렬히 공격한다.

> 기독교의 사회원리는 억압자가 피억압자에 대해 저지른 모든 사악한 행위를 원죄나 다른 죄의 의로운 심판이나 아니면 주께서 그의 영원한 지혜 안에서 구원받은 자에게 과하시는 시련으로 선포한다.[53]

기독교와 마르크스주의의 대화란 심히 어려운 과제 중 하나이다. 마르크스주의의 무신론과 전체주의가 기독교와 대화할 수 없는 '철의 장막'을 치고 있으니 둘 사이의 대화란 불가능하다고 보는 분이 많은 것도 이해가 된다. 하지만 이미 유럽과 미국에서는 어려운 고비들을 넘기면서 대화를 모색했다.

오랫동안 한국교회는 이북연구를 도외시했다. 통일을 염원하면서도 상대방을 알려 하지 않았다. 즉 한국 기독교는 공산주의 이념을 가진 이북과 대화하려 하지 않았다. 다만 적으로 간주하고 원수로 여기고만 있었다. 기독교는 "원수를 사랑하라"라는 진리를 선포하는 종교이다. 따라서 기독교인은 원수를 사랑하기 위해서 그를 이해해야 한다. 우선은 말을 건내야 한다. 여기서 대화는 필수적이다. 서로 통하는 대화를 열기 위해서는 상대방을 알아야 한다. 이북의 이념을 알아야 하고 저들의 생활을 연구해야 한다.

53 Karl Marx, 위의 책, p.84, 홍성현 재인용, pp.40-41.

제4절 레닌의 종교관

레닌(Lenin)이 없었다면 마르크스 이데올로기가 빛을 보지 못했을 것이라고 말하는 사람이 많다. 공산주의 이데올로기를 이론적으로 창출한 독일에서는 빛을 보지 못했던 이데올로기가 레닌에 의해 러시아에서 빛을 발하기 시작했다. 레닌이 마르크스 종교비판에 첨부한 것은 거의 없다. 레닌 역시 이론적 비판에 관심한 것이 아니라, 종교를 실제적인 면에서 거부하려고 노력했다. 실로 레닌의 마르크스 이데올로기에 대한 공헌은 다대(多大)하다. 그래서 공산주의 이데올로기를 마르크스-레닌주의라고 부르지 않는가?[54]

마르크스-레닌주의에서 한가지 중대한 오류를 말하려 한다면 그들의 경제·사회이론이 소위 프롤레타리아들이 이해하기에는 너무도 철학적이고 사변적이고, 난해하다는 점이 필자의 생각이다. 이에 비하면 나사렛 예수가 대중을 가르칠 때에 사용한 화법은 비유(比喩, metaphor)였다. 비유란 어떤 사물이나 현상을 그와 비슷한 상황이나 현상에 빗대어 말하는 어법이다. 역사적 예수는 선교활동을 하면서 비유를 많이 사용했다. 특히 마태복음 13장에서는 씨뿌리는 비유, 누룩 비유, 겨자씨 비유, 물고기 잡는 비유, 진주장사와 같은 비유가 많이 나온다. 90% 이상이 문맹인 사회에서 나사렛 예수는 이야기꾼이었고, 심오한 진리를 쉬운 방법으로 전하는 민중교육가였다.

54 위의 책, p.50.

1. 세계를 뒤흔든 혁명의 지도자 레닌의 성장과정

레닌은 1870년 4월 22일 러시아의 볼가강 연안의 심비리스크(현 울랴놉스크)에서 6명의 자녀 가운데 셋째로 태어났다. 볼가강은 모스크바 북서쪽 발다이 고원에서 발원하여 남쪽으로 3,530km를 흐른 뒤 카스피해로 흘러들어가는 유럽 최대 길이의 강이다. 아버지는 몽골계 계통의 피를 받아 교사로 입신했으며, 제정 러시아에 충성을 다한 교육 공무원이었다. 어머니는 독일계 여성으로 교양이 높았으며 가정과 자녀교육에 모든 것을 바친 전형적인 현모양처였다. 레닌의 원래 이름은 블라디미르 일리치 율리야노프(Vladimir Ilyich Ulianov)였다. 아버지를 닮은 레닌은 코가 납작하고 광대뼈가 나왔으며 얼굴색이 누런 전형적인 몽골족 후예였다. 그의 얼굴에서 장차 혁명가가 되리라고 예고할 수 있는 특징은 없었다. 형 알렉산드로는 어머니를 닮아 콧날이 오똑 서고 얼굴이 각지며 피부가 흰 전형적인 코카시안(Caucasian) 미남이었다.

슬로베니아의 철학자 슬라보예 지젝은 그의 저서『혁명이 다가온다』에서 레닌은 절망적 상황에서 새로운 혁명의 가능성을 읽어내고 끝내 이를 실현시킨 실천가로 서술하였다. "레닌을 반복하는 것은 레닌으로 돌아가는 것을 의미하지 않는다. 레닌이 실패했다는 것, 그러나 그 안에 여전히 유토피아적 불꽃이 남아 있다는 것을 받아들이는 것이다. 그가 실패한 것, 그가 잃어버린 기회들을 반복하는 것이다."

2. 레닌이 볼셰비키 혁명을 지도했던 과정

1888년부터 1893년 페체르부르크로 상경하기까지 6년간은 레닌이 검정고시로 변호사자격을 획득하여 소송활동을 하면서 '자본론' 등 마르크스주의를 독학하고 지방의 낡은 나로드나키(인민주의자)와 교류하면서 점차 마르크스주의자로 변모하는 시기였다. 스물세 살 이후 레닌의 생애는 1898년 유형지에서 크루프스카이와의 결혼을 제외하면 러시아 '당사(黨史)' 전반부가 그의 전기라고 할 정도로 혁명가로서의 삶이 전개된다. '우리에게 혁명가 조직을 다오. 그러면 우리는 러시아를 뒤집어엎을 것이다.'(무엇을 할 것인가) 한 번의 실패 뒤에 좀 더 주의 깊어진 레닌은 전국적 정치신문 '이스크라'(불꽃)를 내고 멘셰비키 등과 대립하며 '볼셰비키 정당'의 내용을 갖추는 데 노력한다. 정치적·이론적 쟁점이 있을 때마다 그는 주요한 저작들을 내곤 했는데, 당시 인텔리들의 일반적인 풍조와는 달리 문학적 형식이나 수식어를 몹시 싫어하고 자신의 정치적 견해를 직설적으로 표현하는 기능적인 문체가 독특했다.[55]

1905년 제1차 부르주아 혁명[56]의 패배후 1912년의 새로운 고양

55 권영숙, 위의 글.

56 1904년 러일전쟁이 발발했다. 당시 러시아 국내에서는 노동자들의 투쟁이 한참 전개되는 상황이 전개되고 있었다. 볼셰비키 는 러일전쟁은 노동자 민중의 이해와는 무관한 일본제국주의와 제국주의의 길로 들어선 짜르 전제를 위한 전쟁이라고 올바르게 규정하고 자국의 패배를 선동했다.(당시 멘셰비키는 '어떤 희생을 치르더라도 평화를'이라는 구호를 걸었다.) 오랜 기간 동안 계속된 전쟁으로 러시아 경제는 파탄지경에 이르고 물가가 폭등했으며 그 피해는 고스란히 노동자 민중에게로 전가되었다. 그리고 노동자 민중들의 삶이 극도로 피폐한 가운데, 전 세계를 놀라게 하는 일이 터졌다. 바로 그 유명한 '피의 일요일'이 그것이다. 1904년 12월, 푸칠로프 기관차 공장의 노동자들은 몇 가지 기본적인 요구안을 자본가에게 제시했지만 자본가는 이들을 해고해버렸다. 이를 계기로 파업투쟁이 전개되었고, 당시 이 모임에 관여하고 있었던 가퐁신부

는 파업 사태를 해결한다는 명분으로 짜르가 살고 있는 동궁으로 행진할 것을 조직했다. 경찰사회주의 조직과 유사한 성격의 모임을 조직하고 있던 가퐁신부는 행진 예정 전 날에 짜르에게 행진을 미리 알리는 비밀 편지를 썼다. 다음날인 1월 9일 아침, 약 20만 명의 노동자와 아이들, 그 가족들은 짜르의 초상을 들고, '하나님이여! 짜르를 구해주소서'라는 노래를 부르며 동궁으로 향했다. 당시에 노동자들의 기본적인 요구에 대한 짜르의 대답은 아무런 무기를 들고 있지 않는 노동자들을 향한 발포였다. 이 날 500여 명이 죽고 3,000여 명이 부상당했다. 가퐁신부는 도망쳤다. 이 날 동궁 앞 눈밭이 노동자와 그 가족들의 피로 물들여지면서 노동자들은 짜르에 대한 환상에서 깨어났다. 1905년 1월에만 44만 명의 노동자가 파업투쟁에 나섰다. 5월 1일 메이데이에 일어난 노동자 투쟁은 러시아의 절대다수인 농민 또한 각성시켰다. 전국 각지에서 농민들이 들고 일어났다. 혁명의 시작이었다.

미처 예상하지 못한 혁명의 발발을 두고 볼셰비키 와 멘셰비키의 입장은 첨예하게 갈라졌다. 물론 그 이전에도 당원 자격에 대한 문제, 자유주의 부르주아에 대한 태도 등으로 이미 당내 투쟁은 격화되고 있는 상황이었다. 1905년 9월, 모스크바 인쇄 노동자들의 파업으로 10월 총파업 투쟁은 시작되었다.

인쇄 노동자들의 파업은 곧 전국으로 퍼져나갔다. 10월 6일 러시아사회민주노동당 모스크바 위원회는 모스크바 총파업으로 발전했다. 200만 이상의 노동자들이 참여한 이 파업투쟁의 주요한 구호는 전제타도, 블뤼긴 두마 보이콧, 제헌의회 소집, 민주공화제 수립 등이었다. 10월 23일 총파업투쟁은 전국으로 확산되었다. 10월 총파업은 짜르 정부를 마비시켰다. 이에 짜르 정부는 10월 30일 '10월 선언'을 발표했다. '선언'은 형식적으로는 의회를 구성한다고 되어 있으나 이 의회는 황실 지배하의 국가회의의 견제를 받게 되어 있었다. 황제의 동의 없이는 예산과 법률을 고칠 수 없었다. 짜르는 이어서 '모든 러시아 사람들의 황제에게 신이 부여한 최고의 전제권이 귀속된다'고 선언했으며, 집회 결사 및 정치 활동의 자유를 제약하는 법령을 발표했다. 이렇게 10월 선언은 짜르 정부가 혁명세력에 대한 반격의 시간을 벌기 위한 기만적인 술책에 불과했다. 1905년 혁명은 패배했다. 멘셰비키는 혁명이 실패한 원인을 노동자계급에게 돌렸다. 1905년 혁명이 실패한 것은 노동계급이 자신의 순전히 계급적 요구, 즉 프롤레타리아적 요구를 가지고 너무 멀리 나아갔기 때문이다. 그들은 1905년 말에 8시간 노동제를 요구했다. 당시 러시아 노동자의 인구는 1천만이었다. 멘셰비키는 피착취계급의 요구를 받아들여 혁명을 확산시키지 않고, 자신들의 머릿속에서 계획되어 있는 요구만을 걸어야 한다는 주장은 전형적인 관료들의 발상이다. 1905년 혁명의 성격은 자본주의 체제의 폐지를 직접 걸지 않았기 때문에 부르주아 혁명이었다. 혁명은 패배했지만 그 과정에에 이르기까지 실로 가혹한 반동시대가 계속되었다. 이 시기에 혁명운동에는 많은 편향이 발생하였다. 즉 노동자의 비합법 혁명당의 해소·철폐를 주장한 해당파(解黨派)[57]나 합법적 기회의 이용이라는 투쟁방법을 이해하지 못하고 국외 노동자 의원의 소환을 주장한 소환파(召還派)가 그것이다. 혁명당을 대중으로부터 분리시키려는 이러한 편향과 정부의 맹렬한 탄압에 대항하여 볼셰비키 는 짜르체제에 대한 직접 투쟁에서 우회적인 투쟁으로 전술을 전환하여 모든 합법기관(협동조합-노동조합-국회 등)을 이용해서 대중과의 결합을 확보하려고 하였다. 그 결과 당조직은 파괴되지 않았고 오히려 강화되었다. 즉 1912년 프라하에서 개최된 제6회 전러시아 당회의에서 멘세비키=해당파는 일소되고, 종래 하나의 정치그룹에 불과했던 볼셰비키 는 이제야말로 완전한 독립적 정당으로서, 1917년의 승리를 위한 확고한 기초를 구축하였다.

제1차 세계대전은 러시아 국민경제를 파괴하였다. 공장은 폐쇄되고 농촌은 황폐화하였으며 게다가 짜르 군대는 연전연패했다. 러시아의 부르주아조차도 짜르체제의 전쟁 수행능력을 의심하고 불신하기에 이르렀다. 짜르체제는 이제 고립의 위기에 빠지게 된 것이다.[58]

서 반혁명 세력으로서의 부르주아 계급의 본질이 밝혀졌다는 것은 혁명의 성과였다.

57 해당파(解黨派)란 공산주의의 운동에서, 비합법적인 비밀 결사로 이루어진 공산당을 해산하고 합법적인 운동으로 바꿔 나가기를 주장하는 파를 뜻한다(다음사전백과).

1917년 2월 18일 페테르스부르크의 푸틸로트에서 발생한 파업은 25일경에는 페테르스부르크 전 시내를 뒤엎을 정도의 정치적 총파업으로 이행하였다. 27일에는 6만의 군대가 급속하게 노동자 편으로 가세하였는데, 이는 짜르 체제 운명에 있어서 결정적인 것이었다. 노동자-병사 소비에트는 짜르 권력에 대한 노동자와 농민의 동맹기관, 노동자와 농민의 독재권력기관이었다. 혁명군에 의해서 짜르의 대신과 장군은 체포되었으며, 혁명가는 감옥에서 석방되었다. 이 페테르스부르크의 승리는 전국에 파급되어 각지에 소비에트가 결성되고 짜르의 관리는 파면되었다. 짜르 체제는 타도되었고 2월의 부르주아 민주주의 혁명은 승리하였다. 1917년 4월 3일 이러한 정세 속에서 오랜 망명생활을 청산하고, 러시아에 귀국한 레닌은 '4월 테제'를 발표하였다. 테제는 바야흐로 '프롤레타리아의 의식 및 조직의 부족 때문에 부르주아에게 권력을 넘겨준 혁명의 제1단계에서 권력을 프롤레타리아 및 빈농층의 손에 넘겨받을 제2단계로 이행'하고 있음을 지적하고 있다. 그에 따라 볼셰비키 는 이행을 위한 방법으로서 소비에트내의 다수파인 멘셰비키와 사회혁명당의 오류를 비판함으로써 소비에트 내에 다수를 점할 것을 주장하였다. 그리하여 테제는 소비에트의 정책을 변경하고 그것을 통해 정부의 구성과 정책을 변경시키려는 혁명의 평화적 발전지침을 제시하였다. 임시정부는 노동자-농민의 절실한 평화에의 요구를 배반하고 4월 18일 제국주의 전쟁의 계속을 선언하였다. 분격한 대중은 20-21일 대규모의 데모로써 이에 반대하였다. 그 결과로서 임시

---

58 사계절편집부, 『사회과학사전』(서울: 사계절, 1986), pp.288-289.

정부는 멘셰비키 및 사회혁명당의 대표 참가하에 연립임시정부로 개편되었다. 4월 24일 거의 공개적으로 개최된 볼셰비키 제7회 협의회에서는 2중 정권을 폐지하고 '모든 권력을 소비에트로'라는 슬로건이 채택되었다.[59]

혁명의 시기는 시시각각 다가오고 있었다. 10월 10일 볼셰비키 중앙위원회에서는 가까운 장래에 무장봉기를 일으키기로 결정하여 군사혁명위원회를 창설하였다. 그런데 정부가 이 계획을 탐지하여 대책을 세우기 시작했기 때문에 봉기는 예정보다 더 빨리, 소비에트 대회가 개최되기 전날인 10월 24일에 개시되었다. 봉기는 성공하여 25일에는 정거장-우편국-전신국-국립은행 등이 혁명군에게 점령되었다. 그날 밤 열린 제2회 전 러시아 소비에트대회는 모든 권력을 소비에트 수중으로 옮길 것을 천명하였다. 그리고 다음날인 26일 밤 대회는 평화교섭을 위한 휴전을 각 교전국에게 제의하는 '평화에 관한 포고'와 지주적 토지소유를 무상으로 폐기하고 모든 토지를 국유로 하는 '토지에 관한 포고'를 채택하였다. 이 대회에서 최초의 소비에트 정부-인민위원회가 조직되고 레닌이 그 의장으로 선출되었다. 볼셰비키에 의해 지도된 프롤레타리아는 빈농과 동맹하고 병사의 지원을 받으며 부르주아 정권을 타도하고 10월 사회주의 혁명을 달성하였다. 인류 역사에 신시대=프롤레타리아의 혁명의 시대를 열었던 것이다.[60]

59 위의 책, pp.289-290.

60 위의 책, p.291.

3. 레닌의 종교에 대한 이해와 비판의 관점

원인 없이는 종교가 생겨나는 법이 없다고 레닌은 주장한다. 모든 종교는 배후에, 지구 안에서 일어난 어떤 원인이 반드시 있다는 것이다. 예컨대 신(神)의 경우만 보더라도 그렇다는 것이다.

> 신이란 …… 무엇보다 외적인 자연과 계급적인 멍에가 사람을 잔인하게 복종시킴으로써 생겨난 이념들의 복합이다.[61]

레닌에 의하면 종교란 도덕, 관습, 철학 등과 같이 그 자체로서 그 어떤 실제성, 현실성이 없다. 그것은 모두 인간 삶의 물질적인 조건에 의해 산출된다. 레닌은 종교를 탄생시키는 특수한 물질적인 상황이나 환경을 '공포'라고 분석한다. 레닌은 원시종교는 인간이 자연에 대해 가졌던 불안과 공포 감정 때문에 생겼다고 선언한다. 인간의 공포와 불안을 극복하고 안정되고 평안한 삶을 누리게 해줄 강력한 힘을 갈망하는 사람의 마음속에 종교가 시작했다는 것이다.

레닌은 현대의 종교 역시 원시종교의 기원에서 보는 것과 똑같은 감정 때문에 생겼고 지금도 지속한다고 보았다. 레닌은 비록 공포의 원인은 다르지만 삶의 불안을 일으키는 현대의 상황이 종교심을 조작했다고 가르친다. 그런 공포는 그들 자신들로서는 도저히 어찌할 수 없는 사회제도, 더구나 자기들을 잔인하게 다루고 억누르는 사회제도 한가운데에서 느끼는 무능, 불안정, 예측할 수 없는 미래 등에서 종교가 연유한다는 것이다. 레닌의 이야기를 직접 들

61 홍성현, 위의 책, pp.51-52.

어보자.

> 현대종교의 뿌리는 노동 대중의 사회적 억압, 그리고 자본주의라는 눈먼 세력 앞에서 완전히 무기력해졌다고 느끼는 저들의 감정 속에 깊이 뿌리박고 있다. 자본주의라는 눈먼 힘은 매일 그리고 매시간 전쟁이나 지진같은 비상한 사건으로 야기된 것보다 매일 수천 배 이상의 공포를 주고 있다. 공포가 신을 만들었다. 자본주의의 눈먼 힘—왜냐하면 대중이 자본주의의 바람을 미리 보지 못하기에—그것은 노동자와 소상인에게 '예기치 않게' 그리고 '갑자기' 닥쳐서 그들을 파멸시키는 힘이다.[62]

레닌은 누누이 종교 자체의 실체성을 거부한다. 종교는 사회적 억압이 만든 괴물일 뿐 사회적·경제적 억압이 사라지는 공산사회가 왔을 때 그 괴물은 자취를 감출 것이라는 논리이다.

> 땅 위에 천국을 건설하기 위해 억압받는 계급의 순수한 혁명적인 투쟁의 일치가 하늘에 있는 상상적 파라다이스에 대한 프롤레타리아 견해의 일치보다 우리에게 훨씬 중요하다.[63]

이 글에서 드러나 있는 것처럼 레닌의 관심은 종교를 논리적으로 또는 토론을 통해 공격하는 데 있지 않다. 오히려 종교를 가능케 한 모순된 사회제도, 억압적인 경제 질서를 제거하는 데 더욱 관심

62 홍성현, 위의 책, pp.53-54.

63 홍성현, 위의 책, p.56.

을 두었다. 하지만 레닌은 종교를 믿는 사람에 대해서 관용하는 태도를 보인 것이 사실이다. '우리는 무신론자라고 선언하지 않는다'라고 레닌은 주장한다. 이유는 간단하다. 신이나 종교는 존재할 가치가 없다고 그는 믿기 때문이다. 무신론자라고 할 때 신을 전제하는 것이니 아예 무신론자라고 말하지도 않겠다는 것이다.[64]

레닌은 당시 러시아정교회 교권이 너무 타락한 나머지 세속 권력에까지 손을 댄 성직자가 나라까지 다스리려고 했음을 여과 없이 폭로하고 있다. 그는 이러한 그의 확신을 여러 문서와 기록으로 논증하고 있다. 성직자들이 권력과 돈을 마음대로 주무르면서, 소련의 정치, 경제, 사회를 다스리려는 이른바 '성직자 세속 권력 참여주의'를 여실히 드러냈다. 레닌은 '성직자 세속 권력 참여주의'를 뒷받침하려는 한 성직자의 연설문을 인용한다.

> 교회는 신적이고 영원한 기구이다. 교회의 법은 변치 않는다. 우리가 아는 대로는 정치적인 삶의 이상은 계속해서 변하지만 ……… 금년도에 교회 재정을 정부의 관리 아래 두려는 의사를 표명한 재정위원회가 내년도에는 교회 재정을 국고에 넣을 욕심을 갖지 않을 것이라고 누가 보장할 수 있는가? 재정위원회는 결국 교회의 관리로부터 교회 재정의 관리를 완전히 떼어내어 결국 정부의 감독 밑에 두려는 것이 아닌가? 기독교인의 영혼은 주교의 보살핌에 맡겨졌기 때문에 더욱이나 교회의 재산도 그에게 맡겨져야 한다고 교회법은 기록하고 있다. ……… 오늘날 당신들의 영적인 어머니인 거룩한 정교회는 당신들(국회의원들) 앞에 서있다. 국민의 대표자로서 여러분 앞에 동시에

64 위의 책, p.56.

교회의 영적인 자녀인 당신들 앞에 서있다.[65]

당대 러시아정교회 성직자들의 이같은 모습은 레닌으로 하여금 교회를 정면으로 공격하게 만들었다고 말할 수 있다. 이상 레닌의 인용구를 읽고 당시의 현실을 안 이상, 당대 교회와 종교를 거부한 레닌에 대해 유구무언일 수밖에 없을 것이다.

이들 성직자는 거룩한 흰 법의를 입고 있는 공무원일 뿐 아니라 법의를 입은 채로 노예제도를 옹호한 자들이다.

당대의 교회는 으뜸의 위치와 지배자의 자리를 스스로 탐닉하고 요청했다고 레닌은 비난한다. 교회가 국민의 대표자까지도 '영적인 자녀들'이라 부르고 있기 때문이다. 레닌은 이런 교회의 지도자들을 매섭게 공격했다. 레닌은 당대 러시아정교회 성직자들의 이 같은 모습은 레닌으로 하여금 교회를 정면으로 공격하게 만들었다고 말할 수 있다.[66]

4. 종교는 과연 민중의 아편인가?

'종교는 민중의 아편이다'는 말은 마르크스의 유명한 말이다. 실로 그 이후 모든 공산주의자가 종교에 대해서 언급할 때마다 이 어구가 반복되지 않은 경우는 매우 드물었다. 레닌 역시 종교를 이러한 범주에서 이해했고 따라서 마르크스에 동의했다. 레닌에 의해서

---

65 위의 책, pp.68-69.

66 위의 책, p.69.

도 종교는 민중의 아편이었다. 종교가 가난에 허덕이는 민중을 쉽게 그들의 운명에 좌절하게 해 스스로 노력해 자기들의 아픔을 극복하겠다는 희망을 포기하게 만들기 때문이다. 종교는 이 세상을 넘어선 저편의 세상에서 더 좋은 복락을 얻을 소망만을 설교하며 민중을 달래 이 세상에서의 투쟁을 단념케 한다는 것이다.[67]

레닌 당대 교회가 현실의 불의와 부정의에 대해 양심의 눈을 뜨도록 가르치는 것이 아니라, 반대로 세계의 현실을 바로 보는 양심의 눈을 가리게 하고 다만 저 세계만을 바라보게 했다고 레닌은 질타한다. 종교는 무엇에 유익한가?(What Is Religion Good For?) 라는 글에서 레닌은 한 자유주의적 귀족과 보수주의적 성직자를 비교하고 있다. 스타코비치(M. A.Stakhovich)라는 한 자유주의적 귀족이 오리엘(Oryel)주의 귀족회의 의원으로 재당선되었는데, 그가 출마했을 때 그의 재선을 공격한 보수파 신문들이 있었다. 그 신문의 내용은 스타코비치가 어떤 선교사 모임에서 연설한 것을 트집 잡아 그를 귀족회의에서 몰아내야 한다는 논조로 일관했다. 스타코비치는 그 선교사 모임에서 '양심의 자유'를 인정해야 함을 강력히 역설했던 것이다. 레닌은 당대 귀족 중 일부가 경찰의 독재와 폭력에 대항해 '양심의 자유'를 부르짖은 것을 매우 중요한 사건으로 간주하면서 다음과 같이 조소했다.[68]

67 위의 책, p.70.
68 위의 책, p.70.

> 여러분의 유쾌한 지주들도 양심의 자유에 대해 말하기 시작했다면, 신부와 경찰의 저 경멸할 정도의 행동도 실로 모든 한계를 넘었음이 분명하다.[69]

레닌은 "자 이것이 종교의 본색이다. 안 그런가? 정교회의 신앙이 저들에게 매우 중요하다. 그것은 불행을 불평 없이 참으라고 가르쳐주기 때문이다. 실로 이런 신앙은 지배하는 계급에게 얼마나 크게 도움이 되는 신앙인가? 아주 소수만이 부와 권력을 누리고 절대다수의 대중은 계속 수탈을 당하고 혹독한 임무를 수행하며 살도록 조직된 그런 사회에서, 하늘 위 파라다이스의 희망 속에서 땅 위의 지옥의 고통을 불평 없이 참아내라고 가르치는 종교에 대해 착취자가 좋아하고 합세하는 것도 너무 당연하다." 이렇게 비판한 다음 레닌은 한 결정적인 단서를 그들의 입에서 나온 말로 그들을 정의한다. 즉, '모스크바 신문'은 떠벌이에게는 둘째가라면 서운해 할 정도의 열정을 가진 신문인데 그만 자기도 모르는 사이에 진리를 발설했다. 레닌은 그 글을 계속 인용하면서 다음과 같이 말했다.

> 좀 더 들어보라 '이 환상의 덕택으로 스타코비치가의 사람들이 자기들도 잘 먹고 평화롭게 잠자며 또 즐겁게 살고 있는 것을 그들은 깨닫지 못 한다'라고 말한 것을 들어 보라[70]

종합해서 말하면 종교가 하는 일은 국민 대중으로 하여금 불의

69 위의 책, p.71.
70 위의 책, pp.70-72.

를 잘 참아 견디도록 만들어 자기들의 비참한 삶의 조건을 바꿔보려는 의지를 갖지 못하게 하는 것이다. 종교는 민중에게 참는 것이 그들의 의무임을 가르치고, 또한 끝까지 잘 참고 견디면 미래에 좀 더 나은 저세상의 축복의 소망을 얻는다고 가르치기 때문이다. 레닌은 종교의 이런 기능을 다른 예를 들어 설명하고 있다[71].

> 종교는 영적인 술의 한 종류이다. 그 술에 취해 자본주의 노예가 그들 인간성의 이미지를 망각했고 또한 어떤 가치 있는 인간의 삶을 위한 요구를 잊어버렸다. 종교는 결국 인간의 마음을 마비시켜 현세의 고통의 원인을 이 땅에서 해결하지 못하게 했다는 결론이다.[72]

오늘날 대부분의 한국교회가 자주·민주·통일운동 과정에서 불의의 세력에게 저항하지도 못하고, 나사렛 예수를 따라서 약하고 소외된 자들의 편에 서지도 않았다. 나아가서 이명박·박근혜 정권은 헌정을 유린하고, 온갖 권력형 부패를 감행하였으며, 정보기관을 동원하여 여론을 조작하고, 댓글부대, 군사이버사령부들이 불의를 행함에도 불구하고 침묵으로 용인해왔을 뿐만 아니라 신도들로 하여금 올바른 소리를 듣지 못하도록 주로 반역사적 설교를 하므로 결국 불의한 권력자들의 편에 서지 않았는가? 더욱 가관인 것은 그 권력의 실세들을 위해 '조찬기도회'를 열어주어, 예언자적 사명을 감당하기는커녕 그들의 권력수호자가 되기를 자처했다. 성경에 나오는 이사야, 예레미야, 아모스, 미가, 세례요한과 같은 예언자는

71 위의 책, p.72.
72 위의 책, p.73.

과연 어디에서 찾아볼 수 있었단 말인가?

언필칭 교인 수 10만 명이 넘는다는 명성교회 원로목사는 아들에게 세습을 금지하는 총회헌법 조항을 어기고, '교회합병'이라는 억지 명분을 내세워 아들에게 세습을 자행했다. 총회 재판국은 명성교회 세습을 정당화했다. 2018년 8월 7일 대한예수교장로회(통합) 총회 재판국은 "명성교회 목사 위임목사 청빙 무효 소송에서 원로목사의 아들 위임목사 청빙결의가 유효하다"고 판결했다. 총회 헌법 정치 2편 제28조의 '세습금지 조항'의 정신을 어기고 명성교회 세습을 정당화했다. 하나님의 교회의 담임목사직을 자식에게 세습한다는 것은 하나님의 뜻과 교회의 역사가 가르쳐 준 소중한 교훈을 저버리는 일일 뿐만 아니라 교단의 헌법을 무시하고 조롱하는 일이기에 원천적으로 무효가 아닐 수 없다.

세계적인 다큐멘터리 감독 '마이클 모어'는 한국에 와서 "그리스도의 몸 된 교회가, 그리스로 가서 철학이 되었고, 로마에 가서 제도가 되었고, 유럽에 가서 문화가 되었고, 미국에 가서 기업이 되었다."고 말하였는데 한국교회 대교회의 타락상을 풍자한 영화 '쿼바디스'에서 "교회는 한국에 와서 대기업이 되었다"고 신랄한 비판을 한다.

교회의 정체성이 이렇게도 타락하게 된 것이다. 재벌의 세습도 비판과 규탄을 받고 있거늘, 교회를 '주님의 머리'라고 가르치면서, 실제로는 대형교회를 자식에게 세습해줌으로써 한국교회 위상은 날로 추락해가고 있으니 참으로 안타까운 일이다. 하긴 현 사회에서 지탄받는 종교와 기독교에 대한 비리가 거의 날마다 뉴스에 오르고 있다. 그러나 어둡고 타락한 시대일수록, 진실과 정의를 갈망하는 소수의 세력들이 있다는 것을 알아야 한다. 이제 용암이 분출하듯 어둠을 뚫고 새로운 한 줄기 빛이 올라와 세상을 다시 밝게 할 것이다. 즉 개벽세상, 대변혁 세상, '새 하늘과 새 땅'이 도래할 것을 기대하고 있는 것이다.

5. 레닌이 종교를 비판하는 결정적 이유

종교와 정부가 밀접히 상호 연결된 러시아에서 그 폐해가 극심하다는 것을 레닌은 설명했다. 종교와 정부가 밀접히 상호 연결되지 않은 나라들이 많고 비록 러시아 같지는 않더라도 그 둘 사이 연결이 있다는 것은 분명하다. 둘 사이의 연결이 분명히 드러나지 않는다는 사실이 오히려 종교가 더 교묘히 또 효과적인 방법으로 이용하게 한다는 것이다. 이러한 레닌의 주장은 미국을 겨냥하고 있었다. 비록 미국은 러시아처럼 교회와 국가가 직결되지는 않았으나 미국의 자본주의자들이 미국 교회를 교묘하게 이용해 민중의 의식을 마비시킨다는 주장이었다. 그의 말을 들어 보자.

> 미국에 관계된 모든 자료는 대단히 중요하다. 그 자료가 종교와 자본의 공식적이고 정부 차원의 연결점을 거의 보여주고 있지 않지만, 그것은 우리에게 이른바 현대적 민주주의라는 것이 부르주아에게만 유리한 자유를 설교하는 것 외 다른 것이 아님을 분명히 보게 한다. 실로 부르주아에게는 가장 감동적인 관념들—종교들—이 선포되는 것이 이로운 것이다.[73]

이와 같은 이유 때문에 "현대의 프롤레타리아는 사회주의 편에 도열해야만 한다. 사회주의는 과학의 힘을 입고 종교의 안개를 걷히게 하며 노동자로 하여금 죽음 후 삶에 대한 믿음에서 벗어나게 해 그들로 하여금 이 땅 위에 여기에서 좀 나은 삶을 위해 오늘의 투쟁을 하도록 결집시킨다."[74]라고 레닌은 덧붙였다.

6. 마르크스-레닌이 종교비판을 하게 된 상황과 당시 기독교의 모습

이 부분의 내용은 마르크스-레닌주의의 내용과 주장하는 바가 무엇인가를 기술하는 것이 목적이 아니라 레닌은 왜 종교를 '아편이라고 비판할 수밖에 없었는가'에 대해, 그리스도인의 입장에서 레닌이 보았던 러시아정교의 부패상을 이해하고, 오늘의 그리스도교 교회가 레닌의 비판을 '타산지석'(他山之石)으로 삼아 그리스도교가 사회윤리적으로 칭송과 모범이 되기를 바라는 것이다.

비잔티움 제국과 가까이 있던 러시아가 988년 그리스도교를 받아들였다. 러시아의 블라디미르 황제가 그리스도교를 국교로 정하고, 전 국민에게 세례명을 내리는 등 기독교 국가가 되었다. 동로마제국도 1484년 신흥 이슬람제국, 오스만의 침략을 받아 망하게 된다. 당시 국력이 강한 러시아가 비잔티움교회를 이어 받아 동방교회의 종주국이 된 것이다. 마치 미국이 국력 때문에 개신교의 종주국이 된 것과 마찬가지이다.

마르크스주의를 받아 들여 혁명을 성공한 볼셰비키는 러시아정

---

73 Vladimir Lenin, Little Lenin Library VII, p.32. 홍성현, 위의 책 재인용, pp.75-76.

74 홍성현, 위의 책, p.76.

교[75]를 탄압했다. 마르크스는 종교를 '아편'이라고 했기 때문이었을까? 기독교의 근본적 교리는 '하나님 사랑, 이웃사랑'에 있다. 하나님을 섬기게 되면, 하나님의 형상으로 지음 받은 인간을 사랑하게 된다. 예수님의 정신과 실천도 가난한 자, 소외된 자의 편에 서는 것이다. 이런 점에서 공산당의 정신과도 근본은 같다. 어느 종교이든 이웃과 화목, 나눔의 정신, 사회정의, 세계평화를 근본이념으로 담고 있다.

인간 사회의 계급투쟁이 왜 일어나는가? 많이 가진 자와 가지지 못한 자 간의 갈등이고 투쟁이 아닌가. 결국 소유가 문제가 되었다. 재산을 공동으로 생산하고 공동으로 관리하면 인간의 근본적인 갈등은 없어지고 평화가 영구적으로 유지 될 것이라고 생각했다. 갈등의 원인을 유물론[76]으로 분석했을 뿐이다. 그리스도교 집안에서

---

75 동방정교는 기독교 교세 제2위, 1억5천만 신자를 가지고 있다. 동방정교의 분포는 동유럽이지만, 주종은 러시아정교이다. 정교(正教, Orthodox)는 기독교의 정통파라는 뜻이다. 당시 기독교 종주인 서로마가 476년 게르만 민족의 침략을 받아 멸망했고, 동로마제국, 비잔티움 제국이 지금의 이스탄불에 자리를 잡고 기독교의 대통을 이어갔다. 서로마제국은 망했지만, 교회는 로마에 있었다. 교황과 제후의 왕들이 분립하였다. 동로마와 서로마는 서로가 정통이라 주장을 했다. 동서양교회가 통합을 주장했지만, 결국 합의하지 못하고 갈라섰다. 성경을 잘못 해석하고 있고, 의식을 다르게 한다고 주장을 하지만, 논쟁의 본질은 아니었다. 속사정은 자기 교파의 세력을 키워내고, 교회에 속한 토지와 세속적 권세를 더 부를 차지하기 위한 것이었다. 그러나 이 관념론적 역사관은 알 수 없는 힘이나 개인적인 동기에 의해서 역사가 지배되는 것으로 파악하는 까닭에 과학적인 역사 인식과 동떨어져 있다는 것이다.

76 사적 유물론(史的唯物論, 독 historischer Materiallismus)은 마르크스주의의 역사관(歷史觀)이고, 인간 사회의 역사에 변증법적 유물론을 적용한 것이다. '유물사관'(唯物史觀)이라고도 부른다. 마르크스주의 이전의 역사관은 일반적으로 역사의 추진력을 운명, 섭리, 영웅, 천체 혹은 개인의 이기심, 초개인적인 절대 정신 등으로 간주하는 관념론적 역사관과 기후, 풍토 등으로 간주하는

태어난 레닌과 스탈린이 기독교를 모를 리가 없다. 기독교는 어느 시대 어느 정권을 막론하고 타협하고 적응하며 생존해 왔다. 왜 그럼에도 불구하고 공산주의와 기독교는 양립 할 수 없었을까?

첫째, 기독교내에서 다른 종교를 믿으면서 정의를 이야기를 하면 안 된다는 독선이 있다. 공산주의 국가도 마찬가지이다. 다른 이데올로기를 허용하지 않았다.

둘째 공산주의는 공산당 외에서의 집회가 싫은 것이다. 교회는 모이는 곳이다. 매 주일 많은 사람들이 모이면 말이 많고, 말 많은 비판을 받아 들일수가 없기 때문이다. 결국 인류의 행복, 평화를 달성하고자 하는 목적은 같으나 방법이 다르다는 이유 때문에 서로가 박해를 했다. 중국은 모든 종교를 묵인하고 있을 뿐, 종교단체의 집회의 규모가 커지면 파룬궁(法輪功, Falun Gong)처럼 불법화하고

지리적(地理的) 유물론이었다. 그러나 이 관념론적 역사관은 알 수 없는 힘이나 개인적인 동기에 의해서 역사가 지배되는 것으로 파악하는 까닭에 과학적인 역사 인식과 떨어지지 않을 수 없으며, 지리적 유물론도 역시 일정한 자연환경 아래서도 인간 사회가 변전(變轉)되는 것을 설명할 수가 없다.(→地理的唯物論) 사적 유물론은 계급이 출현한 이래 인류의 역사를 소유(所有) 관계를 생산력과 생산 관계로 해부하여, 그 근저에서 물질적 생활이 생산되고 영위되는 것임을 명백히 하였다(→토대와 상부 구조). 그리하여 물질적 생활의 생산양식이야말로 사회적, 정치적, 정신적인 생활 과정의 일반적인 기본 조건이며 '인간의 의식이 그의 존재를 규정하는 것이 아니라, 반대로 인간의 사회적 존재가 그의 의식을 결정한다'(마르크스). 비로소 여기에 인간 사회의 전 과정에 일관된 객관적인 기본 구조와 발전 법칙에 대한 과학적 인식이 가능하게 된다. 인류가 오늘까지 거쳐 온 생산 양식의 기본적인 다섯 가지 형태는 원시 공산제, 노예제, 봉건제, 자본주의, 사회주의로서 현재의 세계사회 전반적 흐름은 자본주의 체제에서 사회주의 체제로의 이행 과정에 있다. 사적 유물론은 역사를 과학적으로 설명할 뿐만 아니라, 여기에 근거하여 역사를 변혁하기 위한 이론적인 무기가 된다(소병훈, 철학사전, 도서출판 이삭, 1983, pp.177-178.)

탄압한다. 고르바초프는 1992년 종교와 언론의 자유를 허용했다. 러시아 정교의 교세가 확대되어가고 있다. 러시아 슬라브인의 75%가 러시아 정교를 믿는다. 우리나라에도 러시아와 교류가 시작되면서 1903년 러시아정교회가 들어왔고, 지금 서울 마포에 러시아정교 교회가 있다.[77]

여기에서 기독교는 왜 교회가 예배를 통해 하나님을 만난다면서, 가난하고 소외된 이웃에 대해서는 관심을 갖지 않았던가? 당시의 교회가 사회적 약자보다는 부자와 기득권자의 편에 서 있다는 것을 레닌은 간파하고 있었던 것이다. 차라리 이러한 교회와 종교는 노동자와 가난한 자들에 대해 내세를 팔아 종교지도자들이 이익을 취하고 있다고 생각했던 것이다. 그렇다면 인간에게 해방과 구원을 준다는 예수가 오히려 가난한 민중을 착취하는 사회악으로 존재하기 때문에 기독교가 추방되어야 참 해방과 평화가 임할 것으로 생각하지 않았을까? 우리는 이 부분에 대해서 심도 있게 생각할 바가 있는 것이다.

1917년 11월 볼셰비키 혁명 이후 고르바초프에 의한 1990년 '개혁과 개방' 즉 '페레스트로이카·글라스노스트' 운동까지 70여 년 동안 소비에트 정부의 극심한 종교탄압 속에서도 러시아 정교는 없어지지 않았다. 예배와 성직제도는 유지되었던 것이다. 인간은 빵으로만 살 수 없다. '하나님의 말씀'이 들어가야 사는 것이다.

그러나 서구 기독교는 로마의 국교로 편입된 이후, 교회는 정치권력과 부에 물들어 결국 1517년 마틴 루터를 비롯한 개혁자들에

77 최영숙, "러시아의 동방정교", http://m.cafe.daum.net/chan3312/GBf1/26?q

의해 종교개혁을 가져오게 했던 것이다. 또한 마르크스, 레닌 등으로부터 '종교는 인민의 아편'이라는 채찍을 맞게 된 것이다. 지금까지 교회는 공산당의 종교탄압과 비판을 비판해 왔다. 왜 공산주의자들이 기독교를 비판하는가에 대한 핵심을 뚫지 못했던 것이다. 그동안 기독교는 인간의 영혼구원에만 매몰되고 교회를 위한 교회에 갇혀 있었다. 교회의 사회적 책임윤리에 대해서는 철저히 방관하고 있었던 것이다. 가난한 자에 대한 구빈사업은 했으나, 불의한 세상권력에 대한 정의를 세우고, 탐욕과 이기적 민족주의와 제국주의의 횡포에 대해서 예언자적 사명을 감당하지 못하고, 오히려 그들의 탐욕을 축복해 주었다는 것이다.

사실 기독교는 부의 사회적 주체를 주장하는 공산당보다 먼저 초대교회에서, 아니 구약의 희년율법을 통해서 공산당이 내세우는 사회적, 경제적 평등성을 가르치고 실천해 왔다.(레위기 25:, 사도행전 2:) 그동안 기독교에서는 정교(正教, Othordox)는 강조했으나, 정행(正行, Orthopraxis)은 실행하지 못한 것이 아닌가? 기독교는 공산당의 종교 비판을 기독교 본연의 진리와 실천을 회복하는 '타산지석'(他山之石)으로 삼아야 하지 않을까?

제5절 마르크시스트 도전에 대한 그리스도교의 대처 방안

1. 마르크시즘을 이해해야 할 이유

오늘날 한국의 그리스도교는 마르크시즘을 이해해야 할 필요성을 상당부분 느끼고 있다. 왜냐하면 한반도는 '조선민주주의 인민공화국'이라는 국호를 가진 마르크시즘의 영향을 받은 북측과 분단

73년이란 긴 세월동안 정치적·군사적 대결구도를 갖고 살아오고 있기 때문이다. 따라서 북측 정권과의 대화와 교류를 위해서는 그들의 사상적 원류를 이해할 필요가 있다. 한국교회는 이북의 '조선그리스도교 연맹'과 우호적인 관계를 갖고서 민족의 화해와 통일을 위해 함께 예배도 드리고, 상호방문도하고, 남북대화가 교착된 상태에서도 해마다 해방주일이면 '공동기도문'도 내고, 살아오지 않았는가?

또한 학문적 시야가 트인 사람들은 이 땅에 사회구원을 실현하기 위해서 기본적으로 요청되는 사회분석 방법으로 '마르크시즘이 필요하지 않겠는가'라는 질문을 던지고 있기 때문이다. 마르크시스트들은 이 땅 위에 사람이 사람답게 살 수 있는 '인간화'의 세계를 세울 수 있다고 확신하고 있는데 이 점에 대해 주목할 필요가 있지 않는가. 우리 그리스도인들은 날마다 주기도문을 통해 '하나님의 뜻이 하늘에서와 같이 땅에서도 이루어지게 하소서'라고 기도한다. 이 땅, 곧 우리가 사는 구체적인 세계, 정치·경제·사회·문화·종교 생활 속에서 정의와 평화, 화해와 사랑, 자유와 평등, 섬김과 나눔 그리고 인간존중 세상을 구현하자는 것이 바로 '하나님 나라'의 목표가 아니겠는가? 물론 하나님의 나라에서는 하나님이 원하시는 인간화가 이뤄지는 것을 전제로 하고 있다. 이러한 이유에서 우리 그리스도인들은 마르크시즘에서 주장하는 인간화된 사회가 무엇을 말하려고 하는지에 대해서 알아볼 필요성을 느끼고 있는 것이다.

한국교회 지도자들은 분단을 통일로, 전쟁위기를 민족화해로, 외세의 지배에서 자주의 나라로, 기업가의 수탈에서 노동자가 인간답게 사는 나라를 지향하는 가운데 현실 속에서 열매맺는 복음을 전해야 할 사명을 갖고 있다. 중국과 러시아는 20세기 초부터 마르크시즘에 기초한 사회주의 국가, 공산주의 사회를 건설하였다. 1990년 이후, 소련은 고르바초프 대통령을 중심으로 해서 스스로 사회주의의 모순을 드러내면서, 인간의 얼굴을 가진 사회주의를 열망하는 바람이 거세게 몰아치기 시작했다. '페레스트로이카와 글라스노스트'(Perestroika and Glasnost) 즉 '개혁과 개방'을 표방함으로 스스로의 모순을 드러내면서 사회주의 자체의 개혁에 나선 것이다. 결국 소비에트 연방은 스스로 무너지고, 수많은 독립국가들이 생겨나서 이제 대한민국과 수교도 하고, 무역도 하고, 투자도 하고, 한국에 취업도 나오고, 관광객들이 오가는 세상이 되었고 이웃나라 중국과는 무역거래액이 미국과 일본을 합친 것보다 많아서, 경제적으로 뗄 수 없는 긴밀한 관계에 이르게 되지 않았는가.

지난날 군부독재와 이명박·박근혜 정권은 반공지상주의를 내세워 이북을 주적으로 삼고 남북대결구도를 지속해왔다. 국가보안법을 정권안보의 법적 장치로 삼아 이북을 비롯한 사회주의 국가의 사상에 대한 책을 소지하거나, 사상을 연구하는 것 까지도 정권에서 감시해온 것은 민주주의 사회에서 기본권 침해요, 위헌적 행위인 것이다. 세계는 냉전을 벗어난 지 30년이 가까운데, 한반도에는 아직도 사상적 자유와 표현의 자유에 대해 제한이 많다. 이제 외눈박이 사상적 독선에서 벗어나서 새가 좌우 두 날개로 날듯이 사회주의와 자본주의 사상에 대해서 자유롭게 학문적, 사상적인 비교, 평가를 해야, 좀 더 인간이 인간답게 살아가는 세상을 앞당길 수 있다고 보는 것이다. 또한 이제는 하나님의 백성들이 성경의 진리에 입각해서 마르크시스트들보다도 더 나은 세상, 주체사상보다도 더 나은 사회를 이룰 수 있는 비전을 제시해야 할 사명을 이남의 그리스도인들은 갖고 있는 것이다. 언필칭 기독교 인구 천만 시대에 살면서, 한국교회가 예수께서 이 땅에 이루고자 했던 '하나님 나라'의 정신과 예수의 역사적 삶을 올바로 가르친다면 각계 각층의 부문에서 '하나님의 혁명'이 일어날 것이다. 우리 사회와 민족과 민중들이 원하는 '정의' '평화' '생명' '나눔' '민중생존권'이 이뤄지는 세상이 우리 앞에 성큼 다가올 것으로 확신하는 바이다.

2. 마르크시즘의 주장과 그 문제점

마르크시즘의 기본적 주장은 칼 마르크스의 사상에서 비롯된다. 마르크스의 초기사상은 무엇이었을까? 젊은 마르크스의 이념은 무엇이었을까? 그것은 한마디로 '인간화'라고 말할 수 있다. 사람이 사람답게 사는 것, 바로 그것이 '인간화'이다. 인간화가 이념이 되었다는 것은 그때의 현실이 비인간화의 상태였다는 것이 전제된다. 그렇다면 비인간화의 현상은 어디에서 비롯되었는가? 마르크스는 그것을 '소외'(疏外)에서 비롯되었다고 보았다. 소외 가운데서도 실존적 소외보다는 사회적 소외였다. 사람의 사회적 소외가 사람을 비인간화하는 결정적 요인인 셈이다. 마르크스는 이 사회적 소외를 특히 경제적 영역에서 들여다봤다. 그리하여 결국 마르크스는 인간의 소외를 경제적 소외에서 찾은 것이다.[78]

78 송기득, 『끝내 사람이고자』(대전: 한길책방, 1990), pp.63-64.

마르크스는 1800년대 유럽의 초기 자본주의 체제에서 빚어진 소외계층의 비참한 현상, 특히 소외계층을 대표한 노동자들의 비참한 현상을 다음과 같이 그렸다. "인간은 대규모의 생산과 소비의 과정에서 맞물려 돌아가는 하나의 톱니바퀴가 되었다. 노동자는 생산과정에서 하나의 도구가 되거나 물건이 되었다. 그래서 인간은 생존을 위해서 자기의 노동을 팔지 않으면 안 되었다. 아니 인간 자신을 팔지 않으면 안 되었다."[79]

마르크스가 당시 노동자들의 소외현상을 이처럼 지적한 것은 사람이 기본적으로 수단이 아니고 목적이라는 인간관에 근거한다. 인간은 도구나 상품이 아니고, 모든 것의 내적 목적이며 의미라는 것이다. 이것은 사람을 주체적 인격으로 보려는 칸트(Immanuel Kant, 1724-1804)적인 인간간과 직결된다. 이것이 이른바 칸트의 정언명법(定言命法, Categorical Imperative)이다. 그런데 이것은 곧 그리스도교적 인간이해에 연원한다. 마르크스는 다만 그것을 사회적 조건에서 통찰한 것뿐이다. 마르크스는 바로 이러한 비인간화현상을 자본주의체제의 탓이라고 생각한 것이다. 자본주의 체제에는 인간소외만이 있을 뿐이라는 것이 마르크스의 진단이다. 그래서 그는 인간화의 실현을 위해서는 현실－자본주의체제－를 변혁시켜야 한다는 것이었다. 인간화가 실현된 세계를 마르크스는 '계급 없는 사회'라고 표현했다.

이 계급 없는 사회는 그리스도교에서 말하는 '하나님의 나라'와 대비를 이룬다. 이 계급 없는 사회는 마르크스가 그린 이상

79 송기득, 위의 책, p.64.

향(utopia)인데, 이 이상적 사회를 실현하기 위한 방법을 그는 '혁명'이라고 생각했다. 그렇다면 이 혁명은 누가 주도하는 것인가? 그것은 프롤레타리아(proletariat : 무산계급, 소외계층)라는 것이다. 그래서 마르크스의 혁명은 '프롤레타리아의 혁명'이다. 프롤레타리아가 실권을 장악함으로써 계급 없는 사회가 실현된다는 것이다. 마르크스는 이 프롤레타리아의 혁명을 이론적으로 뒷받침하기 위해서 하나의 이론을 제시한다. 그 이론이 다름 아닌 '유물 사관'(역사적 유물론)이다.

3. 마르크스의 유물론(歷史的 唯物史觀)에 대한 이해

역사적 유물론(唯物論)이란 유물변증법적 해석이다. 역사는 유물변증법의 법칙에 따라 계급 없는 사회로 발전한다는 것이다. 그렇다면 유물변증법이란 무엇인가? 유물론에는 주로 세 가지가 있다.

첫째, 형이상학적 유물론이다. 이 유물론은 자연의 모든 사물을 구성하고 있는 기본적인 요소를 물질로 보려고 한다. 따라서 정신은 물질의 산물일 뿐이다. '물질이 의식을 결정한다.' 이것이 형이상학적 유물론의 제일원리이다. 그런데 이 유물론은 마르크시즘과 직접 관계가 없다는 점에 우리는 유의해야 한다.

둘째, 윤리적 유물론(Ethical materialism)이다. 이 유물론은 소유(재산이나 돈)를 최고의 가치로 보고 그것을 행동의 기준으로 삼으려는 입장이다. '돈이면 제일이다'는 주장이 윤리적 유물론의 원리이다. '돈이면 제일이다'는 황금만능주의는 마침내 '돈은 신이다'는 물신주의를 낳는다. 소유(돈)가 인간의 가치를 결정하는 풍조는 여기에 기인한다. 이것은 근세 부르주아 사회의 가치관이 되었다. 바로 이 가치관에 도전하고 나온 것이 마르크스이다. 마르크스주의는 물신주의에 대한 반동으로 생긴 것이다. 마르크스는 자본주의의 경제철학이 물신주의를 지향하는 윤리적 유물론에 근거한다고 보았기 때문이다.

셋째로, 마르크스는 역사적 유물론을 주장하고 나선 것이다. 그러기에 마르크스가 유물론자라고 해서 그에게 아무런 유물론이나 마구 적용하면 안 된다는 사실에 유의할 필요가 있다. 그렇다면 역사적 유물론이란 구체적으로 어떤 이론인가? 마르크스에 따르면, 역사의 발전은 물질적 생산양식에 따라 변증법적으로 발전한다. 생산관계 전체가 사회의 경제적 구조를 이루고, 이 하부구조가 바탕이 되어서 법률, 정치, 예술, 종교, 철학이라는 상부구조가 형성된다. 따라서 상부구조는 하부구조의 제약과 지배를 받는다. 이리하여 '인간의 의식이 사회적 존재를 결정하는 것이 아니고, 거꾸로 인간의 사회적, 경제적 존재가 그의 의식을 결정한다'는 것이다.

마르크스는 사회구성의 다섯 가지 발전단계를 들고 있다. 인류의 역사는 원시공동체에서, 노예제 사회에로 발전했고, 여기에서 다시 봉건제 사회로, 그리고 자본주의 사회에로 발전했으며, 여기에서 다시 사회주의 사회에로 나아간다는 것이다. 그런데 이 발전의 원동력은 낡은 생산관계를 무너뜨리는 '혁명'에 의해서만 가능하다는 것이다.[80]

80 위의 책, pp.65-66.

4. 마르크스가 역사적 유물론을 제시한 동기는 무엇인가?

칼 마르크스가 역사적 유물론을 제시하게 된 근본 동기는 계급 사회의 근본이 되는 자본주의 사회를 변혁시킴으로써 이른바 피압박 계층인 프롤레타리아 계급을 해방하고, 나아가 온 인류를 해방해야겠다는 실천적인 요청을 성취하는데 있었다. 마르크스는 인간 해방이라는 실천적 요청의 정당성을 입증하기 위해서 역사적 유물론이라는 이론을 만들어 이것을 역사의 미래로 투사시킴으로써 프롤레타리아 혁명을 합리화시키려고 한 것이다. 그래서 마르크스는 '공산당선언'(1948년)을 '지금까지의 역사는 계급투쟁의 역사이다'라는 말로 시작해서, '모든 나라의 노동자들이여, 단결하라'는 말로 끝을 맺고 있다. 이리하여 역사적 유물론은 마침내 '계급투쟁의 역사관'으로 바뀐 것이다. 사람을 사람 아닌 것으로 만드는 인간소외는 바로 계급 때문에 생기는 것이므로 계급을 없애는 것이 인간화를 실현하는 지름길이라고 보아서, 마르크스는 계급투쟁을 역설했던 것이다.[81]

마르크스가 역사적 유물론을 제시한 목적은 무엇일까? 결국 근대 자본주의 분석과 그 비판에 있었다. 마르크스는 혁명을 통하여 계급 없는 사회를 만들어 '인간화'라고 하는 인간해방을 도모하려고 했다. 그렇다면 '인간해방'이라는 원초적인 윤리적 요청을 했던 마르크스는 그리스도교를 어떻게 이해했을까? 마르크스는 그리스도교의 어떤 점을 비판했으며, 그 허(虛)와 실(實)은 무엇인가?

81 위의 책, p.66.

5. 마르크스의 그리스도교 비판 이유

마르크스의 종교비판은 두 가지 측면에서 이루어졌다고 볼 수 있다. 하나는 인간학적인 측면이고, 다른 하나는 사회학적인 측면이다.

먼저, 인간학적인 측면에서 마르크스가 종교를 비판한 근본적인 의도를 살펴보면, 그것은 자율적인 인간을 회복하려는데 있다고 볼 수 있다. 마르크스에 따르면, 인간의 본질은 자각적이고 자립적이며 자율적인 데 있다. 그는 인간의 자율성을 개인적으로가 아니라 사회적으로 구현하려고 했다. 그런데 종교는 사람의 자율성을 억압할 뿐 아니라, 오히려 인간에게 노예근성을 일으킴으로써 사람을 비천한 존재로 떨어뜨린다는 것이다. 그래서 종교는 마르크스에게서 비판의 대상이 되고, 아울러 종교의 실체를 대표하는 신은 증오의 대상이 된다.

종교는 비이성적인 소치로 생겨났다는 것이다. 따라서 사람과 사회가 자율성과 합리성을 살리면 신의 종교는 저절로 사라지게 된다는 것이다. 그러나 마르크스가 종교를 거부한 까닭은 면밀히 따지고 보면, 그것은 종교자체에 대한 비판에 본뜻이 있다기보다, 이성의 자율성을 살리자는 이에 본뜻이 있다고 할 수 있다.[82]

마르크스가 종교를 비판하는 초점은 종교 그 자체를 비판하는 데 있지 않고, 어디까지나 사회의 비합리성을 비판하는 데 있다는 것은 이미 다 아는 사실이다. 다시 말해서 마르크스의 본뜻은 사회

82 위의 책, p.67.

혁명을 달성하려는 데 있는데, 이것을 그는 인간 이성의 자율성에 기대한다.

마르크스는 종교가 주로 내세성을 바탕으로 해서 하나의 지배이데올로기로 작용함으로써 아편의 기능을 충분히 구사하고 있다는 데서 출발한다. 종교는 인간을 내세의 환상으로 빠져들게 함으로써 현재의 불행을 감수하게 하고 그 불행을 지속적인 것으로 정체화한다는 것이다. 이것은 종교가 비인간성을 조장시키는 것인데, 종교는 사회의 모든 관계가 인간에 의해서가 아니라, 신에 의해서 결정된다는 것을 가르침으로써, 그것을 수행하려든다. 이것은 인간을 수동화함으로써 인간의 능동적인 자기실현의 가능성을 빼앗아 인간을 타율성의 지배에 내맡기게 한다. 그래서 마르크스는 왜곡된 현실에의 예속을 제거하면, 종교는 바로 여기에서 생긴 것이기 때문에 곧 사라져버릴 것으로 생각했다. 이러한 마르크스의 종교비판은 이미 사회학적 측면에서 이루어지고 있음을 발견할 수 있다.[83]

우리는 마르크스의 비판을 솔직하게 받아들일 필요가 있다. 그리스도교는 로마에서 국교로 인정된 이래, 거의 2000년의 역사를 거치면서 지배권력을 합리화시킨 이데올로기의 역할을 해온 것이 사실이다. 이것은 구미의 교회역사가 너무나 잘 보여준다.

콘스탄틴 대제 이래, 그리스도교는 로마제국의 국교가 되어 로마제국의 권력과 결탁하면서 지배 이데올로기로 변질되었고, 중

83 위의 책, pp.68-69.

세 그리스도교는 봉건체제와 연계되어, 이른바 '그리스도교세계'(Christendom)를 이루었으며, 교회의 계층구조(hierarchy)는 세계의 지배구조를 그대로 반영한다. 16세기 종교개혁은 이러한 지배구조를 많이 극복했다고 해도, 개신교회 곧 큰 교파들은 여전히 지배체제와의 연대에서 세워졌고, 아프리카, 남미, 아시아 등지의 식민지 개척에 서양 지배자의 이데올로기 구실을 담당했다.[84]

이처럼 지배이데올로기의 역할을 담당한 교회는 '카이사르의 것은 카이사르에게 돌리고, 하나님의 것은 하나님께로 돌리라'(마르크 12:17)는 예수의 말을 정치와 종교의 이원적 대립으로 잘못 받아들여서 정치권력의 횡포를 방임하거나, 여기에 동조하기도 했다. 이 땅에 카이사르의 것은 없다. 이 세상의 모든 권력은 하나님의 지배권 하에 있다. 이 진리를 믿어야 진정한 그리스도인인 것이다. 또한 '모든 권세는 하나님께로부터 온 것이니 사람은 누구나 이 권세에 복종해야 한다'(롬 13:1)는 바울의 말을 잘못 이용해서 불의의 정권과 타협함으로써 이들의 시녀노릇을 했고, 교권을 장악하는 실리를 추구했다. 1974년 당시 국무총리였던 김종필은 행사 도중 로마서 13장 1절을 인용하여 "위에 있는 권세에게 복종해야하며 이를 거스름은 하나님을 거스르는 것이라"고 하여 당시의 박정희 유신독재정권에 맹종하는 것이 하나님의 뜻인 것처럼 말한 적이 있어 크게 논란이 되었다. 이것은 그리스도교가 분명히 현실 지배권력을 합리화하는 이데올로기의 구실을 했다는 것을 의미한다. 오늘날 서

84 위의 책, pp.67-72.

울 강남의 대형교회 설교 메시지가 극우반공 세력에 유착되어 있는 것은 바로 이러한 영향력 때문이었다고 볼 수 있다.

그렇다면 지배 이데올로기화된 그리스도교가 그리스도교의 본질인가? 결코 그렇지 않다. 그렇다면 그리스도교의 본질은 어디에 있는가? 그것은 바로 역사의 예수의 말과 행태이다. 구체적으로 말하자면, 역사의 예수가 벌인 '민중운동'에서 그리스도교의 본질이 잘 드러난다. 성서는 증언하기를 하나님께서 예수를 세상에 보낸 목적은 '가난한 자에게 복음을 전하게 하시려고 내게 기름을 부으시고 나를 보내사 포로 된 자에게 자유를, 눈 먼 자에게 다시 보게 함을 전파하며 눌린 자를 자유롭게 하고'(눅 4:18)라고 했다. 여기에서 '가난한 사람들'이란 경제적으로 가난한 사람들이기도 하지만, 정치적으로 눌리고, 경제적으로 빼앗기고, 사회적으로 밀려난 소외계층 전체를 가리키는 말이다.

이들에게 가장 기쁜 소식이 있다면 무엇일까? 죽어서 천당 가는 것일까? 물론 그것도 민중의 소원 속에 포함된다. 살아서 고생하고 살았지만, 죽어서라도 좋은 곳으로 가자는 것은 인간의 기본적인 희망사항이다. 하지만 이들에게 참으로 '기쁜 소식'이란 억압받는 자들에게는 자유요, 갇혀있는 자들에게는 해방이 아니겠는가? 이 소외계층이 해방되는 세계, 곧 인간화가 실현된 세계를 예수는 '하나님의 나라'라고 표현한 것이다.

마르크스 당시 그리스도교는 인간 해방의 자체본질을 망각하고, 권력계층의 지배 이데올로기의 구실을 일삼았기 때문에, 마르크스의 비판대상이 될 수밖에 없었다. 우리가 진실하게 신앙고백적으로 말한다면, 하나님께서는 '하나님 나라'의 참 뜻을 잊어버린 당시의 그리스도교를 마르크스를 통해서 날카롭게 비판했다고 볼 수 있다. 다시 말해서, 하나님은 마르크스를 사용해서 그리스도교에 채찍질을 한 것이다. 하나님은 자기 백성들이 말해야 할 때 잠잠하면, "돌들로 소리치게 하시는 분"이기 때문이다.

6. 그리스도교의 마르크시즘에 대한 차별성

인간화의 실현이라는 역사적인 과제를 수행하는데 있어서 그리스도교와 마르크스주의 사이에는 결정적인 차이가 있다. 마르크스의 계급 없는 사회의 실현에는 하나의 프로그램(청사진)이 마련되어 있다. 그러나 예수의 '하나님 나라'의 실현에는 아무런 프로그램도 제시되어 있지 않다. 바로 이 점으로 하여 마르크시즘에서는 '하나님의 나라'를 환상의 세계라고 몰아붙인다. 그것은 한갓 유토피아라는 것이다. 유토피아(utopia)라는 것은 글자 그대로 이 세상에는 '아무데도 없다'(u=no, topos=place 곧 no place)는 뜻이다. 그러나 '하나님의 나라'는 마르크스가 생각하듯이 유토피아가 아니고, 확신(신앙)에 근거해 있어서, 비판적인 사회를 변혁하는 살아있는 이념으로서 행동의 원리가 된다. 동시에 '하나님의 나라'는 미래에 달성될 희망으로서 온갖 인간소외를 극복하게 하는 원동력이 된다.[85]

유토피아적 사유는 보다 나은 사회를 만듦으로서 새 인간을 위한 조건을 이루지만, '하나님 나라'의 선포는 지금과는 전혀 다른

85 위의 책, pp.75-76.

인간이 되게 함으로써 현실과는 다른 세계가 되도록 촉구하는 것이다.

'하나님의 나라'는 '개혁'이 아니고, 오히려, '혁명'을 주도한다. 따라서 마르크스가 꿈꾼 '계급 없는 사회'는 필연적으로 도래하는 것이 아니다. 도리어 그것은 프로그램의 경직성으로 인하여 결정론의 오류에 빠지기 쉽다. 그러나 '하나님의 나라'는 새로운 가능성의 세계이므로 미래에 개방되어 있다는 점에서 결정론적인 실체가 될 수 없다. 그런데 왜 예수는 '하나님의 나라'를 실현할 수 있는 프로그램을 제시하지 않았을까? 그 이유를 따져보면 '하나님의 나라'는 미래에 개방되어 있기 때문에, 그 시대를 사는 사람들이 그것을 스스로 실현할 수 있도록 열어둔 것이라고 말할 수 있다.[86]

예수와 마르크스가 결정적으로 다른 점은 예수는 계급적인 사고를 하지 않았다는 사실이다. 사회구조를 분석하는데 있어서 지배계급과 피지배계급을 나누는 것은 편의상 좋다. 그러나 사회를 두 계층으로만 나누는 것은 무리이다. 그리고 지배계급의 철저한 타도는 인간 전체의 구원이라는 원리에 위배된다. 피지배계급의 구원은 말할 것도 없지만 지배계급의 구원도 중요하다. 이런 의미에서 구원을 얻어야 할 계층은 피지배계급이 아니라, 지배계급일런지 모른다. 지배계층은 피지배계층을 비인간화시킨 '죄인'이기 때문이다. 마르크스 자신은 궁극적으로는 계급을 넘어선 인간 자체의 해방에 관심했다.

86 위의 책, pp.75-77.

그의 후예들이 지배계급의 철저한 타도로 끌고 간 것이다. 예수 또한 '가난한 자'들을 편애한 것은 사실이다. 그리고 그는 또한 지배계층을 공격했다. 바리사이파 사람들에게 '이 독사의 자식들아!' 라고 부르면서 욕설을 퍼부었다. 헤로데(Herod)를 가리켜 '여우같은 놈!'이라고 비난했다. 그리고 '낙타가 바늘귀로 들어가는 것이 부자가 하나님의 나라에 들어가는 것보다 쉬우니라'(마 19:24)고 부자를 성토했다. 그러나 궁극적으로는 가난한 사람들(민중)을 통해서 지배계층들, '가진 자들'을 구원하시려는 것이 예수의 본뜻인 것이다. 가진 자들은 자신의 소유를 가난한 자들에게 돌려주는 데서 구원을 얻을 수 있다는 것이 예수의 생각이었다. 세리장 삭개오가 '주여 보옵소서. 내 소유의 절반을 가난한 자들에게 주겠사오며 만일 누구의 것을 속여 빼앗은 것이 있으면 네 갑절이나 갚겠나이다'라고 회개했을 때, 예수는 '오늘 구원이 이 집에 이르렀다'고 선포하였다.(눅 19: 8-9)

예수 그리스도와 마르크시즘을 견주는 데 있어서 어려운 문제는, 혁명을 어떻게 수용하느냐 하는 문제이다. 마르크시즘에서는 인간화의 실현을 위해서 혁명을 호소한다. 여기에 대해 그리스도교에서는 비폭력 저항을 원칙으로 내세운다. 이 때 마르크시스트들은 물리적인 힘에 의하지 않고서는 어떻게 악의 세력을 꺾을 수 있느냐고 맞선다. 그리스도교의 '사랑'은 악을 조장하거나 인간을 노예로 만든다는 것이다. '악한 놈은 때려야지 타일러서는 안 된다'는 것이 마르크시즘의 입장이라면, '아니, 그래도 사랑은 주먹보다 강하다'는 것이 그리스도교의 입장이다. 라틴 아메리카 해방신학 쪽에서나 미국의 흑인해방신학 쪽에서는 그리스도교의 기본적인 입장은 어디까지나 비폭력적인 저항을 원칙으로 하지만, 상황에 따라서는 폭력을 허용할 수 있다는 입장에 선다. 다시 말해 지배자가 자기 지배를 위해서 사용하는 폭력이냐, 아니면 피지배자가 자기 해방을 위해서 사용하는 폭력이냐? 지배를 위한 폭력과 해방을 위한 폭력은 구별하자는 것이다. 예수도 '하나님의 집'(성전)을 '강도의 굴혈'로 삼는 데 대해서 분노한 나머지, 성전에서 장사꾼의 상을 뒤집어엎는 등 물리적인 힘을 구사하지 않았느냐 하는 것이다. 심지어 예수를 혁명가로 보는 신학도 있다. 그러나 예수는 끝내 '칼을 쓰는 자는 칼로 망하느니라'(마 26:52)고 말하면서 폭력에 의한 혁명을 원천적으로 부정하였다. 혁명에는 내적 혁명, 정신혁명도 있다. 폭력적 혁명만 있는 것은 아니다.[87]

2016년 겨울 인류 역사상 가장 위대한 혁명으로 기록될 수 있는 한국의 촛불혁명은 '비폭력혁명'이었으므로 성공할 수 있었던 것으로 본다. 수십만 명이 모인 애국심과 열정이 충만한 집회가 끝나면 거리 청소까지 말끔히 해놓고, 단 한건의 폭력사건도 없이 진행되었다는 것은 참으로 대한민국 국민들의 민주주의 수준이 어디까지 왔는가를 말해주는 바로미터(barometer)가 된다고 보는 것이다.

7. 마르크시즘에 대한 역사적 평가와 그리스도교와의 대화의 필연성

1917년 11월 7일 볼셰비키 정부가 수립되었다. 그로부터 100년, 러시아 혁명을 돌아보는 심경은 복잡하다. 그 혁명에 걸었던 간절

87 위의 책, pp.77-79.

한 소망은 여전히 미완의 과제로 남아 있는데 혁명은 분명 실패했기 때문이다. 혁명의 실패는 1991년 소련의 붕괴로, 미완의 과제는 2008년 경제위기로 모든 현실에서 확인되었다. 서로 마주보는 공통분모는 바로 마르크스이다. 그래서 전자에 대해서 '역사(마르크스)는 끝났다'는 프랜시스 후쿠야마의 주장이, 후자에 대해서는 '마르크스가 역시 옳았다!'는 페어슈타인브뤼크의 선언이 뒤따랐다. 21세기의 지금 우리는 두 개의 마르크스를 만나고 있는 것이다. 실패한 마르크스와 돌아온 마르크스다. 어떻게 보아야 할 것인가? 실패한 마르크스는 청산할 과거를, 돌아온 마르크스는 새로 만들어갈 미래를 가리킨다. 그런데 바로 그 마르크스는 미래의 필연적 전제라는 점을 논증하였다. 그는 청산할 과거를 '죽은 개'처럼 그냥 치울 것이 아니라 미래를 위한 반성의 소재로 삼아야 한다고 말했던 것이다.[88]

1918년 8월 30일 모스크바에 있는 한 공장을 찾았던 레닌은 사회주의혁명당 소속 여성 혁명가 파니 카플란이 쏜 두 방의 총을 맞고 큰 부상을 입는다. 후유증에 시달리던 레닌은 1922년 5월 23일 큰 발작을 일으킨 뒤 전원주택에서 요양하면서 트로츠키와 스탈린을 두고 계승자 문제를 고민한다. 트로츠키는 전략가이자 행정가이지만, 과거 멘셰비키에 몸담았던 전력, 자존심과 오만함 때문에 당내에서 인기가 없었다. '집단적인 통치체제 속의 대령으로 만족하기보다 자신의 독자적인 군대를 거느리는 장군이 더 어울리는 사

88 「한겨레신문」(2017년 10월 30일), 강신준, "러시아 혁명과 두 개의 마르크스".

람'이었다. 변변찮은 집안 출신의 스탈린은 소박하고 근면한 평당원들에게 신임을 얻고 있었으나, 레닌은 그가 '너무 부패'하고 '폭력적인 습관이 있다'고 생각했다. 레닌은 결국 트로츠키를 선택했다. 그는 12월 23일~1월 4일에 열리는 12차 전당대회에 전달할 쪽지(사실상 레닌의 유언장)에서 '나는 동지들이 스탈린을 그 지위에서 몰아내고 그보다 넓은 아량과 높은 충성심, 예의의 동료에 대한 배려심을 가지고 있으며 변덕스러움이 덜한 다른 인물로 교체하는 방안을 생각해보라고 제안하는 바이다'라고 썼다.

하지만 레닌의 바람은 이뤄지지 않았다. 결국 스탈린은 트로츠키를 당에서 축출했다. 그는 레닌이 죽자 추도식 연설에서 '레닌이 시작한 혁명을 완성하겠다'고 맹세하며, 자신이 '레닌의 유일한 계승자임'을 주장했다. 또 정적들을 '반레닌주의자'로 매도해 '피의 대숙청'을 벌려 권력을 확고하게 다졌다. 대숙청이 절정이었던 1937년 8월~1938년 11월 사이에 매일 평균 1,500명 가량이 총살당했다. '레닌주의적 명령은 절대주의적 원리가 되었고, 스탈린 이후 권력을 잡은 후루시초프, 브레즈네프, 고르바초프도 '레닌주의자'를 자처했다. 러시아 현대사의 권위자인 폴랜드 파이지스 런던대 버크벡 칼리지 교수는 '만일 75년 동안 볼셰비키 독재정치의 기본 토대가 된 불변의 원칙이 하나 있다면, 그것은 바로 '당의 통일성이었다'고 주장한다.[89]

무엇이 러시아 혁명의 성공을 가져왔고 또 그것을 실패로 이끌었을까? 성공요인은 쉽게 찾을 수 있다. 롤 모델이었던 프랑스 혁명

89 「한겨레신문」(2017년 11월 10일), 정상영, "100년을 이어온 러시아 혁명".

을 그대로 따랐기 때문이다. 그것은 '다수의 의지'다. 프랑스 혁명이 민주주의를 열었던 것을 가리킨다. 러시아 혁명도 다수의 의지(농민, 노동자)를 대표했기 때문에 성공한 것이다. 하지만 그것을 실패로 몰아간 것은 무엇이었을까? 마르크스에게 답이 있다. 의지와 현실 사이에는 간격이 존재하고 이 간격을 좁히지 못하면 의지는 현실에 무릎을 꿇을 수밖에 없다는 것이다. 바로 유물론의 교훈이다. 실제로 이 문제를 둘러싼 논쟁도 있었다(프롤레타리아 독재 논쟁). 혁명의 다수 의지와 러시아의 현실 사이에는 화해하기 어려운 간격이 놓여있었고 혁명은 거의 한 세기 동안 끝내 이 간격을 좁히지 못한 것이다.

혁명이 살아남으려면 업무의 효율을 높여야 하며 그러려면 지도자가 누리는 일정한 특권은 어쩔 수 없는 일이라는 것이 볼셰비키 지도부의 현실 판단이었다. 그러나 그 인식에서 그토록 혐오하던 위계제(位階制) 부활을 본능적으로 감지한 대중은 볼셰비키에게서 멀어지기 시작했다. 여기에 볼셰비키 혁명이 실패한 한 예(例)를 들어본다. 아나키스트의 삶을 살았던 에마 골드만은 다음과 같은 목격담을 이야기 한다.

> 나는 스몰냐(볼셰비키당 본부) 안에 별개의 식당이 둘 있다는 것을 처음 알고 나서 느낀 놀라움을 기억한다. 한 식당에서는 소비에트와 제3인터네셔널의 요인에게 푸짐한 건강식이 주어졌고, 다른 한 식당에서는 평당원용이었다. 식당 넷이 있었던 적도 있다. 해군 병사들이 이것을 알아버렸다. 그들은 우르르 몰려와 그 세 식당 가운데 둘을 닫아버렸다. 그들은 '우리는 모든 사람이 똑같이 나누도록 혁명을 일

으켰다'고 말했다.[90]

볼셰비키는 혁명 사회의 새로운 지도자가 노동자, 농민 출신이라는 점을 내세웠지만, 풀뿌리 민중이 보기에 특권을 누리는 새 엘리트가 노동자, 농민 출신이라서 다를 것은 없었다. 특권을 누리는 자가 바뀌는 혁명은 살아남았지만 특권을 배제하는 위계제 자체를 없애려는 혁명은 숨을 거두고 있었다.[91]

혁명에는 딜레마가 있다. 대중은 권위주의 혁파를 바라며 혁명을 일으키지만, 지도자들은 혁명이 생존하려면 권위주의가 필요하다고 생각한다. 혁명의 생존을 위한다는 명분으로 되살아나는 권위주의에 실망한 대중은 혁명에 등을 돌린다. 러시아 혁명은 이 수렁에 빠져 허우적댔다. 그 궁극적 결과는 70년 뒤, 고르바초프에 의한 '페레스트로이카 글라스노스트'(개혁과 개방) 물결에 의해 무너지고 말았다. 혁명에도 절제와 지혜, 그리고 무엇보다 역지사지(易地思之)의 자세로 인간존중이 끊임없이 요청되는 것이다. 즉 인간의 얼굴이 있는 사회주의가 되어야 사회주의는 지속가능하다는 점을 알아야 한다.

90 「한겨레신문」(2017년 11월 4일), 류한수, "대중은 혁명을 일으켰지만, 혁명은 딜레마를 낳았다."

91 위의 자료 인용.

제6절 신마르크시즘과 프랑크푸르트학파의 사회적 휴머니즘

1. 신마르크시즘의 사회적 휴머니즘

네오(新)마르크시스트들은 인간주의적 무신론을 넘어서서 오히려 역설적으로 '인간주의적 유신론'의 자리에 서 있다고 말할 수 있다. 이것은 마르크시즘 무신론의 한 변형이다. 우리는 그것을 '희망의 원리'를 제시한 블로흐(E. Bloch, 1885-1977)에게서 찾을 수 있다. 블로흐에 따르면, 종교는 렐리기오(religio) 곧 '재결합'을 뜻한다. 이것은 세계를 창조한 신과의 결합이다. 그러기에 religio의 're'는 성서가 지향하고 있는 '미래의 희망'을 가리키는 것이 아니라, '과거'(창조의 처음)와의 결합을 가리킨다. 따라서 "보라, 나는 되어야 할 것이 될 것이다(I will be what I will be)."(출 3:14)라는 출애굽의 해방 고백과 그리스도교의 희망고백은 이미 전통적 의미의 '종교'가 아니라, "보라, 나는 모든 것을 할 것이다"라는 새로운 종교를 의미한다.

성서의 종말론은 하늘의 신, 곧 신정(神政)적인 창조주를 그의 왕좌로부터 끌어내리고 그 대신 '사람의 아들'(人子) 곧 '불'(눅 12:49)과 '칼'(마 10:34)을 가지고 그 왕(초월 신)의 나라를 변혁할 그리스도 예수를 〔그는 주(主)(a-Kyrios)도 아니고 , 신(a-Theos)도 아니다.〕 그 자리에 앉힌다. 블로흐에게는 예수야말로 역사변혁자이며 혁명가인 것이다. 여기에 마르크시즘의 무신론과 그리스도교의 유신론이 만난다. 그래서 블로흐는 "무신론자만이 훌륭한 그리스도교인이 되며, 그리스도인만이 훌륭한 무신론자가 된다."고 말한다.

종교에서는 '사람의 아들'(사람) 예수가 종교의 신을 대신하지만,

예수의 신은 사람의 해방자인 '야훼'(뒤에 예수의 하느님은 '어버이' 하느님으로 바뀌진다. 신 개념의 혁명이다)이므로 블로흐는 사실상 '유신론'을 내놓은 셈이다. 이것이 곧 '인간주의적 유신론'이 아니겠는가.

이리하여 네오마르크시스트들은 "신은 죽었다"라는 '신 죽음의 신학'에 대해서 "신은 아직도 살아있다"라는 명제를 간직하고 있다. 인간주의적 무신론자가 신의 살아 있음을 내세운 것이다. 이것은 무엇을 뜻하는 것인가?[92]

여기에는 두 가지 뜻이 담겨있다고 본다. 하나는 블로흐에게서 보았듯이 신이 해방을 주도하는 신일 적에, 그 신은 살아 있고 또 살아 있어야 한다. 다른 하나는 사람들이 싸워야 할 신이 아직도 살아 있어서 사람들을 지배하고 있다는 것이다. 네오마르크시스트들은 뒤쪽의 신에게 초점을 둔다.

2. 신과 싸운 역사의 예수

체코의 네오마르크시스트인 가르다브스키(Gardavsky)가 "신은 아직 죽지 않았다"고 했을 적에, 그 신은 인간을 억누르고 짓밟은 지배이데올로기의 신만이 아니고, 인간을 해방하고 자유롭게 하는 해방이데올로기의 신을 가리키기도 한다. 이러한 신은 죽지 않고 살아 있어야 하는 것이다. 해방의 신은 인간의 희망을 담보하는 분이기 때문이다. 여기에서 그는 그리스도교 신학자들이 주장한 "신

92 송기득, "간추린 서양 철학사", 미간행물, 2006, pp.88-90.

죽음의 신학"에 반동을 걸고 있다는 것을 알게 된다.

가르다브스키는 신과 싸우는 투사를 성서에서 들고 있다. 야곱과 욥이 그 보기이다. 야곱은 형 에서와의 인간관계를 회복하는 신의 축복을 얻기 위해서 신과 싸웠고, 욥은 사람의 고통을 극복하는 길을 열기 위해서 신과 싸웠다. 이들은 신과 맞서는 프로메테우스의 생태를 간직하고 있는 것이다. 이들이야말로 사람을 긍정하기 위해서 신과 끝까지 싸운 '성서의 사람'이다. 여기에서 싸웠다는 의미는 신에 대한 믿음과 열정을 가지고 요구하고 쟁취하여 냈다는 뜻인 것이다.

이러한 사람은 역사의 예수에게 잇대어 있다. 예수도 알고 보면 신과 싸운 '사람의 아들'이었다. 그가 싸운 신은 사람을 억누르고 짓밟은 비인간화의 이데올로기였던 예루살렘 성전종교의 신이었다. 성전지배권력을 정당화하는 데 이용된 신은 결코 예수에게 '참 하느님'이 될 수 없었다. 그 따위 신은 사람(민중)의 하느님이 아니었다. 그래서 예수는 '민중의 하느님'을 살리기 위해서 지배계층의 신(지배 이데올로기)과 싸웠던 것이다. 그것은 하나의 '하느님 해방 운동'이었다.[93]

여기에서 예수와 인간학적 무신론자와의 사이에 공통점이 있다. 그것은 '인간화의 실현'이라는 점에서는 결코 다르지 않다는 것이다. 신이 있다, 없다 식의 논쟁에는 관심이 없다는 것이다. 인간주의적 유신론의 신이나 인간주의적 무신론의 신이나 모두 이데올로

93 위의 자료, pp.90-91.

기라는 점에서는 같다. 다만 그것이 해방 이데올로기냐 아니면 지배 이데올로기냐의 차이에 지나지 않는다. 이러한 사실을 보여준 사람이 네오마르크시스트인 체코의 밀란 마코비치(Millan Mach ovizee)였다. 그는 『무신론자가 본 예수』라는 책을 통해서 '역사의 예수'가 지향한 인간화에 공감하고 있다. 그가 무신론자로서 예수를 탐구한 것은 그 때문이다. 이처럼 네오마르크스트들은 예수의 증언자로서 예수에게서 오늘의 민중이 누려야 할 사람다운 인간화의 길을 열고 있는 것이다.

3. 프랑크푸르트학파의 마르크시즘 비판

프랑크푸르트학파는 논리실증주의와 언어철학과 함께, 20세기를 대표한 사회철학인데, 이 학파에서는 '비판이론'을 내세워서 현대 고도의 산업사회가 빚어낸 비인간화 현상을 날카롭게 비판한다.

프랑크푸르트학파의 한 사람인 프롬(E. Fromm)은 마르크시즘이 안고 있는 문제점을 따진다. 마르크시즘은 역사 가운데 그것의 구체적인 실현형태인 공산주의사회에서 '새로운 지배이데올로기'로 작용하고 있다고 비판한다. 이들의 비판에 따르면, 레닌의 공산주의혁명은 스탈린의 독재체제를 거쳐서 소비에트 공산체제에 이르러서는 반동적이고 보수적인 '소유 국가' 곧 국가자본주의체제로 변모했다. 그 결과 공산주의사회는 관료주의의 체제로 바뀌었고, 모든 인민대중[민중]은 국가의 소유로 전락했다. 이것은 '인간의 국유화'를 낳았다.

인간의 국유화는 일인독재체제에서는 독재자 한 사람의 소유, 곧 '인간의 1인 소유화'로 바뀐다. 소비에트 공산주의사회는 마르크시즘의 궁극 목표인 '인간 해방'은 커녕, 기술사회로 인한 '인간의 재(再)노예화'를 낳게 되었다. 이리하여 사람들은 자발성과 주체성을 잃고, 체제에 기계적으로 순응, 동조하는 '예속인'의 태도를 취할 수밖에 없게 되었다. 소비에트 사회에서 나타난 이러한 '예속의 사람'을 마르쿠제(Marcuse)는 '일차원적 인간'이라고 불렀다.[94]

마르크스의 유물사관적 예언은 역사에서 그대로 이뤄지지 않았다. 마르크스 이후 사회주의 변천사에서 수많은 복병을 만나고 반사회주의적 인물에 의해 사회주의 본질이 전도(顚倒) 되기도 했다. 그러나 아직도 사회주의는 그의 인간사랑과 계급없는 사회, 부의 평준화를 위해 지금까지도 공헌해 왔고, 탐욕스런 자본주의, 신자유 속에서 아직도 엄청난 맘몬의 신에게 도전하는 방편으로 남아있다. 그의 가치와 효용성을 그 나라와 사회와 상황에 맞게 여하히 민주적 방식에 의해 적용하느냐 하는 과제가 남아있는 것이다.

4. 마르쿠제의 자본주의 비판

마르쿠제는 E. 프롬과 함께, 프랑크푸르트학파의 구성원으로서, 20세기의 '인간회복'을 위한 고도의 산업사회에 대한 '비판이론'을 폈다. 그는 『1차원적 인간』(1964년)이란 책에서 소비에트 공산사회에 나타난 비인간화 현상과 함께, 아메리카제국의 자본주의사회에서 나타난 비인간화 현상도 날카롭게 꼬집었다. 그에 따르면, 아메리카제국의 고도산업사회에서 사람은 '노동' 대신에 '기술'에 의해

94 위의 자료, p.91.

서 규제를 받는다. 기술이 새로운 통제와 지배의 형태로 등장하게 됨으로써, 인간의 자유와 권리는 저절로 기술에 승복하게 된다. 이리하여 사람은 기술의 노예로 전락한다. 자본주의 사회에서는 인간의 주체성이 '소유'와 동일시된다. "나는 소유한다. 그러므로 나는 존재한다." 소유가 사람의 존재의 근거가 되버린 것이다.

마르쿠제는 이것을 '인간의 물상화(物象化)/물건화'라고 불렀다. 소유(돈)가 사람의 값을 결정하는 것이다. 소유가 존재를 결정한다. 마르크스는 이것을 물신주의(物神主義)라고 했다.

마르쿠제에 따르면, 풍요로운 사회의 소비와 소유는 사람에게 반항의식을 해소시키고, 기존질서와 체제에 동조/보존하게 하고, 그것을 영구화하는 데서 자기를 동일시한다. 이것은 자기 안전을 바라기 때문인데, 그것으로 하여 사회변혁을 기피한다. 이리하여 고도의 산업사회에서는 마르크시즘이 요구하는 부르주아와 프롤레타리아트 사이의 계급투쟁이론을 적용할 수 없게 된다. 그렇다면 풍요롭다고 하는 사회가 인간의 행복을 보장하느냐? 소유가 가져온 인간소외를 무엇으로 극복할 것인가? E. 프롬에 따르면 현대사회에서 사람은 그가 만든 세계의 노예가 되었다. 과연 인간의 소외는 무엇으로 극복할 것인가?[95]

인간의 소외는 물질과 인간성을 나누는 마음과 인간관계, 즉 역사의 예수의 말씀과 삶에서 구해야 한다는 것이 필자의 소신이다.

95 위의 자료, pp.93-94.

5. 해방 이데올로기로서의 신을 선택하라

프롬은 『너희는 신[들]처럼 될 것이다』라는 인간학의 저서에서 사람은 자주와 주체와 자유를 지녔을 때 비로소 참된 사람의 존재임을 강조하고 있다. 그는 성서 '창세기'에 나오는 '아담'(사람을 뜻한다)이 에덴동산에서 추방되지 않았다면, '사람'으로서 설 수 없었을 것이라고 말한다. 아담은 신의 명령을 어기고 '선악을 알게 하는 나무열매'를 따먹었기 때문에, 아담은 고통을 겪으면서 살아야 하고 여성은 임신과 해산의 고통을 겪으면서 살아야 하는 형벌을 받고 에덴에서 추방되었다. 야훼 신은 그들이 에덴으로 돌아오는 것을 허용하지 않고, '불칼'로서 에덴을 지켰다. 에덴에는 '생명과실'이 있어서 일하지 않고서도 영원히 살 수 있었기 때문이다. 이리하여 에덴에서 추방된 아담은 스스로의 힘으로 살아갈 수밖에 없는 운명에 놓였다(창 3장).

자신의 힘으로 살아가는 것, 이것이 아담을 주체와 자주와 자유의 사람으로 설 수 있게 하는 원동력이 되었다. 이리하여 아담은 비로소 뱀(악마)이 유혹할 때 한 말처럼, '신처럼 된 것이다'. 인간의 진보와 자주성, 평등성, 정의와 평화, 사랑의 공동체가 바로 신적 인간이 이뤄내는 '하느님의 나라'의 구현이 아닐까? 프롬은 비록 무신론자였지만, 유대인 철학자답게 자기 민족의 고전인 히브리인의 성서에 근거해서 사람의 자주와 자유의 주제를 강조하기에 이른 것이다.

풍요로운 사회에서 사는 사람들은 거의 인간적인 사회를 이루는데 필요한 부정과 반항의 힘을 잃게 되었다. "나는 반항한다. 그러므로 나는 있다"(카뮈)는데에 사람의 존재의의가 있다.

20세기의 정신은 본디 '반항과 부정의 정신'에서 출발했는데, 이것이 '소유'로 해소되어 버린 것이다. 오늘날 인간의 소외현상을 어떻게 극복할 것인가?[96]

여기서 우리는 프랑크푸르트학파의 말에 귀 기울여야 할 필요가 있다. 1895년 독일의 유대계 가정에서 출생한 호르크하이머(Horkheimer)의 비판이론에 따르면, '오늘의 비인간화 현상은 이성의 본래의 기능인 비판정신을 잃어버리고, 지배이데올로기를 합리화하는 도구로 전락한 데서 유래한다'고 주장했다.

프랑크푸르트학파의 '비판이론'과 네오마르크시스트들의 인간주의적 무신론을 통해서 휴머니즘이 신을 거부할 수밖에 없는 까닭을 살펴보았다. 문제는 신이 비인간화를 낳는 지배이데올로기 구실을 했을 때 그 신은 비로소 사람의 적대자가 되는 것이다. 그러한 신을 전제했을 적에 무신론자들은 모두 신의 죽음을 내세운 것이다. 사실 그러한 신은 마땅히 죽어야 하는 것이다.[97]

그런데 유럽 사회에서 '죽음의 신'이라고 했을 적에 그것은 대체로 그리스도교의 신을 가리킨다. 이는 종교의 권력과 정치적 세력을 독점한 타락한 교회지배세력에 대한 비판을 말한다. 그대들이 선포하는 신은 역사현실 속에서 이미 죽었다. 더 이상 억눌린 사람,

96 위의 자료, pp.95-96.
97 위의 자료, pp.97-98.

가난한 민중들을 해방하여 인간회복을 시켜주는 생명력(生命力)을 가진 신(神)이 아니다라는 말일 것이다. '성서의 신'은 그렇지 않다. 신은 본디 이집트 파라오의 압제 가운데 신음하는 이스라엘 민족을 이집트의 종살이에서 해방시켜 주었고, 인간회복을 시켜준 것이다. 교리적 신학에서는 영혼의 해방을 구원이라고 말한다. 정치·경제·사회적 압제에서의 해방도 참다운 구원이 아닌가? 모세를 통해서 이스라엘 백성을 이집트의 종살이에서 해방시킨 신은 야훼이다. 예수를 통해서 모든 사람이 [특히 민중이] 사람답게 살 수 있는 길을 열어 주었던 신이 곧 야훼다. 이러한 신을 어찌 거부할 수 있을 것인가?

만일 니체나 사르트르나 마르크시스트들이 사람다움을 실현하려는 해방의 신 야훼[아버지]를 알았더라면, 그때에도 신을 휴머니즘의 적으로 보았을까? 그리스도교가 민중의 종교에서 지배자들의 종교로 바뀌면서 하느님은 사실상 지배이데올로기로 변환되었다. 하느님은 이미 '야훼'도 아니고, '어버이'도 아니게 되었다. 그것은 오히려 사람을 비인간화하는 '마신'(魔神)이 되고 말았다. 그러한 신이라면 얼마든지 휴머니즘의 이름으로 거부되어야 한다. 우리는 니체가 "신은 죽었다"라고 했을 때, 사르트르가 신의 부재를 앞세웠을 때, 그리고 마르크시스트들이 무신론을 강조했을 때, 이들의 주장에는 분명히 그러한 뜻이 담겨 있었을 것임에 틀림없다. 어쨌든 사회와 역사에서 사람[민중]이 사람답게 살 수 있게 하는 것을 이념으로 하는 '사회적 휴머니즘'의 실현에서 무신론자들과 역사의 예수는 서로 만나는 것이다.

6. 그리스도교와 마르크시즘의 공통점은 '인간화 실현'

그리스도교와 마르크시즘은 서로의 차이에도 불구하고, 공통점이 있다. 그것은 '인간구원'이며, '인간해방'이다. 다른 말로 하면 '인간화의 실현'이다. 인간소외를 극복하고 인간화를 실현하는 것, 여기에 그리스도교와 마르크시즘의 궁극적 이념이 있다면 바로 이 점에서 그리스도교와 마르크시즘의 대화 가능성의 근거를 찾을 수 있는 것이다. 우리는 이제 대화의 가능성에서 한 걸음 더 나아가 '대화의 필연성'에까지 관심해야 될 때가 온 것이다.

이 나라는 분단 이후 6.25라고 하는 동족상잔의 전쟁을 치른 후, 극도의 이념적 대립과 증오의 비극적 세월을 살아온 것이다. 이남에서는 공산주의자와 여기에 동조했거나 한 때 부역했던 사람들을 '빨갱이'로 매도하여 탄압하고, 감옥에 가두고, 고문하고, 죽였다. 이에 상응하여 이북에서는 지주계급들, 유산자들, 우익지식층들, 그리스도교인들을 '반동'으로 몰아서 박해하고, 죽이지 않았던가!

현재까지도 이남에서 연례적으로 실시해 왔던 한미동맹에 의한 대규모 군사훈련은 '북-미 정상회담' 이후 잠정적으로 보류상태이다. 이북에서 온갖 희생을 무릅쓰고 워싱톤까지도 공격할 수 있다는 화성 15호 대륙간탄도탄 개발을 하여 시험 성공한 이후, 북-미간에 갈등은 더 커졌다. 미국의 대통령 트럼프와 이북의 지도자 김정은이 서로 주고받은 말 폭탄은 정치공세를 넘어서 전쟁으로 비화되지 않을까 염려스러운 상황이 2017년 12월까지도 지속되고 있었다. 현 한국의 대통령 문재인은 북에 대한 최대한의 압박과 한편으로는 대화의 여지도 남겨 놓고 있다고 주장해왔다. 결국 남-북정상회담 이후 '판문점 선언', 싱가포르 북-미회담 이후 이북의 비핵화의 실천, 미국의 이북에 대한 체제보장의 약속이 행동 대 행동으로 지켜져야 한다. 이제 준전시 상태를 끝장내고 종전선언에 이어 평화협정체제로 나아가야 하는 것이다.

이와 함께 이북이 표방하고 있는 사상, 즉 주체사상, 주체철학에 대한 이해가 선행되어야 한다고 본다. 이북 동포들과의 대화를 위해서는 공산주의의 근원이 되는 마르크시즘에 대한 자유로운 연구와 동포끼리의 만남과 토론이 반드시 필요하다고 본다. 그리스도교는 민중신학과 마르크시즘 또는 주체사상 간에 '인간화' 즉 인간의 구원, 인간의 해방이라는 공통점을 가지고 대화해야 한다. 그리고 남북상생과 화해와 평화통일을 위한 매개의 역할 및 '하느님 나라' 구현을 위한 사명감을 남과 북이 감당할 수 있어야 한다는 것이 필자의 견해이다.

제5장

예수의 '하나님 나라' 신학과 사회주의와의 대화

제1절 예수의 '하나님 나라'와 사회주의의 유사성

조직신학자요 철학자인 송기득은 중국 연변대학교 사회과학 기초부 교수들과 대학원 연구생들, 즉 마르크시즘 철학과 경제학을 연구하고 가르치는 그들에게 1994년 첫 학기에 신학(神學)을 강의했다. 사회주의 나라 중국에서는 상상도 할 수 없는 사건이었다. 이 일로 인해서 연변대학의 교수가 한국으로 민중신학을 연구하러 유학을 오기도 했다. 연구주제는 '基督教和社會主義'(기독교화 사회주의)였다.

1. 기독교와 사회주의 비교

기독교와 사회주의의 관계성을 말할 때, 세 가지를 고려할 수 있다.

첫째, 둘은 서로 같다는 동일성의 관계

둘째, 둘은 서로 다르다는 상이성의 관계

셋째, 둘은 서로 비슷하다는 유사성(類似性)의 관계가 그것이다.

송기득은 기독교와 사회주의의 관계성을 논할 때 위의 세 가지가 다 있을 수 있다고 말한다.

> 그리스도교와 사회주의의 비교는 여러분들이 하시기 바랍니다. 여러분들은 지금까지 사회주의 사상을 전공해 온 분들이기 때문입니다. 나는 이제부터 그리스도교에 대해서 말할 것입니다. 그러면 여러분께서는 내가 이해하고 해석한 그리스도교에 관해서 듣고, 그것과 여러분이 알고 있는 사회주의 사상을 비교하는 것입니다. 내가 이번에 이곳에 온 것은 결코 그리스도의 진리를 선교하려는 것이 아닙니다. '예수를 믿으라'고 전도하러 온 것은 더욱 아닙니다. 그리스도교의 알짬(본질)이 무엇인지, 어떻게 해야 그 핵심을 올바로 파악할 수 있을지, 이것을 학문적으로 모색해 보기 위한 데 목적이 있을 따름입니다. 이것은 그리스도교 자체를 넘어서는 것을 의미합니다.[1]

신(神)이란 사회주의자들이 이해하고 있듯이 인간학의 관점에서 말할 수밖에 없을 것이다. 그렇다고 '신은 인간성의 객관적 투영이다'라는 포이어바흐의 규정이 다 옳은 것은 아니다. 중요한 것은, 신이란 사람이 이해하고 믿는 대로 그려진 존재라는 사실이다. 신에 대한 의인론적(擬人論的, anthropological) 묘사를 벗어 날 수 없다는 말이다. 신이란 철학적 개념으로 표현해서 우리의 '궁극적인 실재(Ultimate Reality)'라는 사실이다. 궁극적인 실재란 우리의 궁극적인 관심의 대상으로서, 마음과 뜻과 힘과 정성을 다해서 우리

1 송기득, 『하느님의 두 아들』(순천: 신학비평사, 2003), pp.37-38.

자신을 내던지고 내맡길 수 있는 바로 그런 존재이다. 그래서 신학자 폴 틸리히(Paul Tillich, 1886-1965)는 신을 우리 '존재의 터전'(근거)이라고 말했다. 사람에게서 존재와 비존재를 결정할 수 있는 가장 중요한 것이 무엇이겠는가? 그것은 사람이 사람답게 살 수 있는 인간화의 길을 실험하는 것 이외에 다른 것이 아니다. 따라서 사람과 신의 결합이라는 뜻의 종교는 사람이 인간화를 실현하는 것을 가장 근본으로 삼는다는 것을 의미하는 것이다. 이렇게 보면 종교라는 말뜻은 동방이나 서방이나 할 것 없이 '인간화'라는 같은 뜻을 지니고 있다고 하겠다.

신이라는 개념은 모든 언어가 그렇듯이 하나의 상징인데, 신의 개념 가운데 가장 대표되는 특징은 '초월성'이다. 신은 존재와 비존재의 틀로부터 넘어서 있을 뿐 아니라, 신이라는 말 자체에서도 넘어서 있다. 우리가 아무리 신에 대하여 잘 말 할 수 있다고 해도 신은 그런 것을 훨씬 넘어서 있는 것이다. 그래서 폴 틸리히는 신을 '신 이상 가는 신'(God above god)이라고 말한 것이다.[2]

2. 그리스도교와 역사의 예수의 구별

그리스도교에서 내세우는 가장 기본 되는 주장은 '예수는 그리스도이다'라는 명제이다. 그리스도교는 이 명제로 표현되는 신앙고백 위에 세워졌다. 다시 말해서 그리스도교란 예수를 그리스도(구세주)로 믿고 고백하는 종교다. 그리고 이 명제를 해명하고 해석하는 것이 다름 아닌 그리스도교 신학이다. 그렇다면 예수는 이째서 그

2 위의 글, pp.40-41.

리스도가 되었는가?

첫째, '그리스도'란 도대체 무엇을 뜻하기에 예수를 그리스도라고 하는지, 다시 말해 '그리스도'라는 개념이 어떻게 규정되어야 하겠는가 하는 것과 둘째, 예수는 도대체 누구이기에(어떤 사람이기에) 그가 '그리스도'라고 일컬어졌겠는가 하는 것이다.

'그리스도'라는 말의 개념을 규정하기 위해서는 마가복음 8장 27-37절의 내용을 파악할 필요가 있다. 예수께서 예루살렘으로 가던 도중 가이사랴 빌립보 지역에 이르렀을 때, 예수는 제자들에게 물었다. '세상 사람들이 나를 누구라고 하느냐?' 그러자 제자들은 '예언자'라고 부른다고 대답했다. 예언자란 이스라엘 민족의 해방사 가운데서 민중을 억누르고 짓밟는 불의한 권력에 대하여 신의 말씀(정의와 진리)을 가지고 날카롭게 대드는 '비평가' 계층을 말하는데 예수를 예언자로 본 그때의 세평(世評)은 옳은 것 같다고 말했다.

오늘날 그리스도교의 입장에서 보면 베드로가 예수를 '그리스도'라고 고백한 것은 가장 훌륭한 대답이다. 왜냐하면 그리스도교는 바로 베드로의 이 신앙고백 위에 세워졌기 때문이다. 그런데 예수는 이 말을 듣고 방금 자기를 그리스도라고 고백한 베드로에게 '사탄아 물러가라'고 호통을 치면서 추방명령을 내렸던 것이다. 과연 왜 그랬을까? 어떻게 다르겠는가?

베드로가 생각한 그리스도는 로마의 지배로부터 풀어 줄 '정치적 해방자'인 그리스도이지만, 예수가 생각한 그리스도는 눌리고 짓밟힌 밑바닥 계층 곧 '민중의 해방자'인 그리스도이다. 베드로의 신앙고백은 영광과 승리의 왕으로서 군림하지만, 예수의 그리스도는 고난과 죽음과 패배의 민중 해방자로 나타난다. 송기득은 성서와 그리스도의 전통에 나타난 '그리스도'의 뜻을 세 가지로 밝혔다.

그리스도(Christ)는 그리스 말(희랍어) Χριστος인데, '메시야(Messiah)'(더 정확한 발음은 '마쉬아흐')라는 히브리말(Hebrew)의 번역이다. '메시야'란 말은 본래 '기름부음을 받은 자(the anointed One)'라는 뜻이지만, 그것은 이스라엘 민족의 해방을 주도할 자격을 신으로부터 받았음을 상징한다. 이것이 그리스도교 시대에 와서는 인류의 죄를 대속하는 속죄주(대속주; Redeemer)의 의미를 가진다.

그렇다면 '역사의 예수'가 어떤 사람이었는지를 알아야 한다. 역사의 예수에게 가장 어울리는 표현은 '민중해방자 그리스도'라는 말이다. 역사의 예수를 알 수 있는 유일한 자료는 마태오 복음서, 마르크 복음서, 루가 복음서인데, 이를 공관(共觀)복음서(Synoptic Gospel)라고 부른다. 과연 '역사의 예수'는 알 수 있는가? 오늘날 양식사(樣式史) 연구에 이르기까지 여러 가지 역사비평을 통해서 성서를 탐색해 본 결과 '역사의 예수'에 관해서는 거의 모른다는 결론에 도달했다. 그러나 다만 예수의 말에 관해서는 다소 알 수 있다는 것이다. 이것을 주장한 사람이 불트만(R. Bultmann)이라고 하는 성서학자이다.[3] 마침내 불트만은, 복음서의 예수가 그리스도라는 케리그마[4]의 집산이고, 그 안에 있는 예수에 관한 이야기는 이 케리

---

3 위의 글, pp.43-47.

4 헬라어 '케리그마'(kerygma)는 대개 '선포' '설교' '선언'으로 번역되며, 교회 밖

그마의 확대에 불과하다는 결론을 내렸다.

3. '역사의 예수'를 알 수 있는 길

케리그마의 그리스도란 '선포된 그리스도'라고 부른다. 오늘날 교회는 고백된 '교회의 예수', '그리스도교의 예수'를 증거하고 있다. 1954년 불트만의 제자 케제만(E. Käsemann)이 역사의 예수를 묻지 않으면 그리스도는 영지주의자(Gnostics)들의 가현설(Docetism, 假現說)[5]에 빠지고 만다는 반론으로 케리그마의 배후를 물을 수 없다는 터부를 깨어 버렸다. 그 후 다시 역사의 예수에 대한 물음이 활발하게 진행되었는데, 이에 대한 총괄적인 응답으로 불트만은 "초대교회의 그리스도 선포와 역사적 예수의 관계"라는 주제의 강연에서 '역사의 예수'에 대한 문제에 대해 이렇게 요약한다.

> 조심스럽게 예수의 행태에 대해서 다음과 같이 말할 수 있을 것이다. 그에게 있어 특정적인 것은 귀신추방, 안식일 금기의 파괴, 정결법의 침범, 유다인의 율법성에 대한 논쟁, 세리나 창기들과 같은 소외된 사람들과의 연대, 아이들과 부인들에 대한 관심 등이다. 또한 예수는 세례자 요한처럼 한 고행자가 아니라 먹기를 탐하고 약간의 술도 마

에서는 국가의 관리가 국가의 방침을 포고하는 공적인 행위를 가리킨다. 불트만은 신약 문서들이 초대교회가 선포를 하는 상황에서 저술되었으므로 그 문서들 자체가 성격상 케리그마라고 주장한다. 『아가페 신학사전』(서울: 아가페, 2001), p.1013.

5 그리스도의 육체의 실체가 아니라 가현(假現, 헬라어로 '~처럼 보이다'라는 뜻의 dokein)일 뿐이며, 따라서 그리스도가 겉보기에만 고통을 당하셨거나, 고통을 당할 수 없었던 구주가 자신을 나타내셨던 사람에게서 떠나셨거나 둘 중의 하나라는 견해이다.(아가페 신학사전, 아가페, 2001), p.30.

셨다는 것이 인정된다.

불트만은 이와 더불어 예수가 선포한 내용 일부를 첨가하고 있다. 이런 정도의 내용으로는 도저히 예수 사건이 보도되지 않는다는 것이었다. 따라서 우리는 복음서 안에서 허락되는 범위 안에서, 우리의 상상력을 동원하여, 그가 어떻게 살았는지를 물어야 한다[6]는 것이다. 최근 미국에서는 '역사의 예수'에 대한 연구가 한창이다. 학자들이 이 '예수 세미나'를 통해서 그 연구 결과를 정기적으로 발표하고 있다. 크로산(Crossan)이 대표적인 인물인데, 그는 역사의 연구 방법론을 세 가지로 설명한다.

첫째로, 역사의 예수를 알기 위해서는 먼저 역사의 예수가 살았던 시대와 비슷한 시대의 사회, 역사, 정치, 경제, 문화 따위의 상황을 사회과학적으로 연구한다. 이것을 문화교차적 연구방법이라고 한다.

둘째로, 예수가 살았던 그 시대의 사회, 역사, 정치, 경제, 문화, 종교 그 자체를 연구한다. 이것을 역사적 연구라고 한다.

셋째로, 예수에 관한 역사의 자료와 전승 따위를 여러 가지 해석학적 방법을 동원해서 철저하게 검토하는 것이다. 이것을 본문비평이라고 한다. 크로산은 이 세 가지 방법을 '조명'으로 삼아 '역사의 예수'에 접근한다. 그런데 여기에는 아무리 과학적으로 면밀히 연구한다고 해도 '확실성'에 이를 수는 없고, 기껏해야 '개연성'에 이를 수밖에 없는 한계가 있다. 그렇지만 여기에는 구도자의 성실성

6 안병무, 『갈릴래아의 예수』(서울: 한국신학연구소, 1990), pp.17-18.

과 정직성이 담겨 있다. 우리는 학자의 정직성과 성실성을 신뢰할 수밖에 없다.

민중신학자 안병무는 이렇게 말한다. "예수운동은 그것으로 끝난 것이 아니라, 그 뒤 하나의 맥이 되어 민중운동으로 이어져 왔다. 복음서 시대의 민중운동은 실제로는 예수운동의 계승으로서 그 맥을 잇고 있다. 예수운동의 맥은 오늘날까지 민중운동이 일어나는 곳에서는 그 어디에도 끊임없이 이어져 오고 있는 것이다. 이것은 한국의 민중운동사와 중국의 혁명사에서도 찾아볼 수가 있을 것이다."[7]

4. 역사의 예수와 하느님 나라 운동

'역사의 예수'에 있어서 예수가 그리스도가 될 수 있는 것은 '민중해방자'인 그리스도일 때 가능하다. 이 사실을 우리는 예수의 말(선포)과 행동(하느님나라 운동)에서 찾을 수 있었다. 예수의 첫 메시지는 마가복음 1장 15절에 나온다. 중국어 성서에는 '日期滿了, 神的國近了, 徐們當悔改'(馬加 1:15). '이르시되 때가 찼고 하나님의 나라가 가까이 왔으니 회개하고 복음을 믿으라 하시더라'(막 1:15)

예수의 선포 가운데 '때가 찼다'고 했을 때, 이 '때'는 물리의 시간을 말하지 않고 역사의 시간을 말한다. '카이로스'(kairos)라는 말은 아마 천지개벽과 같은 '변혁의 순간'이라고 할 수 있다. 즉 역사 변혁이 일어나는 시간을 의미한다. '회개하라'는 것은 단순한 도덕적 반성을 뜻하지 않고, 180도의 전향(metanoia)을 의미한다.

7 송기득, 『하느님의 두 아들』, pp.49-51.

‘하느님의 나라’라면 죽은 다음에 갈 저 세상(피안)의 것이라고 생각하는 사람이 많다. 그러나 예수의 ‘하느님의 나라’는 역사의 지평에서 이루어질 현실, 역사, 이승(차안)의 세계이다. 이스라엘 역사에서 본 헤브라이즘(Hebraism)의 사고는 철저히 세계를 하나로 보는 것이 그 특징이다. 차안과 피안, 현세와 내세의 구별을 모른다. 헬레니즘에서 보여준 이원론의 세계관과는 근본적으로 다르다. 예수 시대는 ‘하느님의 나라’를 현세의 것으로 대망했다. 뿐만 아니라, 예수 자신이 하느님 나라운동을 실제로 펴서 행동화하지 않았던가?

‘예수가 선포한 하느님 나라는 어떤 나라이겠는가?’ 민중신학자 송기득은 오늘날 그리스도교에서 하느님의 나라를 저 세상의 것으로나 내세의 것으로 보는 데는 그리스 사상 특히 플라톤의 이원론적 사고가 영향을 끼친 결과라고 볼 수 있다는 것을 말했다.[8]

‘하나님 나라’에 대한 필자의 견해도 이 땅에서의 구체적인 정치·경제·사회·문화·역사 속에서 이뤄지는 나라다. 그리고 동시에 종말적이다. 오늘날 이 역사는 무한히 오래 가지 않는다. 반드시 종말이 있고, 심판이 있다고 믿는 것이다. 오늘날 한국교회에서는 오늘에 이뤄지는 ‘하나님 나라’보다는 저 세상에서 이뤄지는 ‘하나님 나라’에 몰입하는 경향이 강하다. 오늘날 한국사회는 민중들이 ‘이것이 나라냐’, ‘적폐청산’을 외치는 상황 속에 있지만 한국 교회는 오히려 반민중적, 반통일적 설교가 대부분이다. 물론 자주·민주·통일운동

8 위의 책, p.59.

에 꾸준히 참여해 왔던 진보성향의 소수의 목회자들이 없었던 것은 아니다. 그러나 한국교회의 주류들은 '돌들이 소리 지르는 상황' 속에서도 '예언자의 소리'를 거의 외치지 않았던 것이다. 불의한 권력자나 탐욕스러운 가진 자들로부터 불이익을 받지 않으려는 비겁함과 무능함 때문인 것이리라. 한국의 개신교가 사회와 민중들로부터 외면되고 비판의 대상이 된 것은 참으로 안타까운 일이다. '제2의 종교개혁' 아니 더 나아가 '종교혁명'이 요청되고 있는 심각한 국면을 맞고 있는 것이다.

5. 예수의 하느님 나라에 대한 사회사적 해석

'그렇다면 예수가 선포한 하느님의 나라는 어떤 나라이겠는가?' 그 해석방법은 한마디로 '유물론다운 해석 방법'이다. 다른 이름으로는 '사회사적 방법'이라고 말하기도 한다. 유물론적인 방법이라고 말했을 때에 '유물론'은 바로 '마르크스'가 그의 자본론에서 쓰고 있는 뜻과 같은 것이다. 마르크스는 '가장 구체적이고 현실적인 생활 상태나 조건'을 다룬 것을 유물론다운 것이라고 했다. 이것은 중국 철학자들이 즐겨 쓰는 실사구시(實事求是)의 방법과 비슷한 입장이라고 볼 수 있다고 송기득 교수는 중국 연변대학의 사회주의자 교수들 앞에서 강의했다. 가장 구체적이고 현실적인 생활 상태나 조건에 접근하는 길은 사회과학에서 무엇이라고 말할 수 있겠는가? 그것은 정치, 경제, 이데올로기라고 할 수 있다. 어떤 주제이고 이 세 가지 쪽에서 물으면 그 핵심에 도달할 수 있는 것이다.

그런데 정치, 경제, 이데올로기 쪽의 접근 방법은 마르크스의 독창물이 아니다. 비록 마르크스보다 과학성은 떨어지더라도 일찍이 예수도 이 방법에 착안했다는 것이다. 예수가 '빈들(廣野)에서 유혹을 받았다'는 이야기에서, 당시에 예수가 고뇌했던 주제는 '빵'과 '권세'와 '기적'의 문제인데 이것을 시쳇말로 옮기면, 경제와 정치와 종교 이데올로기인 셈이다. 이 세 가지 주제는 동시에 세 가지 접근 방식을 암시하는데, 그것이 다름 아닌 정치의 방식, 경제의 방식, 그리고 종교 이데올로기 방식에 다름 아니다. 그래서 예수가 선포한 '하느님의 나라'의 뜻을 해석하는데 이 세 가지 방법을 쓰려고 한 것이다. 이 세 가지 접근 방법은 마르크시스트들에게는 너무나 익숙한 사고방식이라는 사실을 감안했다는 것이다.[9]

2016년 10월부터 박근혜-최순실 국정농단, 헌정질서유린 심판, 박근혜 파면 및 구속, 적폐청산을 요구하는 온 국민들의 분노는 결국 세계의 역사에서도 볼 수 없는 연인원 1,700만명이 촛불을 들고 서울 광화문으로, 지역중소도시에서 모였던 대 시국사건으로 타올랐다. 촛불혁명은 결국 현직 대통령에 대한 국회탄핵소추안 가결을 불러왔다. 이어서 2017년 3월 10일 이정미 헌법재판소장 권한대행에 의해 '제18대 대통령 박근혜의 대통령직을 파면한다'는 판결로 헌정사상 처음으로 현직 대통령이 그 직에서 파면되었다. 박대통령의 혐의는 무려 18가지에 이른다. 그 중에서 대한민국 최대 재벌기업인 삼상전자와 제일모직의 합병과정에서 대통령이 문형표 국민연금공단 이사장에게 압력을 넣어 국민연금이 찬성표를 던지게 했다는 것이다. 결국 국민연금 이사장은 직권남용, 권리행사방해죄로

9 위의 책, pp.59-60.

유죄판결을 받았다. 이 사건으로 인해 삼성물산과 제일모직의 소액주주들이 막대한 손해를 입었다는 것이다. 가장 중요하게 제기되고 있는 문제는 합병과정에 국민연금이 동원되었고 그 과정에서 큰 손해를 입었는데, 그렇다면 그 피해는 고스란히 국민연금 가입자, 즉 국민들에게 돌아가는 것이 아니겠는가? 필자는 이 사건의 전모를 파헤치려는 것이 아니라 여기에는 예수께서 빈들에서 마귀에게 시험받은 세 가지 사건이 다 포함되어 있다고 보는 것이다. 권력과 재벌의 공생유착관계를 볼 수 있다. 기독교를 비롯한 이 나라 종교 지도자들은 소수의 예언자적 사명을 받은 사람들을 제외하고는 오늘날 현실 정치·경제·종교의 장에서 유혹하는 마귀에게 넘어가 나라와 국민들이 고통을 받고 있다. 이러한 엄청난 마귀사건에 대한 불의에 저항하는 백성들의 소리를 외면한 채 종교의 형식으로 포장된 설교를 외치고, 예배라는 예식을 거룩하게 집례하고 있는 바알(Baal)의 종교로 타락한 기독교의 모습을 볼 때 참으로 탄식이 나온다. 오늘날 현실정치, 사회적 모순 속에서 일하는 하나님의 음성을 분별하지 못하는 눈 뜬 소경이 되어 가는 한국교회와 사회의 모순을 통찰하면서 필자 자신도 부끄러운 모습으로 이 책을 쓰고 있는 것이다. 이 나라에 켜켜이 쌓여있는 정치적폐(국회적폐), 재벌적폐, 사법적폐, 언론적폐, 종교적폐 등을 지속적으로 청산해 나가야 할 것이다. 정의의 실현으로 평등·평화·사랑이 열매 맺어야 할 것이다.

6. '하느님의 나라'와 '사회주의' 경제 질서의 공통점

'하느님의 나라'란 말 자체가 이미 정치적인 의미를 담고 있다.

그것은 '하느님의 주권'이란 사람의 역사에서는 자유, 정의, 평등, 평화로 구체화된다. 그러니까 하느님의 나라는 자유와 정의와 평등과 평화가 실현된 세계에 다름 아니다. '하느님의 나라'는 예수의 말을 인용해서 표현하자면, '하느님의 뜻이 이루어진 세계'라고 할 수 있다. '하느님의 뜻'이란 도대체 무엇인가? 그것은 사람이 사람답게 살 수 있는 세계를 이루는 것이다. 그것이 바로 '하느님의 나라'이다.

사람은 오직 하느님에 의해서 지배될 따름이다. 이 사실을 구체화한다면, 예수는 가부장 제도를 거부했고, 왕권 지배 체제를 반대했다. 그리고 외세의 지배, 로마의 통치 세력에 항거했고, 이스라엘 민족의 독립을 갈망했다. '이방사람들의 통치자로 자처하는 사람들이(이스라엘 민족의 집권자로 알려진 사람들이) 주인으로 군림해서 이 민족을 강제로 지배하고, 고관이라고 하는 자들은 권력으로 민중을 마구 내리누르면서 세도를 부렸다. 그래서는 결코 안된다'(막 10:42-43) 이것은 예수가 침략자의 통치 권력을 부정하고 그것으로부터의 해방을 강조한 것이다.

하느님 나라 경제에 관한 이야기는 '포도원 품꾼 이야기'에서 여실히 드러난다. '어떤 포도원 주인이 품꾼을 고용하려고, 아침 일찍 요즈음 말로 인력시장에 나갔다. 그는 품꾼들에게 일당 한 데나리온(Denarius)을 주기로 약속했다. 포도원 주인은 아침 일찍, 오전 9시, 정오, 오후 3시, 오후 5시에 나가 차례로 품꾼을 들여보냈다. 날이 저물자 포도원 주인은 맨 나중에 온 품꾼부터 차례로 불러서 약속한 대로 모두에게 한 데나리온씩 주었다. 그러자 아침 일찍부터 와서 하루 종일 일한 사람은 더 받을 줄로 기대했다가, 모두가 동일한 임금을 주는 것을 보고 화가 나서 주인에게 항의했다. '우리는 하루 종일 찌는 더위 속에서 땀 흘려 일했는데 어째서 한 시간 밖에 일하지 않은 사람들과 똑같이 주는 것이냐?' 이 항의는 정당하다. 일꾼이 일한 만큼 품삯을 받는 것은 경제정의에 속한다.

하지만 '포도원 품꾼의 이야기'에서 드러난 경제 질서를 정리해 본다. 그것은 힘닿는 대로 일하고 필요(수요)에 따라 나누어 가지는 경제 질서이다. '이러한 경제 질서를 무엇이라고 할 수 있겠는가?' '그것이 곧 공산주의'다. 이 공산주의의 원리가 예수가 말한 하느님의 나라의 경제질서이다. 포도원 품꾼의 이야기는 공산주의의 근원이 성서에 있다는 것을 보여 준다.

남미의 해방신학자 호세 미란다는 '기독교는 공산주의'라는 논문을 발표했는데, 그리스도교가 공산주의가 된 까닭으로서 미란다는 그리스도교가 내세운 경제의 이상이 '힘닿는 대로 일하고 필요에 따라 나눠 가지는'는 데 있다는 사실을 내놓았다. 미란다는 '만일 이 경제 질서가 '공산주의'라고 한다면, 그리스도교야말로 공산주의라는 것이다. 그러면서 그리스도교 국가에서는 처음부터 생각조차 않고 있는데, 중국과 같은 사회주의 국가에서는 그것이 그대로 실현되고 있으니, 이것을 여러분은 어떻게 이해하고 해석하려는가?' 이렇게 물었다. 지금 중국에는 땅의 사유화를 거부하고 '땅은 모두 국가(인민)의 것'이라고 하여 개인은 모두 땅을 빌려 쓰고 있는데, 이것은 성서의 전통을 살리고 있는 것이다. 하느님이 없다고 주장하는 데 바탕을 둔 공산주의 국가 중국이 지구상에서 하느님의 뜻을 그대로 실천하고 있는 나라라는 것을 우리는 어떻게 받아들여야 하는 것일까? 예수의 경우에는 사실 땅 뿐이 아니다. 모든 것에 대한 '무소유'가 예수의 기본 입장이다. 그는 제자들에게 아무 것도 갖지 말라고 당부했다. 저절로 예수의 무소유는 가진 사람에 대한 비판으로 표출되었다. '너희 부유한 자들은 화가 있다. 너희 지금 배부른 사람들은 화가 있다. 너희는 굶주리게 될 것이다' (누가 6:24-25)

예수가 말한 하느님의 나라는 부자나 가난한 사람들이 함께 잘 사는 세계가 아니다. 예수는 그리스도교에서 지향하려고 하는 '보편성' 따위와는 거리가 멀다. 예수는 철저하게 가난한 사람들 편에 서서 이들의 해방을 목표로 삼았다. 이것은 어쩔 수 없는 예수의 편향성이며, 당파성인 것이다.

성서에서 '가난한 사람들'이란 실제로 가난한 사람들일 뿐만 아니라, 일체의 '소외계층'을 의미한다. 정치 쪽에서 주변화하고 이데올로기 쪽에서 예속화한 계층인데, 한국에서는 그것을 '민중'이라고 부른다. 이러한 민중이 하느님의 나라 곧 새 세계를 이룩할 역사의 주인공(주체)이다. 그러니까 가난한 사람들이 소유할 하느님의 나라는 가난한 사람들이 해방되는 세계일뿐더러, 그 해방을 이루어낼 주체가 바로 가난한 사람들이라는 뜻을 담고 있는 것이다.[10]

---

10 위의 책, pp.61-70.

결국 예수가 선언한 '하느님의 나라'는 정치적으로 새로운 세계를 의미한다. 예수 당시의 구체적 상황에서 '히느님의 나라'를 보아야 한다. 유대를 침략한 로마의 지배 권력과 여기에 빌붙어 동족을 탄압하는 안티파스의 괴뢰정권으로부터 이스라엘 민족이 해방되어 하느님의 백성으로서 참 자유를 누릴 새로운 나라이다. 예수가 이렇게 새 나라의 도래를 외쳤을 때 집권자들이 가만히 있었겠는가? 예수가 마침내 지배자들에 의해서 정치범으로 처형당한 것은 너무나 당연한 것이다. 성서에는 예수가 로마의 지배 권력과 그 괴뢰 정권인 헤롯의 권력에 맞서서 '무력으로' 항쟁했다는 기록은 없지만, 그것이 예수가 이들의 지배 권력에 항쟁을 하지 않았다는 증거가 되지는 않는다.

도리어 예수는 로마의 총독 빌라도에 의해서 정치범으로서 십자가 형틀에 처형되었다는 사실만으로 그의 하느님나라 운동은 분명히 반체제적인 것이었음이 증명되는 것이다. 예수의 십자가 사건은 종교적 속죄론적 도그마로만 이해되는 것이 한국교회 보수신학의 주류적 신학현상이다. 필자는 속죄론적 고백도 수용한다. 그런데 교리에 앞서 타락한 예루살렘 교권자들과 로마제국의 지배체제에 반하는 저항세력으로서의 예수 십자가 사건이라는 정치적 탄압의 역사적 관점을 동시에 봐야 하는 것이다.

제2절 예언자적 사회주의자 크리스토프 불룸하르트

칼 바르트는 1961년 여름 학기에 정년(75)이 되어 마지막 강의를 하게 되었는데, 그는 그의 교의학 강의 윤리편을 "아버지 나라가

임하옵소서"라는 제목으로 "불룸하르트"(Christoph Blumhardt) 부자(父子) 신학의 주제였던 "예수는 승리자"라는 테마를 가지고 강의를 하였다. 바르트는 이 강의에서 "불룸하르트 부자(父子)"에 대해 긴 예찬을 한 후에 그의 삶의 여정이 시작될 무렵에 "하나님의 나라"에 대한 지평을 열어준 두 사람의 증인들에 대한 감사의 표시로 두 사람이 즐겨 불렀던 찬송가로 그의 강의를 끝맺었다.

1915년 4월, 그 당시 바르트는 1차 세계대전의 발발과 더불어 빌헬름 황제의 전쟁정책을 지지하고 나섰던 자유주의신학을 대표했던 그의 스승들의 신학의 한계를 경험하고 새로운 신학적 대안을 찾고 있던 중이었다. 설상가상으로 바르트가 희망을 가지고 바라다보았던 사회주의도 민족주의와 결합되어 전쟁에 휘말려 들었다. 그가 걸었던 기대와 희망이 송두리째 무너지는 와중에서 그에게 빛을 던져준 사람이 "불룸하르트 부자"였다는 것을 10년 후에 바르트 자신이 밝히고 있다. "그러한 구제불능의 곤혹 가운데서 … 나에게 빛을 던져 준 것은 원칙적으로 기독교적 소망에 의해 방향이 정해진 불룸하르트 부자였다." 그렇다면 "크리스토프 불룸하르트"는 누구인가?[11]

1. 종교사회주의 개척자 불룸하르트 부자(父子)

20세기 초엽, 변증법적(dialektisch, 辨證法的)[12] 신학과 더불어 서

11 배경식, "불룸히르드의 생애와 사상", fampae@chol.com.

12 제1차 세계대전 이후, 스위스와 독일을 중심으로 일어난 프로테스탄트 신학운동이다. 19세기 이래의 자유주의 신학을 통렬히 비판하고 신학계의 조류를 일변시켜 20세기 신학의 출발점이 된 신학이다. 신과 인간사이의 근본적인 단절

구 신학계에 등장한 또 다른 신학운동은 "종교사회주의"와 루터 르네상스이다. 종교 사회주의(religiöser Sozialismus)는 제1차 세계대전으로 인하여 일어난 유럽 사회의 전반적 붕괴 상황 속에서 일어난 신학적, 종교적 현상으로서, 여러 가지 신학적 통찰들에 있어 초기 변증법적 신학과 공통점을 가진다. 그러나 종교 사회주의는 실천적 목적을 가지는 변증법적 신학에서 구별되며, 그 시대의 상황 속에서 하나의 독자적 의미와 가치를 가진다.

종교사회주의는 예수가 선포한 "하나님 나라"에 근거하여 그 시대의 사회적 문제들, 특히 노동적 계층에서 긴박하게 부상하는 문제들과 기독교 신앙의 관계를 새롭게 정립하고자 하며, 이를 위하여 정당 활동도 삼가하지 않는 개신교회 내의 운동을 가리킨다. 이 운동은 불룸하르트 부자 곧 아버지 요한 크리스토프 불룸하르트(Johann Christoph Blumhardt : 1805-1880)와 아들 크리스토프 프리드리히 불룸하르트(Christoph Friedrich Blumhardt : 1842-1919)의 하나님 나라에 대한 선포에서 강한 자극을 받아 일어났다.[13]

독일 남부 한적한 농촌마을 받볼(Bad Boll)이 경건주의운동과 종교사회주의 운동의 발상지이다. 20세기 신학을 대표했던 신학자들 중에 한사람인 "레온하르트 라가츠"는 1909년, "크리스토프 불룸하르트"를 방문했을 당시의 충격적인 경험을 이렇게 전하고 있다. 라가츠는 그 당시 그가 믿는 신앙에 대해 확신을 가질 수 없었기 때

을 강조하고, 이 단절은 신의 말씀에 대한 신앙에 의해서만 변증법적(辨證法的)으로 극복된다고 주장하였다. 바르트, 투르나이젠, 고가르텐, 메르츠, 브루너, 불트만 등이 대표적인 사람이다.

13 김균진, 『20세기 신학사상 I』(연세대학교 출판부, 2004), pp.75-76.

문에 고민하고 있었다.

"점심식탁에서였다. 우리는 그가 예수 그리스도에 대해서 이야기 하고 있었던 것으로 기억된다. 갑자기 계시를 통한 것처럼 우리들 한가운데서 불룸하르트의 변모가 일어났다. 한순간 인간 불룸하르트가 분명하게 그리스도 자신으로 나타났다. 그것은 다만 순간적인 것이었고 그는 다시 불룸하르트로 거기에 있었다."

불룸하르트 부자는 당시의 많은 사람들에게 커다란 인상을 심어 주었던 하나님의 사람들이었다. 그곳에 찾아왔던 사람들은 마치 신약시대에 살고 있는 듯한 느낌을 가졌다. 많은 사람들이 이곳에서 영혼과 신체의 치유를 경험했고 의심과 시련이 사라지고 하나님과 하나님나라에 대한 확신을 체험했던 것이다.

2. 아버지 불룸하르트 : 목회자이며 치유자

먼저 아버지 요한 크리스토프 불룸하르트를 이해하지 않으면 안된다. 그는 독일 남부지방의 경건주의(Pietismus) 분위기에서 태어나 어려서부터 성서와 경건과 기도의 분위기 속에서 자랐다. 12살에 이미 두 번씩이나 성서를 통독했을 정도로 신앙의 세계에 접근해 있었다. 그는 튀빙겐 대학에서 신학연구를 하며, 목사로서의 자질을 훈련하였다. 1838년 33세의 나이에 '뫼트링겐(Möttlingen)'이라는 마을의 담임목사로 부임해 온 후, 1년 6개월간 많은 어려움을 겪었다. 1841년 가을 뫼트링겐 교회의 당시 26세 되는 여교우 '고트리빈 디투스(Gottliebin Ditus)'가 원인을 알 수 없는 병으로 마비와 발작증상이 나타나면서 환자의 상태는 날이 갈수록 더욱 나빠졌다. 이 환자의 집에는 잡다한 유령들이 나타난다는 소문이 퍼져 있었다. 불룸하르트 목사는 내버려지다시피 한 이 가련한 환자의 집을 방문하고 밤새워 환자 곁에 머물렀다.

그가 이와 같은 연대감을 가지고 함께 고통을 나누는 가운데, 무엇인가 악마적인 것이 그녀 안에서 작용하고 있다는 사실을 발견했다. 그는 벌떡 일어나 마비된 그녀의 손을 붙잡고 혼수상태에 있는 그녀의 귀에 대고 두 손을 모으고 "주 예수님 나를 도우소서 하고 기도하라. 우리는 악마가 어떤 짓을 하는가를 오랫동안 보아왔다"고 했다. 얼마 되지 않아서 그녀가 눈을 떴고 불러주는 대로 따라서 기도하자 일체의 마비증세가 사라졌다.

1844년 초의 일이었는데 불룸하르트 목사가 그녀를 방문했을 때 이번에는 그녀의 여동생 '카타리나'가 마비증세를 일으켰는데 카타리나는 의자에서 몸을 크게 뒤로 젖히고 멀리 있는 사람들에게까지 들릴 수 있는 커다란 소리로 "예수는 승리자! 예수는 승리자!"라고 외쳤다. 그 순간을 기점으로 모든 증세가 사라지고 두 자매는 완전히 치유되었다. 이 두 자매에게 하나님의 신유(Healing)의 은총이 임한 것이다.

다음 주일예배에서 불룸하르트 목사는 감격에 찬 찬양과 감격의 설교를 했다. 이로부터 이 조그만 시골 마을에 놀라운 각성운동과 참회운동이 시작되었다. 주일마다 그 동안 텅 비었던 교회가 가득 찼고, 예배가 끝나면 불룸하르트 목사의 서재 앞에는 도움을 구하는 사람들이 장사진을 이루었다. 그에게 도움을 구하고자 오는 사람들은 독일 각지에서뿐만 아니라 스위스, 프랑스, 러시아에서도 왔다.

불룸하르트 목사는 1852년 뫼트링겐 교회를 사임하고 '괴팅겐'

근교 유황온천으로 유명한 '받볼(Bad Boll)'을 그의 선교활동지역으로 정하고 그의 가족과 함께 그곳으로 이주하였다. '고트리빈 티투스'와 그 형제들도 불룸하르트 일가와 함께 라가츠가 '지상에서 가장 감동적인 장소의 하나'라고 불렀던 받볼로 왔다. 이곳으로 영과 육이 병든 환자들이 구름 떼처럼 몰려와 그들의 병을 치유 받았고 살아 계신 하나님을 만날 수 있었고 하나님 나라가 도래했다는 사실을 직접 몸으로 체험했다.

3. 죽어라, 그래야 예수가 산다

아들인 '크리스토프 프리드리히 불룸하르트'는 둘째 아들로 태어났다. 그는 내적인 확신에서라기보다 아버지의 권유로 스튜트가르트(Stuttgart) 동남쪽 '우라하(Urach)' 초급신학교에서 3년 동안 기초신학공부를 한 후에 1862년 '튀빙겐' 대학 신학부에 입학, 4년 동안 신학수업을 받는다. 그는 신학수업을 받은 후, 받볼로 돌아와 그의 아버지가 하는 일을 돕는 일에 종사한다. 그는 신앙체험을 통한 내적인 확신이 없었기 때문에 몇 번이고 목사직을 포기할까 하는 생각을 했다고 한다. 그러나 그에게도 신앙의 내적인 확신을 갖게 되는 하나님과의 만남이라는 깊은 영적 체험의 때가 도래한다. 그녀의 고질병이 치유받은 이래 그의 아버지의 충실한 동역자였던 '고트리빈 디투스'의 영면을 지켜보면서 '크리스토프 불룸하르트'는 "새로운 영적 탄생"을 몸으로 경험했던 것이다. 그는 그 "영적 체험" 후에 "하나님은 계시다. 하나님이 활동하신다. 하나님은 나의 하나님이다."라고 하는 확신이 그의 마음을 사로잡았다고 말하였다. 부친의 사망 후 그는 그의 아버지가 하던 일을 도맡아 했다.

독일뿐만 아니라 스위스까지 전도여행을 하기도 했다. 1888년 3월, 베를린에 가서 강연을 했는데 8일 동안 무려 22회나 되는 설교를 했고 천여명의 청중을 앞에 두고 강연을 하기도 했다. '빌헬름' 황제가 죽어갈 때 그의 임종의 침상에까지 불려갔다. 아들 불룸하르트의 오랜 동역자였던 '폰 스프레키츠'는 그 당시를 이와 같이 회고했다.

> 그는 하나님의 말씀의 선포를 예수 그리스도의 은혜라 불렀다. 왜냐하면 그는 많은 준비 없이도 말하는데 습관이 되었고 또한 읽은 성서의 말씀으로부터 말들이 폭포수처럼 쏟아져 나왔기 때문이다. 그리고 때로는 그렇게도 힘차고 분명하게 말할 수 있어서 거기에 대해 스스로도 놀랐고 그것을 통해 위안과 교훈을 받았다.

사람들이 그에게 밀려오자 '도대체 무엇 때문에 그들이 찾아왔는가?'하는 회의에 빠졌다. 예수의 증언자로 하나님의 행위, 예수의 승리를 증언하려고 했던 것이지 어떤 개인적 숭배의 대상이 되기를 원했던 것은 아니다. 그러므로 아들 불룸하르트에게 중요한 문제는 '먼저 하나님의 나라와 하나님의 의를 구하는 일'이었다. 즉 '나를 위한 하나님이 아니라 하나님을 위한 나'로의 전환이다. 이와 같은 생각을 하는 가운데 그는 '예수는 승리자'라는 기본 메시지를 "죽어라, 그래야 예수가 산다"라는 주제로 보강했다.

그는 교회를 향해서는 "죽어라, 그래야 예수가 살게 된다"라는 구호를 외쳤다. 그는 모든 교회적인 경건 행위들을 중지하고 가운(gown)도 입지 않았고, 얼마동안은 정규적인 설교마저도 하지 않으면서, 그의 동생이 목사로 있는 받볼 마을의 교회와 자기의 수양관을 연결시켜서 "모든 자기본위의 교회 체제를 배격할 때 비로소 하나님 나라 확장이 가능하다."는 그의 생각을 실천하였다. 그는 그의 수양관을 찾아오는 가톨릭 교인들과 심지어는 소종파 사람들과도 깊은 사랑의 관계를 갖게 되는데, 이것은 아무도 에큐메니칼 운동(Ecumenical Movement)을 알지도 말하지도 않던 때에 이미 그는 교파간의 경계선을 극복하였던 것이다. 그리스도인들의 과제는 세상의 온갖 혼란에 처하여 갈구하는 자, 즉 예수 그리스도의 출현과 그의 평화를 갈구하는 자가 되는 것이다. 왜냐하면 승리는 주리고 목마름에서부터 얻는 것이기 때문이다. 교회가 그 종교성을 죽이지 못하고, 겸손한 종의 모습을 취하지 않고 지배자의 모습을 옷 입을 때 하나님으로부터 분리되는 비극을 면치 못한다는 사실을 그는 간파했던 것이다.

불룸하르트는 그가 처한 불안한 변혁이 일고 있는 시대 속에서 인간들의 갈망을 보았고 인간들의 노력과 사회운동 가운데서 하나님의 역사하심을 보았다. 더 나아가 인간들이 여러 가지 불의한 삶의 조건들을 변혁시키려고 노력하는 곳에 예수 그리스도께서 오셔서 함께 고통하고 수난 당하는 모습을 감지했다.

예수는 많은 대중, 프롤레타리아 등 자기를 주장할 수 없는 자들의 편이었다. 인간의 세계, 궁핍, 걱정, 곤궁의 세계에 자기를 부어주시는 분은 하나님의 영이다. 거기에서 하나님의 영은 탄식하고 또 이 인간세계가 하나님을 멀리하는 것을 안타까워 하신다. 예수가 경건한 자들 저편에 있는 가난한 자들과 고통받는 자들에게로 갔다면, 우리의 신앙의 길도 낮은 사람들을 향하고 그들에게 복음

을 전해 주어야 한다.[14]

4. 불룸하르트가 사회주의를 받아들인 상황

우리 시대의 저주는 사회민주주의자들이나 허무주의자들 때문이 아니고 거짓된 종교와 이들이 가진 저주받을 사고에 기인한다. 이 모든 것에서 문제가 되는 것은, 하나님 자신의 신국(神國)에서의 의지와 사탄적인 세력과의 싸움, 하나님과 새로운 민족주의적 제국주의 즉 "경건의 탈을 쓴 사탄의 세력"과의 투쟁이다. 이 사탄의 세력은 급성장해가는 산업자본(맘몬주의)과 결탁하여 세계를 제패하고 파괴한다. 또 그리스도인들이 협소한 경건의 세계에 안주하고 있는 동안, 이 반대세력이 세계를 파괴하는 역동성을 발휘한다. 유럽인들은 산업의 올가미로 전세계를 옴짝달싹 못하게 묶고, 방대한 규모로 진행되는 오늘날의 사회를 속박하며, 모든 민족들을 노예로 삼는다. 수백만이 죽어가도 눈 하나 깜짝하지 않는다. 이 소용돌이가 무서운 힘을 발휘한다. 맘몬주의가 이제는 그 절정에 달했다. 이것은 오직 하나님만이 물리칠 수 있는 우상이다. 이것이 불룸하르트로 하여금 사회주의를 받아들이게 한 전체 상황이다. 그러나 불룸하르트는 자기가 자라난 전통을 돌파해버림으로써 이러한 난관을 극복할 수 있었다. 그는 우선 자기 자신과 싸우면서 냉혹한 정치세계에 대한 자기 내부의 거부를 이기고 이 길에 뛰어들었다. 따라서 그는 하느님의 인도를 받아 이 방향으로 들어서게 됐다고 느꼈다. 그는 이러한 행위를 예수가 행했던 것과 같은 "자기부정"의 길

14 배경식, "불름하르트의 생애와 사상", fampae@chol.com.

이라고 이해했다.[15]

5. 예수는 사회주의자였다

불룸하르트를 사회운동으로 뛰어들게 한 계기는 1899년을 기점으로 '기업들의 노동관계보호'를 위한 이른바 노동자탄압을 위한 '교도소법률안'과 관련된다. 제국의회에서의 통과를 목적으로 초안된 이 법률안은 노동자들의 파업권을 대폭 제한 내지는 폐기하기 위한 것이었다. 악법을 관철시키기 위한, 기업가들의 계획 가운데서 불룸하르트는 맘몬(자본)의 악마적인 활동과 실체를 인지했다. 비참한 형편 가운데 살아가고 있는 노동자들에게 자발적으로 잉여가치를 나누어주는 기업가가 전무한 상황 속에서 노동자들은 오로지 그들의 단결과 공동압력을 통해서만 그들의 상황을 개선할 수 있다는 사실을 불룸하르트는 깨달았던 것이다.

이러한 현실 가운데서 불룸하르트 목사는 기도와 깊은 숙고 가운데서 노동자들의 편에 서기로 결단한다. 1899년 10월 24일 괴팅겐에서 열린 사회민주당 대회의 초청연사로서 분명하게 그의 입장을 밝혔다.

> 그리스도에게 속한 사람이 오늘날 노동계급의 편에 서는 것을 이상하게 생각할 필요는 없습니다. 왜냐하면 그리스도는 지극히 작은 자들에게 속했었기 때문입니다. … 그는 사회주의자였기 때문에 그렇게 했습니다. 그는 12명의 프롤레타리아를 자기의 제자로 삼았습니다.

15 E.부에스/M.마트뮐러, 손규태 역, 『예언자적 사회주의』 (한국신학연구소, 1987), pp.44-45.

… 내 스스로가 프롤레타리아가 되려고 하기 때문에 내가 그리스도교신앙을 부인한다고 비난할 사람이 있습니까? 하느님 앞에는 인간 사이의 차별이란 없습니다. … 나는 오랫동안 이 정신에 따라 살지 못했으며 이 그리스도의 정신 가운데 사는 삶이 나를 사회주의로 몰아 넣었습니다. 나는 인간들의 삶의 비참함을 배울 기회가 있었습니다. … 내가 받은 충격이 너무나 강렬해서 견딜 수 없는 심정 가운데 목회자의 길을 통해서는 이 문제를 해결할 수 없다는 것을 깨닫게 되었습니다. … 모든 사람이 이구동성으로 이런 상태가 계속될 수는 없다고 말한다면 그때는 달라져야 합니다. … 내가 만나 본 모든 노동자들은 한결 같이 변화의 필연성을 말했습니다. 그들은 나의 동지요 나는 당신들의 동지입니다. 1900년전 그리스도께서 우리에게 가르쳐 주신 것을 이제 우리가 다시 실천하려고 하는 것일 뿐인데 왜 우리가 그것 때문에 이상하게 생각되어야 합니까? … 나는 전력을 다해서 여러분의 편에 서서 사회주의적 사회 건설에 매진할 것입니다.

그 당시 신문들은 그의 연설을 '사회민주주의 신봉자 불룸하르트 목사'라고 큰 제목을 뽑아 보도했다. 그는 마침내 자신이 속한 사회계층의 편견들로부터 해방되어서 이념적 장벽들마저 뛰어 넘었다. 결국 그 자신이 이룩해 놓은 모든 정상의 위치를 포기하고, 목사직과 다른 직위까지도 반납했다. 불룸하르트 목사는 그가 노동자들과의 연대를 표명한 후에 노동자들의 초청을 받아 전국을 순회하며 강연했고, 후에는 사회민주당에 가입하여 지방의회 의원후보로 천거되어 괴팅겐 지역에서 당선되었다. 지방의회 활동기간동안 그는 교육제도의 개선과 노동자 농민들의 권익을 위해서 효과적으로 투쟁했다. 당내에서도 그는 비판적인 당원의 입장을 견지하려고 노력했다. 1906년, 지방의회의 임기가 끝나자 동지들은 그의 재출마를 강권했으나 한사코 거절하고 팔레스틴여행을 떠났다.

얼마 후 그는 제1차 세계대전을 맞았다. 그에게는 전쟁은 혼란스럽고 자만한 민족들의 세계에 대한 심판이라고 믿었다. 전쟁의 혼란가운데서도 그는 항상 가난한 사람들의 현실을 직시하면서 "당신의 나라가 임하소서!"라는 기도를 쉬지 않았다. 전쟁을 통해 독일 민족주의의 발흥을 보았고 그것에 대해 매우 비판적인 입장을 취했다. 하나님은 모든 사람의 아버지이기 때문에 그리스도인은 무조건 자기 조국에만 충성을 바칠 수 없으며, 또 그리스도인은 세계의 왕들과 사제들로 부름 받았기 때문에 원수들을 위해서도 기도할 수 있어야 한다고 생각했다. 전쟁의 승리에 도취되어 가는 사람들을 향해 "우리는 환호할 수 없습니다. 우리는 그렇게 할 수 없습니다."라고 외치면서, 구약의 예언자처럼 모든 사람들과 대항해 설 수 있는 진정한 하나님의 사람임을 입증해 보였다. 당시 불룸하르트는 매우 고립되어 있었으나, 그것 때문에 괴로워하지는 않았다. 그리고 그의 부친처럼 "예수가 승리한다"라는 확신 가운데 살았다.

6. 하나님의 심판과 희망으로서의 사회주의

불룸하르트는 승승장구하는 사회주의에 도취한 그 시대에 살면서도 그리스도와 함께 모든 인간의 혁명적 운동 내에 들어온 새로운 것, 뭔가 다른 것을 잘 알고 있었다.

그러하기에 그가 그의 친구들에게 보낸 답신 속에서 '길'에 대해 설명한 것을 보면, "예수가 예루살렘 성전에서 휘두른 채찍처럼 또 하나의 채찍이 모든 불의한 인간 존재 위에 내려쳐질 것이다. 이 날은 말라기(Malachi) 예언자가 말한 화로처럼 불붙는 날이 되어야 한다. 이러한 심판이 하나님의 집에서부터 시작될 때 나는 즐거워할 것이다. 이 사회주의적 운동은 심판을 알리는 하늘로부터 내리는 불의 신호와 같은 것이다."[16]라고 했을 것으로 보여진다.

1917년 9월 29일에 행한 그의 생애 마지막 설교에서도 그는 이사야 49장 7-13절을 중심으로 다음과 같이 사랑과 위로가 되시는 하나님에 대해 강조하고 있는 것을 볼 수 있다.

> 이렇게 약속이 주어져 있고 우리가 이 약속의 빛 안에서 행할 수 있도록 지상에 빛이 늘 머물러 있습니다. 때로 사랑의 하나님이 우리를 떠나버린 것과 같이 생각될 때도 있습니다. 그러나 그는 우리와 함께 계시며 그의 말씀은 살아있는 참된 말씀입니다. 따라서 우리는 위로를 받을 수 있습니다.

1919년 8월 2일, 그는 주름살 투성이의 손을 가슴에 얹고 조용히 누워 "주 예수여 어서 오시옵소서! 아멘"하고 조용히 속삭였다. 그리고 죽음에 직면해서는 시편 46편 '하나님은 우리의 피난처요 힘이시니 환난 중에 만날 큰 도움이시라'라는 구절을 택해 읽었다.

예수 당시 그의 입에서 떨어지는 말씀은 살아서 생명력이 넘쳤었다. 세례 요한의 제자들이 예수께 와서 물었을 때 하신 대답을 통해 알 수 있듯이 예수는 억눌린 자, 압제 당하는 자들에게 진정한 해방의 세상을 맛보게 해 주었다(누가복음 7:18-23). 이토록 살아

16 E.부에스/M.마트뮐러, 위의 자료, p.55.

운동력 있던 그 말씀이 경직화되어 생명을 잃었을 때, 힘있게 박차고 일어난 사건이 종교개혁 사건이었다.[17]

그러나, 종교개혁에서 폭발되었던 사회개혁과 개인구원의 역동성은 세월이 흐름에 따라 또 교리화되고 화석화하는 경향을 보여주었다. 또 그것을 타파하려는 일단의 움직임조차도 다시 중세 신비주의적 편향성에 따른 극단의 개인주의와 분리주의, 중세 금욕주의의 바리새적 무책임에 기초한 반지성주의가 기승을 부리는 상황 가운데서, 아들 불룸하르트는 개인주의화하고 이기적인 대상으로 전락한 복음을 다시 하나님나라의 지평으로 끌어올려, 개인구원과 사회구원이 조화된 통전적 복음을 회복하는데 크게 기여하였다.

제3절 라가츠의 종교사회주의 운동

1. 라가츠의 생애와 종교사회주의 운동

레온하르트 라가츠(Leonhard Ragaz, 1868-1945)는 1868년 7월 28일 스위스의 '타민스'라는 마을에서 가난한 농부의 아들로 태어났다. 그는 고등학교를 월반해서 졸업할 정도로 우수한 학생이었지만 너무 가난해서 대학에 진학하지 못하고 어려운 가정을 돕기 위해 목동생활을 했다. 그러나 그 후 장학금을 받아 예나(Jena) 대학에 입학하여 철학과 소종파 운동에 대하여 공부하였고, 루터와 칼빈보다는 성 프란치스코에 관심이 많았다. 그는 '가난한 민중에게 헌신하는 삶'만이 사회문제를 해결할 수 있다는 확신을 얻었다. 라가츠

17 배경식, 위의 자료.

는 하이젠베르크의 플레드렌 산지에서 첫 목회를 시작했다. 그는 사회적 책임성을 깊이 인식하고 많은 사회활동을 했지만, 교회의 냉정한 반응과 동료 목사들의 무관심으로 크게 좌절했다. 그의 종교사회주의운동에 대한 신념은 1912년 취리히 노동자 총파업과 국제사회주의 평화회의를 통해서 더욱 확고하게 되었다. 라가츠는 같은 해 바젤에서 개최된 국제사회주의평화회의에 참석했다. 그 회의는 약 1,000명이 넘는 사회주의자들이 적기(赤旗)를 들고 바젤 성당에 입장한 전대미문(前代未聞)의 사건이었다. 이것은 라가츠에게 노동운동과 복음의 일치, 사회주의자와 그리스도인의 일치, 사회주의와 그리스도교의 일치, 또한 그 일치를 토대로 평화를 위한 공동투쟁의 장이 마련되었다는 것을 의미했다. 라가츠는 자신의 신앙을 구체적으로 실천하기 위하여 1921년 53세의 나이에 교수직을 포기하고, 노동자들이 거주하는 빈민촌으로 이주했다. 그는 노동자 훈련원을 개설하여 1948년 12월 6일 생을 마칠 때까지 노동자들과 연대하는 삶을 살았고 국제평화주의운동에 전념했었다.

2. 종교사회주의에 관한 올바른 이해

19세기 말 유럽은 급속한 산업의 발달로 노동자들이 열악한 노동환경과 비위생적인 주거환경 속에서 장시간의 노동과 저임금에 시달리고 있었다.[18] 하지만 교회는 고통당하는 노동자의 외침을 외면하고 교리적이며 내세적인 신앙만을 강조하면서 자본가의 이익

18 G. 엥겔스, 박준석 외 옮김, 『영국 노동자계급의 상태』(서울: 도서출판 두리), 위의 책 재인용. p.40.

을 대변하는 가진 자들의 종교가 되었다. 그 때문에 노동자들은 교회를 떠났으며, 노동운동은 점점 반교회적인 태도와 사회주의적 경향을 나타내었다. 종교사회주의는 착취당하는 민중의 현실, 교회의 사회적 무책임성과 사회주의의 도전이 상충하는 '비극적 상황'에서 사회문제를 교회문제로 받아들이고 기독교적 신앙의 관점에서 노동문제와 사회주의의 도전을 해결하려고 노력했던 신앙운동이다.

그러나 종교사회주의는 냉전 시대의 '레드 콤플렉스' 때문에 자유롭게 연구될 수 없었으며, 종교사회주의자들은 교회를 부정하는 교회폐지론자 혹은 기독교를 사회주의자화하려는 빨갱이로 오해받아 그들의 신학이 왜곡되어 소개되었다. 그러므로 종교사회주의자를 올바로 이해하기 위해서는 몇 가지 오해를 극복해야 한다.

우선 종교사회주의는 기독교를 사회주의화하거나 사회주의를 기독교로 만들려는 음흉한 책략이 아니다. 그것은 노동문제와 사회주의에 대한 신학적 응답으로서 성서에 면면히 흐르는 사회주의적 요소와 사회주의에 내포되어 있는 종교적 요소를 찾아내어 기독교와 사회주의의 갈등을 극복하려는 시도였다. 따라서 종교사회주의는 급진적인 변종이나 '사회민주주의의 종교적 일파'가 아니었다.[19] 이는 구체적으로 노동자들과의 복음대화, 의식화교육, 인권운동, 국제연맹 가입운동, 군비철폐운동, 파시즘과 국가사회주의에 대한 투쟁으로 나타났다. 라가츠는 평생 자신의 소명으로 알고 헌신한 종교사회주의운동의 핵심 고백을 '살아계신 하나님과 이 세상을 위한

19 류장현, "라가츠의 종교사회주의에 관한 소고(2)"(순천: 신학비평, 2012), pp.40-41.

그의 나라'로 요약했었다.[20]

3. 라가츠의 하나님 나라 운동 이해

레온하르트 라가츠는 폭풍우처럼 밀려오는 시대의 소용돌이 속에서 하나님과 그의 나라의 복음을 선포하고 실천했던 19세기 후반과 20세기 초반 시대의 예언자였다. 그는 세속화된 교회의 개혁과 사회 문제의 극복을 자신이 짊어져야 할 십자가로 받아들이고, 오직 살아계신 하나님만을 의지하며 고난의 길을 묵묵히 걸어간 행동하는 신앙인이었다. 그의 하나님 나라 운동은 예수의 선포와 행위의 핵심인 하나님 나라의 본질에 대한 이해와 밀접하게 관련되어 있다.

라가츠의 하나님 나라 운동은 크게 두 가지 성격을 가지고 있다.

첫째, 부르주아적 기독교와 맘몬과 폭력이 지배하는 세상과의 투쟁을 통하여 교회의 갱신(종교적 운동)과 사회 변혁(사회적 운동)을 지향하였다.

둘째, 물질주의적 세계관과 결합된 과학적 사회주의(잘못된 물질주의)와 세상을 위한 하나님 나라의 진리를 상실한 기독교(잘못된 영성주의)에 대한 반대 운동이었다. 라가츠는 하나님 나라의 양극성을 형성하는 성서의 '거룩한 물질주의'와 '거룩한 영성주의'를 통하여 이 잘못된 경향을 극복하기를 원했다.

종교적-사회적 운동은 종교적으로 색칠한 사회주의도, 사회주의적으로 색칠한 기독교도 아니었다. 그것은 기독교의 사회적 의미와

---

20 류장현, 위의 책, pp.78-79.

사회주의의 종교적 의미를 동시에 이해하려는 시도였다. 그리고 이 운동은 예수 그리스도를 통하여 이 세상에 들어오신 살아계신 하나님에 대한 절대적 신앙과 그것에 근거한 인간의 절대적 거룩성과 존엄성에 대한 신앙에 근거한 윤리적 세계관을 전제하였다.[21]

하나님의 나라는 '하나님의 나라'이기 때문에 하나님에 의해서 완성된다. 그것은 우선 하나님의 일이다. 그러나 하나님은 그의 나라를 완성하기 위해 인간을 필요로 한다. 때문에 하나님 나라는 하나님의 일이면서 동시에 인간의 일이 된다. 인간은 이 세상에서 하나님의 대리자요 협력자와 전우로서 하나님 나라의 실현을 위해 일해야 한다. 라가츠는 이 하나님의 부름에 온몸으로 응답하여 하나님 나라의 실현을 위해, 이를 평생의 신학적, 실천적 과제로 삼았다.[22]

4. 라가츠의 하나님 나라 운동의 내용과 목표

라가츠의 성서관은 철저하게 '하나님 나라'에 중심을 두고 있다. 예수는 하나님 나라를 선포하였고, 하나님 나라를 구현하려 하였으며 하나님 나라를 위해 싸우다가 십자가에 죽은 분임을 고백해야 한다.

오늘날 한국교회의 대부분을 차지하는 보수교단과 세계교회의 대다수가 영혼구원과 교회의 성장과 번영신앙과 번영신학에 매여 있다. 이 불의하고, 억압받고 억압하고, 전쟁을 양산해내는 제국주

21 "라가츠의 종교사회주의 운동"
다음 창, http://m.cafe.daum.net/minjungtheolory/3f20/80?q

22 류장현, 위의 책, p.84.

의 세력과 신자유주의 독점자본의 횡포에 맞서 싸워 '인간이 인간답게' '하나님 나라의 정의, 평화'를 이루고 살아가자는 메시지를 상실하였다. 그러나 인간해방의 메시지는 아프리카, 남미, 한국 등 제3세계에서 '하나님 나라' 운동, '역사의 예수운동'이 쉬임없이 이어지고 있음을 한 가닥 희망으로 삼는다. 예수의 종교 비판은 예언자들의 전통에서 기인한다. 예언자들의 종교 비판은 세 가지 특징이 있다.

첫째, 바알(맘몬의 신)에 대항한 하나님을 위한 투쟁이다.

둘째, 인간에게 주어진 어떤 사실, 원리, 조건도 하나님을 대신할 수 없다. 그것은 우상 숭배이다. 이것이 예언자들의 정치 투쟁 동기이다.

셋째, 하나님 계시의 경직성에 대한 투쟁이다. 하나님은 살아계신 분으로 역사적 현실 속에서 언제나 새롭게 자신을 나타내신다. 따라서 예언자들은 살아계신 하나님의 역사의 말씀에 주목한다.

예수는 종교가 아니라 하나님 나라를, 성전이 아니라 하나님에 의하여 해방된 세상을, 예배 의식이 아니라 정의를 원했다. 예수는 결코 종교적인 사람이 아니었다. 그는 형식적인 율법을 지키지 않았으며 오히려 율법의 본질을 올바로 이해하고 실천하기를 원했다. 그 좋은 예로 안식일 논쟁을 들 수 있다.[23]

> 예수께서는 이어서 이렇게 말씀하셨다. "안식일이 사람을 위하여 있는 것이지, 사람이 안식일을 위하여 있는 것은 아니다. 따라서 사람

23 류장현, "종교사회주의 운동" 다음 창, https://m.search.daum.net/search?w

의 아들은 또한 안식일의 주인이다(마르코 복음서 2장 27-28절)[24]

라가츠에 의하면 종교란 하나님과 같아지려는 의지를 통해서 하나님의 자리를 차지한 인간의 기구이다. 종교는 한편 불의한 세상을 신적 질서로 승인하며, 다른 한편 그 자체가 진리의 소유자가 됨으로써 하나님의 직접성의 상실을 통해서 형식주의에 빠졌다. 종교적 형식주의의 특징은 과시에 있다. 이 과시는 율법의 독특한 성격, 곧 외향성, 제한성 그리고 유한성에서 나온다. 율법은 그 제한성과 유한성 때문에 인간이 성취할 수 있고, 보상을 요구할 수 있을 뿐만 아니라[예: 바리새인들의 자기 의(義)], 인간의 내면적 의지와 상관없이 밖에서 주어진 규제이기 때문에 인간을 위선자로 만든다.

5. 하나님의 세계혁명

하나님의 나라는 하나님의 직접적 통치로서 타락한 이 세상을 회복하는 '하나님의 세계혁명'을 의미한다. 종교사회주의운동은 하나님 나라의 양극성에 근거한 종교혁명과 사회혁명을 통해서 하나님의 세계혁명을 완성한다. 그것은 마르크스의 방법과는 달리 종교혁명에서 사회혁명으로 발전한다. 그것이 예수의 혁명방법이었다. 예수는 우선 종교적인 제한, 종교적인 속박과 종교적 불안을 폐지한다. 그것이 사회구원의 정점이다.

공허함과 불안을 극복하려는 인간의 종교적 탐욕이 우상숭배의 형태로, 사회적 탐욕이 물질(돈, 명예와 성적 쾌락 등)의 소유 형태

24 『공동번역 성서』(서울: 대한성서공회, 1977), p.신약성서 67.

로 나타난다. 즉 소유가 종교적 타락과 사회적 분열의 근본 원인이다.[25] 돈과 재물의 소유, 권력의 소유, 진리의 소유, 자유의 소유, 하나님의 소유, 그리고 또한 선의 소유,[26] 이러한 소유는 하나님과 인간을 분리하며, 마침내는 인간과 인간을 분열시킨다. 즉 돈의 소유는 부자와 가난한 사람의 분열 및 부한 나라와 가난한 나라의 분열(눅 16:19-31)을, 하나님의 소유는 세상의 자녀와 하나님의 자녀의 분열을(눅 15:11-32), 진리의 소유는 신앙인과 비신앙인의 분열(마 21:28-31)을, 도덕적 소유는 의로운 사람과 불의한 사람의 분열(눅 18:9-14)을 가져왔다. 그 결과 사회계층들 사이에 증오와 갈등이 생겼으며, 인류의 역사는 마르크스가 말한 것처럼 계급투쟁의 역사가 되었다. 따라서 종교혁명은 살아 계신 하나님을 개념화하는 신학주의, 하나님을 종교적 공간에 감금하는 교회주의, 하나님과 인간의 직접성을 파괴하는 성직주의의 폐지를 추구한다. "하나님은 어떤 체계 속에 억류시킬 수 없다. 그는 모든 체계를 넘어서 있다. 그는 이론들을 통하여 규정되지 않는다."[27]

또한 사회혁명은 소유의 폐지를 통해서 모든 사회계층과 민족의 갈등과 분열이 극복된 '그리스도와 사회주의'와 인간을 억압하고 착취하는 국가주의가 폐지된 '연방주의'를 지향한다. 이러한 하나님의 세계혁명은 종교적 타락과 사회적 분열이 근원적으로 인간의 타락에서 기인하기 때문에 먼저 하나님께 돌아가는 종교혁명과 그

---

25 류장현, 위의 책, pp.84-85.

26 L. Ragaz, *Die Gleichnisse, Jesu,* p.109, 위의 책 재인용, p.85.

27 류장현, 위의 책, pp.85-86.

곳에서 다시 출발하는 사회혁명을 통해서 완성된다. 이러한 의미에서 종교사회주의운동은 종교혁명과 사회혁명이 순환구조를 갖는 '전진과 후퇴'이다.

종교사회주의운동이 하나님의 세계혁명 곧 종교혁명과 사회혁명을 통해서 꿈꾸던 절대적 목표(혹은 희망)는 하나님 나라의 실현이며, 상대적 목표(혹은 희망)는 하나님 나라에 상응한 "그리스도의 가족공동체"이다. 라가츠는 그리스도의 가족공동체 원리로 '종교적 무정부주의' 및 '연방주의'와 '그리스도의 사회주의'를 주장한다. 종교적 무정부주의는 신학주의, 교회주의, 성직주의를 부정하는 '하나님과 인간의 직접적 관계성'을, 연방주의는 국가주의가 폐지된 '정치적 평화공동체'를, '그리스도의 사회주의는 하나님의 것을 약탈하는 모든 소유가 폐지된 '경제적 평등공동체'를 형성하는 원리이다. 라가츠는 그의 저서 '예수의 비유'에서 그리스도의 가족공동체의 모습을 이렇게 표현했다.[28]

> 그것은 돈이 아니라 인간을 지향하는 사회, 즉 인간의 복리, 인간의 육체적이며 정신적인 필요, 인간의 존엄, 인간의 거룩한 권리를 지향하는 사회를 의미한다. 그것은 또한 기계가 아니라 정신이 지배하는 사회, 즉 노동이 하나님께 드리는 예배와 인간을 위한 봉사가 되는 사회, 개인에게 가능하고 필요한 인정을 부여하는 사회, 곧 노동의 안정, 권리의 안정, 질병과 노후 대책의 안정이 보장되는 사회를 의미한다. 그러한 사회는 현재 붕괴되고 있는 자본주의적 맘몬주의 사회와 비교해볼 때 가난할지도 모른다. 그러나 그 사회는 자본주의 사

28 류장현, 위의 책, pp.86-87.

회보다 훨씬 더 부유할 것이다. 약탈과 향락의 열병이 폐기되었기 때문에 안정된 사회가 될 것이다. 그리고 기쁨의 바다가 하나님으로부터 세상으로 흘러들어갈 것이다.[29]

예수는 종교혁명을 통해서 사회혁명을 지향한다. 사실 이스라엘의 종교인 유대교(Judaism)는 율법 자체가 종교의 제사법과 정치·경제·사회법을 아우르는 실정법이었다. 즉 신정주의(Theokratie, 神政主義) 사회였던 것이다. 예수 당시 이스라엘 사회는 유대교와 더불어 불평등하고 부패했고, 타락했던 것이다.

한국교회도 교회의 개혁과 함께 사회개혁에까지 나아가야 한다. 즉 박근혜·최순실 국정농단 사건의 적폐청산의 주체도 촛불시민과 함께 교회가 되어야 한다. 그러나 아직 한국교회의 실정에서는 희망사항일 뿐이다. 교회부자(父子)세습을 반대하는 명성교회 1천여 명의 평신도들은 정의를 위해 촛불을 들고 있는 것이다. 공(公)을 사유화(私有化)하는 것이 바로 사회적 죄의 원천적 개념이다. 개인의 인격변화, 가족공동체의 변화, 사회의 변화, 분단된 민족모순에 대한 변혁적 사고와 실천으로 나아가야 한다.

제4절 칼 바르트의 하나님의 혁명신학과 사회주의와의 대화

신학(Theology)은 하나님에 관한 학문이다. 필자는 신학수업을 통해 소위 장로교 정통신학의 과정을 밟았다. 장로교에서 가르치는

29 L. Ragaz, *Die Gleichnisse, Jesu,* p.49, 류장현, 재인용, p.85.

신학은 교리와 종교개혁신학의 재해석일 뿐 더 이상 나가지 못하고 있었다. 1970-80년대의 군부독재의 억압과 그 투쟁과정에서 일어나는 구체적인 인권신장과 인간해방에 대한 구체적인 메시지를 찾을만한 신학이 교단신학에는 부재하였다. 이러한 가운데 70년대 초반부터 서남동, 안병무 교수등에 의해 소개된 민중신학은 '하나님의 나라'를 이 땅에 구현하고자 하는 진보적 사고를 가진 젊은 기독청년들과 목회자들에게는 단비와 같은 '복음'이었다. 그러나 독재의 터널을 빠져나와 정치적 민주화를 최소한 이룬 이후에, 해방신학이나 민중신학은 점차 힘을 잃어갔다. 민중신학을 신학적 기조로 삼고 고난받는 노동자, 농민, 도시빈민들과 함께 교회를 일구어갔던 목회자들은 거의 기성교회화되어 나갔다. 교회의 생존자체가 어려웠던 연유이기도 했다.

필자는 종교개혁신학 이후 정통주의, 경건주의, 자유주의를 거치면서 변화해가는 신학의 흐름에 관심을 갖고 나름대로 틈틈이 정리해 보았다. 역시 한국에 알려진 서구신학은 역사현실과 인간화에 기여할 수 있는 메시지를 담지하지 못하고 있음을 발견하였다. 목회현장에서 이렇게 서구정통신학과 해방, 민중신학을 조화한 신학을 갈구하고 있던 차에 다행히도 '갈릴리 신학대학원'에 진학하여 우선 '칼바르트의 정치, 사회적 신학'을 새롭게 접하게 되었다. '칼 바르트의 화해의 신학과 역사와 사회현실' 강의를 들으면서, 필자는 칼 바르트의 정치·사회적 신학에 매료되기 시작했다. 1990년대부터 책장에 꽂혀진 책이었지만, 읽지 않고 책장에 모셔만 두었던 칼 바르트의 정치·사회 신학을 다시 읽고, 공부하게 된 것이다.

보수신학자들은 칼 바르트를 비롯한 현대 신학자들을 '자유주의 신학자'로 오해하고 있었다. 칼 바르트는 자유주의라고 하는 신학에 반기를 들고서 '말씀의 신학' '변증법적 신학' '정치·사회적 신학'을 부르짖었는데, 이에 대한 이해가 전무한 가운데 지금까지도 한국에서는 칼 바르트를 자유주의 신학자로 매도하고 있는 것이다. 또한 진보와 보수를 아우른다는 에큐메니칼 교단에서도, 미국뿐 아니라 독일에서 학위를 하고 온 신학자들도 바르트를 '신정통주의 신학'(Neo-Orthodoxy)이라는 개혁적 보수주의의 틀에 가두어 소개하고 있다. 역사현장에서 들려오는 민중의 아픔에 동참하고 이 땅에 '하나님 나라'를 구체적으로 구현하고자 하는 바르트신학의 역동성과 생명력을 죽여 버린 것이다. 필자는 이러한 바르트에 대한 오해를 바로 잡고자 바르트의 『로마서강해』를 통해 그가 설파하고자 하는 진정한 교의신학(教義神學)이 무엇인가를 제시해 보고자 한다. 남한 사회는 한반도 주변 4대 강대국과 친미, 친일 독재정권의 반통일 정권에 의해 70년 이상을 남북분단의 이념적 갈등과 군사적 대결 속에서 고통을 당해왔다. 따라서 우리 민족의 앞날에 한국교회가 민족화해와 통일로 나아갈 수 있는 신학적 단초를 바르트 신학에서 열어보고자 하는 것이다. 소위 '칼 바르트-좌파'에서 모색된 칼 바르트의 정치신학과 사회주의를 오늘의 한반도에서 다시 살펴봄으로, 교회 선교와 설교를 신학적으로 반성(theological reflection)하고, '하나님의 말씀의 봉사자'로서 열정을 새롭게 하고, '예언자적 증언'을 시도하고자 하는 것이다.

1. 자펜빌의 붉은 목사 칼 바르트

1) 칼 바르트(1886-1968)의 출생 및 신학자로서의 생애

20세기 신학의 거장 칼 바르트(Karl Barth)는 1886년 5월 10일 스위스 바젤(Basel)에서 출생하였다. 아버지는 교회사학자 프릿츠 바르트(Fritz Barth)였다. 그는 베른(Bern), 베를린(Berlin), 튀빙겐(Tübingen), 마르부르그(Marburg)에서 신학을 공부한 다음, 1909년부터 제네바에서 부목사로 봉직하다가 1911년 자펜빌(Safenwil)에서 목사로 취임하였다. 1919년 그가 출판한 『로마서 강해』가 유럽의 신학계에 큰 파문을 일으킴으로 인하여, 그는 1921년 괴팅겐(Göttingen) 대학교 부교수로 초빙된다. 1925년부터 그는 뮌스터(Münster) 대학교 신학부 교수로, 1930년부터는 본(Bonn) 대학교 신학부 교수로 봉직한다. 1933년 히틀러가 집권하자, 바르트는 히틀러를 지지하는 '독일 그리스도인들' 운동에 역행하는 '고백교회'(Bekennende Kirche) 운동을 일으킨다. 1934년 고백교회는 부퍼탈(Wuppertal) 부근의 바르멘(Barmen)에서 '바르멘 신학선언'[30]을

30 바르트는 히틀러의 교회 정책에 반대하여 1934년 바르먼(Barmen, Köln 부근에 있음)에서 '바르먼 신학 선언'(Die Erklärung zur gegenwärtigen Lage der Evangellischen Kirche)을 발표한다. 이 선언은 히틀러의 정치 권력에 대한 정면 도전이었으며, 아래의 여섯 명제로 구성되어 있다.

① 제1명제: 성서에 증언되어 있는 예수 그리스도만이 하나님의 말씀이다. 하나님의 이 말씀 외에 다른 사건들이나 세력들이나 진리들이 하나님의 계시이며 교회 선포의 원천이 될 수 있다는 잘못된 생각을 우리는 배격한다.

② 제2명제: 예수 그리스도께서 우리의 모든 죄의 용서를 선언하는 것처럼, 이제 그는 우리의 삶 전체를 요구한다. 예수 그리스도에게 속하지 않고 다른 주권자에게 속해야 할 삶의 영역이 있다는, 그리스도를 통한 칭의와 평화를 필요로 하지 않는 삶의 영역이 있다는 잘못된 생각을 우리는 배격

발표한다. 1935년 히틀러 정권은 바르트에게 조기 정년퇴직을 명령한다. 다행히 같은 해에 바젤(Basel) 대학교가 그에게 교수직을 부여하여, 그는 여기에서 교수로 봉직하다가 1968년 12월 10일 세상을 떠났다.[31]

2) 칼 바르트 당시 유럽의 정치적 상황과 목회현장

칼 바르트가 목회생활을 시작했던 시기는 어떠한 때였는가? 1909년 가을 칼 바르트는 그의 신학수업을 마친 후 스위스 제네바에서 독일어를 사용하는 한 교회의 부목사로 목회생활을 시작했다.

1911년 이후 바르트는 아르가우(Aargau) 주에 있는 자펜빌(Safenwil) 마을의 교회에서 목사로 시무한다. 이곳에서 1921년까지 목회한 10년의 기간은 바르트 자신에 있어서 대단히 격동적인 시기를 포괄한다. 특히 바르트의 자펜빌 목회시기의 절반은 전쟁과 혁명의 시기였다. 이른바 아프리카 모로코 식민지 지배권, 영국의

한다.

③ 제3명제: 교회는 오직 그리스도의 소유이며…

④ 제4명제: 교회의 교직은 위계체제(Hierarchie)가 아니라, 공동체 전체에 맡겨진 사명을 완수하는 데 있다. 이 사명을 떠나서 교회가 통치권을 부여받은 영도자를 가질 수 있다는 잘못된 생각을 우리는 배격한다.

⑤ 제5명제: 성서에 의하면 국가의 사명은 통치 권력을 행사함으로써 법과 평화를 세우는 데 있다. 국가가 그의 특수한 사명을 넘어서서, 인간의 삶의 유일하고 전체적 질서가 될 수 있고 교회의 규정을 성취할 수 있다는 잘못된 생각을 우리는 배격한다…

⑥ 제6명제: 교회의 사명은 설교의 성례전을 통하여 하나님의 은혜에 대한 메시지를 모든 민족에게 전하는 데 있다. 교회가 주님의 말씀과 하신 일을 어떤 다른 목적이나 계획과 결합시킬 수 있다는 잘못된 생각을 우리는 배격한다.(김균진, 20세기 신학사상 I 인용)

31 김균진, 20세기 신학사상 I, 연세대학교출판부, 1991, pp.13-14.

종단정책, 프랑스의 횡단정책 등을 배경으로 발단된 제1차 세계대전(1914-1918년)이 일어나서 약 900만명의 사망자를 냈고, 그 와중에 러시아에서는 볼셰비키 혁명(1917년)이 일어났던 것이다.

자펜빌의 사회적 환경은 어떠했는가? 스위스 북부에 위치한 자펜빌 마을은 농업지대에 위치하고 있으나, 제재업, 염료업, 방직업을 주종으로 하는 농업과 산업의 작은 마을이었다. 바르트는 이곳에서 설교하고 교육하고 돌보는 목회직에 분망하였을 뿐 아니라 노사문제를 포함한 계급간의 반목이 끊임없이 제기되는 사회문제, 특히 산업선교 노동자들의 참상을 목격하게 된다. 다음과 같은 그의 진술이 당시의 분위기를 잘 말해준다.

> 내가 나의 공동체에서 구체적으로 목격한 계급적 대립에서 나는 처음으로 현실적 삶의 현실적 문제에 접하게 되었다. 이것은 다음과 같은 결과를 가져왔다. 즉 … 나의 본래 연구는 공장입법, 보험제도, 노조학 등 쪽으로 지향했으며, 노동자들 편에서의 나의 태도 표명을 통해서 분출한 바 격렬한 마을과 주(洲)들의 투쟁들로 인해, 나의 심정은 이끌려 들어갔다.[32]

3) 바르트의 스위스 종교사회주의 운동 연계와 사회주의적 활동

1911년 10월 15일 자펜빌 노동단체에서 그는 첫 번째 사회주의자적 연설을 행했다. 그 노동단체는 스위스 사회주의당의 공적인 소관구(小管區)였다고 한다. 이러한 사회주의자 연사로서의 활동은

32 김애영, 『칼 바르트 신학의 정치·사회적 해석』, (서울: 대한기독교서회, 1991), p.59.

1911년부터 1919까지 전기간 동안 계속된다.

바르트는 목회초기에 쿠터(Hermann Kutter)와 라가츠(Leonhard Ragaz)를 중심으로 하는 스위스 종교사회주의 운동과 깊이 연계된다. 그 당시 스위스 종교사회주의 운동의 사회와 행동은 바르트가 목격한 자펜빌의 계급대립, 산업 프롤레타리아의 참상 문제를 극복해야 된다는 사실에 있어서 도구가 된다. 그는 더 나아가 1915년 1월 26일, 스위스 사회민주당에 입당함으로써 조직적인 노동자들과의 연대성을 확립하기에 이른다.

골비쳐(Gollwizer)에 의하면, 바르트는 그가 목사라는 것 때문에 정치적으로 억제되었다고 생각하지 않았으며, 오히려 그 반대로, 그가 목사이기 때문에 그는 계급투쟁의 전면에 있어야만 했으며, 사회주의와 정치적 활동에의 그의 몰두는 그에게 있어서 신학적 노작과 마찬가지로 똑같이 중요했다는 것이다. 그래서 바르트는 "신학과 국민경제, 설교와 정치는 불가분적으로 어우러져 있으며 정치는 설교를 해석하며 설교는 정치를 해석한다."[33]고 보았다.

바르트가 투르나이젠(Thurneysen)에게 보낸 1915년 2월 15일자 서신에서 사회민주당에 입당한 사실을 알린다. 바르트가 입당한 그 당은 가장 '좌익적 정당'이었으며 바르트는 항상 그 당의 좌익에서 활동했다고 한다. 바르트는 자신의 입장을 서신에서 다음과 같이 표현하고 있다.

33 김애영, 앞의 책, pp.59-61.

> 바로 내가 주일마다 궁극적 사물들에 관하여 말하려고 노력하기 때문에, 지금의 악한 세상 위의 구름속에 떠다니는 나에게 더 이상 허용될 수 없으며, 바로 지금 제시 되어야 할 것은 가장 위대한 것에 대한 신앙은 불완전한 것에 있어서의 노동자 고난을 배제하지 않고 포함한다는 것이다.[34]

여기서 바르트가 말하는 '궁극적 사물'이라는 말은 종말론적 개념을 의미한다. 바르트에 있어서 신앙은 노동과 고난의 문제와 결부되어 있으며 궁극적 사물들은 불완전한 이 세상의 사물들과 결부되어 있다. 그러므로 마르크바르트는 신학적 실존의 논의가 그 초점이라고 보고 있다. 그 신학적 실존이란 정치적 실존의 형식에 대한 기독교적 답변이었다. 그래서 칼 바르트의 말은 처음부터 '정치적 말'이었다고 투르나이젠은 말할 수 있었다.[35]

4) 노동운동에 앞장선 바르트의 활동

1917년 자펜빌의 공장주들과 노동자들 사이에 갈등이 야기되었을 때, 바르트는 노동자들 편에 서서 공장주들과 담판을 벌이기도 했는데, 급기야 공장주들의 적개심을 불러일으켰다. 바르트의 1917년 9월 9일자 서신은 편물직공 55명이 노조를 조직하자 그들은 공장주로부터 해고될 위기에 처하게 되었다고 전한다. 바르트는 즉각 공장주(主)의 별장으로 찾아가서 마치 모세가 바로 왕에게 이스라엘 백성으로 하여금 광야로 나아가게 요구하는 것과 같은 설득전을

34 김애영, 앞의 책, pp.51.

35 Thurneysen, 1956, 앞의 책 pp.61-62, 재인용.

벌였다고 전한다. 그러나 푹신한 안락의자에 앉은 정중한 남자의 담화는 단호한 거절과 선전포고로 끝났다. 그 때 그는 그의 전생애에 그의 최대의 적이라는 소리를 들어야 했을 정도로 담판은 결렬되고 말았다.

골비쳐에 의하면 바르트는 자펜빌에서 세 개의 노조를 형성하여 노동투쟁을 했으며, 사민당의 연사로서 전국 방방곡곡에서 연설했으며, 그의 장로들을 사민당에 가입하도록 이끌었고, '붉은 장로회'(rotes Presbyterium)를 형성함으로써, '붉은 목사'로 비난받았는데 그러한 비난은 오늘날 까지도 자펜빌에서 지속되고 있다고 한다.

5) 바르트 신학의 본질적인 입장이 이 시대에 왜 필요한가?

이 저서에서 바르트 신학의 정치·신학적 입장을 피력함은 오늘날 우리 한국교회와 사회가 당면한 현실적인 모순을 제거하고 정의와 평화, 생명과 공동체, 화해와 통일을 이뤄나가고자 하는데 있다.

이 연구는 바르트 신학에 있어서의 사회주의적 차원의 분석을 통하여, 그의 정치·사회적 차원이 그의 신학전개에 있어서 얼마나 본질적인가를 제시하려는 것이다. 즉 20세기의 탁월한 신학자 칼 바르트의 전체적 신학에 관한 새로운 지평을 열어 놓은, 마르크바르트(F.W. Marquard)의 바르트 연구(Theologie und Sozialismus : Das Beispiel Karl Barths, 1972)를 바르트 신학의 전반적인 맥락에 있어서 관통하는 한 주제를 생각한 것이다.

일반적으로 바르트 연구서들이 주로 그의 1921년도 『로마서 강해』 2판을 기점으로 해서 그의 『교회 교의학』에 집중되어 왔으며,

게다가 바르트의 이러한 후기 신학연구들이 그의 초기의 정치·사회적 혹은 사회주의적 활동이나 사상으로부터 분리되어 다루어져 있으므로 초기 바르트의 활동과 사상이 탈락된 채로 다루어져 왔다. 그래서 바르트 신학은 세계 상황과 무관하게 정통주의를 계승 발전시킨 것 같은, 이른바 신정통주의의 조상처럼 잘못 규정되었고 이 규정이 마치 정설인 것처럼 간주되어 왔다. 이러한 일반적 해석이 마르크바르트에 의하여 근본적으로 비판되고 수정되었다. 따라서 이 연구는 마르크바르트의 칼 바르트 연구를 계기로 하여 제시된 칼 바르트 해석 문제들, 마르크바르트의 칼 바르트 연구의 영향력을 다루었고, 그럼으로써 칼 바르트 신학에 대한 새로운 해석의 방향이 제시된 것이다. 그러므로 이 연구는 한국에서의 칼 바르트 신학을 위한 새로운 해석의 시야를 열어준다고 생각된다. 따라서 칼 바르트의 신학은 한국에 있어서 신학의 본질적 작업으로서 연구되어야 할 뿐만 아니라 한국 사회와 세계 문제에 대한 기독교적 조명으로서 부단히 고려되어야 할 것이다. 특히 한국 통일신학의 과제와 전개에 있어서 이 연구가 고려되기를 바라는 것이다.[36]

2. 예수 그리스도와 사회활동에 관한 칼 바르트의 견해

바르트가 1911년 자펜빌 노동자들 앞에서 행한 '예수 그리스도와 사회운동(Jesus Christus und die soziale Bewegung=Jesus Christ and the Movement for Social Justice[George Hunsinger, *Karl Barth and Radical Politics*, Westminster: 1976, pp.19-37])'이라는 강연을

36 김애영, 앞의 책, pp.5-6.

통하여 바르트의 교회와 신학의 정치적 프락시스(praxis) 관계를 예증적으로 고찰하고자 한다. 그의 목회현장에서 처음으로 대두된 그의 접근은 너무 아카데믹하였다는 평이었다. 그러나 곧 그 강연은 노동자들에게 잘 전달되어 효력이 나타나기 시작하였다. 바르트는 사회민주주의의 목표에 있어서 사회민주주의와 예수의 가르침은 동일하다고 역설하였던 것이다.

1) 노동자들을 향한 바르트의 방식

바르트는 그의 설교 첫 머리에서 노동자들에게 예수에 대하여 말할 수 있다는 사실이 기쁘다고 말했다. "목사로서 내가 당신들에게 가져올 수 있는 가장 좋은 것과 가장 위대한 것은 언제나 예수 그리스도일 것이다"라고 말했다. 여기서 '예수는 사회운동이며… 사회운동은 오늘에 있어서 예수이다' 하는 문제적인 발언이 말해진다.

이제 바르트는 사회주의와 예수 그리스도를 비교한다. 양자는 모두 '아래로부터의 운동'으로 묘사된다. 사회주의는 임금노동자들이 '경제적으로 의존하는 운동'이요, '프롤레타리의 운동'이다. 프롤레타리아는 항상 가난하지는 않으나, 그의 실존에 있어서는 그의 형제, 즉 공장주(工場主)의 수단과 선의에 의존해 있다는 것이다. 예수 그리스도는—인간적인 측면에서 보자면— '전적으로 아래로부터의 운동'이라고 한다. 예수 자신이 그 당시 유대인들의 최하층 출신이라는 예증을 바르트는 열거한다. 따라서 예수의 지향은 아래로부터의 운동, '아래로부터의 화산의 폭발'이었다는 것이다.[37]

37 김애영, 앞의 책, pp.65-67.

2) 예수 그리스도와 사회활동에 관한 칼 바르트의 견해

바르트는 거대한 사회적 곤궁의 문제에 대하여 교회가 역사적으로 어떻게 대처해 왔는가 하는 문제를 비판한다. 바르트는, 교회에 사회적 불행이 있어서는 안된다는 것을 말하면서도 그 불행을 제거하기 위해 현실적으로 노력하지 않았다는 사실과 사회민주주의가 이 땅에서 하나님의 나라를 성취한다고 나타났을 때 교회는 사회민주주의를 비난하고 나섰다는 사실을 비판한다. 바르트는 교회의 이 가르침과는 대조적으로 예수에게 있어서는 정신과 물질, 하늘과 땅의 관계가 완전히 다르게 된다는 점을 부각시킨다. 즉 '예수에게는 이 두 개의 세계들이 있는 것이 아니라, 하나님 나라의 하나의 현실성만이 있다고' 하나님에 대한 대립은 '땅, 물질 등 외적인 것이 아니라,' 예수 시대의 방식대로 말하자면 '인간 안에 살고 있는 악한 것, …귀신들'이라는 것이다. '하나님의 나라는 우리에게 물질로서 다가온다. 왜냐하면 말씀이 육신이 되었으며(요 1:14) 그 반대는 아니었기 때문이다.'

바르트가 참여하고 표명한 사회주의에 대한 입장은 무엇인가? 바르트가 '사회주의와 예수는 동일하다'고 말한 이유는 어떠한 의미인가? 바르트는 사회주의의 목표가 프롤레타리아의 물질적 이해에 봉사하는 사회질서의 수립이며 이러한 목표에 있어서 사회민주주의와 예수는 동일하다고 역설한다. 자본주의가 프롤레타리아를 의존적인 임금노동자로 만드는 체제인데 비하여 사회주의는 생산수단의 법적 소유의 폐지를 요구한다는 것이다. 바르트는 자본주의 체제에서 발생하는 계급적 모순 등에 관한 이론을 구사하면서도 예수 그리스도는 “사회민주주의자보다 더 사회주의자”라고 주장한다. 왜냐하면 예수는, 나의 것의 나의 것에 대한 재산의 기초 자체를 폐기하기 때문이다. 이러한 예수의 사적 소유의 폐기는 더 나아가서 가족 유대의 새로운 관계설정에까지 이른다는 것이다.(막 3:31-35)

> 누구든지 하나님의 뜻대로 행하는 자가 내 형제요 자매요 어머니이니라(막 3:35)

이 연설에서 우리는 바르트가 이미 심오한 사회주의자적 요소들을 진술하고 있음을 알 수 있다. 앞에서 보았듯이 바르트는 이와 같이 이론적 또 교의학적 숙고를 통해서 사회주의에로 이르는 것이 아니라 바로 자펜빌 프롤레타리아 노동자들의 현실적 상황과의 해후를 통해 사회주의자적 프락시스 사이에 이르게 된 것이다.[38]

바르트는 사민당의 새로운 멤버로서 1915년 2월 14일에 행한 첫 강연에서 다음과 같이 말하였다. ‘진정한 크리스천은, 만일 그가 기독교의 개혁을 진지하게 생각한다면, 사회주의자가 되어야만 한다. 그리고 진정한 사회주의자는, 만일 그에게 사회주의의 개혁이 놓여있다면 크리스천이 될 수밖에 없다’라고 했다. 그러나 같은 해 8월 12일자 ‘사회민주당의 내적 미래’라는 스케치에서 바르트는 ‘사회민주당이 바로 또 다른 민족-부르주아당이 되었다’고 했는데 사회

38 김애영, 앞의 책, pp.67-69.

민주당의 개량적 적응정치에 대한 바르트의 환멸은 이러한 사회주의의 무원칙성에서 뚜렷해진다.

마르크바르트(Friedrich-Wilhelm Marquardt)에 의하면 사회주의에 대한 바르트가 이해한 투르나이젠의 태도는 환상적으로 종교-사회적 해석 범주에 의하여 규정되지 않았으며, 또한 마르크스주의적 '이념'에 의해서도 규정되어 있지 않다는 것이다. 그러나 이들은 마르크스주의를 현재의 여건들 아래서 사회주의적 실천을 묻는다는 점에서 진지하게 취급한다는 것이다. 사회주의에 대한 바르트의 관계에 있어서 1914년 사건의 파급은 바르트의 사민당 입당이라는 실용적인(pragmatic) 정치적 결단으로 나타난다.[39]

3. 칼 바르트를 소개한 한국신학자들의 경향성

1) 칼 바르트의 명제 '하나님은 하늘에, 너는 땅에 있다'

'하나님은 하늘에 계시고 너는 땅에 있다'라는 『로마서 강해』가 담고 있는 이 유명한 명제는 20세기 신학의 수맥을 바꾼 말이다. 무엇보다도 그 이전 시대를 지배했던 자유주의에 대한 철저한 단절이 여기에서 표명되었다. 가톨릭 신학자 칼 아담은 '자유주의자들의 놀이터에 떨어진 폭탄'이라는 유명한 말로 그 의의를 평가했으며, 후에 바르트 스스로도 자신이 어렸을 때 어둠 속에서 당겼던, 그렇게도 크게 울렸던 교회당 종소리처럼 이것이 그토록 엄청난 반향을 일으킬 줄 미쳐 몰랐노라고 회고한 바 있다.

오늘날 칼 바르트의 『로마서 강해』는 20세기 초반 '변증법적 신

39 Marquardt-1972, 앞의 책, 재인용, pp.77-78.

학'을 대표하는 고전적인 저서이자 후에 『교회\교의학』을 통해 전개되었던 계시신학의 핵심사상을 보여주는 의미를 가지는 것으로 평가되고 있다. 이 책이 나오기 이전까지 바르트는 하나님과 인간에 근본적인 질적인 차이가 있다고 생각하지 않았다. 하나님은 역사로부터 이해되어야 하며 사회운동이 곧 현존하는 예수라고 이해하였다. 그리고 사회개혁이 곧 하나님 나라의 표지라고 생각했다.

바르트는 1915년 받볼(Bad Boll)에서의 불룸하르트(Christoph Blumhardt)와의 만남을 통해 세상과는 구별되는 '하나님 나라'에 대한 인식을 새롭게 한다. 또한 '성서' 안에 낯설고 새로운 세계가 있으며 특히 로마서를 통해 사도 바울이 자신을 성서적 증언의 진리 속으로 이끌어주는 안내자가 되고 있다는 것을 발견한다. 1919년 출판된 『로마서 강해』에서 바르트는 이제 하나님과 세상의 질적 차이를 이야기한다. 하나님은 전적으로 새로운 분이다. 하나님은 세상 속에 있던 분이 아닌 '오고 계시는 분'이다. 하나님의 오심은 기존세계를 변화시키시며 바꾸신다. 세상의 변혁은 인간으로부터 시작될 수 없다. 스스로 경건하게 되고자 하는 인간의 노력이 하나님의 나라를 이루는 것이 아니다. 하나님의 나라는 철저하게 하나님으로부터 와서 '씨앗'처럼 이식되고 성장한다. 이 씨앗은 곧 그리스도이며 하나님의 능력이 그 안에서 나타난다. 그것은 우리를 향한 하나님의 신실하심 때문이다. 모든 것은 하나님으로부터 오며, 하나님을 향해 나아간다. 우리가 온전히 그리스도의 지체가 될 때까지 하나님의 능력이 우리를 통해 나타난다. 그리스도 안에서 시작된 하나님의 나라의 운동이 세계 속에서 커가며, 세상을 변혁하고 새롭게 성장해 나간다.[40]

대부분 한국교회 목회자들은 위에서 언급하는 바에 대한 수준에 머물고 있다고 생각한다. 칼 바르트하면, '하나님은 하늘에, 인간은 땅에 있다', '한 손에 성경을, 한 손에 신문을'이라고 하는 극히 명제적인 구호에만 응용될 뿐, 창조적 소수 외에는 '하나님 나라'의 혁명과 사회개혁, 하나님 나라의 정치·사회적 실현, 사회주의 혁명과의 관계에까지는 나아가고 있지 못한다. 70년대부터 출현한 민중신학이나 라틴 아메리카에서 건너온 해방신학에서도 칼 바르트의 '하나님 나라 혁명개념'에 대해 어느 누가 진지하게 논하고 있는 것을 아직 보지 못하였다. 그러나 다행히도 한국 기독교 안에서 김애영의 '칼 바르트 신학의 정치·사회적 해석'이라는 박사논문이나 이신건의 '칼 바르트의 정치신학'이라는 울리히 단네만(Ulrich Dannemann)의 번역서[41]에서 칼 바르트의 '하나님의 혁명'을 통한 사회개혁적 신학에 대해 상당히 잘 언급되어 있는 것을 볼 수 있다. 필자는 한국교회와 사회가 처한 공정하지 못한 지배구조 속에서 한국교회의 교리적 신학과 정통주의의 뿌리에서 벗어나 민중의 인간다운 삶과 공정하고도 공평한 세상을 열어가는 희망을 주고, 대안을 제시하는 신학에 갈증을 느껴왔다. 나아가서 민족분단의 모순을 극복하고 한반도에 70년 가까이 지속되어 온 정전협정체제를 평화협정으로 바꾸고, 미군을 철수시키고, 남북교류의 활성화와 평화통일을 실현해 나가는데, 한국교회는 무엇보다 반북적 이데올로기에

---

40 이상은, 『칼바르트의 로마서 강해』, 한국기독공보, 2014.

41 『칼 바르트 사고에 있어서의 신학과 정치』, (Theologie und Ploitik im Denken Karl Barths (München : Kaiser; Mainz: Matthias-Grünewald-Verlag, 1977).

서 벗어나 북과의 기독교 신앙과 그들의 사상인 주체사상과의 대화가 이뤄져야 한다. 한국교회 안에 민족화해신학 및 통일신학이 정립되어야 한다. 한국교회와 우리 민족은 남과 북, 해외동포의 3자 연대에 의한 자주, 평화, 통일을 실현하는 데 있어서, 한국교회가 다리 역할을 해야한다. 민족화해의 메신저의 역할을 해야 한다. 아직까지도 민족을 위한 십자가를 몸소 지는 신학적, 실천적, 대안적 논구가 부족한 점에 아쉬움을 느끼면서 필자는 본서 저술의 필요성을 절감한 것이다.

소위 칼 바르트의 『로마서 강해』를 인용한 윗글에서도 칼 바르트가 얼마나 폭력국가의 지배 하에서 억압당하는 민중들을 해방하고자 성경적 혁명 이론을 전개했는가에 대해 언급조차 하지 않는다. 또 교의학적인 칼 바르트의 우파신학과 성경적 프롤레타리아 혁명이라고 불릴 수 있는 바르트 좌파에 대한 통전적 이해가 한국교회 내에 부족한 것을 필자는 유감으로 생각하는 것이다. 칼 바르트의 국가혁명에 대한 『로마서 강해』를 통한 교의학적 신학해석과 좌파적, 사회개혁적 신학을 민중신학에 도입했더라면 신정통주의 신학과의 만남을 통해 신학적 뼈대와 살이 연합되는 살아있는 신앙고백적이고도 사회개혁적 실천신학(Practical Theology)[42]이 되었을

42 실천신학에 대해서 일반적으로 한국의 신학대학교에서는 신학부 과정에서부터 예배학, 설교학, 목회상담학 등을 실천신학의 범주에 놓고 있다. 그러나 그것은 성서적 의미에서의 실천이란 말에 대한 오용이라고 본다. 진정한 의미에서의 실천신학이란 성경의 가르침, 예컨대 구약에 나오는 예언자가 비판했던 사회에 대한 대안적 비판 메시지, 레위기 25장에 제시된 희년(禧年)의 정치·사회적 실천, 현실사회에서의 모순과 갈등에 대한 예수의 산상보훈적 설교나 역사적 예수의 삶을 이 시대에 실천해야하는 것이다. 현 시대의 노동자, 농민,

것이라고 필자는 생각하는 것이다.

칼 바르트는 『로마서 강해』에서 인간의 긍정, 역사의 내재성이라는 측면을 아직 버리지 않았다. 새로운 나라의 씨앗으로서의 예수 그리스도는 역사 속에 '장소'를 갖고 있다. 이것은 인간적, 역사적 방법으로 성장하며, 인간의 동참이 이루어지는 세계이다. 이러한 역사내재적 구조는 여전히 바르트의 마음에 차질 않았다. 세상과는 다른 하나님 나라의 절대성, 하나님 나라의 영원성이 더 철저하게 강조되어야 했다. 그는 '돌 하나도 돌 위에 남지 않을' 개정작업을 결심하게 된다. 하나님 나라는 '기존에 존재하던 모든 것 이전의 혁명이며 모든 혁명들 이전의 혁명'이어야 했다.[43]

울리히 단네만은 칼 바르트의 교의학적 신학과 혁명신학을 통전하면서 바르트 당시의 반신적인 국가폭력을 규탄한다. 제1차 세계

빈민들의 생활상의 모순과 인권유린, 정치적 압박, 경제적 수탈에 대해 고발하고 저항하며, 민중생존권과 민중인권을 위해 현장선교를 하는 것이다. 분단된 조국의 갈등과 대결을 극복하고 민족화해와 자주통일에 대한 대안을 제시하고, 현실적 모순을 고발하면서 성경의 관점에서 모순을 평가하면서 대안을 내세우는 신학이 실천신학이라고 생각한다. 그런 의미에서 정치신학, 해방신학, 민중신학, 인민신학, 흑인신학 등 상황신학이 바로 실천신학이라는 말이다. 즉 WCC가 1991년에 한국의 서울 역도경기장에서 개최했던 이른바 JPIC 대회의 주제였던, 'Justice, Peace, Integrity of Creation' 즉 정의, 평화, 창조질서의 보존에 대한 실천을 실천신학이라고 불러야 기독교의 책임윤리를 마땅히 구현하는 것이라고 필자는 주장하는 바이다. 종교개혁 500주년을 앞두고, '오직 믿음' '오직 성경' '오직 하나님의 은총'을 더욱 다지면서 '정의, 평화, 창조질서의 보존'으로 나아가야 정교정행(正教正行)으로, 만물이 탄식하는 세상에 희망의 빛을 비추게 될 것이다.

43 이상은, 위의 자료.

대전은 자유주의를 신봉하는 사상체계와 자본주의, 군국주의의 모순에서 발생한 필연적인 결과였다고 이해한다.

2) 칼 바르트 신학에 대한 우파적 입장과 비판

몰트만의 제자인 김균진은 칼 바르트에 대해 정치 신학적 입장을 언급하면서도 결국 교의학적 신학으로 귀결시킨다. 판넨베르크가 지적하듯이, 바르트 신학의 가장 큰 한계는 '역사 상실성'(Geshchichtsverlust)에 있다고 말할 수 있다. 이 한계는 그가 키에르케골(Sören Kierkegaard, 1813-1855)의 실존주의적 사고방식을 수용함으로 말미암아 일어나는 필연적 귀결이다. 물론 바르트는 그의 신학의 발전 과정 속에서 결코 현실 세계의 역사를 망각하거나 간과하지 않았으며, 언제나 역사를 의식하였다. 따라서 그의 신학의 배면에는 언제나 정치적, 사회적 관심이 숨어 있었다고 말할 수 있다.[44]

그러므로 오영석 교수는 특히 초기 바르트의 신학을 '정치신학'으로 해석한다. 왜냐하면 그의 신학엔 언제나 정치적 태도가 있기 때문이다. 그는 신학과 정치의 상관관계를 주장했으나 양자의 혼합을 거부하였다.[45]

물론 거의 모든 다른 신학자들처럼 바르트도 정치에 대하여 관심을 가지고 있었으며, 히틀러에 대한 저항운동을 전개하기도 하였다. 그러나 자연계시에 대한 알레르기적 거부 반응을 보인 그의 신학적 입장은 세계와 역사의 지평을 그의 신학적 사고 안에 적극적으로 수용하기 어려웠던 것으로 보인다.

44 김균진, 위의 책, p.60.

45 오영석, 『신앙과 이해』, 위의 책 재인용, p.60.

따라서 바르트의 신학적 페러다임에 세계와 역사의 지평이 구성적 위치를 차지하지 못하고 있음은 부정할 수 없는 사실이다. 물론 『교회 교의학』 제4권의 '빛의 이론'에서 바르트는 자연계시를 수용할 수 있는 가능성을 시사하고 있음을 우리는 간과하지 말아야 할 것이다.[46] 김균진과 오영석의 바르트에 대한 이해는 바르트 정치신학에 대한 입장 또는 '예수와 사회주의'에 대한 해석을 크게 간과하고 있는 것으로 본다. 위에서 언급한 바와 같이 바르트가 '사회주의와 예수는 동일하다'고 말한 이유는 어떠한 의미인가? 바르트는 '사회주의의 목표가 프롤레타리아의 물질적 이해에 봉사하는 사회질서의 수립이며 이러한 목표에 있어서 사회민주주의와 예수는 동일하다'고 역설한데 대한 이해를 심히 결여하고 있는 것이다. 소위 우파적(右派的) 입장을 취하는 학자들은 바르트가 내놓은 교리에는 공감하나 그의 사회적 실천윤리에는 조금도 미치지 못하고 있는 것이다.

3) 한국 보수교단 신학자의 바르트에 대한 오해에 대한 응답

총신대학교 전 총장 서철원은 신문기고문에서 이렇게 주장한다. "바르트의 신학은 한국에서 가장 학적이고 정당한 신학으로 가르친다. 그는 20세기 한국의 보수신학계에서 널리 알려진 신학자이다. 교황 23세도 바르트를 20세기 최대 신학자로 서품하였다. 바르트는 삼위일체 교리만 부정하는 것이 아니라 자존하시는 하나님의 존재도 부정한다. 하나님은 자존하시는 존재가 아니라 행동이고 사

46 김균진, 위의 책, pp.60-61.

건이다. 바르트는 명시하기를 이 행동과 사건 뒤로 돌아가서 하나님의 존재를 붙잡을 계기가 전혀 없다고 하였다. 자존하신 하나님이 바르트의 신학에 없다. 이것은 무엇을 뜻하는가? 솔직히 바르트 신학에 자존하신 하나님이 없는 것이다. 인간 예수가 하나님이고 하나님이 인간 예수라고 하였다. 그러므로 이런 하나님은 하나님의 계시를 떠나서는 존재하지 않는 상상의 하나님일 뿐이다." "전통적인 삼위일체 교리를 부정하면 예수 그리스도는 한낱 사람일 뿐이고 그러므로 죄와 사망에서의 구원이 다 없어진다. 바르트의 신학에 십자가가 무슨 자리를 갖는가? 십자가를 말할 필요도 없는 것이 바르트의 신학이다."[47]

바르트는 참으로 '삼위일체 교리'를 부인했는가? 바르트 신학에는 하나님도 없고 십자가도 없는 것일까? 어찌 서철원은 신학자로서의 신학적 식견과 양심에서 이렇게 말할 수 있을까? 참으로 안타깝다. 다음은 바르트의 삼위일체에 관한 그의 신학이다. '바르트가 말하는 것은 전통적인 신학에서 말하는 구원이 아니다'라는 것이다.

바르트는 한편으로 예수 그리스도 안에서 일어난 하나님의 '자기계시'를 출발점으로 삼는다. '삼위일체론의 근거, 그 뿌리'는 계시에 있다. '하나님은 그 자신을 주(主)로 계시한다. 이 명제가 '삼위일체'의 뿌리이다.[48] 계시의 사건을 분석할 때 드러나는 계시자, 계시, 계시될 수 있음(*Offenbarer, Offenbarung, Offenbarsein*)의 삼위

---

47 서철원, 하나님의 창조경륜 선포하는 것, 기독타임스, 2015년 1월 5일, p.8.

48 K. Barth. *Kirchliche Dogmatik* I/1, 324, 김균진 위의 책 재인용 p.61.

일체가 삼위일체론의 출발점이 되어야 한다. 다른 한편 바르트는 계시의 사건 그 이전에 있었던 내재적 삼위일체를 전제하며, 내재적 삼위일체에서 시작하고 있음을 발견할 수 있다. 곧 예수 그리스도 안에 계시된 삼위일체 하나님, 그 이전에 영원 전부터 계시는 '영원한 아버지', '영원한 아들', '영원한 성령'의 선재(Präexistenz)와 그들의 삼위일체를 전제하고, 여기에 그의 삼위일체론을 근거시킨다. 따라서 그의 삼위일체론의 역사적 근거는 예수 그리스도의 계시에 있으나, 그것의 궁극적 초월적 근거는 그 이전 곧 영원 전부터 있었던 하나님의 내재적 삼위일체에 있다. 20세기 초엽, 많은 신학자들은 땅의 현실에 대한 기독교의 연관성과 세계성을 회복하고자 노력했던 반면, 바르트는 이러한 의미에서 하늘을 발견하였다고 말할 수 있다.[49]

4) 한국보수신학계의 바르트 신학 이해에 대한 한계

숭실대 교수 김영한이 주장했듯이, 바르트가 '보편적 구원론' 혹은 '만인 구원론'을 주장했다고 보기는 어렵다.[50] 즉 교회 밖에 있는 자들이 모두 처벌받지 않고 구원받는다는 사상을 바르트가 가지고 있었다고 말하기는 어렵다. 물론 하나님은 모든 사람, 모든 피조물의 구원을 원하신다. 그는 사랑이기 때문이다. 그러므로 그는 예수 그리스도를 보내시고 구원의 사역을 이루었다. 모든 인간이 서야 할 그 자리 곧 심판의 자리에 그리스도께서 섰으며, 모든 인간이 받아야 할 저주와 버림을 그리스도께서 대신 받으셨기 때문이다.

---

49 김균진, 위의 책, p.61.

50 김영한, 바르트에서 몰트만까지, 김균진 위의 책 재인용, p.65.

이 구원의 기쁜 소식을 거부하고 여전히 죄 가운데 사는 사람들의 현실을 바르트는 간과하지 않았다. 모든 사람이 그리스도 안에서 구원으로 '선택되었다는 것'은 하나님의 '결정'이요 '약속'이며, 인간에 대한 새로운 '가능성'이다.[51] 이 가능성을 받아들일 때, 그것은 인간에게 가능성으로 존속하게 되며, 그러나 인간은 여전히 버림받은 자로 머물게 된다. 그러므로 바르트는 선택된 사람의 수를 우리가 제한할 수 없지만, 모든 사람이 선택되었다고 말해서는 안 되며, 버림 받은 자들이 세상 끝날까지 있을 것이라고 분명히 말한다.

오늘의 신학에서 볼 때, 바르트가 말하는 예수 그리스도 안에서 일어난 하나님의 '자기계시는' 철저히 교의적으로 이해되고 있으며, 실사(實史, history)의 차원을 결여하고 있다. 이천 년 전 팔레스틴에서 한 유태인으로 실존하였으며, '세리와 죄인들의 친구'였으며 '먹고 마시기를 탐하는 자'라고 비난받았던 예수의 역사적 삶을 통해 일어난 하나님의 자기계시는 구체적으로 어떤 것이었는가? 이에 대한 설명을 우리는 바르트의 신학 전체를 통하여 발견할 수 없다. 바르트 신학의 이 한계성은 특정한 정치, 경제, 사회, 종교적 배경 속에 있는 역사의 예수에 대한 연구가 오늘처럼 상세히 발전되지 않았던 당시의 신학적 상황 때문에 피할 수 없는 일이었다.[52]

51 K. Barth, Kirchliche Dogmatic, II/2, pp.350, 460, 김균진 위의 책 재인용, p.65.

52 김균진, 위의 책, p.66.

성경은 변함이 없는 하나님의 말씀이지만, 신학은 개혁되어야 하고 변화하는 시대 속에서 성령의 음성을 듣고 응답해야 한다. 한국의 소위 근본주의적 보수신학자들이 말하는 전통적 신학은 무엇인가? 그것은 17세기 칼비니즘을 말하는가? 종교개혁신학 이후 정통주의, 경건주의, 계몽주의와 함께 등장한 자유주의, 그리고 칼바르트, 불트만, 폴 틸리히와 같은 20세기의 신학의 거장들이 나왔다. 정통주의와 근본주의의 안경을 쓰고 보면 이후 성령의 역사에 따라 새롭게 해석되는 신학의 흐름을 볼 수 없다. 『과학 혁명의 구조(The Structure of Scientific Revolution)』를 쓴 쿤(Thomas Kuhn)에 따르면 어느 세기의 과학적 발견은 세계를 이해하는 패러다임(paradigm)을 혁명적으로 변화시킨다고 했는데, 마치 과학에 비견에서 이야기 하자면, 정통주의자들이 신학의 비조로 삼는 루터(Luther)와 칼빈(Calvin)이 코페르니쿠스(Corpernicus)의 지동설을 넘어 만유인력의 법칙을 발견함으로 사고의 패러다임을 바꾼 뉴턴(Isaac Newton)이라면, 칼 바르트(Karl Barth)는 상대성이론을 비롯한 물리학의 이해를 혁명적으로 변화시킨 아인슈타인(Albert Einstein)에 비길 수 있을 것이다. 세계교회 신학자와 한국교회 신학자들은 칼빈, 칼 바르트에만 머물러서는 안된다. 개혁교회와 신학은 끊임없이 성경과 성령의 역사와 역사현실에서 들려오는 음성을 듣고 개혁되어 나가야 한다.[53]

이후 서구신학의 도그마에서 해방되어 이 세대로부터 신음하는

53 하은규 교수의 갈릴리 신학대학원 "칼 바르트의 화해의 신학과 역사와 사회현실" 강의 중에서.

민중들의 고통에 응답하는 남미의 해방신학, 한국의 민중신학 그리고 흑인신학, 여성신학 등이 나왔다. 왜 이러한 신학들이 출현했는가? 신학을 위한 신학, 교회를 위한 신학에서 나아가 세상을 살리고 고통하는 자들을 해방하고 구원하는데 이르자는 행동의 신학, 혁명의 신학으로 나아가자는 것이 아닌가? 언제까지 교회가 17세기에 고백했던 교리에 갇혀 있을 것인가? 1517년 종교개혁자들이 부르짖었던, '오직 믿음(sola fide)' '오직 성경(sola Scriptura)' '오직 하나님의 은총(sola gratia)'의 의미를 기반으로 해서 이제 이 땅에 '정의, 평화, 창조질서의 보존'에 이르는 신학적 실천이 이뤄져야 하나님의 뜻이 하늘에서 이룬 것 같이 땅에서도 이루어지게 되는 것이 아닐까!

4. 칼 바르트에 대한 좌파, 우파신학을 아우른 통전적 이해

조직신학자요, 문화신학자인 김경재는 칼 바르트 신학을 이렇게 소개한다. 김경재는 한국신학계와 한국사회에서도 널리 알려진 한국교회의 석학이다. 자신이 칼 바르트 신학을 공부한 내력부터 이야기한다. 칼 바르트를 전공한 통일 신학자 박순경은 1966년 미국의 감리교 신학대학교인 드루대학교(Drew University)대학원에서 "칼 바르트의 선택론에서의 인간"(Man In Karl Barth`s Doctrine of Election)으로 박사학위를 받았고, 한국신학대학원의 조직신학교수를 역임한 박봉랑 교수(하바드대학 신학부에서 '칼바르트의 성서영감론'이라는 논제로서 박사학위를 취득)와는 다른 면모를 보였다. 다시 말해서, 바르트의 신학을 우파 및 중도 우파적 입장에서 보느냐 아니면 좌파적 입장에서 보느냐의 문제이다. 중도 우파적 입장에서 바르트를 해석하면, 바르트의 신학적 논쟁과 서술을 극복해야 했던 19세기 자유주의 신학과, 정통보수주의 신학과, 로마 가톨릭의 객관주의적 권위주의 신학에 대한 반립운동으로 파악하는 관점이 된다. 반면에 바르트 신학을 좌파적 입장에서 본다는 점은 바르트 신학이 태동하고 전개되었던 당시 유럽사회의 정치, 경제, 사회적 맥락에서 바르트 신학의 본질을 하나님의 말씀에 입각한 정치신학적 입장에서 본다는 것을 의미한다. 물론 바르트 신학 안에는 그 두 가지 요소가 다 들어있다. 그러나 필자의 바르트 신학을 좌파적 입장에서 볼 수 있는 눈을 뜨게 해준 이는 통일신학자 박순경이었다.[54]

더 나아가 김경재는 이렇게 고백한다.

> 바르트는 나의 신학적 사유와 신앙 여정에서, 항상 바른 복음주의적 길로부터 크게 이탈하지 않고 바른 행보를 하도록 해주는 척추 등뼈 역할를 한다고 고백하지 않을 수 없다. 『로마서 강해』에서 힘있는 그러면서도 철저한 하나님의 주권, 섭리, 선택, 은총, 말씀, 신학적 윤리를 강조하는 해설을 읽을 때, 진정 '케리그마적 신학'의 전형을 보며, 강렬한 예언자들과 사도전승을 잇는 신정통신학의 백미를 맛볼 수 있었다. 바르트의 신학이 내게 준 영향과 감명은 한량없이 크고 많지만 그 중에서도 특히 기억에 남는 요소들을 아래에서 몇 가지만 이야기하고자 한다.[55]

54 김경재, 영과 진리 안에서, 대한기독교서회, 1999. pp.130-131.

55 김경재, 위의 책, p.131.

다음은 김경재가 간추린 주요 내용이다.

첫째, 바르트 신학이 김경재의 신학형성과 신앙에 끼친 영향은 삼위일체 하나님의 주권, 초월성, 그 영광과 신비에 대한 깊은 통찰이었다. 바르트의 신학을 흔히 '말씀의 신학'이라고 부르지만, 그가 말하는 '하나님의 말씀'은 인간들의 탐구를 기다리고 인간들이 좌지우지하는 고정되어 있는 문자, 성경, 교리 등이 아니다. 바르트에 있어서 가장 중요한 것은 '하나님이 스스로 그 자신을 계시하신다'는 것이다. 그의 계시개념이 주는 이러한 사건으로서의 말씀, 행동으로서의 계시, 인격적 진리로서의 계시, 변혁하고 갱신하는 힘을 지닌 말씀의 신학은 하나님을 절대적 자유 안에 계시는 사랑과 자비의 하나님으로 고백하는 신학이다. 김경재는 바르트 신학에서 진정한 의미에서의 만유 위에 계시는 하나님의 절대주권과 초월성이 무엇을 의미하는지 배울 수 있었다.

둘째, 바르트 신학이 김경재에게 끼친 두 번째 영향은 그의 삼위일체론적 신학적 사유와 그리스도 중심주의였다. 바르트는 삼위일체 신비를 '하나님의 신적 존재양태'로 파악하므로써 이교적 삼신론(Tritheism)과 군주론적 단일신론(Monotheism)을 동시에 극복하려 했다. 신적 생명 안에 영원한 사귐과 상호충만, 신적 역동성과 사랑하는 자유자로서의 살아계심의 특징이 하나님은 삼위일체의 하나님이라고 고백하게 한다는 것이다. 바르트의 신학체계는 이러한 삼위일체 구조 안에서 전개되기 때문에, 김경재가 기독교 신앙 안에 머물러 있는 한, 삼위일체에 관한 신비의 해명에 있어서 김경재는 바르트에게 빚진 바가 컸다.

셋째, 김경재가 바르트 교의학에서 받은 큰 감동은, 그의 예정 선택론과 섭리론을 중심으로 펼쳐나가는 복음적 '대긍정 신학'이었다. 바르트는 창조세계의 출현과 삼라만물이 조성되기도 전에, 삼위일체 하나님의 신적 의지와 결단 안에서, 피조물을 당신 곁에 두시고 피조물의 은혜로운 아버지 하나님이 되시기로 뜻하시고, 뜻하신 것을 관철해 가시는 하나님이시다. 그렇게 뜻하심이 '영원한 선택이요 그렇게 뜻하신 바를 신실함 안에서 관철하시고 이뤄나가심이 '섭리이며 보존'이다. 성자 그리스도 안에서 성령을 통한 성부 하나님의 영원한 선택과 결의, 그것이 모든 창조와 구원사의 '내적 근거'가 된다고 바르트는 강조한다. 창조와 존재세계 자체를 우연의 산물이거나, 필연의 산물이거나, 인과율의 결과로서가 아니라 은혜로운 선물과 신비로운 기적으로 이해하고 받아들이도록 그리스도인들의 눈을 열어주며, 삶을 선물과 감사로 받아들이게 하는 존재에의 용기를 가져다 준다.[56]

넷째, 바르트의 『교회 교의학』 제4권 '화해론'에서 많이 전개되는 신학적 윤리와 소명에 관한 가르침이었다. 바르트는 신학적 윤리학을 따로 쓰지 않고 12권으로 구성된 그의 전체 『교회 교의학』 매권마다 '그리스도인으로서 바른 삶'을 다루었다. 그의 강점은 바로 '하나님의 계명'은 인간에게 강제성과 무거운 짐이 아니라, 인간을 죄와 죽음의 권세에서 해방시키고 인간을 자유하게 하고 영광스런 신적 자녀들로 고양시키는 능력이 된다는 데 있다. 하나님의 전능성, 초월성, 주권은 이 세상적인 군주의 그것이 아니라 은총의 주권, 사랑의 주권, 거룩한 절대주권이기 때문에 진정한 인간의 자유

56 김경재, 위의 책, pp.131-133.

와 인간성을 창조하고 고무시키며 보장한다. 바르트는 인간의 죄성의 현상학적 세 가지 모습은 교만, 태만, 기만에서 나타난다고 한다. 이 세 가지 치명적 인간의 원죄성은 성령의 능력 안에서 새롭게 속량되고 치유되며 칭의, 성화, 영화를 거쳐 궁극적으로 극복된다. 그리스도인의 윤리는 '너는 해야만 된다'는 칸트적인 도덕적 엄숙주의(Rigorism)가 아니고 '너는 할 수 있고, 하도록 허락되었다'는 은총의 윤리이며, 찬양의 윤리이며, 감사의 윤리이며, 응답의 윤리이다. 바르트는 인간이 하나님에게 드릴 수 있는 유일한 것은 '감사' 뿐이라고 한다.[57]

필자는 1990년 대 초반 문화신학자 김경재로부터 기장총회선교신학대학원(기독교장로회)에서 가르침을 받았다. 조직신학, 토착화신학, 문화신학, 유교, 불교를 비롯한 타종교 이해 등 김경재의 영향을 받은 바 크다. 그는 칼 바르트에 관해서 좌파신학을 조금 언급했을 뿐이다. 그러므로 필자는 바르트의 중도우파적 입장에서 교의학적 바르트의 신학을 배웠다. 바르트 신학에 있어서, 정통신학에 입각한 바르트의 중도우파신학과 정치신학, 사회주의와의 대화를 통한 통전적 아우름이 요청된다고 생각한다. 한국사회의 지난날 군부독재 폭압정치와 천민적 자본주의가 지배하는 현실 속에서 '하나님의 나라'의 정치, 경제적 실천에 관한 이야기는 화두만 언급하고 지나간 정도였다. 악한 사회적 부조리와 모순 속에서 공정하고 공평한 사회를 실현하기 위해 선한 싸움을 싸우는 바르트의 '하나님

57 김경재, 위의 책, pp.135-136.

의 혁명신학'에 대해서는 크게 배우지 못했던 아쉬움을 회고해 본다. 필자가 본 저서를 통해 언급하고자 하는 것은 바로 바르트 사고에 있어서의, 신학과 정치의 좌우를 아우른 통전성을 이루고자하는 바이다.

5. 바르트의 하나님의 혁명에 관한 성서적·신학적 입장

1) 성서의 역사비판이 더 철저화 되어야 할 이유

마르크바르트에 의하면 1차 세계대전의 발발은 칼 바르트에게 있어서 하나의 깊은 환멸, 더 정확히 말하자면 자유주의 부르주아지에 대한 환멸을 의미했다고 한다. 왜냐하면 자유주의 신학을 지배하고 있었던 역사비평신학(historico-criticism)에 대한 바르트의 관계는 그 신학의 사회·정치적 실패에 대한 환멸에 기인하고 있기 때문이다.

사회와 정치는 그에게 있어서 역사비판의 의미의 표준들이라고 한다. '역사-비판적인 것들이 칼 바르트에게는 더 비판적이어야 한다'라는『로마서 강해』1판의 명제는 아카데믹한 부르주아 신학에서 통용되는 관념적, 개인주의적, 혹은 존재론적, 실증주의적으로 정향된 역사 개념에 반하여 역사의 역사-물질론 개념을 설정한다는 것이다.[58]

자유주의 신학에서의 역사비판은 역사 실증주의적 방법, 즉 역사적 사실을 있는 그대로 증명한다는 방법을 성서연구에 적용했다. 그러한 사실 개념은 기존에 주어져 있는 서구의 현실, 즉 부르주아

58 Marquardt-1970, 위의 책, 재인용, p.86.

적 현실에 적용되는 것이었으며, 마르크바르트가 말하는 존재론적 신학이라는 말은 그러한 사실 개념을 의미한다. 그러한 사실 개념이 1914년의 전쟁발발을 옹호한 자유주의 신학자들에게 전제되어 있었다. 그러한 사건을 계기로 해서 바르트와 투르나이젠은 성서를 다시금 새롭게 읽어야 한다는 것, 또 신학을 다시 해야 한다는 필요성을 실감하기에 이르렀다. 다시 말하자면 성서의 의미는 서구 기독교 문명의 현재의 연장이나 이상이 아니라, 이것을 비판하고 넘어서는 어떤 궁극적인 메시지를 가진다는 것을 그들은 제창하기 시작했다. 성서 비평의 역사는 더 철저화 되어야 하고 그럼으로써 역사 비판학을 넘어서는 성서적 의미가 파악되어야 한다는 것이다.[59]

2) 바르트는 왜 자유주의 신학과 결별했는가?

20세기의 신학은 1899년 1900년 사이의 겨울학기, 아직 50세가 되지 않은 하르낙(Adolf Harnack, 1851-1930)은 약 600명의 학생들 앞에서 강의를 하고 있었던 베를린(Berlin) 대학교의 한 강의실에서 시작하였다고 말할 수 있다. 본래 하르낙은 교회사학자로서, 교회의 교리를 기독교 메시지의 그리스화(Hellenisierung)의 결과로 보는 입장을 갖고 있었으며, 이 강의에서도 이러한 전제에서 '기독교의 본질'이 무엇인가를 다루고 있었다.

1923년 트뢸취가 58세의 나이로 사망하였을 때, 하르낙은 트뢸취를 헤겔 이후의 가장 위대한 역사철학자라고 추모한다. 같은 해

59 김애영, 앞의 책, pp.86-87.

에 하르낙은 자유주의 신학 연구지 ‘기독교 세계’에 신학자들 가운데 학문적 신학의 멸시자들에 대한 15가지 질문을 발표한다. 자유주의 신학의 특징은 다음과 같이 요약될 수 있다.

① 역사적, 비판적 방법과 그 연구 결과들을 철저히 수용함

② 교회의 교의학적 전통, 특히 그리스도론의 교의학적 전통을 상대화시킴

③ 기독교를 윤리적으로 해석함

④ 자유주의적 낙관주의에 동의하면서, 기독교를 그 시대의 문화적 의식과 조화시킴.

하르낙의 대표적 저서인 ‘기독교의 본질’, 트뢸취의 ‘기독교의 절대성’은 이러한 특징을 가진 자유주의 신학의 대표작이라고 말할 수 있다.

1914년 8월 4일 하르낙은 당시 독일 황제 빌헬름 2세(Wilhelm Ⅱ)의 전쟁 정책을 지지하는 독일 ‘지식인들의 성명서’(Menifest der Intellektuellen)를 작성한 후, 빌헬름 헤르만(Wilhelm Hermann) 등, 92명의 학자와 함께 이에 서명하였다. 하르낙이 작성한 이 성명서를 읽고, 칼 바르트는 19세기 신학자들의 윤리학과 교의학, 성서해석과 역사 기술을 더 이상 따를 수 없으며, 이제 19세기 신학은 더 이상 미래가 없다고 생각했다. 이로써 바르트는 19세기 자유주의 신학과 결별하고 자신의 신학을 시작하게 되는데, 이 시작이 그의 유명한 『로마서 강해』와 함께 일어난다.

자유주의 신학자들이 가르친 ‘역사에 대한 경외’는 ‘하나님의 말씀에 대한 경외’로, 인간의 의식의 신학은 ‘하나님의 계시신학’으로 대체되어야 하고 신학은 하나님에 대한 인간의 사유와 인간의 말

에서 시작하지 않고, 인간에 대한 하나님의 사유와 말씀에서 시작해야 한다는 것이었다. 예수 그리스도 안에서 성육신 한 말씀, 곧 예수 그리스도 안에서 일어난 하나님의 자기계시, '하나님께서 말씀하셨다(Deos dixit)'는 사실이 신학의 출발이 되어야 한다는 것이었다.60

일찍이 자유주의 신학에 대한 도덕적 실망과 교의학, 역사적 해석에 관한 관점에 반발하여 자유주의와 결별하고, '말씀의 신학', '변증법적 신학', '위기의 신학', '그리스도적 사회주의 실천'에 매진해온 칼 바르트를 오늘날 소위 한국의 보수를 표방한다고 하는 신학자 일부가 바르트를 자유주의자로 정죄하는 글을 공공연하게 발표하는 것을 볼 때, 그분들이 과연 바르트의 대표적 저서인 『로마서 강해』나 『교회 교의학』을 제대로 읽고 나서 그러한 소리를 하는지 참으로 개탄할 수밖에 없는 안타까운 심정이다. 필자는 한국교회의 대부분 신학자나 목회자가 17세기 정통주의와 19세기 미국에서 일어난 근본주의 신학에 바탕해 있다고 본다. 거기에다 교회의 설교는 '4영리'에서 크게 벗어나지 않는다. 사영리(四靈理)란 '하나님은 당신을 사랑하시며 당신에게 위대한 계획을 갖고 있으며, 당신은 죄인이며, 예수 그리스도만이 죄를 해결할 수 있으며, 이 예수님을 영접해야 구원을 받게 된다는 것'이다.

따라서 필자는 한국교회의 신학과 신앙의 문제는 '하나님 나라'에 대한 신학의 부재요, 예수가 살았던 당시 그 억압과 고통 속에서 정의, 인간해방, 평화, 화해, 용서, 사랑을 구체적으로 실천하려 했

60 김균진, 20세기 신학사상 I, 연세대학교 출판부, pp.17-18.

던 성경적 역사의식이 부재한 것이라고 보는 것이다.

6. 바르트의 성서와 신학적 관점에서 보는 정치

1) 바르트의 『로마서 강해』 1판 13장에 있어서의 하나님의 혁명

마르크바르트는 '혁명'이라는 말이 칼 바르트의 사회주의적 수용에 있어서의 비판적 역할을 하는 개념이며, 동시에 그의 하나님 이해, 그의 종말론, 그의 윤리학의 근본개념이 된다고 주장한다. 마르크바르트는 칼 바르트의 혁명개념의 의미를 파악하기 위하여 바르트의 『로마서 강해』 1판과 2판의 13장 1-7절 해석에 대한 분석을 시도한다. 바르트는 레닌의 문서를 다음과 같이 인용한다. '당신들(크리스챤)의 국가와 혁명은 하늘에, 인간들의 감추임 안에 있다.' 그런데 레닌의 '국가와 혁명'이라는 개념이 하늘 즉 하나님 혹은 하나님 안에 감추인 인간들의 혁명으로 해석하려는 바르트의 시도가 표명되어 있다.[61]

왜 바르트는 '하나님 나라 혁명'에 관해 논구하면서, 복음서를 택하지 않고, 로마서를 택했을까? 칼 바르트는 로마서에서 바울의 혁명성을 발견했다. '하나님 나라'의 성취가 이 땅에서의 정치·사회적 혁명을 통해서 도래한다고 믿고 있었다. '하나님의 혁명의 모형'은 이미 역사적 예수의 '예루살렘 성전 숙청'에서 드러났다. 그 결과로 십자가형을 받고 로마세력과 고소하는 예루살렘 종교지도자들에 의해 고난을 받고 죽임을 당한 것이다.

기존의 로마서 이해는 속죄론에 초점을 모아서 본 경향이 있었

61 김애영, 앞의 책, pp.100-101.

다. 그러나 로마서는 교리서임과 동시에 그 안에 로마제국의 반신적 체제에 대한 도전과 저항의 의도가 깊숙이 숨어있는 것이다. 예수 그리스도가 구주라고 한 것 자체가, 바로 로마제국주의에 대한 체제도전인 것이다. 로마는 황제숭배를 국시의 제일 이데올로기로 삼고 있는 나라였다. 초기 기독교 같은 식민지 나라의 소규모 종교집단, 즉 신흥 기독교가 '그들의 신을 구주로 표현한 것' 그 자체가 로마제국에 대한 도전이었기 때문이다. 로마가 강조한 평화는 '팍스 로마나'(Pax Romana) 즉 무력과 법에 의한 평화였다. 지중해 인근 제 민족과 국가를 무력으로 점령해서 식민지로 삼음으로써 저항세력을 없애버리고 로마가 당시의 세계에 로마를 중심으로 한 평화체제를 이뤄가겠다는 것이었다. 로마제국에 맞선 사도 바울의 대척적인 관점은 바로 하나님의 나라는 '정의, 평화, 희락'이었던 것이다.

> 하나님의 나라는 먹는 것과 마시는 것이 아니요 오직 성령 안에 있는 의와 평강과 희락이라(로마서 14장 13절)

2) 한국교회와 사회에서의 로마서 13장을 오용하여 군부독재권력에 굴종한 한국교회의 사례

1974년 유신독재 시절 당시 국무총리인 김종필은 기독실업인회가 주최한 '국무총리를 위한 기도회'에서 로마서 13장에 의거하여 반유신운동을 펼치고 있던 에큐메니칼 측을 비판했다. 김종필은 로마서 13장 '각 사람은 위에 있는 권세들에게 복종하라 권세는 하나님으로부터 나지 않음이 없나니 모든 권세는 다 하나님께서 정하신

바라'(로마서 13장 1-2절)라는 말씀을 인용하여 '교회는 정부에 순종해야 하며 정부는 하나님이 인정한 것'이라는 발언을 했다. 즉 박정희 군사독재 정권에게 복종, 맹종하는 것이 하나님의 뜻인 것처럼 말한 적이 있었다.

'권세는 하나님으로부터 나지 않음이 없다'는 말씀은 당연히 진리의 말씀이다. 그러나 '하나님께로부터 받은 권세'를 공익을 위해 선하게 쓰지 않고, 사익과 탐욕을 위해 악하게 사용했다면 그 권력은 이미 타락한 권력이므로 심판받아야 하는 것이다.

3) 『로마서 강해』 제2판의 '신학과 정치와의 관계'가 1920년대에 남긴 결과

『로마서 강해』 2판에서 완성된 신학과 정치의 관계를 요약하고자 한다. 우리가 먼저 묻는 것은 『로마서 강해』 제1판과는 달리 제2판에서는 정치적 행동의 체제내적인 목표설정들을 염두에 두었는가 하는 것이다. 『로마서 강해』 제1판에서 사회민주주의는 부르주아적 사회와 그 국가에 맞선, 하나님의 세계혁명의 과정에 상응하는 저항으로 이해되었다. 사회민주주의적 정치는 독자적인 세계내적인 목표를 갖지 않고, 완전히 오고 있는 하나님 나라의 목표를 지시하는 기능을 갖는다. 이것은 절대적으로 하나님의 혁명 안의 '협력'이다.

이에 반해 『로마서 강해』 제2판에 나타난 사회주의적 정치는 상대적이나마 독자적 비중을 갖게 된다. 즉 사회민주주의는 기존하는 부르즈와적 사회질서 안의 사회개혁의 정당, 경멸받는 자들과 억압당하는 자들의 대변자로 규정된 것이다. 사회적 억압에 맞선 저항은 억압당하는 자들의 사회적 상황을 개선하라고 호소한다. 사회는 그 자체로서 정치적 행동이 이루어져야 하는 마당이다. 정치가 하나님의 혁명을 위하여 '시위하는지'의 여부에 관한 질문은 기존하는 사회질서 내에서 정치적 행동이 어떻게 이루어지는지에 따라 결정된다. 그러나 바르트는 『로마서 강해』 제2판의 윤리에서 그러한 긍정적인 세계내적 목표설정들을 내놓으려고 하지 않았고, 또 그렇게 할 수도 없었다. 개혁정치는 기존하는 적대주의적인 사회질서들의 기본적인 그릇된 경향성에 맞선 저항으로 이해되었기 때문에, 그 목표는 실제로 단지 부정적으로만 설명되었던 것이다. 『로마서 강해』 제2판의 위기신학에서 개혁정치의 사상은 아직 관철될 수 없었고, 그것은 하나의 요청으로 머물러 있었는데, 이 요청은 『교회 교의학』의 신학에서 비로소 해결된다.[62]

4) 칼 바르트의 『교회 교의학』에 나타난 신학과 정치의 상관관계

여기서는 바르트가 그의 화해론의 맥락 안에서 제시한 신학과 정치의 연관성을 분석하는 일에 설명의 역점을 두려고 한다. 『교회 교의학』의 그리스도론적 출발점에 맞추어 이 설명은 특히 '사회의 위기와 희망으로서의 예수 그리스도'에 관한 절에서 이루어져야 할 것이다. 그렇지만 그 전에 논의되어야 할 것은 『교회 교의학』에 나타난 신학과 정치의 관계의 다른 구상들과의 차이점도 설명해 주는 주제들이다. 여기에서 주목해야 할 것은 후기의 바르트가 어떻게 두 『로마서 강해』의 신학과 정치의 연관성, 그 질문설정과 문제해

62 울리히 단네만, 이신건 역, 『칼 바르트의 정치신학』, 1991, 한국신학연구소, pp.123-125.

결의 시도들을 다시금 포착하고 수정하고 발전시키는가 하는 문제이다.

5) 하나님의 말씀의 약속 아래에 있는 정치적 실천

고백 교회[63]에서 바르트의 참여는 직접적인 정치적 요소를 가지지 않았고, 또한 거꾸로 파시즘에 맞선 그의 개인적인 정치적 저항도 그의 신학적·교회적 참여와 연결되지 않고 병존해 있었다. 따라서 우리는 이렇게 말할 수도 있다. 1933/34년에 바르트는 다른 신학적 토대 위에서 결정적으로는 반(反)정치적인 『로마서 강해』 제2판의 태도를 다시 한 번 더 되풀이했다. 물론 이런 태도는 1920년대에 조금 구멍나 있었다. 1931년 이후로 '자연신학'을 철저히 배격했던 새로운 입장은 교회투쟁의 초기에 다시 한 번 더 바르트의 사고의 분리적 동기를 촉진했다. 1933/34년에 그가 중요하게 여긴 것은 특히 신학과 교회를 파쇼적 지배체제에 편승시키는 것에 맞서서 신학적·교회적으로 효과적인 통일된 전선을 구축하는 일이었다.[64]

'복음과 율법'이라는 논문으로부터 출발하여 하나님의 말씀을 정치적 이정표로 이해하려는 바르트의 시도는 교의학과 윤리학에 대한 그의 관계규정과 매우 밀접히 연결되어 있다. 바르트는 윤리학을 교의학 안으로 통합했다. 왜냐하면 교의학은 윤리적 문제를 포

63 고백교회(告白敎會, 독일어: Bekennende Kirche, 영어: Confessing Church)는 1934년 히틀러에 반대하여 설립된 독일 프로테스탄트 교회를 말한다. 1935년 독일 바르멘에서 하나님의 말씀인 예수 그리스도만이 복종의 대상이요, 하느님의 계시라는 내용의 《바르멘 선언》을 발표하여 히틀러에 대한 불복종을 선언하였다.

64 위의 책, pp.137-139.

함하고 있기 때문이다. 교의학의 대상인 하나님의 말씀은 인간의 존재라고 하는 수신인을 갖고 있다. 인간의 존재는 하나님의 말씀의 대상이고, 하나님의 말씀을 통해 자신의 올바름에 관한 물음을 받게 된다. 그러나 인간의 존재가 하나님의 말씀에 의해 붙들리는 것은 예수 그리스도의 존재 안에 그 근거를 갖는다. 교의학은 예수의 존재와 행동에 관해 질문함으로써, 하나님의 행동과 선함뿐만이 아니라 행동하는 인간과 그의 행동의 선함에 관해서도 질문한다. 바르트는 그리스도교 윤리학의 중심적 범주로서 인간의 자유를 들었다. 인간의 해방은 계명의 형태로 인간을 만나는 하나님의 은총의 선택 의미와 목적이다. 이 해방을 실천함으로써, 인간은 그의 피조적이고 그리스도교적인 실존 안에서 선하게 행동하며, 하나님 행동의 선함에 부응한다.[65]

7. 바르트의 하나님의 혁명신학과 마르크시스트의 혁명관

1) 하나님을 추구하는 신학과 정치는 어떻게 이뤄져야 하는가?

바르트는 1911년과 1914년 사이에 그의 이론적 논술에서 사회주의를 특별히 신학적으로 깊이 성찰하지 않았다. 그는 '현대신학과 하나님 나라 일'의 의미에서 여전히 자유주의적 신학자로 남아 있었다. 이로 인해 1911년부터 그의 사고에는 분명히 이원론이 생겨 있었다.

그는 교의학적·신학적으로는 그 자신이 단지 이론적이라고 분류한 자유주의 신학의 영향권 안에 머물러 있었던 반면에, 실천적으

65 위의 책, pp.140.

로는 종교적·정치적 사회주의의 문제지평과 사상체제로부터 사고했다. 결국 신학과 정치적 실천은 서로 조정되지 않은 채 서로 병존하게 되었다.66

자유주의 신학과 사회주의(제2차 인터내셔날)의 실천적 실패는 그 정체성에 대한 중대한 회의(懷疑)를 초래했다. 그 결과 1909년 이래로 바르트가 제기해 온 질문을 첨예화시켜 결국 그것과 결별할 수밖에 없도록 만들었다. 그들(자유주의 신학자들과 그와 유사한 신학자)의 도덕성에 실망하게 된 바르트는 그들의 윤리학과 교의학, 그들의 성서해석과 역사서술도 더 이상 따를 수 없는 것이고, 19세기의 신학은 여하튼 아무런 미래를 가지고 있지 않다는 것을 발견했다. 자유주의 신학과 사회주의의 패배는 바르트에게 있어서 그의 이론적·신학적 정체성의 상실만이 아니라 그의 실천적·사회주의적 정체성의 상실까지도 의미했다.

1914년 8월의 결과는 그에게 새로운 이론과 새로운 실천, 새로운 신학과 새로운 정치를 향한 추구였다. 가치상대주의 문제는 다시금 첨예하게 예민해졌는데, 이 점은 사회주의에 적용해 볼 때도 역시 마찬가지였다. 사회주의에 대한 그 자신의 불신은 그 이론적 정당성에 관한 질문도 제기했다. 사회주의 실패가 바르트에게 가져다 준 인식은 이론적으로 숙고하지도 않은 채 실천적으로 뛰어든다고 해서 실천의 문제가 해결될 수 있는 것은 아니기 때문에 오히려 교회의 실천이든 정치적 실천이든 실천의 문제는 처음부터 이론적

66 울리히 단네만, 이신건 역, 칼 바르트의 정치신학, 한국신학연구소, pp.28-29.

문제로서 작업되어야 한다는 점이다.[67]

2) 하나님의 나라와 사회 사이의 실천방안

젊은 바르트는 사회주의를 어떻게 이해했는가? 바르트는 사회주의를 1916/1917년에 시사한 하나님, 세계 및 인간의 관계규정과 분명히 접목한다. 하나님의 실천이 행해지는 대상과 인간의 실천이 수행되는 영역인 공간은 '사회'라고 생각했다. 이러한 의미에서 '삶'과 '사회'는 동일한 것이었다.

젊은 바르트의 사회주의 이해를 밝히기 위해서 우리는 그에게 독특하게 나타난 사회주의와 사회개혁의 대비로부터 시작해야 한다. 사회개혁은 그에게 있어서 사회적 고난을 해결하는데 도움이 못된다. 왜냐하면 그것은 기존하는 부르주아적 자본주의의 사회질서의 역학과 논리 안에 머물러 있기 때문이다. 따라서 그는 1914년부터 1919년까지 사회개혁이라는 개념을 비판적 의미에서 사용했다.

사회개혁은 단지 사회개혁이다. 사회개혁은 사회적·경제적 '현실'을 원칙적으로 존중하기 때문에, 사회불의를 현실적으로 제거하지 못한다. 그래서 바르트가 보기에는 사회개혁의 정치는 결국 물신숭배주의로 고착된 '현실' 안으로 수동적으로 몰두하는 결과에 빠진다. 이에 반해 사회주의는 이 몰두에 맞선 저항이고, 인간의 '현실'이 더 이상 지배하지 않는 사회에 대한 신봉이다.

사회개혁과 사회주의 간의 이러한 구분은 사회민주주의에 대한

67 울리히 단네만, 위의 책, pp.29-30.

바르트의 입장을 미리 결정했다. 1914년 이후부터 그는 사회민주주의 제2차 인터내셔널의 좌파 입장을 취했다. 그는 개혁주의적인 사회민주주의의 사회정치적·외교정치적 동화주의에 저항했고, 바로 이 개혁주의를 '기회주의'라 불렀다.

자본주의와 민족주의의 토대 위에 있는 개혁정당에 불과한 사회민주주의는 사회주의에 대해 배반행위를 저지른다. 그러므로 바르트는 철저한 전통에 충실히 머무는 사회민주주의를 옹호했다. 사회민주주의자들의 마지막 목표인 계급없는 사회에 대한 사고는 그에겐 그리스도인들도 무심히 지나칠 수 없는 희망이었다. 사회주의의 마지막 목표는 하나님 나라의 비유라는 특징을 갖기 때문에, 그리스도인들은 사회민주주의의 좌익에, '극단적 좌파노선'에 서야 한다.

이처럼 바르트는 사회개혁에 맞서서 결정적으로 사회주의 편에 섰기 때문에, 그가 사회주의 길과 목표에 관한 정확한 설명을 통해 그의 견해를 더 폭넓게 표명했으리라고 우리는 기대할 것이다. 바르트는 1909년 혹은 1911년 이후부터 분명하고 구속력을 갖는 구체적인 교회의 실천을 추구했다. 그는 1919년까지 이 문제를 푸는 데 있어서 실제적인 진보를 이룩했는가? 더 정확히 질문하자면, 우리는 인간의 일상적인 사회적 실천을 완전히 하나님 나라의 목표를 향한 기능 안에 설정하고 그것을 넘어섬으로써, '일상적인 실천의 질문들'을 풀 수 있겠는가? 우리는 두 『로마서 강해』를 분석한 후에라야 비로소 초기 바르트 신학과 정치 관계의 중심적 문제점에 대한 해답을 풀 수 있을 것이다.[68]

8. 바르트가 주장하는 '하나님의 혁명'이란?

바르트는 하나님의 혁명에 관하여 말할 때에, '신적인 세계 혁명' '하나님으로부터의 절대적인 혁명' '그리스도 안에서 도래하는 혁명'에 관하여 말한다. 마르크바르트에 의하면 이러한 표현은 일반적인 종교-사회적 어법이라고 한다. '절대적 혁명'이란 표현은 라가츠의 '절대적 희망'의 번역이며, '하나님으로부터'(von Gott aus)의 혁명이란 표현은 볼셰비키 즘을 결합해야 한다는 것이다. 바르트에 있어서 언어방식과 표상방식에게 작용하는 모티브들은 바로 레닌적 틀을 통하여 개념적인 예리함을 가지게 된다는 것이다.[69]

바르트는『로마서 강해』1판, 로마서 12장 16절에서부터 13장 10절까지의 주석에서 정치적 혁명의 문제에 대한 그의 숙고들을 '우월성'이라는 말로써 혁명적 정치의 형태로 규정하는데, 그것은 크리스챤 공동체에게 알맞은 혁명적 방법으로 나타난다는 것이다. '자아집착은, 그러나 우월성이 아니다. 그대들은 하나님의 일을 자아집착으로 대표할 수 없다. '자아집착'(Eigensinn)과 '자의'(Eigenwille)라는 개념들은『로마서 주석』 I 판에서 소외된 사회의 근본적인 카테고리들을 표시하며, 따라서 자유주의적 사회질서에 있어서 특징적이라고 한다. 그것에 반해서 바르트는 하나님의 혁명을 통하여 배제되어야 한다는 것이다. 즉 자아집착의 배제는 사사주의(私事主義, Privatismus)와 특수주의(Partikularismus)의 배제를 의미한다는 것이다.[70]

---

68 울리히 단네만, 위의 책, pp.42-54.

69 김애영, 위의 책, pp.110-112.

바르트가 성서의 가르침을 근거로 '하나님의 혁명'을 주장하는 바는 어떠한 이유에서인가를 생각해 본다. 사도 바울이 로마서를 기록할 당시 로마제국주의의 역사적 상황은 어떠했는가? 이스라엘은 BC 67년 로마제국의 폼페이 장군이 이끄는 로마군에게 점령되어 식민지가 되어 있었다. 로마제국은 황제의 대리인인 총독 및 분봉왕들(안티바스, 빌립)을 통해서 각종 세금을 거두어 들였다. 로마군 주둔경비를 위하여 농산물의 1/4을 거두어들이고, 통행세를 징수해 갔다. 로마군은 군사, 도로, 성(城), 병영(兵營), 로마식 도시건설을 위하여 인두세를 강요하고, 노동력을 징발해 갔던 것이다. 민중들은 식민주의자들인 로마인들의 무거운 과세에 시달렸고, 대지주들은 각양의 형태로 민중들의 노동력과 잉여농산물을 착취하였다. 로마제국의 통치가 있는 곳에는 어디나 이러한 압제와 착취가 동일하게 자행되었던 것이다.

당시 예루살렘 성전의 부패상은 어떠했는가? 상업자본가나 자산가들은 성전 은행에 예금하고 고리대금업을 일삼았던 것이다. 성전에서는 외국 화폐를 성전 세겔이라는 화폐로 환전해 주면서 2.1%-4.2%의 프리미엄을 붙였던 것이다. 환전상들은 그 이익을 사제들과 나누어 가졌다. 유대전쟁 때는 젤롯당(유대 해방군 집단)이 예루살렘에 입성했을 때, 맨 먼저 채무장부를 불살랐다는 것은 무엇을 의미했겠는가? 그 때의 민중들이 빚의 횡포와 부담에서 풀려나는 것이 얼마나 절실했는가를 알아야 할 것이다. 예루살렘 성전 순례자들은 깨끗한 제물을 사야 하는데, 그것의 결정권은 사제에게 있

---

70 김애영, 위의 책, p.112.

었다. 제물이 성전의 전매특허가 된 것은 착취가 가중되었음을 나타내는 것이었다. 또 순례자들은 그들의 총수입 10분의 1을 성전세로 내야하며, 또 10분의 1을 예루살렘에서 소비하게끔 법제화되어 있었던 것이다.

예루살렘 성전은 그 영지를 가지고 민중(소작인)들을 수탈했다. 이렇듯 예루살렘 성전은 온갖 수단을 동원해서 부(富)를 축적해 갔었다. 그 '부'가 얼마나 컸는지, 유대전쟁 때 로마가 예루살렘 성전을 약탈하여 가져간 금을 방출하자, 소아시아와 이집트의 금 값이 폭락했다는 것이다. 나사렛 예수는 유월절에 예루살렘 성전에 올라가서 성전세력들을 이렇게 질타했다.

> 성전 안에서 소와 양과 비둘기 파는 사람들과 돈 바꾸는 사람들이 앉아있는 것을 보시고 노끈으로 채찍을 만드사 양이나 소를 다 성전에서 내쫓으시고 돈 바꾸는 사람들의 돈을 쏟으시며 상을 엎으시고 비둘기 파는 사람들에게 이르시되 이것을 여기서 가져가라 내 아버지의 집으로 장사하는 집을 만들지 말라 하시니(요한복음 2장 14-16절)[71]

종교권력과 정치권력의 야합은 예수님 시대에 와서 더욱 노골화되었다. 로마의 총독이 예루살렘 성전의 대제사장을 임명했다. 심지어 총독은 사제복을 보관할 정도로 대사제를 손아귀에 넣고 흔들었던 것이다. 대사제로 임명되기 위해서는 로마제국의 실력자들에게 얼마나 많은 뇌물을 써야 했는가도 쉽게 짐작이 가는 것이다. 나

71 위클리프 주석성경, 개혁개정판, 소망·선교횃불.

사렛 예수 당시 대사제 안나스가 사두개파의 대재벌이었다는 것은 무엇을 말하는가? 그는 세습제를 만들어 대사제를 이어가게 한 것이다. 예루살렘 지배자들이말로 로마제국의 충실한 시녀였다. 하나님에게만 제물을 바치게 되어 있는 성전의 번제단 위에 로마황제의 제단을 세워 놓고 제물을 바칠 정도로 성전을 더럽혔던 것이다.

이러한 때에 나사렛 예수께서 갈릴리 가버나움을 중심으로 '하나님 나라' 운동을 시작하므로, 고난 받는 민중들의 삶 속에 찾아오신 것이다. '때가 찼고 하나님의 나라가 가까이 왔으니 회개하고 복음을 믿으라'(마가복음 1장 15절)고 선포하였다. 하나님 나라의 혁명은 무력으로 하는 것이 아니다. 근본적으로 고난 받는 민중들의 아픔과 질곡의 삶에 동참하는 것이다. 당시 로마라고 하는 악의 제국에 대해서 '악에게 지지 말고 선으로 악을 이기라'(로마서 12장 21절)고 가르친다. '모든 권세는 하나님께서 정하신 것이다'(로마서 13장 1절) 하나님의 권세는 선하다. 로마제국의 'Pax Romana' 즉 로마식 군사적 지배 이데올로기로 약한 나라들을 강점하여 억압하고 수탈하는 비인간적인 체제는 '하나님 나라'에 합당하지 않는 것이다.

로마서 13장 1절에서 바울이 말한 악(惡)이란 내면적으로 타락한 본성이나, 추상적 의미의 악을 넘어서, 사도 바울 당시 지중해 연변의 제 약소민족을 막강한 무력과 로마권력 중심의 법체제로 수많은 민중들을 수탈하고 비인간화했던 로마제국의 절대권력과 당시 계급사회에서 로마시민이나 권력자가 하층민이나 노예들을 억누르고 수탈했던 정치적, 사회적인 악한 세력을 가리키는 것으로 보아야 비로소 성서가 민중구원과 해방의 책이 되는 것이다. 레온하르트

라가츠와 칼 바르트의 경우를 보면 신학이라고 하는 것은 시대의 도전들에 대한 신앙의 응답이라는 사실이 분명해진다. 그러므로 이들은 1,2차 세계대전, 산업화, 사회주의 도전에 직면해서 성경을 새롭게 읽고 해석하는 가운데 종교사회주의라는 신학적 담론을 거쳐 말씀의 신학을 창출하기에 이르렀던 것이다.

제6장

사회주의적 신앙과 역사적 실천

제1절 중국식 사회주의 체제에서 팅 주교의 신앙과 신학의 성장

필자가 중국의 삼자교회(三自教會)에 대해서 평소에 궁금했던 것은 '종교는 인민의 아편이다'라고 규정했던 사회주의 체제 속에서 어떻게 교회가 생존할 수 있었는가하는 점이었다. 삼자교회란 중국 기독교 삼자애국운동위원회(三自愛國運動委員會)의 약칭이다. 삼자교회의 주장은 '중국 공산당과 인민정부의 영도 아래 전국의 기독교신도들을 단결하여 조국을 사랑하면서 국가의 법령을 준수하고 자치(自治), 자양(自養), 자전(自傳)의 삼자(三自)를 지지해 나가자'는 뜻이다. 또한 문화혁명의 거센 탄압 속에서 어떻게 중국교회가 살아남을 수 있었을까하는 것도 중요한 관심사였다. 이제 팅 주교의 신학과 삼자교회의 신앙행태를 개관하여 중국교회의 정체성과 세계선교에 끼친 영향력을 살펴보고자 한다. 또한 신자유주의 경제모순 속에서 대기업들의 독점체제와 횡포로 인해 노동자들의 생존권이 위협받고 민중들의 경제적 불평등이 지금까지 그치지 않고 있다. 이에 대한 대안으로 "자본주의 방식으로 벌어서, 사회주의 방식으로 분배하라"는 요구가 학계와 시민단체에서 들려오는 때이다. 필자는 사회주의 체제를 수용하면서, 기독교의 정체성을 잃지 않으려고 애써온 중국교회의 변화를 이해하고자 하는 것이다.

1. 중국의 사회주의 체제에서 팅 주교의 신학과 선교

1) 팅 주교의 신앙과 신학의 성장과정

팅(정광훈) 주교는 1915년 상해에서 태어났다. 팅의 아버지는 상해에서 은행원으로서 중국교회의 자조에 크게 공헌한 바 있다. 외고조 할아버지는 성공회 신부였다. 팅의 어머니는 아들 팅이 신부가 되기를 기도했다고 한다. 팅이 태어났던 1915년은 청나라가 손문의 혁명에 의해 이미 패망한 때였다. 중국은 혼란 속에 있었고 세계열강들이 중국을 마음대로 주무르던 때였다. 상해만 하더라도 프랑스가 다스리는 프랑스 조차지(租借地)가 있었고, 또한 외국인 거류지가 있어서 영국과 미국의 조차지로 통치되고 있었다. 이렇게 된 것은 소위 아편전쟁(阿片戰爭, 1839-42)에서 중국이 패배했기 때문이다.

1917년 러시아에서 승리한 볼셰비키 혁명이 중국 지식인들의 눈을 뜨게 했다. 팅이 4세 때 5·4운동이 일어났다. 1921년에 이미 상해에서 지하조직으로 12명이 중국공산당을 창설했는데, 여기에 모택동이 들어 있었다. 주은래가 낀 공산당 지도자들이 상해 노동자들을 조직해서 대규모 반외세, 반우익 시위를 상해에서 일으키던 해는 팅이 12세가 되던 해였다. 이러한 중국의 급격한 변화가 어린 팅에게 간접적으로 영향을 주었을 것이 확실하다.[1]

팅은 상해의 세인트 존스대학에 입학하여 공학을 공부하다가 후에 어머니의 권유로 신학으로 전과했다. 이 대학은 미국 성공회가 세운 대학으로 학력수준이 높았고, 또 영어로 강의했는데 중국 지식인들을 외국인화 한다는 의도였던 것이다. 팅이 대학에 다닐 때는 장개석이 모택동을 잡아 없애려고 추적할 때였다. 모택동은 전략상 '대장정'을 감행하여 강서 소비에트 지역을 떠나 실로 9,600km를 걸어, 마침내 엔안에 도착하여 국공내전(國共內戰)의 본거지로 사용했다. 팅은 신학사 학위를 끝내고 신부로 서품되어 교회의 신부보, YWCA 학생부 간사, 또한 국제교회에도 봉직했다. 이 모두가 상해에서였다. 삼자애국운동의 지도자 오요종(1890-1979)을 만난 것은 1930년대 중반으로서 그에게 깊은 영향을 주었다.[2]

팅은 1942년 결혼했고 제2차 세계대전이 끝나자 캐나다 기독학생운동(SCM)의 초청을 받고 1946년 9월에 캐나다에 도착했다. 근무를 끝낸 후 미국 유니언 신학교에 가서 석사학위를 끝내고 제네바에 본부를 둔 세계기독학생연맹 총무로 발탁되어 갔다. 이러한 경력은 팅으로 하여금 세계각지로 다니면서 폭 넓게 기독교지도자들을 접할 수 있는 기회를 제공했다. 자연히 그의 사고(思考)는 진보적인 방향으로 성숙해갔다. 1949년 중국에서 모택동의 공산주의 혁명이 승리하고 있다는 소식을 듣고, 프라하를 방문했다. 세계평화회의에 참석하고 있던 오요종과의 긴 대화는 팅으로 하여금 사회

1 홍성현 편저, 『중국교회의 전기와 새로운 중국의 신학』(서울: 한울, 1992), pp.94-95.

2 위의 책, p.95.

주의 국가 안에서도 교회가 그 기능을 수행할 수 있다는 확신을 갖게 했다. 그는 1950년 귀국하여 상해로 돌아왔다.[3] 팅 주교의 생애는 개신교가 처음으로 중국적 형식을 띠던 시기를 포함한다. 20세기 이전에도 중요한 평신도 기독교인이나 성직자도 있었지만, 중국 기독교 공동체의 삶과 사상은 1940년까지 유럽이나 북미의 선교단체에 의존적인 관계로 남아 있었다.[4]

2) 사회주의 혁명과정에서 팅이 정립한 신학

1949년 중국에서 사회주의 혁명의 성공은 근본적으로 새로운 사회의 상황 속에서 인민들에게 공감을 일으키는 방식으로 기독교를 표현해야 한다는 추가적인 과제를 가져왔다. 전통적인 중국사상이 재고될 필요가 있었을 뿐 아니라 마르크스주의적 사회주의가 중국의 형식으로 재고될 필요도 있었다. 마르크스주의자들은 그들의 체계가 중국인의 정체성 위에 세워져야 한다는 것을 기독교인들보다 더욱 확신하였다. 모택동의 사상은 마르크스주의의 중국적 사상으로 보였다. 기독교는 세계제국주의와 동일시되고 중국내에서 자본주의적, 지주적 억압과 동일시됨으로써 고난당하였다.[5]

제3세계 사회주의 국가에서 교회를 세우는 것은 선례가 없던 과제였다. 팅은 어떻게 사회주의를 지지하는 기독교 지도자가 되었을까? 사회주의는 기독교인이 끝까지 투쟁해야 할 가난과 비인간화라는 수많은 악마를 극복했기 때문이었다. 사회주의를 지지하지 않는

3 위의 책, pp.95-96.
4 위의 책, p.102.
5 위의 책, p.102.

것은 교회를 위선적인 것으로 만들었다. 팅은 교회가 '참여적이며 비판적'이기를 기대했다.

팅의 글들은 성서적 신앙에 굳게 뿌리를 내리고 있다. 그 중 대표적인 것은 '탕자의 비유'에 나오는 형의 모습(눅 15:11-32)과 마음 내키지 않는 일을 하는 선지자인 요나의 모습이다. 팅은 교만한 사람들에게 비기독교적 영성을 향하라는 경고로 이 두 형상들을 사용한다. '탕자의 비유'에서 형의 모습은 기독교인을 향해 독선적인 사람에 대한 경고이다. "성서의 비평과 주석을 -신학적 전제들조차도- 치워두고 먼저 신약성서의 정신에 몰입하라." 팅은 복음의 단순성으로 되돌아 갈 것을 요구한다.

팅의 신학은 뛰어난 기독론을 가지고 있다. 복음은 그리스도 자신과 동일시된다. 그리스도는 우리에게 하나님의 모습을 보여주신다. 그리스도는 '인간의 보편적 죄인 됨 한 가운데서 죄 없으신' 새로운 인간이기도 하다. 그리스도 안에서 '타락한 세상에 만연한 무질서 속에서 이제 나타나기 시작한 완벽한 질서의 중심, 회복된 창조의 초점이 건설되었다'. 중국신학에서 그리스도 중심주의가 이 정도라는 것은 놀라운 일이다.

교회론은 '세상 안에 있지만 세상적인 것이 아닌 것'이라는 분리와 동일성의 관점에서 시작한다. 역사적으로 교회는 하나님을 고백하는 데 실패했다. 교회는 그 자체를 교정할 것이 계속 요청되어서, 복음의 해방적 힘이 세상에 알려졌고 인민들은 회개하였으며 그리스도를 주로 고백하였다.[6]

6 위의 책, pp.103-104.

2. 문화혁명 박해 당시 위기를 극복한 중국기독교

중국의 문화혁명 10년 동안 중국의 교회들은 많은 지식인들과 정부고관들에 의한 엄청난 억압으로 고난을 당했다. 비판과 자아비판이 약화되면서 지도자들은 혁명을 그 자체의 대립물로 전화시켰으며 적절한 동맹자나 지지자들을 적으로 만들었다. 이것이 바로 문화혁명이라는 미명하에 일어난 일이다. 그러나 오늘날 종교의 자유를 회복하면서 기독교인들이 올바로 말하는지 그릇되게 말하는지를 수많은 동료시민들이 '만일'이라는 전제를 가지고 스스로 분명하게 보아왔음을 발견한다. 많은 사람들이, 전적으로 그들 자신의 선택으로, 그리스도에 대한 신앙에 자기 자신을 헌신하고 있다. 사도 바울은 이렇게 말했다.

> 그러므로 내가 그리스도를 위하여 약한 것들과 능욕과 궁핍과 박해와 곤고를 기뻐하노니 이는 내가 약한 그 때에 강함이라.(고후 12:10)

예수의 말씀은 양심적인 말씀이었다. '내가 한 말이 잘못이 있다면 어디 대 보아라. 만일 잘못이 없다면 어찌하여 나를 때리느냐' 무엇이 옳고 무엇이 그른지를 구별할 수 있는 능력을 가진 신앙인 외에는 그 누구도 이러한 질문을 제기할 수 없을 것이다. 이것은 올바른 것의 궁극적인 승리를 확언하는 한 인간의 말이다. 여기에는 교리적인 것이 전혀 없다. 역사는 이성의 목소리, 진리의 목소리, 정의의 목소리가 작을지라도 이것은 결코 진실로 약하지 않음을 보여준다. 민중들로 하여금 옳은 것과 그른 것을 구분할 수 있도록 하는 능력을 갖게 하는 것이 바로 예수의 말씀이다.

3. 종교가 아편이라는 이유

"종교는 인민의 아편이다." 우리는 먼저 이 비판적인 판단이 특정한 시대의 특정한 개인의 종교에만 적절할 뿐, 종교 그 자체에는 적합하지 않음을 알아야 한다. 이러한 발견이 세상은 창조자 없이 창조되었음을 증명하는 것은 아니다. 일부 신자들의 정신상태는 혼돈스러울 수 있고 따라서 마취를 위해서 종교를 아편으로 사용할 수 있을는지 모른다. 그러나 이것이 하나님의 존재에 관해서 도대체 무엇을 증명하는가? 마찬가지로 그들이 아편에 호소하지 않는다는 사실은 하나님의 존재를 옹호하는 것도 혹은 부정하는 것도 아니다. 하나님이 존재하느냐 혹은 존재하지 않느냐는 별개의 독립적인 문제이다.

일부 설교자들은 종교가 아편의 형태로 나타난다는 주장에 대해 흥미를 갖지만, 이것은 올바르지 않다. 마태복음 27:34절에 보면 예수께서 십자가에 달리셨을 때, 고통을 제거하도록 호의를 가진 어떤 사람이 일종의 아편 한 잔을 예수께 제공했지만 마시지 않으셨다.

> 쓸개 탄 포도주를 예수께 주어 마시게 하려 하였더니 예수께서 맛보시고 마시고자 하지 아니하시더라(마 27:34)

그분은 왜 거절하셨을까? 예수는 자신의 인간적 생명의 마지막에, 그 가장 중요한 순간에-십자가 위에서 모든 인류의 죄를 짊어지셨을 때 끝까지 맑은 정신을 유지하기를 원하셨다. 예수는 하나님께서 그에게 하라고 하신 그 일의 완성까지 마취되고 마비된 정신으로 가려고 하지 않으셨다. 따라서 주저 없이 아편을 거부하셨다. 만일 그가 원하셨다면, 그는 고통에서 벗어날 수 있었겠지만, 자기 주변에서 진행되는 일을 더 이상 알 수 없었을 것이고, 십자가위에서 7개의 언명을 말씀하지 못하셨을 것이며, 그 결과 십자가 자체의 의미는 후세에 어둡고 불명확하게 남았을 것이다.[7] 하나님이 우리에게 주시는 것은 올바른 이성에 입각한 용서와 화해와 강함이지 마비된 영혼이 아니다.

필자는 오래 전 에드가 스노우가 쓴 '중국의 붉은 별'을 읽고 중국 공산당의 대장정에 큰 감명을 받았다. 미국의 젊은 신문기자인 스노우는 주은래, 주덕, 팽덕회 등만 만난 것이 아니라 홍군 병사들과도 함께 어울리며 그들의 이야기를 듣고 기록에 남겼다. 홍군이 가는 곳마다 농민들은 그들을 전폭적으로 지지하고 있었다. 그런 열화와 같은 지지를 밑바탕으로 자신들이 하는 일에 확고한 믿음을 가졌던 것이다. 중국 혁명의 성공과 정당성을 확신했던 자원자들의 사기는 높았고, 군기는 엄정했다. 그들은 봉건 잔재를 털어버리고 새로운 세계를 만들겠다는 이상으로 불탔다. 그들 안에서 이런 연대 의식은 새로운 공동체를 탄생시켰다. 홍군의 간부들도 계급의식을 떠난 인간적인 동지애로 중국의 미래를 위해 헌신하는 뜨거운 우정을 교류하였다. 결국 홍군은 국민당군과 일본제국주의 군대에 맞서 싸워 승리한 것이다.

7 위의 책, p.129.

4. 중국에서 일어난 삼자 애국운동

삼자(三自), 즉 자치, 자양, 자전운동은 1920년대부터 중국의 교회 안에서 일어났다. 이것은 네비우스의 선교이론이 뒷받침하고 있었다는 증거이다. 그리고 삼자원칙은 조선교회에도 그대로 적용되었다. 중국의 삼자 애국운동은 특히 중국의 1950년대의 정치현실과 연결되는 독특한 성격을 띠고 있는 것이다. 물론 삼자애국운동은 기독교신자들의 조직적 운동이다. 하지만 삼자 애국운동은 한편으로는 정치적이고 사회적이면서 다른 한편으로는 신앙적으로 해석되어야 한다. 여성동맹이나 청년연합과 같이 중국에서의 대중조직이면서, 동시에 교회의 토착화와 갱신을 목표로 하는 운동이기 때문이다. 양쪽 모두를 통전적으로 이해할 때 삼자 애국운동의 특성을 제대로 파악할 수 있을 것이다.[8]

오요종은 더 이상 기독교인들의 개인적인 사회 프로그램에 관해 이야기하지 않는다. 혁명정부의 사회주의적 변혁운동에 기독교인들이 참여할 것을 권하고 있다. 이렇게 하는 것이 중국에 대한 하나님의 희망찬 약속에 대해 응답하는 것이라고 그는 믿었다. 바로 이 점에서 오요종의 신학적 관점과 정치적 관심은 일치되고 결합되어 있었다. 팅은 나중에 오요종의 이런 사상, 하나님의 내재성이 중국의 정치적 상황과 연결된다는 사상이, 많은 중국 기독교인들로 하여금 혁명정권과 함께 민족해방운동에 나설 수 있게 했다고 기술하고 있다.[9]

8 위의 책, p.50.

9 위의 글, p.61.

기독교회는 공산당 간부들에게나 농민들에 의해서도 박해를 받았다. 기독교회는 단순히 공산당의 종교정책의 경직성이라고 못 박기 전에 오요종과 그 추종자들이 여러 해 동안 진지하게 반성한 것은 다음과 같은 것들이었다.

첫째, 쉽게 외세에 아부하고 선교사들의 자금에 의존한다는 점.

둘째, 신앙적인 장애인데 공산주의를 적으로 대한다는 점.

셋째, 지방 공산당 간부들 쪽에 있는 것인데 그것은 종교정책에 너무 많은 제한을 가한다는 것.

넷째, 기독자의 입장에서 볼 때 중국이 소련 쪽에만 동맹관계를 맺고 있다는 점.[10]

이러한 각고의 노력 끝에 '기독교 선언'이 발표되어 '인민일보'가 제1면에 인준하는 글을 실었다. 이 일을 핵심에서 추진한 인물은 오요종이었다. '기독교 선언'은 기독교와 외국의 제국주의가 연결되었음을 인정하면서 시작한다. '교회가 제국주의, 봉건주의, 관료자본주의를 반대하는 반면 독립적이고 민주적이며 평화롭게 연합함으로써 번영되고 강력한 새 중국을 건설하는 노력에 동참할 것'을 다짐하고 있다. 간단히 요약한다면 교회의 긴급한 과제는 제국주의의 문제를 인정하고 자체의 주체성을 향상시키는 일이었다.[11]

불행하게도 1960년대 초기부터 1979년까지 모든 신학적 활동이 금지되었다. 이른바 문화혁명 전후로 인해 신학자들은 극단적인 공산주의자들에 의하여 엄격히 규제 당했다. 그러나 중국교회는 이

10 위의 글, p.64.

11 위의 글, p.65.

기간을 불의 시련을 통해서 순금이 정제되는 시기로 받아들였다. 이 기간에 예수 그리스도의 은혜가 넘쳤음을 중국 기독교인들은 수없이 고백하고 있다. 이 무서운 박해 기간에 평신도 지도력이 강화되어 전문적 신학자들의 신학적 사고가 위축되는 대신에 '성경을 읽는 법' 등과 같은 평신도 위주의 연구가 진행되었다. 이른바 평신도 신학의 발전이다. 문혁기간에서 70년대 이르기까지 교회가 공개적으로 활동하지 못하고 있는 동안에 평신도들 속에서 뜨거운 신앙의 불이 계속 타오르고 있었다.

80년대에 들어와서는 신학교육과 기독교 서적의 출판이 활발하게 진행되었다. 가정교회에서 쓸 수 있는 문서들, 교회 지도자들이 읽어야 할 책들이 출판되었다. 90년대 중국교회는 10여개가 넘는 신학교와 신학훈련원을 가지고 있었다. 남경신학교는 그 지도적 위치에 있었고 삼자운동과 중국교회협의회도 그 지도력 하에서 운영되고 있었다.

삼자애국운동의 목표는 어떤 개인의 신앙을 변화시키거나 성서를 비판하는 것이 아니라 모든 교회는 성서에 따라 설교해야 한다는 것이었다. 신약성서와 구약성서 모두는 성령의 인도로 씌어진 것이며 그것들은 진리만을 담고 있다는 것이다. 기독교인들은 제국주의자들이 성서를 이용하고 왜곡하는 것을 허용하지 않고 제국주의자들이 기독교인들의 마음속에 쏟아 부은 독약을 제거하려고 노력하는데 이것은 오직 성서를 소중히 여기기 때문이다. 그렇게 할 때에만 기독교인들의 영적인 눈과 귀는 깨끗해지고 밝아질 것이며 성서 연구를 열망하게 될 것이다.

필자는 갈릴리신학대학원장 홍성현의 저서인 '중국교회의 전기와 새로운 중국'을 읽고 팅 주교의 신앙과 신학을 이해할 수 있었다. 나아가서 사회주의 체제 속에서 중국교회의 자주적이고, 인간 해방적이며, 성서적 신학사고(神學思考)를 발견할 수 있는 소중한 기회가 되었던 것이다. 이 책이 한국에 나온 때는, 1990년대 초반으로서 당시는 엄혹한 국가보안법이 사상의 자유와 표현의 자유를 억압하던 시대였다. 그럼에도 불구하고 통일조국의 미래를 기대하면서 북한선교를 대비해 그들의 사상과 체제를 이해하고자 중국교회의 진면목을 연구하여 발표한 것이다. 분단조국의 열악한 상황 속에서 교회가 해야 할 그리스도의 복음전파와 그리스도인의 삶의 변화에 관심을 갖고, 민족의 화해를 통한 평화통일 시대를 바라보면서 중국 공산당 사회에서 자주적이고도, 복음의 본질에 충실한 중국교회를 타산지석(他山之石)으로 삼자는 것이 홍성현 박사의 진정한 의도였다.

5. 사회주의의 박해 속에서 신앙을 유지한 중국교회

1949년 중국에서 사회주의혁명이 일어나 모든 해외 선교사들이 철수했다. 대부분의 해외 교회들은 중국에서 하나님의 사역이 중지된 것으로 보고 절망한다. 이후 그 땅을 저주의 땅이라고 부르기 시작했던 것이다. 선교사들이 모든 후원을 포기하고 떠났기에 교회당과 신학교의 건물만 덩그러니 남게 되었다. 그러나 이것은 교묘히 위장된 인간의 교만에 불과했다. 모든 '죽의 장막'(Bamboo Curtain)에서 하나님께서는 일하기 시작하셨다. 이러한 가운데 하나님께서는 당신의 백성들을 다양하게 선택하시고 그들을 훈련시키며 당신의 교회를 새롭게 세우는 주춧돌을 놓으셨다. 심지어 교회당과 신학교가 모두 폐쇄당하고 모든 목회자가 사형장으로, 감옥으로 향하고, 강제노역으로 시달릴 때도 새로운 일꾼들을 불러일으키셨다.

그 참담한 상황 속에서 자신의 식량을 나누어주고 남의 일을 대신 해주는 사랑의 섬김이 힘겨운 노동현장에서 진행되었고, 밤마다 초죽음이 된 몸으로 다시 모여 비밀리에 찬송 부르고 말씀 듣고 기도하는 사람들이 생겨났다.

1979년 부활절, 개혁개방 정책의 일환으로 중국교회의 문이 다시 열렸을 때, 놀라운 일이 일어났다. 다 사라진 줄 알았던 중국의 그리스도인들이 전국의 교회당으로 물밀듯이 몰려왔다. 통계로만 보아도 놀랍다. 1949년 사회주의혁명 직전의 그리스도인의 숫자는 대략 300만 명이었다. 이러한 현상은 중국 그리스도인들 자신은 물론 중국을 방문한 해외 그리스도인들이 중국교회로부터 새로운 신앙을 얻는 계기가 되었다. 바로 사람들이 피하여 떠나버린 그 박해와 고난의 현장을 지키시며 일하신 하나님을 재발견하게 된 것이다.[12]

필자는 이것이 기독교 신앙의 신비요, 하나님의 섭리라고 고백하는 것이다. 그렇다면 해방 직후 공산당이 지배권을 확장하던 시기에 북한의 기독교 지도자들의 신앙행태는 어떠했는가? 신의주 제일교회 목사 윤하영, 신의주 제2교회 목사 한경직의 당시 위상과 공산주의자들에 대한 태도는 어떠했는가? 두 목사는 미국 프린스턴신학교 출신이었다. 이들은 미국통이었으므로 영어에 능했고, 인맥도

12 김종구, "하나님께서 깨끗하게 하셨거늘", 「기독교사상」(2016년 6월), pp.129-130.

닿았을 것이다. 그들은 1945년 해방 한 달 후에 북한교회 탄압실상을 폭로하는 문서를 일본 동경에 있는 주일미군극동군사령부에 보고했다. 이 일이 있은 직후에 1945년 10월 윤하영과 한경직은 공산당의 박해를 피해서 수많은 교인들을 놔둔 채 월남하고 말았다.

필자는 비밀해제가 된 서신형태로 된 이 문건을 번역하여 갈릴리신학대학원 박사과정 수업 중에 발표한 바 있다. 윤하영·한경직이 미극동군사령부에 보낸 서신의 주 내용의 요지는, 소련군과 이북 공산당의 박해가 심하니 미국이 속히 개입해 달라는 군사적 개입 요청이었던 것이다. 미국 프린스턴에서 신학을 공부하고 돌아온 그들에게는, 당시 김일성과의 토론과 협상을 통해 이북 사회에서 그리스도교 신앙을 뿌리내려야겠다는 고난을 각오한 신앙이 없었던 것이다. 당시 북한의 그리스도교인들이 지도자들을 중심으로 뭉쳐서 신앙의 자유를 확보하기 위해, 사회주의 정권에 부분적으로 협력하면서 교회를 유지해 갈 수 있는 카드를 끝내 사용해보지도 못하고 황급히 월남의 길을 택했던 것이다. 이로써 남한교회는 이북의 권력에 맞서는 전투적 반공주의 형태의 교회를 이뤄나가는데 큰 영향력을 끼쳤던 것이다. 김일성 공산주의 정권이 그리스도교에 호의적이지는 않았지만, 그들도 그리스도교인들의 협력을 받으려고 노력했던 것이다. 왜냐하면 그들의 시각에서 볼 때, 당시에는 기독교가 가장 큰 민간조직이었기 때문이다. 사실상 6.25 직전까지 이북교회에서는 주일예배와 집회가 제약과 박해 속에서도 존속되고 있었다. 중국교회의 오요종이나 정광훈(팅)같은 지도자들은 그리스도교에 대한 공산주의자들의 박해 속에서 정치적 타협과 신앙적 독립운동 즉 삼자(자치, 자양, 자전)를 실천함으로 삼자교회를 건설하지 않았는가? 중국 삼자교회는 혁명정부의 사회주의적 변혁운동에 기독교인들이 참여함으로, 신앙의 자유, 예배의 자유를 얻을 수 있었던 것이다. 삼자(三自)교회는 중국 기독교 교회 내에서 애국주의 기치를 높이고 새로운 중국사회 건설에 하나님의 말씀이 반영되도록 노력했다. 또 삼자 애국기독교 운동을 실천함으로써, 중국인들 속에 있던 식민주의 애국세력과 결탁되어 있다는 과거 기독교에 대한 이미지를 불식시키고, 종교신앙 자유정책을 실행함에 있어서 정권과의 다툼을 해소시켰다. 따라서 향후 한국교회는 숫자상으로 열악하고, 이북의 체질상 북한정치의 보호와 감시 속에 있는 조선그리스도교회 연맹과 산하 교회들에 대해서 지극한 사랑을 가지고 돌보면서 교제할 시기를 앞당겨야 한다.

제2절 피델 카스트로의 사회주의 실현과 종교에 관한 이해

1. 피델 카스트로의 성장과정과 종교에 관한 기억

피델 카스트로(Fidel Castro, 1926-2016)는 유복한 지주 가정에서 태어나고 자랐으며 쿠바의 산디아고와 아바나에 있는 명문 가톨릭 학교에 다녔으며 1950년 아바나 대학교 법학부를 졸업했다.

대학 재학 시절 그는 반(反)정치부패 학생조직에 가입했다. 인민당(정통당으로도 알려진) 당원이었는데, 1947년 당의 좌익계가 되었다. 같은 해 그는 도미니카 공화국의 트로히요 독재에 저항하는 무장 원정에 자원했지만, 원정대는 쿠바를 출발하지 못했다. 학생 지도자로서 피델 카스트로는 미주기구(Organization of American

States) 협의회를 창설하고 동시에 라틴 아메리카 반제국주의자 학생회의를 조직하기 위해 베네주엘라, 파나마, 콜롬비아를 여행했다. 콜럼비아에 있는 동안에는 1948년 4월 보고타 민중봉기에 참여했다.[13]

피델은 칠레 성직자를 호명하며 자신이 가톨릭 학교에 다녔던 때를 다음과 같이 회상했다.

> 가톨릭에서 무슨 일이 있었나요? 나는 예수회(Jesuitism)에서 배웠습니다. 예수회원들은 엄격하고, 교육을 잘 받았고, 철저하고, 지적이고, 의지가 강한 사람들입니다. 정확히 우리들 사이에, 그리스도교의 목적과 우리 공산주의자들이 추구하는 목적 사이에, 그리고 그리스도인들의 겸손, 금욕, 이타주의자들이 추구하는 목적 사이에, 그리고 그리스도인들의 겸손, 금욕, 이타심, 이웃사랑의 가르침과 우리가 혁명가의 생활과 행위의 내용이라고 부르는 것 사이에서 나는 일치를 말합니다. 우리가 사람들에게 무엇을 가르쳤습니까? 죽이라고? 훔치라고? 이기적이 되라고 다른 사람들을 착취하라고? 완전히 반대입니다. 서로 다른 동기에 응답하지만, 우리는 똑같은 태도와 행동을 주장합니다. 우리는 인간과 인간의 행위에 관해 저희가 종교 영역에 가까이 들어온 동시대를 살아갑니다. 나도 개인들과 그들의 물질적 필요에 관해 종교가 정치 영역에 들어올 수 있는 동시대를 우리가 보내고 있다고 믿고 있습니다. 우리는 사람을 죽이지 마라. 훔치지 말라 등 거의 모든 계명들을 지지합니다.[14]

13 피델 카스트로 피델 – 프레이 베토 대담, 조세종 옮김, 카스트로, 종교를 말하다, p.22, 도서출판 살림터, 2016.

14 위의 책, p.42.

피델 카스트로는 자본주의를 비판한 뒤에, 이렇게 말했다.

> 그리스도교와 자본주의 사이보다 그리스도교와 공산주의 사이가 1만배나 더 일치합니다. …… 우리는 사람들 사이에 분열을 만들지 말아야 합니다. 신념, 신앙, 이유를 존중합시다. 모든 사람은 자신의 입장과 자신의 신앙에 권리가 주어집니다. 우리는 우리 모두의 관심을 끌고 모두에게 의무를 지우는 이러한 인간 문제들의 영역에서 일해야 합니다.[15]

2. 피델 카스트로의 쿠바혁명 수행과정과 생애

1952년 3월 10일, 쿠바에서 풀헨시오 바티스타의 쿠테타(Coup d'etat)가 일어난 뒤 피델은 미국의 지원을 받은 바티스타 독재에 저항하기 위해 무장투쟁 혁명세력을 조직하기 시작했다. 그는 그 조직으로 1953년 7월 26일, 쿠바의 산티아고에서 몬카타 무장수비대를 공격했으나 실패, 그와 함께 24명이 넘는 이들이 체포되어 재판에서 유죄판결을 받고 투옥되었다. 60명 이상의 혁명군들이 몬카타 공격 도중 혹은 그 직후에 바티스타 군대에게 살해당했다. 감옥에서 피델은 재판 당시의 변론을 '역사가 나를 무죄로 하리라'라는 소책자로 편집했다. 그 책은 수만 부의 복사판이 배포되어 7월 26일 운동의 실행 프로그램이 되었다. 15년형을 선고받았으나, 사면을 위한 대중 캠페인이 벌어진 결과 피델과 그의 동지들은 22개월 뒤인 1955년 5월에 석방되었다.

15 위의 책, pp.42-43.

1955년 7월 피델은 멕시코로 망명, 거기서 쿠바 무장투쟁을 위해 게릴라 수비대를 조직했다. 1956년 12월 2일, 그는 동생 라울, 체 게바라, 카밀로 시엔푸에고스, 후안 알메이다, 헤수스 몬타네를 포함한 81명의 전투군과 함께 대형 유람선 그란마호를 타고 쿠바 해안에 상륙했다. 그는 그 후 2년 동안 운동의 중심 지도자로 반군의 작전을 지휘했다. 초기의 패배 뒤에 게릴라들은 힘을 재조직하여 1958년 말까지 시에라 마에스트라 산맥에서 쿠바 전역으로 투쟁을 성공적으로 확대했다.

1955년 1월, 바티스타는 쿠바에서 달아났다. 피델 카스트로의 요청에 응답해 수십만 명의 쿠바인들이 혁명의 승리를 확고히 하는 총파업 항쟁을 시작했다. 피델은 1월 8일에 승리를 거둔 쿠바의 반군 총사령관으로 의기양양하게 아바나에 도착했다. 1959년 2월 13일에는 신정부의 총리가 되어 1976년 12월까지 총리직을 수행했다. 이어서 국가평의회 및 각료회의 의장이 되었다. 피델 카스트로는 1965년 쿠바 공산당 중앙위원회를 설립한 이래 제1서기를 맡았다. 2008년 국가평의회 의장직을 사임했으며, 2016년 11월 25일 세상을 떠나 산티아고 대 쿠바에 묻혔다.[16]

피델 카스트로 전 쿠바 국가평의회 의장은 90세의 나이로 세상을 떠났다. 그는 위대한 혁명가요, 유능한 정치가였다는 것이 그를 따르는 사람들의 일관된 생각이다. 카스트로는 1959년 쿠바 혁명의 영웅 체 게바라(Che Guevara, 1928-1967)와 같이 게릴라전을 펼치며 친미 바티스타 정권을 무너뜨렸다. 공산독재정부를 세운 카스

16 위의 책, pp.22-23.

트로는 49년간 공산주의 이념 아래 쿠바를 통치해오다가, 2008년 2월 동생인 라울 카스트로에게 국가평의회 의장직을 넘겨줬다. 카스트로에 대한 평가는 '쿠바 혁명 영웅이냐, 쿠바의 독재자냐'로 서로 엇갈린다. 미국과의 오랜 대립으로 쿠바인들로 하여금 경제난으로 어려움을 겪게 했다는 비판을 받지만, 무상의료와 무상교육 등의 평등정책을 실시했다는 점에서 많은 이들에게 지지를 얻기도 한다. 스포츠에서도 그의 공과가 나뉘진다. 스포츠로 쿠바의 힘을 과시하기도 했다가, 체제의 취약성을 드러내기도 했다. 카스트로는 야구, 복싱 등에서의 성공으로 미국에 도전하고 국민들에게 국가적 자부심을 심어주었다. 하지만 국제적인 고립과 어려운 경제난은 우수한 야구선수들의 미국망명, 경기장의 황폐화와 운동장비부족을 초래하며 체제의 취약성을 드러내기도 했다.

카스트로에 대한 진정한 평가는, 사회주의 이념과 제도가 쿠바 인민들의 삶의 인간화와 질적 향상에 얼마나 기여했느냐에 따라 역사 안에서 이뤄져야 할 것이다.

3. 피델 카스트로와 베토 신부

프레이 베토는 1944년 브라질의 벨루 오리존치에서 태어나 신부가 되었다. 그는 어릴 때부터 가톨릭 학생 청년회에서 활동했다. 언론을 전공하는 대학생이던 베토는 1964년 군부독재에 의해 투옥되었다가 이듬해에 풀려나 도미니코 수도회에 입회했다. 철학과 신학 공부를 병행하면서 저널리스트로 일하며 브라질 군부 체제 반대운동을 전개했다. 1969년 다시 투옥되었다가 1974년에 석방된 베토는 가난한 노동자인 이웃들 사이에서 그리스도교 기초 공동체를 조직하는 데 가담했다. 1980년대에는 니카라과, 쿠바, 중국, 소련, 폴란드, 체코슬로바키아에서 종교와 국가 문제에 대한 자문 일을 했다. 그 후 무토지 농민운동(MST)과 포르투 알레그리에서 열린 세계사회포럼을 통해 널리 알려졌으며, 제3세계 신학자들의 국제 에큐메니컬 협회 회원으로 활동하면서, 해방신학(Liberation Theology)에 관한 열두 권이 넘는 책을 저술함으로써 저자로 폭넓은 인정을 받았다.[17]

산디니스타 혁명의 승리 직후 1980년 7월 19일, 베토 신부는 니카라과 혁명[18]의 승리 직후, 혁명 1주년 축하식에 공식적인 내빈으

---

17 위의 책, p.23.

18 1961년 니카라과에서 카를로스 폰세카(Carlos Fonseca), 실비오 마요르가(Silvio Mayorga), 토마스 보르헤(Tomás Borge) 등이 미국의 니카라과 점령(1922~1934)에 대항해 반란을 일으킨 아우구스토 세사르 산디노(Augusto César Sandino)의 이름을 따서 만든 무장혁명 단체이며, 현재 사회주의 정당이다. 산디니스타 민족해방전선은 원래 소모사(Somoza) 정권을 무너뜨리기 위하여 조직된 니카라과 국립자치대학(UNAN)의 학생집단에 그 기원을 두고 있다. 1970년대 중반 이후 소모사 정권에 대한 반대 목소리가 커지면서부터 조직원이 5,000~7,000명 정도로 증가했으며, 게릴라 활동도 활발해졌다. 산디니스타 민족해방전선은 크게 세 부류의 집단으로 나뉘었다. 첫째는 농민을 혁명의 주된 사회적 토대로 보고 농촌을 기반으로 해서 장기적으로 힘을 축적하고자 한 집단(GPP, Guerra Popular Prolongada)이며, 둘째는 정통 마르크스주의적인 노선에 따라 도시 노동자들을 조직하려고 했던 집단(TP, Tendencia Proletaria)이고, 셋째는 사업가, 교회, 학생, 중간 계급, 청년 실업자 등과 같은 다양한 사회 집단들과 동맹을 맺어 좀 더 급속하게 봉기를 일으키는 전략을 추구했던 집단(Tercerista)이다. 이처럼 산디니스타 민족해방전선은 내부 지도자들간의 분열로 인해 1975년에는 서로 갈라지는 아픔을 겪기도 했지만, 1979년에 소모사 정권에 대한 반대의 기치 아래 통일을 이룸으로써 소모사를 권좌에서 몰아내는 데 성공했다. 산디니스타 민족해방전선의 통치이념은 정치적 다원주의, 혼합경제, 민중의 참여와 동원, 국제적인 비동맹, 이 네 가지 원칙으로 요약된다. 이 중에서 민중의 참여를 제외한 세 가지 원칙은

로 참석했다. 그날 아침에 군중집회에서 연설하는 카스트로의 모습을 보았던 베토 신부는 피델 카스트로를 만나 처음 대화를 나누었다. 피델 카스트로는 산티아고의 실바 엔리케즈 추기경을 외교상 방문하였다. 카스트로는 추기경에게 "모든 혁명가들과 가난한 남녀들이 피할 수 없는 해방과정에서 똘똘 뭉치는 것은 그리스도인들의 이해와 의무"라고 말했다. 이 때 추기경은 카스트로에게 성경을 선물하면서 기분이 언짢은 것은 아닌지 묻자, 카스트로는 이렇게 대답했다. "왜 그래야 합니까? 이 책은 위대한 책입니다. 나는 소년 시절 성경을 읽고 공부했습니다. 그리고 내가 관심 갖는 많은 것들을 다시 배울 것입니다." 사제들 중 한 사람이 정치에서 사제들의 존재를 무엇이라고 생각하는지 카스트로에게 다음과 같이 질문했다. '예를 들어, 인간 집단의 어떤 영적인 지도자가 어떻게 물질적 문제, 인간의 문제, 생명의 문제를 무시할 수 있습니까? 그러한 물질적, 인간적 문제들은 역사의 과정과 독립되어 있을 수 있습니까? 사회적 현상과 떨어져 있나요? 우리는 그 모든 것을 경험하고 있습니다. 나는 항상 원시 노예제 시대로 돌아갑니다. 그때는 그리스도교가 부상했던 때이지요." 카스트로는 그리스도인들이 "한편으로

니카라과 헌법 제2조와 제5조에 보장되어 있다. 이러한 이념에 기초해서 산디니스타 민족해방전선이 일으킨 니카라과 혁명은 쿠바 혁명 이후 라틴아메리카에서 가장 중요한 게릴라 전쟁이며, 민주적이고 혁명적인 사회주의를 건설하려고 했던 실험이다. 그 실험은 1990년 미국이 지원한 콘트라(Contra) 반군의 저항으로 산디니스타 민족해방전선이 권좌에서 물러날 때까지 계속되었다. 1984년에는 공정하고 자유로운 선거로 다수의 지지를 얻었을 뿐 아니라, 2006년에는 다니엘 오르테가(Daniel Ortega)가 다시 대통령으로 선출되어 제2의 산디니스타 정부가 들어서기도 했다(Daum, 백과).

다른 사람에게 박해받으면서 또 한편으로 박해자인 단계가 끝났고" 종교재판은 "사람들이 화형당한 반계몽주의 시대였다"는 것을 말했다. 지금 그리스도교는 "이상향의 교리, 즉 고통받는 사람들을 위해 영적인 위안을 주는 것이 아니라 보다 더 현실적인 것이다. 계급이 사라지고, 공산주의 사회가 등장할지 모른다. 그리스도교와의 모순이 어디에 있는가? 차라리 모순보다 더 공정하고, 더 인간답고, 더 도덕적 가치가 있는 초기 그리스도교의 부활이 있어야 한다"고 베토사제에게 말했다.[19]

4. 베토 신부가 카스트로를 찾아간 이유

베토 사제는 신앙의 본질과 핵심이 무엇인가를 끊임없이 자문하면서 신앙이 자본주의와 공존한다면 왜 공산주의와 사회주의와는 공존할 수 없는지 되물으면서, 끝내 카스트로를 찾아간 것이다. 베토 사제가 출간한 책 『카스트로 종교를 말하다』는 1985년 5월 브라질의 도미니코회 수사신부 프레이 베토 사제가 쿠바 혁명군 사령관 카스트로와 나눈 대화 내용이다. 가톨릭 사제가 쿠바 혁명군 사령관 및 그 국가원수와 나눈 삶과 신앙, 종교와 정치, 미제국주의와 쿠바 사회주의 정책에 대해 나눈 이야기이다. 이 책은 유럽 등 전 세계 32개국 이상에서 출판되고 번역되었다. 이 책에 따르면 신앙의 표현과정이 종교이며, 그 결과가 교회이다. 신앙은 절대자와 개인의 내면적 인격의 만남으로 실존적 체험에 근거하고 있으며, 이를 가시화한 것이 종교 또는 교회제도라는 것이다.

19 위의 책, pp.40-42.

이 책에서 얻을 수 있는 교훈은 공유(公有)이다. 그렇다. 함께 나누면서 살아야 한다. 그런데 스페인의 가톨릭과 쿠바의 가톨릭에서는, 특히 주교와 사제들은 불의한 권력자와 부패한 부자들과 결탁해 모든 것을 독점했다. 또한 미국에 종속되어 쿠바 인민들의 자주성을 짓밟았다. 이것이 카스트로 혁명 보복의 배경이다. 모든 제도와 법규는 근본적으로 권력을 지향하며 그 권력 안에 불의와 차별이 늘 존재한다. 그래서 예수님을 그리스도라 고백하는 모든 신앙인은 복음의 가르침대로 예수님의 눈으로 세상을 바라보고 가난하고 고통받는 이웃을 위해 가까이 앞장서야 함을 역설하고 있다.[20]

이 책을 보면서 분단 72년 동안 어느 그리스도인이 북한 정권의 최고 지도자인 김일성을 비롯한 그의 후계자들을 찾아가서, 그의 종교관과 기독교관에 대해 대담을 요청했을까? 분단 이후 동족상잔의 한국전쟁을 겪으면서 이념대결로 당한 좌우익의 피해와 고통은 가히 필설로 말할 수 없다. 우리는 왜 예수님을 이 세상의 화해자로 오신 분이라고 고백하면서, 민족화해의 모티브를 성경에서 찾아내지 못했을까? 왜 우리는 북한정권의 최고실세인 김일성을 찾아가 북한이 지향하는 사회주의, 공산주의 사상과 이념이 실현하고자 하는 세계와 우리 기독교가 지향하는 정의, 평화, 화해, 나눔의 '하나님 나라'와 대화하고 소통하여 민족의 평화에 기여할 생각을 진즉 할 수 없었을까? 물론 1980년대 이후 WCC(세계교회협의회)의 주선으로 수많은 국제회의에서 남북의 지도자들이 만났고, 지금까지

20 함세웅, 피델 카스트로 & 프레이 베토 대담, 카스트로 종교를 말하다, 추천하는 글, 살림터, 2016, pp.4-6.

NCCK(한국기독교협의회)와 조그련(조선그리스도교연맹)과의 교류는 북핵정국과 북한제재라는 갈등구조 속에서도 맥을 이어가고 있다.

5. 13대 국회의원 서경원이 북측 주석 김일성을 방문한 이유

개신교(장로교)인으로 있다가 가톨릭으로 옮겨간 서경원(徐敬元, 1937년 7월 28일~)은 농민운동가, 민주화 운동가 출신 정치인이며 13대 함평지역 국회의원을 지냈다. 광주민중항쟁운동에도 참여했다. 1988년 8월 비밀리에 조선민주주의인민공화국을 방문, 2박 3일간 김일성 국가주석과 허담 부총리 등과 회담하고 귀국하였다.

1989년 6월말 스스로 이 사실을 밝히고 국가안전기획부(안기부)에 자진 출두했다. 안기부 조사 과정에서 홀로 방북해 김일성 주석을 만나고 5만불의 공작금을 수령했다고 자백했다. 그는 대법원에서 10년형 확정판결을 받고 간첩으로 수감되어 8년6개월 동안 옥고를 치르던 중 김대중 대통령의 특별사면을 받았다. 서경원은 1984년 세계농민회에 참석했다가 독일 민주인사들을 만났고, 거기에서 성낙영 목사를 통해 입북이 가능한지 타진하게 됐다. 1988년 그는 재야 운동가들과 연락 타전 끝에 북한으로부터 승인을 받아 체코슬로바키아를 경유해 방북하게 된 것이다. 국회의원 생활을 하면서 '정치활동만으로 농민이 해방될 수 없다. 분단 문제를 먼저 해결해야 한다'는 고민이 가득했던 참이었다. 입북하기 전부터 김일성 주석을 직접 만나겠다고 요청한 끝에 허가를 받았고 김 주석과 40분간 마주 앉아 통일문제를 토론할 수 있었다.

서경원은 당시를 회고하면서 "내가 만난 김 주석은 반공교육 속의 인물이 아니었다. 황금의자에 앉아 있을 줄 알았는데, 막상 갔더니 야당 국회의원인 나를 맞이하기 위해 먼저 나와 있었고 옷차림도 나보다 더 소탈했다. 꼭 경어를 사용했고, 의전을 어떻게 하느냐고 물으니 '편하신 대로 하라'고 말했다. (테러위협 등이 있을 수 있는데) 들고 간 가방도 그대로 가지고 들어가게 했다. 처음엔 그래서 가짜인 줄 알았다. 복도에서 나를 기다리다가 '처음 뵙겠습니다'하고 먼저 인사를 건네는데 목소리가 마이크에 댄 것처럼 왕왕 울렸다"고 말했다.

서경원은 40분간의 회담에서 통일문제에 대한 여러 의견을 제시했다. 주로 '88 서울올림픽에 참석해 달라' '일제 때 진행되던 경평축구대항전을 복원하자' '휴전선에서 남측에 비방방송 하지 말라' '우수 농산물, 가축 종자교류를 추진하자' '김수환 추기경이 평양에서 전교할 수 있게 문을 열어라' '유엔 감시 하에 상호 군축을 하자' '아들에게 권력 승계 하지 말라' 등의 내용이었다. 북한정권에서 금기사항인 세습제에 대해 반대의사를 분명하게 표명하고 왔던 것이다.

김 주석은 이에 대해 '추기경님 언제든 오시면 문 열어놓겠다. 누가 와도 문 열어놓겠다'고 말하는 등 대체로 긍정적이었고, 올림픽 참석의 경우 남측과 회담을 하겠다고 했는데 결렬됐다고 설명했다고 한다. 서경원은 그 때의 대화에 대해 "김 주석의 주장은 '(민간교류 등이) 다 좋은데 그 전에 불가침조약을 맺어야 한다, 서로 왔다 갔다 하면 좋지만 한 쪽이 총을 쏘면 전쟁 나는 것 아니냐'는 것이었고, 서경원은 '민간교류가 먼저 있어야 인식의 변화가 오고, 불가침 조약까지 가는 단계로 진입할 수 있다'는 것으로 이 부분에는 견해차가 있었다"고 기억을 되짚었다. 1988년 7월 19일부터 21일까지 2박 3일간의 서경원의 평양 방문은 이후 10개월 동안이나 세간에 알려지지 않다가, 1989년 6월 29일 그가 국가보안법 위반 혐의로 구속되면서 알려졌다. 늦봄 문익환 목사 방북이 있은 직후였던 데다, 야당 국회의원 신분이었기 때문에 사건의 파장은 컸다.[21] 필자는 1987년 6월 '직선제 개헌' '민주정부 수립'을 외치면서 민주화 투쟁을 했던 때부터 시위 현장에서 만나서 함께 활동했다. 그가 조선민주주의 공화국 김일성 주석을 만나러 평양에 갔던 사건으로 인해 유죄선고를 받고, 진주교도소에서 오랜 기간 징역을 살 때, 해마다 면회를 가서 격려했다. 석방 후에도 역시 서경원은 평화통일운동가로서 각종 시위현장에 팔순을 훨씬 넘긴 고령에도 불구하고 전쟁위기를 대화국면으로 해결해야 한다고 외친다. 정전협정을 평화협정으로 바꿔야 한다는 신념으로 광화문 광장에서, 성주사드배치반대 현장에서 민족화해와 평화통일을 위해 선도투쟁을 하고 있는 것이다.

제3절 기독교인 사회주의자 김수행의 사상과 신앙관

1. 사회주의자 김수행의 성장과 사상

사회주의자 김수행(1942-2015)은 대한민국을 대표하는 마르크시

21 다음통합 검색창 인용, 필자는 서경원이 수감되던 시기에 진주교도소에 해마다 면회를 했고, 서경원과는 나주와 함평사이에서 현재도 서로 교제하면서, 전국 평통사 및 광주·전남 평화통일운동, 민중생존권운동, 인권운동에 동참하고 있다.

즘 경제학자로 불리운다, 그는 1942년 10월 24일 일본 후쿠오카에서 출생했다. 귀국하여 대구에서 자랐으며 경북중학교, 대구상업고등학교, 서울대학교 상과대학 경제학과를 졸업했다. 런던대학교에서 경제학 박사 학위를 취득했다.

그가 쓴 《청소년을 위한 자본론》을 보면, 한국에서는 박정희 군사독재 정권 시절에 금서였던 《자본론》이 민주주의 나라인 영국에서는 어느 책방에서나 쉽게 살 수 있다는 사실에 김수행 교수는 충격받았다고 한다. 영국에서 공부하던 시절 김수행 교수는 역사의 진보를 믿고 있었기 때문에 마르크시즘을 공부하는 일에 천착했다. 부인에게 마르크시즘의 이야기를 들려주면서 쉽고 재미있게 가르치는 방법을 골몰하기도 했다고 한다.[22] 이 책은 자본론에 대해서 갖고 있던 선입견에서 벗어나게 한다. 자본론 하면 왠지 '공산당 선언'과 같이 일관적으로 자본주의를 비판하고 노동자 계급과 생산수단을 소유한 자본가 계급간의 투쟁의 당위성이나 사상을 고취하는 글이였을 거라고 생각한다. 하지만 실상 자본론은 자본주의의 특수성, 목적으로 시작해서 이러한 메카니즘 속에서 어떻게 계급이 생겨나고 자본이 증식하기 위해서는 어떻게 상품화 되며 화폐로 쓰이고, 그 증식과정에서 노동의 잉여가치와 이윤의 관계가 어떻게 생기고 왜 경제 공황이 오는지에 대해서 과학적이고 철학적으로 접근한 책인 것이다. 사회주의(공산주의)에 대한 언급 자체도 전체의 1%가 채 안되고, '자본주의가 어떻게 유지되고 발전되는가?'에 대한 연구가 거의 전체라고 보아야할 것이다. 마르크스는 살아생전에

---

22 이강국, 리쓰메이칸대 경제학부 교수, 다음 창, 2015.

제1권 (자본의 생산과정)만 발간하고, 사후에 그가 남긴 원고를 정리해서 엥겔스가 2권(자본의 유통과정)과 3권(자본주의적 생산의 총과정)을 발행하였다고 한다.[23]

사회주의란 무엇인가? 인간에 의한 인간의 착취가 없는 사회를 가리킨다고 한다. 자유로운 생산자들의 연합이란 것이다. 이 책을 읽노라면 마르크스는 사람을 사랑하는 개별자적 인간이 아닌 우리 사회의 연대를 이루고 그 안에서 서로를 보듬을 줄 아는 사람을 사랑하고 유토피아를 꿈꾸는 사람이었구나 하는 생각을 하게 된다. 하지만 그는 몽상가가 아니고 실천가이자 변혁을 이끄는 선구자였다. 현실을 해석하고 철학하는 사람의 사명이란 사회를 공리주의(功利主義, utilitarianism) 관점에서 더 나은 것으로 변혁시켜야 한다는 그의 묘비명처럼 그는 사회의 부조리한 면에 대해서, 자본의 핍박 속에서 일하면 일할수록 더 굶주리게 되는 현실에 대하여도 부단히 의문을 품고 연구하고 자신의 신념을 관철시키기 위해 노력했던 것이다.

자본론에 있어서는 노동력을 모든 가치를 생산하는 근본으로 두고 있지만, 이를 재구성하고 융합하고 새로운 가치를 만드는 프로듀싱에 있어서는 중요한 요소를 간과하는 것처럼 느껴지는 부분도 없지 않았다. 그리고 이를 맡아서 전체적인 상품과 비즈니스 모델을 기획하고, 실패나 파산의 위험을 무릅쓰고 실행하기 위해서 자본을 빌리고 투자하는 자본가의 리스크에 대해서는 너무 가치를 낮게 평가한 것이 아닌가 하는 아쉬움도 있었다.

---

23 김수행, 청소년을 위한 자본론, 두리미디어, 다음 창 인용, 2010.

『자본론』이 쓰인 1850년과 지금은 천지가 개벽했다는 표현이 무색할 정도로 급변하였지만, 그의 사상과 철학은 지금도 유효하다고 본다. 그러나 완전한 시장 자유경쟁의 성장 동력은 유지하면서 사회 전반의 최소의 생활을 영위하기 위한 보장제도는 반드시 보완되어야 할 것이다. 부자 증세를 통해서 부의 재분배, 건전한 소비가 활성화되어야 할 것이고, 우수한 인적 자원을 활용한 스타트업의 재정적 지원뿐만 아닌 사회적/법규의 지원까지도 구체적으로 준비되어야 할 것이다. 기득권 층을 위한 포퓰리즘이 아닌 청년을 위한 장기적인 관점의 '투자'로서의 복지를 위한 사회적 합의를 이뤄야 할 것이다.[24]

2. 사회주의자 김수행의 기독교 신앙관

사회주의자 김수행의 기독교 신앙관은 어떠했는가? 참으로 필자로서는 궁금하지 않을 수 없었다. 김수행 교수는 기독교인으로서, 개신교회 집사를 지냈다. 2006년 한 결혼식에서 주례를 볼 때, "예수님의 사랑과 신랑 신부의 나아갈 길"이라는 주제로 주례사를 했는데 '참으로 은혜 가득한 주례사'였다고 화제가 된 바 있다. 김수행 교수는 부인의 영향으로 기독교인이 되었다고 한다.

2008년 5월 19일 잉글랜드 성공회 사제이자 신학자인 앨리스터 맥그래스 신부(Rev. Alister Mcgrath) 초청 강좌 때 김수행은 "나는 마르크스주의자인데 1961년에 기독교를 처음 접했다. 그동안 종교를 빙자한 분쟁이 많았음을 생각한다면, 신학 연구의 목적은 모든

---

24 위의 자료, 다음 창 인용, 2010.

사람이 인간답게 사는 세상을 만드는 것이어야 한다."라며, 자신의 종교관을 밝힌 바 있다. 이에 앨리스터 맥그래스 신부는 "기독교는 교리적인 사고 즉, 기독교 근본주의에서 벗어나야 한다. 열매를 보고 사람을 안다는 예수의 산상설교 내용처럼 사람들은 종교의 결과를 보고 그 종교를 판단하는 경향이 있는데 종교 자체는 해롭지 않다. 종교가 해롭다면, 사람들이 종교에 관심할 이유가 없다. 기독교는 세상과 대화할 수 있어야 한다."라며, 기독교가 그동안 예수의 가르침을 실천하지 못한 채, 폐쇄된 모습을 보여왔음을 인정하였다.[25]

3. 사회주의 사상으로 인한 김수행의 고난의 생애

노태우 정부 당시 김수행 교수는 국군보안사령부의 사찰 대상 중 한 사람이 되어 감시당했다. 이것은 1990년 10월 4일 한국외국어대학교 재학 중 민족민주혁명학생투쟁연맹(민학투련) 출신으로 국군보안사령부로 강제로 연행당해 프락치로서 수사 협조를 강요당하다가 탈영한 윤석양 이병의 양심선언에 의해 밝혀졌다. 1988년 당시 민주화 요구가 한창이던 시절에 서울대학교 경제학과 학부생들과 대학원생들이 중심이 되어 정치경제학 교수를 영입하라는 운동이 일어나 대자보, 서명 운동, 집회, 수업 거부, 토론회 등이 진행되었고 그 결과 일부 교수들의 반대에도 불구하고 김수행은 서울대학교 교수로서 마침내 영입되었다. 그 후 서울대학교에서 정식학과 과목으로 마르크스의 자본론 등을 강의하였다.[26]

---

25 다음 창, 위키백과 인용.

김수행 교수는 민주화 이후 마르크스의 자본론을 대한민국에서 최초로 완역했다. 2008년 서울대학교 정년퇴임 후 성공회대학교 석좌교수로 재직하다가 2015년 7월 31일 심장마비로 인해 향년 74세의 나이로 타계하였다. 기독교인 사회주의자 김수행 교수가 바라는 세상은 역사의 예수가 이 땅에서 가르치고 가난한 이웃과 생사고락을 같이 했듯이, 인간이 사람답게 살아가는, 정의롭고, 평화롭고, 서로가 섬기고 나누는 평등세상이었을 것이다.

---

26 김수행은 정운영·박영호 교수와 함께 대한민국의 마르크스주의 경제학 제1세대에 속한다. 2008년 2월 29일 정년퇴임 때 서울대학교의 유일한 마르크스주의 경제학 교수였고 김수행 교수가 퇴임한 후 서울대학교는 마르크스주의 경제학자를 교수로 채용하지 않기로 했다가 대학원생들의 요구로 교수 채용 공고에 "(정치경제학 포함)"이라는 문구를 삽입했다. 아담 스미스의 《국부론》, 마르크스의 《자본론》을 번역했고 마르크스주의 입장에서 자본주의를 비판하는 많은 논문과 저서를 출간하였다.(다음 창, 위키백과 인용)

제7장

민중신학과 역사적 실천

예수는 강자들의 횡포 속에서 민중들이 신음하는 세상에 진정한 해방과 구원, 정의와 평화가 입 맞추는 세상을 이루고자 '하나님 나라'를 선포했다.(막 1:15) 한국교회는 강대국의 이해관계가 맞물린 가운데서, 70여 년간 남과 북이 첨예하게 대립하고 있는 현실에 대해 통찰해야 한다. 그러나 별안간 2018년 1월 조선민주주의 인민공화국 국무위원장 김정은은 신년사에서 '한반도에서 정전상태를 끝내기 위한 남-북 정상회담'을 제안하였다. 이어서 '평창 동계올림픽'에서 남-북 단일팀이 구성되었고, 남북사이의 대화가 활발하게 진전되었다. 결국 분단과 냉전의 상징이었던 판문점에서 "4·27 남북정상회담"이 열리게 된 것이다. 조선민주주의인민공화국 국무위원장 김정은은 자신들의 체제에 대해 보장만 해준다면 어렵게 살면서 핵무기를 보유할 필요가 어디 있겠느냐는 솔직한 심경을 토로했다. 마침내 김정은이 바라던 대로 남-북 정상회담, 북-미 정상회담이 이루어졌다. 이와 같은 좋은 계기를 통해 한반도 비핵화가 평화 정착으로 이어져 남북이 협력하고 상생하는 새 시대를 만들어가야 할 것이다. 아울러 한국교회와 조선그리스도교련맹은 아직도 잔존하고 있는 대결의 악순환의 고리를 끊을 수 있도록, 그리스도인의 신앙고백 차원에서 화해자의 사명을 감당해야 한다.

차제에 이북과 이남은 각자가 처해있는 입장과 형편, 서로의 체제와 사상을 올바로 이해해야 한다. 이렇게 함으로써 정전선언, 평화협정, 남북교류, 평화통일은 우리 민족 앞에 성큼 다가오게 될 것이다. 필자는 이러한 한반도의 화해와 통일이 우리의 문 앞에 다가오고 있다는 기대감에서, 북한의 사상기조와 현상을 남한의 민중신학(民衆神學, Minjung Theology)에 비추어 역사적 비판의식을 갖고 고찰하고자 하는 것이다.

제1절 한국의 상황신학인 민중신학 서설

현대 신학이 이룩한 위대한 업적 중의 하나는 모든 신학이 각자의 상황 속에서 형성되어야 한다는 것이다. 이러한 발견이 세계에서 가난하고 억압받는 민족들, 인종들, 그리고 계급들에서 나온 것은 놀랄만한 일이 아니다. 다시 말하면 그것은 유럽과 북미의 백인 신학자들과 같은 상황에서 살지 않는 사람들로부터 나왔다는 것이다. 즉 처음에는 라틴아메리카의 제3세계 신학자들과 북미의 흑인 신학자들에 의해 이루어졌다. 모든 신학은 그 신학이 성립되는 장, 즉 상황을 배경으로 할 뿐만 아니라, 그 상황의 요구에 응답해야 하는 책임을 갖는다. 남미와 쿠바를 비롯한 중미, 남아프리카, 대한민국의 군부독재시대를 상황으로 하여, 제3세계 일반에 편만해 있는 빈곤과 인종의 문제, 이데올로기 문제, 대외종속의 문제 등이 전통

교회와 신학에 대해 던지는 도전에 응답하는 신학적 성질들을 담고 있는 것이다.[1]

1. 상황 안에서의 신학

상황신학이란 무엇인가? 상황신학이란 간단히 말해 신학을 하되 세계 속의 현실생활이라는 데서부터 출발하고자 하는 시도라고 할 수 있다. 그것이 정확히 의미하는 것은 무엇인가? 그것은 다른 신학들과 어떻게 다른가? 그리고 그것이 어떻게 진행되고 있는가? 우리가 이어받은 대부분의 신학들은, 수도원의 고립적 상황 또는 마찬가지로 닫혀진 신학교나 대학의 학문세계의 상황, 또는 교회와 성직자 서클, 더 나아가 서구 문화와 자유주의적 자본주의의 상황에서 형성된 것이다.

현대에 신학이 이룩한 위대한 발견 중의 하나는 상황신학이라고 해도 과언이 아닐 것이다. 이러한 발견이 특히 가난하고 억압받는 민족들, 인종들, 그리고 계급들에서 나온 것은 놀랄 만한 일이 아니다. 다시 말하면 그것은 유럽과 북미의 서구 백인 신학자들과 같은 상황에서 살지 않는 사람들로부터 나왔다는 것이다. 이 발견은 처음에는 라틴아메리카의 제3세계 신학자들과 북미의 흑인 신학자들에 의해 이루어졌다. 상황신학은 특수한 상황, 특수한 삶의 상황으로부터 출발하여 그 속에서 형성되어지고 있음을 충분히 알고 있는 반면, 여타(餘他)의 신학은 이 사실을 전적으로 모르고 있으며, 어떠한 세속적인 상황과도 동떨어져 있고 싶어 한다는 것이다.[2]

1 박순경·파블로 이햐르 외, 『제3세계의 상황신학』, (서울: 민중사, 1987), pp.3-4.

사실 성경은 역사적 상황에서 시작한다. B.C. 15세기 이집트의 제국주의자요 태양신 '라'(La)의 대리자인 파라오(Pharaoh)의 억압과 착취 아래서 신음하는 히브리 민중들의 고통의 소리를 응답하는 야웨(YHWH) 하나님의 해방선언에서 이스라엘의 역사는 시작한다. 모세는 야웨 하나님의 탈출명령을 받았고, 이스라엘 백성을 인도할 사명을 받았던 것이다. 이 사건이 바로 출애굽 신학을 형성한 것이다. 사실 구약성경의 시작은 출애굽에서부터이다. 하나님께서 모세(Moses)를 불러서 이집트의 제국체제에서 해방하는 사건으로부터 시작한 것이다.

> 지금도 이스라엘 백성의 아우성 소리가 들려온다. 또한 에집트인들이 그들을 못살게 구는 모습도 보인다. 내가 이제 너를 파라오에게 보낼 터이니 너는 가서 내 백성 이스라엘 자손을 에집트에서 건져 내어라(출 3:9-10)[3]

2. 민중신학의 진정한 의미

민중이라는 개념이 민중신학에서 처음으로 소개된 것은 아니다. 민중신학은 60년대 이후 한국에서 진행된 근대화 작업으로 야기된 산업화와 도시화로 변화된 상황 속에서 교회의 선교적 과제를 안고 씨름하는 과정에서 생겨난 한국의 상황 신학(Contextual Theology)이다.[4]

---

2 위의 책, 프랭크 치케인, 『상황신학이란 무엇인가』, pp.92-93.

3 『성서, 공동번역』(서울: 보진재, 1977), pp.88-89.

4 이원규, 『한국교회와 사회』(서울: 도서출판 나단, 1989), p.199.

민중 신학의 주창자로 알려진 서남동 교수는 세 가지 민중 신학적 전거(典據)를 제시하고 있다. 첫째, 성서적 전거(典據)로서 출애굽 사건과 가나안에서의 원(原) 이스라엘 공동체 형성, 그리고 예수의 십자가와 부활 사건을 들고 있다. 그는 이스라엘 백성의 출애굽 사건을 사회 경제사적 차원에서 발생한 정치사건으로 보며 이것을 하나님의 역사개입의 패러다임적 전거로 설명한다. 그리고 예수의 죽음을 단순히 십자가라는 상징으로 비정치화, 종교화시켜서는 안되고 십자가형의 '죽음'으로 현실화, 역사화시켜야 하며, 부활 신앙은 정의와 해방이 실현되는 메시야의 나라를 향한 민중 의지의 표현으로 보아야한다고 주장한다.

둘째, 서남동은 민중 신학의 전거를 교회사(教會史)에서도 찾는데, 곧 한국기독교는 이 땅에서 민중의 해방을 실현하는 메시야를 천상의 그리스도에로 정신화하고 비정치화하는 데서 시작되었다고 비판한다. 민중의 교회는 본래 성서적인 복음이 탈정치화되면서 양분되었던 개인 영혼의 순화와 사회 구조의 인간화를 동시적으로 다루어야 한다고 본다. 또한 서남동은 민중신학의 전거를 한국의 민중운동으로 보고 민중사관을 제안하며, 한국의 역사 발전을 민중의 의식화의 진행과 인간화의 과정이라고 지적한다.

셋째, 한국의 문학과 예술의 역사에 있어서 그 양식의 변형 과정도 따지고 보면 민중해방 과정을 밟아왔다는 것인데, 특히 탈춤과 판소리 따위는 억눌린 민중의 한풀이와 자기해방을 이룩하려는 종교적 의식으로 본다.

민중 신학은 보수 신학이 묵과해 온 정치적·경제적·사회적 불의를 파헤쳤다는 것과 기독교 신앙을 서구적이 아닌 한국적인 맥락에서 이해했다는 점, 그리고 역사의식을 분명히 인식한 역사와 신학의 '통합'이라는 것과 현대의 인문, 사회 과학 분야의 학문적 성격을 잘 드러내 놓은 장점을 가지고 있다는 것으로 긍정적 평가를 받고 있다.

그러나 죄의 문제를 사회화시킴으로 개인의 죄를 간과했다는 점과 민중신학은 상황의 신학이므로 모든 신학이 민중신학에 종속되어야 한다고 주장할 필요가 없다는 점이다. 그리고 민중을 사회·경제적인 기초 위에서 규정하고 성서를 정치적인 책으로 보면서 유물론적으로 해석하려는 입장에 섰다는 점은 부정적 요소로 비판받고 있다. 장일조의 비판이 그 한 실례이다. 장일조는 이와 관련하여 다음과 같이 지적한다.

> 한국 민중신학이 정치신학적이라는 것이 이미 돌이킬 수 없는 중심적 성격으로 된 이상 기성 한국기독교의 서구 부르주아 사회 지향적인 보수주의와 융합될 수 없다. 그렇다고 마르크시즘적인 프롤레타리아의 사회혁명 노선을 모방, 답습할 수도 없는 딜레마에 빠졌다. 민중 신학의 이러한 처지는 기성 한국 기독교의 보수주의 신학과도 싸워야 하고, 이러한 칼빈주의적 기독교에 의해서 적극적으로 뒷받침되고 있는 개인 자유주의적 독점자본주의와도 싸워야 하며, 인간의 역사를 경제결정론적 유물변증법의 전개라고 믿고 그 역사 전개의 주체를 프롤레타리아라는 계급적 집단인간으로 보는 마르크시즘과도 이데올로기적 싸움을 해야할 처지라는 것을 의미한다.[5]

5 위의 책, pp.201-203.

3. 필자의 민중신학 체험 동기

필자는 신학을 공부하기 전, 1970년대 중반에 '현존'이란 잡지를 구독하므로 민중신학자 안병무를 알았다. 여기서 '역사의 예수', 민주주의와 민중세상을 지향하는 예수를 알게 되었던 것이다. 안병무(1922-1996)는 누구인가? 서울대학교 사회학과를 졸업하고 독일 하이델베르크 대학교에서 불트만의 신약신학을 전공하여 박사학위를 받았다. 안병무는 '현존'(신학잡지)의 주간(主幹)이었고, 민중신학자 송기득은 편집장이었다. 안병무의 저서 『해방자 예수』는 참으로 암울한 독재시대를 비추는 역사의 하나님의 음성이 담겨 있다. 그리고 다른 저서 『역사와 해석』은 구약성경을 역사의 현실에 비추어 해석하는 방법과 내용을 제시하고 있다. 필자는 이 책을 통해 성전세력과 왕조사회의 부패 속에서 예언자의 소리를 들었다. 당대의 타락한 율법에 대한 비판과 부패한 성전을 숙청하는 나사렛 예수의 정의로운 분노도 보았다. 안병무의 글은 성경을 이야기하고 있었지만, 그 성경이 1970년 당시 박정희 독재정권과 독점재벌, 타락한 기성교회를 향한 심판의 소리로 들려왔다. 그 밖에 '갈릴래아 예수' '민중신학 이야기' '민중사건 속의 그리스도' '살림'지, 안병무의 강의, 논문 등을 비롯한 안병무의 저작은 필자에게 '역사의 예수'가 누구이며, 하나님이 참으로 민중의 암울한 현실 가운데 살아계신 역사의 하나님인 것을 실감하게 해 주었던 것이다. 따라서 필자는 설교로, 거리의 연설로, 민중집회에서 잃어버린 민중의 권리를 되찾고 민중이 사람답게 사는 세상을 열기 위해 민중신학의 알짬을 외쳤던 것이다.

필자는 민중신학자 안병무가 쓴 글이라면 밑줄을 그어가면서 읽었다. 역사적 예수의 모습을 내 자신의 목회현장과 사회현실에 접목해온 것이다. 역사적 예수의 정의·평화를 나의 '하나님 나라운동'의 동력으로 삼았다. 미국의 제국주의적 지배 속에서 미국의 동북아 군사기지가 되고, 신식민지화된 조국의 암울한 운명을 뚫고, 민족자주와 분단된 조국의 평화통일을 쟁취하기 위해 역사의 예수와 민중신학의 정신으로 투쟁하기로 결단했던 것이다. 유신독재 이후 군부독재정권과 이명박·박근혜 정권과 싸워 민주화를 쟁취하고, 재벌경제, 신자유주의 경제의 구조적 모순 속에서 신음하는 민중을 인간화 시키는 역사변혁운동의 현장에서 행동하는 목사로서 '민중신학'을 동력으로 삼았던 것이다.

제2절 민중신학을 보는 신학적 관점

한국최초의 여성신학자 박순경은 민중신학에 관해 몇 가지 논점을 제시한다. 박순경의 민중신학 논의는 민중신학의 신학적 기초를 확립하는 데 매우 유익하고 건전한 제안을 담고 있다. 신앙고백적 기초를 마련하고 서구신학을 비판적, 긍정적 소재로서 원용하고 민족통일을 위한 변혁적 전망을 분명히 가져야 한다는 제안[6]에 대해 필자는 깊은 관심을 표한다. 그의 논문의 논쟁점은 세 가지로 압축된다. 첫째, 1980년대 운동은 민족민주의 변혁운동이었지만 1970년대 운동은 부르주아적 인권운동이었다.

6 박순경, "민족통일과 민중신학의 문제"「신학사상」, (1993년 봄호), pp.50, 83.

둘째, 민중신학의 민중개념은 민족사의 차원을 배제함으로 부르주아적 자본주의의 전망 안에 머물러 있다.

셋째, 예수의 부활사건을 민중봉기로 보는 민중신학의 부활이해는 인간의 주관적 현실에 기초한 것이며, 예수의 부활은 하나님 자신의 객관적 행위이다.[7]

1. 70년대 민주화 운동의 성격과 민중신학의 민족적 자주성

박순경은 70년대 운동을 부르주아적 인권운동으로 협소하게 이해하고 있다. 아울러 70년대 운동정황에 기초한 민중신학을 반공적 기독교의 시각을 지닌 부르주아적 인권신학으로 격하하고 민중신학에는 민족사의 차원이 결여되었다고 비판한다. 박순경은 70년대의 운동을 부르주아 자본주의적 민족주의를 지향하는 근대개화사상의 민족개량 운동과 같은 맥락에서 보고 갑오농민전쟁, 3·1운동, 4·19 직후의 민족통일 운동, 80년대 민족민중운동을 잇는 민족변혁운동의 맥락에서 벗어나 있다고 보는 것이다.

이러한 박순경의 견해는 70년대 운동을 한국근대민족 운동사의 맥락에서 이탈시킨다는 점에서 인위적인 느낌을 준다. 실제로 이런 이해는 70년대의 운동이 자본주의 사회의 모순이 심화된 상황에서 그 모순에 대한 사회과학적 연구에 기초해서 이루어졌다는 것을 고려하지 않은 것이다. 70년대 초에 '민중·민족·민주'라는 이념적 주장은 학생들 사이에 널리 알려져 있었다. 74년에 일어난 민청학련 사건 때 대학가에 뿌려진 '민중·민족·민주선언'은 80년대 학생 운

7 박재순, 『열린사회를 위한 민중신학』(서울: 한울, 1995), pp.27-28.

동이념의 선구적 내용을 담고 있다. 70년대 운동과 80년대 운동은 대립적, 대조적이라기보다는 연속적으로 보는 것이 타당하다. 70년대의 사회운동은 반파시즘 민주화운동과 기층민중의 생존권투쟁이 결합되면서도 80년대의 변혁적 사회운동의 기반이 조성되는 시기로 규정할 수 있다.

민중신학은 민족사적 전망이 결여된 부르주아적 신학인가? 이 문제에 답하려면 우선 민중신학이 태동된 사회경제적 상황과 민중신학의 성격을 밝혀야 한다. 민중신학은 처음부터 민족모순과 계급모순이 중첩된 상황에서 신학을 시작했다. 60년대 이후 군사정권은 외국자본, 외국기술, 외국자원에 의존해서 노동자와 농민의 노동력을 바탕으로 경제개발정책을 폭력적으로 추진했다. 이 경제정책의 외세 의존적·폭력적 성격이 강화되고 민중적·민족적 자주성이 현저히 유린되는 시점에서 민중신학은 민중적·민족적 자주를 내세우며 출발했다. 미국과 일본에 대한 군사정권의 의존성과 민중신학의 민중적·민족적 주체성 선언은 예리하게 대조를 이루었다. 사상적으로도 민중신학은 서구신학의 방법론과 신학적 경향과 대결하는 주체적 신학이었다. 그런 의미에서 민중신학의 한국적·동양적 주체성은 처음부터 분명했다. 당시에 민중신학자들이 민중을 프롤레타리아와 구별하려는 경향이 있었지만 민중을 억눌리고 수탈당하며 소외된 존재로 봄으로써 민중을 주로 사회계급적 존재로 파악했다. 민중주체를 강조하고 민중이 주인되는 사회를 지향했으며, 군부독재 아래서 민중 편에 서기로 결단하고 민중의 고난에 동참했다는 점에서 민중신학은 결코 부르주아적 신학이라고 할 수 없다. 민중선교활동가들과 민중신학자들이 소시민층이라는 점에서 소시민적 성향이 반영될 수는 있다. 그러나 신학자의 계급이 신학의 계급성을 지배한다고 할 수는 없다. 민중이 주인 되는 세상을 지향하고 개벽과 변혁을 말하고 민중봉기를 말하는 민중신학이 소시민적 신학일 수 없다. 민중신학자들은 유신정권 아래서 민중을 선택함으로써 그들의 사회적·이념적 입장을 선택했다. 민중신학이 민중의 피 흘리는 처절하고 감동적인 상황에서 태동되었다는 점이 주목되어야 한다.[8]

노동 3권을 쟁취하려고 악덕 기업주에 맞서 투쟁하고, 회사에서 고용한 소위 구사대에 두들겨 맞고, 전경들의 몽둥이에 맞고 피 흘리며 쓰러져 가는 민중들, 군화 발에 짓밟히고 공장에서도 해고되고, 감옥에까지 끌려가는 민중들의 아픔 속에서 민중신학은 태동된 것이다. 억압받는 민중사건 속에서 하나님의 사랑과 능력을 경험하면서 민중신학은 세상에 출현한 것이다. 민중들의 고통과 한숨, 투옥과 죽음을 각오하면서 '하나님의 나라'를 이 땅에 이루고자하는 민중들의 희망이 묻어있는 신학이 바로 민중신학이라는 점에 우리는 주목해야 하는 것이다.

박순경은 안병무와 서남동의 민중개념에는 민족사적 차원이 결여되었다고 비판한다. 안병무는 1975년에 '민족·민중·교회'라는 강연을 통해 민중이 민족의 실체임을 밝혔다. 박순경은 이 글에서 안병무가 민족을 부정적으로 보고 민중만을 강조했다고 보는 것 같다. 그러나 여기서 안병무는 지배특권층이 내세우는 이데올로기적인 민족개념을 비판하고 민중주체의 민족을 강조한다. 서남동도

8 박재순, 위의 책, pp.28-29.

지배층 중심의 민족주의사관을 거부하고 신민족주의 사관 내지 민중적 민족주의사관을 주장한다. 따라서 안병무와 서남동이 민족사적 전망을 결여하고 있다는 박순경의 비판은 공정하지 않다고 생각한다.[9]

또한 박순경은 민중신학이 통일논의를 하지 않았고, 또 했다 하더라도 반공기독교의 시각을 벗어나지 못했다고 비판한다.[10] 그러나 안병무는 이미 1976년에 '민족적 과제와 교회'라는 글에서 민족통일의 민족적 주체는 민중임을 역설했다. 1991년에는 '민족통일문제의 성서적 조명'이라는 글에서 통일의 당위성을 주장했다. 이 글들에서 단순한 반공을 넘어서서 공산주의와의 대화를 통한 대결을 말한 것은 유신정권 말기와 광주민중항쟁 직후의 정치적 상황과 한국교회의 보수적 성격을 감안한 현실적인 입장으로 이해해야 할 것이다. 민중신학을 단순히 반공적이라고 비판하는 것은 지나치게 단순한 도식적 비판이라고 생각된다. 민중신학은 자본주의 비판에 집중하지만 사회주의에 대해서도 비판적 자세를 견지하는 민중신학의 의도는 반공에 있지 않고 남북분단의 현실을 변혁하기 위해 자본주의와 사회주의의 문제점을 함께 비판하는 현실적 입장이다.[11]

1990년 소련과 동구의 사회주의가 해체된 후, 마르크시즘과 주체사상에 대한 편향이 진보성을 나타내는 것이라 볼 수는 없다. 러시아와 중국, 그리고 동유럽 제국이 아직도 사회주의를 내세우나

9 서남동, 『민중신학의 탐구』(서울: 한길사, 1983), pp.63-66.

10 박순경, 위의 책, pp.55-56.

11 서남동, 위의 책, pp.198-199.

경제, 사회에 있어서는 자본주의화 되어 있는 것을 볼 수 있다. 한반도의 북측도 이미 자본주의가 들어가 급속한 사회변동이 진행되고 있다. 자본주의 사회이든, 사회주의이건 과학의 눈으로, 민중의 눈으로, 인간이 인간답게 살아가는 사회인가를 보고 평가할 수 있어야 한다.

2. 민중신학의 부활에 관한 논점

박순경은 안병무가 역사적 예수를 민중과 동일화하고 예수의 부활사건을 민중봉기로 이해하는 것을 비판한다. 필자는 신앙적 그리스도와 분리해서 역사적 예수를 다룰 수 없다는 박순경의 주장은 옳다고 본다. 그러나 박순경은 바르트에 의존해서 예수의 부활사건을 신앙의 실존이해나 민중봉기와 구별되는 종말론적·객관적 사건으로 주장한다.[12] 바르트의 신학에서는 역사적 예수의 민중적 현실, 정치사회적 상황을 충실히 고려할 수 없다. 그의 구원사신학에서는 민중이 주인이 되어 가는 투쟁적 해방의 역사적 과정과 이 과정을 이끌어가는 집단적 주체인 민중을 신학적으로 주목하기 어렵다. 필자는 바르트의 신학을 성서의 깊은 복음적 진리의 자유를 밝혀주는 위대한 고전적 신학으로 높이 평가하지만 바르트 신학의 틀만으로는 민중적 민족신학을 발전시킬 수 없다고 본다.[13]

그렇다면 예수의 부활과 민중봉기는 어떤 관련 속에 있는가? 예수의 부활을 직접민중봉기와 등치시킬 수 없다고 보는 것이다. 민

12 박순경, 위의 책, pp.66-67.

13 박재순, 위의 책, pp.31-32.

중의 각성에서 예수를 보려면 그 전에 죽은 예수가 살아났다는 사실에 대한 신앙적 체험, 다시 말해 부활한 자에 대한 신앙이 있어야 한다. 물론 복음서들에서는 예수의 사체소생(死體蘇生)에 관한 구체적인 보도는 없다. 예수의 부활은 실증주의적으로 검증할 수 있는 역사적 사건은 아니다. 당시 예수의 부활을 체험한 자들의 신앙고백이요, 메시지인 것이다. 그러나 예수의 부활은 역사 안에서 예수를 따르는 자들에게서 일어났다. 부활한 예수가 제자들을 만나는 일이 일어난 것이다. 복음서들과 다른 신약성서 본문들에서 제자들과 초대교회 교인들은 부활한 예수를 만난 것으로 기록되어 있다(고후 15:4-8, 마 28:9-10, 눅 24 : 13 이하, 36 이하). 마가복음 16장 1-8절에도 예수가 살아났다는 선언이 먼저 나오고, "가서 그의 제자들과 베드로에게 이르기를 예수께서 너희보다 먼저 갈릴리로 가시나니 전에 너희에게 말씀하신 대로 너희가 거기서 뵈오리라 하라 하는지라"(막 16:7)고 성서는 증언하고 있다. 예수가 살아났다는 신앙이 없으면 갈릴리에서 부활한 예수를 볼 수 없을 것이다. 논리적으로나 사실적으로 예수의 부활사건 또는 부활신앙이 먼저 있기 때문에 민중현장에서 부활한 예수를 만나는 일이 있을 수 있는 것이다.

부활한 예수의 역사적 현존은 민중현장에서 민중의 일어섬에서 드러난다. 역사적 예수의 '하나님 나라 운동'이 민중적 민족해방 운동의 맥락에서 일어나듯이, 예수의 죽음과 부활도 민중적 민족해방 운동의 맥락에서 일어났다. 예수의 부활은 역사적인 특정한 민중사건으로 해소될 수 없다. 부활한 예수는 모든 민중해방사건을 조명하고 규정하는 빛이고 민중해방의 근원적 동력이다. 그러므로 부활한 예수는 반드시 민중사건에서 만나야 하고 만날 수 있다. 부활한 예수와 민중적 민족의 해방은 뗄 수 없는 관련 속에 있다.

2016년 10월부터 일어났던 한국의 촛불혁명은 그 주체가 시민이요, 노동자, 학생, 주부, 시민단체들이었다. 박근혜-최순실 국정농단의 본질이 온 국민들에게 알려진 것은 JTBC가 입수해서 공개한 최순실의 태블릿 PC 사건이었다. 소위 대한민국 대통령이 아무런 전문성도 없는 동네 아줌마 수준의 최순실에게 대통령 연설문 수정을 부탁했다. 또한 딸 정유라를 승마선수로 키우기 위해 삼성에 수십억짜리 말을 사달라고 요구하지 않았는가? 더구나 딸을 이화여대에 부정입학시켰다는 사실이 밝혀지자 이 나라의 학생들과 학부모들은 가슴을 쳤다.

대명천지 대한민국 사회에서 왕조시대에도 있을 수 없는 일들이 벌어진 것이다. 최순실 태블릿 공개 이후 밝혀진 박근혜와 최순실이 벌인 헌정유린 사건은 온 국민들의 입에서 '이것이 나라냐'하는 탄식을 자아내게 했다. 박근혜 전 대통령의 권력을 뒷받침하면서 호가호위(狐假虎威)해왔던 김기춘, 문고리 삼인방 안봉근·이재만·정호성 그리고 원세훈, 우병우와 함께 전대통령 이명박 등의 죄상은 반드시 검찰의 수사와 법원의 판결을 통해서 응분의 사법적 단죄를 받아야 한다. 온 국민들의 불의와 부정부패에 대한 분노는 7개월 동안 서울 광화문을 비롯한 전국대도시, 중소도시에서 촛불혁명으로 이어졌다. 이제 국민이 원하던 정권이 들어섰고, '적폐청산'을 키워드로 내세웠던 대통령으로 정권도 바뀌었다. 2016년 겨울을 지나 2017년 봄까지 서울 광화문을 비롯해 전국에서 20여 차례,

1,700만 명이 함께 동참한 촛불혁명이 뜻하는 바는 무엇인가? '불의는 정의를 이길 수 없다' '거짓은 진실을 이길 수 없다' '감추인 것은 드러나지 않는 것이 없다'는 성서의 진리가 이 나라의 역사현실에서 민중혁명의 승리로 귀결되었다는 것이다. 촛불시민, 촛불국민 모두가 작은 예수가 되어서 어둠을 물리치는데, 모두 한 몸이 되어 싸웠다는 것이다. 민중이 스스로 자각해서 불의와 부정한 권력자에게 저항하여 얻어낸 민중혁명의 승리를 쟁취한 것이다.

3. 민중신학의 서구의존적 신학 극복과 민족신학 확립의 필요성

민중신학의 민족적 주체성은 한반도가 처한 민족사적·세계사적 과제와 전망에서 요구한다. 민족에 관한 모든 논의는 세계 공동체의 전망에서 그리고 세계사적 맥락에서 이루어져야 한다. 민족을 배제한 세계주의는 추상적 관념이고 세계를 외면한 민족주의는 맹목적 감상주의이다. 먼저 세계적 안목에서 한국기독교와 한국신학의 의미를 밝혀 보자. 선교 130여년을 맞는 한국교회에 대한 평가는 명암이 엇갈린다. 구한말에 미국 선교사 알렌(Allen)과 아펜젤러(Apenzeller), 언더우드(Underwood)에 의해 전파되었던 예수 그리스도의 복음은 어둠 속의 빛이요, 열강의 각축장이 되었던 조선 땅에서 희망을 잃은 사람들에게 안식처요 희망이 되었던 것이다.

1970년대 산업사회를 맞아 인구의 급격한 도시집중과 저임금을 바탕으로 일어선 수출주도형 경제발전은 한국교회로 하여금 도시교회의 중대형화를 가져오게 하였다. 교회의 대형화는 번영주의 신학과 맘몬주의·교권주의·권위주의를 불러왔다. 언필칭 10만여 명이 모인다는 명성교회를 비롯한 한국의 경인지역만도 120여개 중·

대형교회들의 담임목사들이 뻔뻔하게 아들에게 교회를 세습하고 있다. 대형교회에서 벌어지는 비자금 사건·권력유착·성적타락 등의 스캔들은 교회의 신임도를 바닥 치게 했다. 항간에 기독교를 '개독교'라고 폄하해서 부르는 것이, 그렇게 큰 욕이 아닐 정도의 인식의 보편성을 갖게 되었다. 참으로 개탄스러운 일이다. 물론 수많은 선한 목회자와 평신도가 한국교회를 잘 섬기고 있지만, 교회재정을 사유화(私有化)한 일부 대형교회 목회자들과 이를 흉내 내지 못해 안달하는 번영주의에 몰입된 부도덕한 수많은 교역자들에 의해 한국교회는 500년 전, 종교개혁 당시의 가톨릭교회의 부패와 타락상을 재현하고 있는 것이다. 이제 교회는 민족의 여망을 안고 '예수 믿자'에서 '예수 살자'로 나아가야 한다.

한국 그리스도교는 근본주의적 정통주의를 극복해야 한다. 근본주의 신학은 선교사의 신학을 맹종하는 의존의 신학일 뿐 아니라 조선왕조의 지배 이데올로기적인 유교정통주의의 관행을 답습하는 신학이다. 근본주의적 사고는 타율적 사고의 전형이다. 한국교회는 보다 현실적이고 대중적인 교회신학을 형성해야 한다. 나아가서 한국 그리스도교는 비현실적·외래적 이념에서 벗어나야 한다. 한국신학이 민족적·민중적 신학·주체적 신학이어야 할 필연성은 신학 자체의 해석학적 성격에서 나온다.

민중신학은 성서를 오늘의 상황에서 새롭게 해석하는데서 형성된다. 하나님이 오늘 살아 계셔서 오늘의 상황 속에서 새롭게 말씀하시기 때문에 신학은 늘 새로울 수밖에 없고, 그 나라 그 민족의 민중을 위한 신학이어야 한다. 우리 민족은 자본주의와 사회주의를 넘어서서 통일된 민족공동체를 이룰 사명을 안고 있다. 자본주의와 사회주의를 넘는 남북통일의 공동체적 이념과 실천방안도 민중신학적 그리스도교에서 나올 수 있다. 한국 그리스도교는 정책적·이념적 수준에서가 아니라 신앙적·실천적 차원에서 공동체적 비전과 동력을 창출할 수 있다. 민중의 신앙적·공동체적 영성에 기초하여 통일된 민족공동체는 세계인류공동체에 이르는 길을 열 수 있다.[14]

제3절 민중신학자 서남동과 송기득의 대담

1. 민중신학자 서남동의 생애에서 본 한국진보신학 변천사

서남동은 1918년 2월 목포 앞바다의 섬인 전남 신안군 자은도에서 출생하여 교회도 모르고 자랐다. 소학교 5학년 때 목포로 전학하여, 여기에서 처음으로 성경을 배우게 되었다. 1939년 전주신흥고등학교를 졸업한 후, 일본 동지사대학 문학부 신학과를 졸업했다. 그는 일본인 교수 도미노모리의 '신약문학개론' 강의와 미국인 교수 캅의 '구약문학개론'을 통해서 문헌비평학을 배웠다. 여기에서 그들의 학문의 엄격성에 대해서 상당한 충격을 받았다고 말했다.

그 후 그는 1941년 9월부터 1942년 12월까지 평양 요한성경학교 교사로 일하게 된다. 1943년 1월부터 1952년 8월까지는 대구제

14 박재순, 위의 책, p.35-37.

일교회, 범어교회, 동문교회에서 목회를 하였다. 죽재 서남동의 목회시절 그의 신학형성에 가장 크고 영속적인 영향력을 끼친 것은 폴 틸리히(Paul Tillich, 1886-1965)의 신학이었다. 죽재는 틸리히의 '사크라멘트적 자연관'(sacrament, 聖禮典)을 통해서 탈자적(脫自的)인 감명을 받았다. '산도 하늘도 구름도 물도 숲도 들도 바람도 다 신비한 그 내면을 내게 열어 보여주고 속삭였다'고 서남동은 그의 지속적 황홀경을 술회했다. 그는 틸리히를 통해서 융의 심리학과 12세기의 요아킴 플로리스의 '성령의 제3시대'를 배웠다. 그러다가 1953년 1월 한국신학대학 교수로 초빙되어 1961년 12월까지 강의하던 중, 1956-1957년 캐나다 토론토 임마누엘 신학교와 신학대학원에서 연구하였다. 서남동은 1961년 9월부터 1975년 6월까지 연세대학교 신과대학 교수로 재직했으며, 연세대 연합신학대학원장을 역임하였다. 본회퍼(Bonhöffer, 1906-1945)의 옥중서신을 1964년에야 읽고 신학적인 충격다운 충격을 받게 되었다고 한다. 이 무렵에 일기 시작한 기독교신학의 소용돌이 속에 휘말려 그는 세속화론(1965), 신 죽음의 신학(1966), 희망의 신학(1968) 등 거듭 밀려오는 신학의 파도를 헤쳐 나갔다.

서남동은 1976년 정치적인 이유, 즉 당시 유신정권에 저항하는 신학자로 지목되어 연세대학교 교수직에서 해임되었다. 그는 해직교수 안병무·문익환·문동환·이우정 등과 그해 7월에 '갈릴리 교회'를 창립했다. 1976년 '3·1 구국사건으로 2년 6개월의 형을 받고 마산교도소에서 복역했다. 죽재는 민중신학의 형성과정에 몰입하였다. 출옥 후 1978년 2월부터 1984년 7월 19일 소천(召天)할 때까지 그는 기장(기독교장로회)선교교육원 원장으로 재직하면서 교역자 계속 교육과 평신도 지도자교육에 정열을 쏟아 부었다. 이 때 죽재 서남동이 길러낸 제자들이 대부분 민중교회, 외국인노동자사역, 시민사회운동의 중심에서 활동하고 있다. 기장선교교육원은 명실공히 민중신학과 민중교회의 산실이 되었다. 그는 민중신학이 남미의 해방신학이나 흑인신학에 버금가는 또 하나의 현장의 신학이 될 것을 전망했다.

죽재 서남동의 신학은 다음과 같은 네 시기로 구분할 수 있다.

1) 제1기 : 실존주의 신학과 역사신학 시기(1950-1964), 이와 관련하여 이 시기에 인간영혼과 역사라는 두 주제를 놓고 깊이 탐구했다. '인간의 영혼의 깊이가 주는 인간실존의 엄숙성, 결단의 책임성, 역사적 실재를 통한 신의 현존에 민감하였다'고 김경재는 서술했다(김경재, 새누리 신문, 1992년 6월 27일)
2) 제2기 : 세속화 신학 시기(1965-1968), 죽재는 세속화는 역사과정이라고 이해했다. 그는 세속화의 역사과정을 하나님의 또 다른 시대경륜으로 본 것이다. 본회퍼는 '세속화의 역사과정'과 '성숙한 세계'를 결부시켰다. 그는 종교의 후견에서 벗어나서 세속화되는 역사과정이 바로 인간의 성숙과정이라고 이해했다.
3) 제3기 : 과학신학의 시기(1969-1974)
4) 제4기 : 민중신학의 시기(1975-1984), 죽재 선생은 대학 강단에서 쫓겨나게 되어 민중신학을 창안한 것이 아니라 결국 근본문제는 민중이해와 민중구원에 있다는 확신 때문이었다.

죽재 민중신학의 주제는 '예수'라기보다는 '민중'이다. "예수가 민중을 이해하기 위해서 도구의 구실을 한다"는 것이다. 그렇다고 해서 예수의 신성이 부정되거나, 민중이 예수 위에 군림한다는 것은 아니다. 이 말의 알짬은 '예수의 온 관심이 민중의 해방에 있었다는 것'을 드러내고자하는데 있다.

전통적인 구원론은 무엇인가? 전통적 기독론에서는 '나사렛 예수가 나를 위해서 속죄했다는 것이다. 이것은 기독론적 통시적 해석으로서 타력적 구원이다. 그러나 서남동이 주장하는 성령론적 공시적 해석에서는 내가 '지금 여기'에서 예수를 재연하는 것이다. 지금 예수 사건이 다시 발생하는 것이다. 따라서 후자는 예수사건 곧 구원의 사건은 나의 결단으로 일어나는데 나의 결단은 성령의 역사에 의한 것이라는 것이다. 따라서 후자는 자력적 구원인 것이다.

구원이란 자력과 타력이 합하여 일어나는 것이요, 그것이 온전한 것이다. 구원은 감성적 믿음만 가지고는 안되며 거기에 예수에 대한 고백과 아울러 그를 따라 가는, 내가 그와 함께 행동하는 것이 온전한 구원에 이르는 길이라는 것이다. 필자는 전통신학과 민중신학 사이에서 수많은 고민과 방황을 했다. 필자는 야고보서를 기록한 야고보처럼 현실 속에서 "행함이 없는 믿음은 죽은 믿음"이라는 역사의식을 가지고 행동하는 신앙이 올바르고 온전한 신앙이라고 믿고 행동한 것이다.[15]

---

15 김병균, 설교 노우트에서.

2. 신학에 대한 서남동의 주요 관점

서남동은 신학을 이렇게 정의한다. '신학이란 그리스도교 신앙을 학문적으로 체계화하는 작업'이다. 좀 더 구체적으로 표현한다면, 신학이란 어디까지나 그리스도교의 무류(無謬)한 계시(啓示)라고 믿는 신·구약성서를 해석하고 또 재해석하는 작업이라는 것이다.

그렇다면 해석이란 시대적 상황과 표현 자체에 따라 달라진다고 보겠는데, 그 역사적 전개를 중심으로 본다면 어떻게 말할 수 있겠는가? 신학은 그 시대의 언어를 매체로 해서 재해석하는 작업이다. '하나님의 말씀'은 사람의 언어로 표현된다. 하나님의 언어가 하나님의 언어의 매체가 된다는 것인데, 그 안에 매체 역시 시대에 따라 각기 달라지는 것이다. 결국 '해석'이란 사상적 관점과 입장에 따라 달라질 수밖에 없는 것이다.

그리스도교 2천년사를 통해서 현저하게 달라졌던 것은 고대 교부(敎父)들의 신학에서부터라고 할 수 있다. 교부들의 신학은 고대 헬라인들의 우주관·세계관의 요구에 응하다보니까 결국 변증학(辨證學)이 되고 말았다. 다음으로 5세기에 아우구스티누스(Augustinus, 354-430)가 신학을 크게 발전시켰는데, 그의 신학의 기본적인 틀이나 언어는 플라톤의 이데아론에 근거하고 있다. 그 다음으로 중세 그리스도교(Scholasticism) 신학의 최고봉이라 할 수 있는 13세기의 토마스 아퀴나스(Thomas Aquinas, 1225-1274)의 신학이 있는데, 그는 아리스토텔레스의 형이상학을 의식적으로 그의 신학의 틀로 삼았다.

현대적 의미에서 본격적 신학은 특히 프로테스탄트의 경우, 슐라이에르마허(Sohleiermacher, 1768-1834)에게서 시작되었다고 볼 수 있겠다. 그 이전의 신학은 교의학(教義學, dogmatics)이지 신학(神學, theology)이라고 하기 어려운 것이다. 그 다음에는 바르트의 변증법적(辨證法的, dialectical) 신학이 있는데, 바르트의 신학이 나올 무렵에는 이미 서구에는 실존주의 철학이 지배적인 사상으로 대두되고 있었다. 크게 보아 바르트의 신학도 실존주의 철학의 물결 속에 있는 한 물결이라고 생각되는 것이다. 넓은 의미에서 라인홀드 니이버, 폴 틸리히, 불트만도 현대 실존주의 사상을 자신의 신학의 틀로 삼고 있다고 볼 수 있는 것이다.[16]

3. 실존주의(實存主義, Existentialism), 실존철학에 관한 이해

실존주의의 비조는 덴마크에서 태어난 키어케고어(Sören A. Kierkegaard, 1813-1855)이다. 키어케고어는 야스퍼스 및 마르셀과 더불어 유신론적 실존주의자로 분류되며, 이에 비해 니체(F. Nietzsche, 1844-1900), 하이데거, 사르트르는 무신론적 실존주의자로 분류되기도 한다. 그러나 여기서는 사르트르를 예로 들겠다.

사르트르(J. P.Sartre, 1905-1980)는 『존재와 무』라는 책에서 그의 독특한 존재론을 편다. "사람은 존재하는 것이 아니라 실존한다." 그의 존재론을 이해하는 것은 인간의 존재방식 곧 '실존'을 이해하는 바탕이 된다. 사람은 단순한 존재가 아니라, '존재가 무엇인가를

16 송기득, 『그리스도교 신학과 인간해방』(서울: 대한기독교서회, 1998), pp.270-273.

묻는 존재'이다. 사람이 존재를 물을 수 있는 것은 어떻게 가능할까? 그것은 사람이 '의식'(意識)을 가지고 있기 때문이다. 이 의식의 활동은 자신이 묻고 있는 대상(존재)을 지향하는 것을 그 본질로 한다. 이것을 의식의 지향성(intention)이라고 한다. 사람이 '실존한다'는 것은 무엇인가? 자기 자신을 자기 밖으로 내던져가는 것을 의미한다. 미래를 향하여 현재를 넘어가는 것, 곧 새로운 자기를 만들기 위해서 지금의 자기를 끊임없이 기획해가는 것이 실존이다. 이것을 사르트르는 사람의 자기초월(初出, 超克)이라고 했다. 이것을 우리는 탈/향이라고 부를 수 있다. 현재를 벗어나서(脫) 앞을 향하여(向) 끊임없이 나아가는 존재, 이 '탈/향의 존재'가 곧 실존(existence)이다. 우리는 사르트르의 실존철학을 보면, 얼핏 '실존' 그 자체에 대한 철학적 해석에 국한된 것으로 보인다. 그러나 사르트르는 그의 실존주의를 '휴머니즘'으로 선언했다.

그의 휴머니즘은 개인의 인간화에 국한되지 않고, 사회 전체의 인간화로 넓혀진다. 사회적 휴머니즘이 그의 실존주의의 핵심을 이룬다. 그는 이것을 이론으로 전개했을 뿐 아니라, 일생을 거쳐 몸소 실천했다. 그는 나치(Nazis)에 맞서 '레지스탕스'(저항운동)에 참여했다. 포로로 잡혔지만, 극적으로 탈출했다. 그는 "사회주의와 자유"라는 지식인 저항단체와 "민주혁명연합"을 창설했다. 그는 마르크스를 다시 읽었으며, 쿠바의 카스트로를 만나기도 했다. 사르트르는 1956년 소련이 헝가리를 침공하자 그는 그 친선협회에서 탈퇴했다. 사르트르는 사회주의적 혁명을 지향했다. 그는 노벨문학상을 거부했다. 그는 진정한 휴머니스트로서, 20세기를 대표하는 양심과 지성으로 길이 남을 것이다.[17]

4. 민중신학의 사회경제사적 방법

서남동의 신학적 방법론은 우선 '실존주의적'이라고 말할 수 있다. 그러나 그가 '과학'을 신학의 틀로 삼아야겠다고 생각한 것은 '신의 죽음'의 신학, '희망의 신학', '세속화 신학' 등을 거친 후였다. 이 시기가 지나고 1970년대에 들어서면서 해방신학에 관심을 갖기 시작했다. 서남동은 이때부터 신학의 방법론을 넓게는 사회과학적으로, 좁게는 사회경제사적으로 세우려 했다. 사회경제사적인 데 초점을 맞추다 보니 교회와 사회의 모순이나 갈등을 더욱 분명하게 보게 되었다. 성서는 사회경제사적으로 보아야 지금까지 보지 못했던 면이 보일 뿐 아니라, 가장 중요한 면이 보인다는 점이다. 사회경제사적 방법이 '성서' 해석에 결정적 조건이란 말인데, 예를 들어 '십자가 사건'이나 '출애굽 사건' 같은 것들은 사회경제사적 방법이 아니고는 그 참뜻을 이해할 수 없다는 것이다.[18]

십자가 사건이라면 성서적 계시의 원점으로서, 하나님이 인간구원의 사건을 여기에서 일으켰다고 믿고 있는데, 사실 그것은 예수가 천민인 주제에 로마의 지배질서를 교란시킬 위험이 있다고 해서 처형시킨 사건이다. 눌리고 가난한 사람의 입장에 서서 활동하니까 그를 정치적 죄목을 씌워 죽인 것이다. 이보다 더 분명한 것이 '출애굽 사건'이다. 성서 그대로 노예들의 탈출기인 것이다. 또한 예언자의 메시지가 그렇다. 예언자의 선포를 사회경제사적 면에서 보지

---

17 송기득, "간추린 서양 철학사", 미간행물, 2006, pp.73-85.

18 송기득, 『그리스도교 신학과 인간해방』, pp.273-274.

않고는 제대로 이해할 수 없는 것이다.

5. 민중신학의 성령론적 해석방법

기독론적이란 '타력적'인 것이고, 성령론적이란 것은 '자력적'인 것이라고 말할 수 있다. 그리스도가 내 대신 십자가에 죽었다고 할 때, 그는 어디까지나 '남'인 것이다. '남'이 딴 장소에서 내 죄를 속하기 위해 고난을 받았다는 것인데, 이것을 무시하는 것은 아니나, 이것이 마치 기독교의 본질인 양 생각하는 것은 잘못이다.

그리고 '자력적'이라고 하면 자주 휴머니즘과 결부시키는데 이것도 잘못된 생각이다. 예수사건 곧 구원의 사건은 나의 선택, 나의 결단으로 일어나는 것이지, 단순히 2천 년 전에 일어난 그 사건에 내가 동의하고 그것이 그대로 진리라고 고백하는 데 있는 것은 아니다. 그러한 나의 결단은 성령의 역사(役事)에 의한 것이다. 성령을 받으니까 하나님의 결단을 내가 자발적인 나의 결단으로 내릴 수가 있는 것이다. 그래서 그것을 '성령론적'이라고 한 것이다.[19]

'성령론적'이라는 말의 초점은 구원의 사건이 '지금 여기'에서 일어난다는 사실에 있다. 그러나 성령론적이란 것은 실존론적이라는 것과 구별된다. 다시 말하면 본회퍼의 '비종교화'를 거친 '정치적 해석'을 뜻한다. 실존론적 해석이라면, 성서에서 자기의 실존적 문제를 어떻게 읽느냐에 있지만, 정치적 해석이라면 지금 우리가 이 사회에서 인간으로서 살고 있느냐 그렇지 못하느냐를 묻고 있는 것

19 송기득, 위의 책, pp.273-274.

이다.[20]

성령론적 해석이라면, 2천 년 전에 씌어진 본문을 지금 해석한다는 것이 아니고 – 그것은 그것대로 성서해석학이겠으나 – 내가 결단해야 할 지금의 사건 앞에서, 예컨대 내가 어느 독재체제에 항거해야 할 것이냐, 안해야 할 것이냐와 같은 문제를 놓고, 어느 것이 하나님의 뜻에 맞느냐를 결단하려고 할 때 거기에는 하나의 참고서가 요청되는데, 성서의 본문을 이러한 참고서로 받아서 해석하는 것이다.

과거의 사건이 그대로 지금 되풀이되는 것은 아니다. 우리가 지금 하나님의 뜻에 맞게 결단하려 할 때, 모세는 어떻게 결단했고, 바울은 어떻게 결단했는가를 '참고'로 보자는 것이다. 성령이란 항상 내재적(內在的)이고 지금 하시는 하나님의 활동이다. 지금의 성령감동은 부차적이고 바울의 성령감동은 원초적이라면 하나님은 과거의 하나님이지, 지금의 하나님은 못되는 것이다. 따라서 성령은 지금 살아 계신 하나님이다.[21]

서남동의 성령론적 해석의 입장에서는 텍스트 – 콘텍스트의 모형에 근거한 성서해석을 그다지 중시하지 않는다고 본다. 지금의 성령활동이 보다 중요한 것이고, 과거의 것은 하나의 전기(reference)라는 것이다. 그러므로 우리가 직면한 여러 가지 문제 – 그것이 교회의 문제이든, 국가의 문제이든 – 를 해결하기 위해 신학적인 접근

---

20 송기득, 위의 책, pp.275-276.

21 위의 책, p.276.

을 시도한 것이다. 이러한 작업이 신학하는 것이지, '바르트의 그리스도론'이나 쓰는 것이 '신학'은 아니라는 것이다. 그렇게 하는 것은 숙제는 잘하는 것일 수 있을지는 몰라도 삶의 문제 해결은 아니라는 것이다. 그래서 서남동은 그의 신학적 입장을 사회경제사적으로, 또 성령론적으로 세운다는 것이다.[22]

6. "지금 여기" 현장의 교회

서남동은 교회에 대하여 어떠한 신학적 사고를 갖고 있었을까? 서남동은 성령의 교회, 민중의 교회란 민중의 현실과 연대하고 있는 '현장의 교회로서' 자연히 민중의 민담과 이야기의 교회가 되어야 한다고 역설한다. 가톨릭교회가 성전의 교회이고, 프로테스탄트 교회가 성서의 교회라면, 민중의 교회는 민담(民譚)[23]과 이야기의 교회이다. 종교개혁이 성전과 교회조직의 껍질을 벗겨내고 성서를 찾아냈다면, 민중의 교회는 성서의 껍질을 벗겨내고 예수와 민중의 이야기를 찾아내야 한다.[24]

22 위의 책, p.277.

23 민담(民譚)은 예로부터 억압받는 민중 사이에서 전해져 내려오는 이야기이다. 민담은 민중의 언어이다. 그들 자신의 이야기다. 그들의 괴로움과 그들의 희망이 담겨진 그들의 말, 그들 사이에서 서로 주고받는 이야기, 그로써 그들을 하나로 느끼게 하는 공동체의 공간이다. 민담에는 '쇠똥구리에 미끄러진 호랑이' '은진미륵과 쥐' '에밀레종' '봉산탈춤' '홍길동전' '춘향전' '금관의 예수'(김지하) '몽실언니'(권정생) '마가복음의 예수 이야기'를 서남동은 민담(民譚)의 시각에서 본다.

24 서남동, 위의 책, p.299, 김주한, "성령의 교회-민중의 교회" 『교회로 간 민중신학』, 만우와장공, 2006), p.129에서 재인용. (죽재 서남동 34주기 추모자료), p.16.

성령론적 공시적 해석[25]은 언제나 '지금 여기'이기 때문에 그 해석의 매체는 그 시대의 언어, 곧 오늘의 언어로 표현되어야 한다. 성령의 교회, 민중의 교회 관점에서 오늘날 교회 현실을 들여다보면 교회의 모순은 적나라하게 드러난다. 교회는 어떠한가? 사회의 제도적 모순과 상관없는 관념론적 신학, 기업과 경영능력으로 변질된 교회성장, 수구 적폐의 보루가 되어버린 교회, 모든 사회적 불의를 알면서도 교회조직의 존속을 위해 말 못하는 교권, 이런 것들이 우리의 실정인 것 같다. 따라서 민중의 교회는 민중의 한(恨)을 풀어주고 위로하는 교회, 그리하여 한(恨)으로 인한 폭력적 순환의 고리를 끊어야 하는 교회이다. 서남동은 민중의 교회가 한(恨)을 풀어주는 '한(恨)의 사제'가 될 것을 주문하고 있다. 그가 제시하는 민중의 교회는 세상의 한 복판에서 민중의 삶과 연대하는 현장성을 회복해야 하며, 예수의 십자가 부활을 오늘의 사회적 현실의 한 가운데 현재화·구체화·사건화 하는 '증언공동체'여야 한다고 강조한다.[26] 민중교회 또는 역사현장에 서있는 교회가 운동이론에 표류하지 말고, 민중의 삶 속으로 들어가서 그들과 함께 희로애락(喜怒哀樂)을 같이 하면서, '하나님 나라'의 정의·평화·사랑·생명공동체를

25 '성령론적 공시적 해석'은 전통과 현재의 '합류'를 신학적으로 해석하기 위한 해석학이다. 즉 현재 눈 앞에서 전개되고 있는 사건의 현장 속에 성령이 개입하고 있음을 깨닫고 거기에 동참하여, 그것을 신학적으로 해석해내는 일이야말로 민중신학이 수행해야 할 사명이라는 것이다. '지금 여기에서'의 사건에 동참하는 것이 과거 민중전통의 계승을 의미하고, 그것을 신학적으로 해석하는 데 필요한 해석학적 방법론이며, 이 해석이 바로 교회의 정체성을 회복하는 방법론적 장치이다.(위의 책, p.119)

26 서남동, 위의 책, p.130.

이루어 나가야 할 것이다.

제4절 안병무의 성서적 민중신학

1. 민중신학자 안병무에 관해

제1세대 민중신학자 안병무(1922~1996)는 평북 안주 출신으로 어린 시절 북간도에서 십자가를 본 이래 그의 삶은 예수와 한시도 떨어져 본 적이 없다. 서울대 사회학과를 나와 독일로 유학을 떠난 그는 말씀으로만 전해지는 예수가 아니라, '역사의 예수'를 찾는데 주력했다. 안병무는 독일 하이델베르크대학교에서 박사학위를 받고 귀국했다. 1970년 한신대 교수로 재직할 무렵 그해 11월 청계천 노동자들의 억울한 노동현장을 고발하며 분신자살한 전태일[27]의

27 전태일(全泰壹, 1948년 8월 26일~1970년 11월 13일)은 대한민국의 봉제 노동자이자 노동운동가, 인권 운동가이다. 1960년대 평화시장 봉재공장의 재봉사, 재단사로 일하며 노동자의 권리를 주장하였다. 아버지가 사기를 당하여 정규 교육을 받지 못하고 서울로 올라와 청계천 피복 공장에 취직하였다. 1965년에는 청계천내 삼일회사 재봉사로 일하다가 강제 해고된 여공을 돕다가 함께 해고되었다. 이후 그는 한미사의 재단사가 되었다. 1968년 근로기준법의 존재를 알게 되어 1969년 7월부터 노동청을 방문, 노동자들의 열악한 환경 개선과 위생 환경 개선을 요구하였으나 번번이 거절당했다. 1969년 6월 청계천 공장단지 노동자들의 노동운동 조직 바보회를 결성하고, 다니던 교회와 엠마누엘 수도원 등에서 잡역부로 일하던 중 다시 왕성사의 재단사로 청계천으로 돌아와 노동운동을 주도했다. 그는 동대문구청과 서울특별시의 근로감독관과 노동청을 찾아가 열악하고 위험한 노동환경 개선을 요구했으나 묵살 당했고, 박정희 대통령에게 서한을 보냈으나 전달되지 못했다. 1970년 10월에는 본격적으로 근로조건 시위를 주도하였다. 11월 근로기준법 화형식과 함께 평화시장 입구에서 온 몸에 휘발유를 끼얹고 라이터로 분신자살하였다. 그의 죽음을 계기로 11월 27일 청계피복노동조합이 결성되었고, 노동 운동이 재확산되었다. 사건

죽음을 목격하고 커다란 충격을 받는다. 예수의 처형 현장에 그의 제자들이 한 명도 없었듯이, 전태일의 죽음 곁에 지식인은 한 명도 없었다는 데 자괴감을 느낀 것이다. 안병무는 예수를 외면한 베드로처럼 부끄러워했다. 전태일은 배우지 못했고 아는 사람도 많지 않은 가난한 노동자였다. 엄연히 '근로기준법'이라는 것이 있는데도, 열악한 환경에서 중노동에 혹사당하고 저임금에 희망을 갖지 못하는 청계천 다락방 노동자들의 참담한 실상을 세상에 알리기를 원했다. 당시 박정희 대통령에게 '근로기준법' 준수를 호소하는 편지를 수 차례 보냈지만 응답이 없었다. 결국 분신이라는 방법으로 자기 자신을 불태운, 이 시대의 "예수 사건" 이었다. 이후 안병무 교수는 1970, 80년대의 암울한 정치 현실을 관통하면서 '민중신학'을 일궈낼 수 있었다. 그는 또 투옥과 해직을 거듭하면서 성서나 교리 속에 갇혀 있지 않고, 금빛 성전에도 있지 않은, 가난하고 불쌍하고 핍박 받는 사람들 곁에 있는 예수의 진정한 얼굴을 찾고자 노력했

당시 그는 친구 김개남(가명)에게 자기 몸에 성냥불을 그어 달라고 했고, 익명의 친구는 그의 몸에 불을 붙였다. 온 몸에 불이 붙은 채 평화시장을 뛰었지만 그는 방치되었다. 병원에 도착한 뒤에도 주사 비용이 필요하여 근로감독관의 보증이 필요하다 했지만, 근로감독관은 보증을 거부했고, 다시 옮겨진 성모병원에서는 가망이 없다는 이유로 그를 3~4시간 방치하였다. 오후 4시경 그는 구급차에 실려 서울 성모병원 응급실로 다시 후송되었지만, 11월 13일 오후 10시 성모병원 응급실에서 사망하였다. 22일 새문안교회(예장통합) 대학생부 신도 40여 명은 전태일의 죽음에 사회가 책임이 있고 자신들도 공모자라며 속죄를 위한 금식 기도회를 열었다. 23일에는 기독교계에서 개신교와 천주교의 공동집전으로 추모 예배를 거행하였다. 고(故) 장공 김재준 목사는 "우리 기독교인들은 여기에 전태일의 죽음을 위해 애도하기 위해 모인 게 아닙니다. 한국 기독교의 나태와 안일과 위선을 애도하기 위해 모였습니다."라고 하였다. (전태일 평전, 네이버 창, https://m.blog.naver.com/PostView.nhn?blogId)

다. 안병무 박사는 눈을 감는 그날까지 '예수에 미친 사람'으로 살다가 갔다. 그의 부인은 평양출신으로 여성운동의 대모(代母) 박영숙이었다.

2. 전통신학적 주제에 대한 민중신학적 해석

1) 성서에 관하여

안병무는 성서에 대한 전통적 이해와 해석에 대해 비판적 입장을 취한다. 한국에서는 교리를 정당화하기 위한 수단으로 성경을 인용 했다는 점을 지적한다. 한국에서는 신앙고백이 텍스트가 되고 성서 자체는 도리어 콘텍스트가 되어버린 셈이다. 이것은 교리라는 것이 이데올로기로 군림해서 성서를 여기에 종속시켰다는 것을 의미한다. 더구나 근본주의자들의 '축자영감설'은 '성서무오설'까지 내세웠는데, 이것도 따지고 보면 교권주의가 교리와 영감까지 독점하려는 소치에서 비롯된 셈이다. 결국 교권의 지배가 교리를 뚫고 나가 성서 자체를 제대로 볼 수 없게 한 것이다. 그렇다면 성서의 본질은 무엇일까? 한마디로 말해서 그것은 민중해방의 역사라는 데 있다.[28]

안병무는 독일의 성서학자 로버트 맥카피 브라운(Braun)과 마찬가지로, 성서에는 어떤 연속성이나 통일성이 있다고 보지 않는다. 그러기에 안병무가 말한 성서의 통일성은 성서를 뚫고 흐르는 '맥'을 가리킬 뿐이다. 문제는 그 맥이 무엇인가에 있다. 이것이 성서의 출발점이다. 이 사건은 출애굽의 민중(노예)해방 사건으로 구체화

28 송기득, 위의 책, p.324.

되었다. '하나님만'(mono-Yahwism)의 이념을 제시하여 인간(王)지배에 대한 철저한 거부를 표방한 초기 이스라엘 지파동맹(평등공동체) 형성으로 구체화되었다. 그런데 다윗왕조가 지배세력으로 군림함으로써 '하나님만'의 사상이 종언을 고하게 되자 비판과 저항이 나타났다. 이것은 야훼신앙(해방전통)을 되찾아 초기 이스라엘을 회복하려는 것이다. 이 예언자들의 전통은 히브리적인 사회의식의 소산으로서 하시딤, 에세네파, 세례자 요한운동, 그리고 예수운동으로 그 계보를 잇고 있다. 안병무는 예수 또한 '야웨만'으로 표방된 해방전통을 회복시킨 데 지나지 않는다고 본다. 예수는 '갈릴래아' 민중과 함께 '예루살렘'으로 상징되는 지배체제를 끝장내기 위해 행동했다는 것이다. 따라서 안병무가 말하는 성서의 전통은 바로 민중해방 사건이라고 볼 수 있다.[29]

민중신학자 안병무가 말하는 성서의 본질은 무엇인가? 그것은 두말할 나위 없이 '민중사건'이다. 민중사건이 성서의 맥을 이루고 있다는 것이 그의 입장이다. 그러한 뜻에서 성서는 민중신학의 전거이다. 그래서 그는 "나의 전거는 성서뿐이다"라고 강조하기에 이른다. 이 점에서 그는 서남동과 의견을 달리 한다. 서남동은 민중신학의 전거를 성서뿐만 아니라 교회사와 한국 민중사에까지 넓히기 때문이다. 그러나 안병무는 민중론과 민중신학을 구별하며 민중신학자라면 성서에 근거해서 민중사건을 말해야 한다고 주장한다. 따라

29 안병무, 『민중의 책 성서』 『민중신학 이야기』(서울: 한국신학연구소, 1987) p.57.

서 성서를 보는 열쇠도 '민중 편에서'라고 할 수 있다. 성서의 핵심과 맥이 민중해방 사건이므로 성서는 지금 당장 고통당하는, 따라서 해방을 절실히 요청하는 민중 편에서 보아야 한다는 것이다. 그러나 성서에 대한 참다운 해석은 결코 민중 편에서 본다는 데 그치지 않고 민중의 해방운동에 직접 참여할 때 비로소 가능하다는 것이 안병무의 입장이다.[30]

우리는 구약에서 신약까지를 꿰뚫고 흐르는 하나의 맥(脈)을 짚어낼 수 있다고 할 수 있다. 그 맥을 민중신학은 어떻게 보고 있느냐? 안병무는 성서를 이야기 할 때 "태초에 하나님이 말씀했다"라기 보다는 "태초에 사건이 일어났다"고 말한다. 출애굽 사건을 예로 들면, 파라오 권력에 의한 박해사건이 먼저 있었고 히브리인들의 저항과 탈출사건이 잇따른다. 사람이 사람대접을 못 받고 권력에 눌려 신음하다가 마침내 거기서 탈출했다.

갓월드(N.K Gottwald)의 고대 이스라엘 사회의 혁명모델에 대한 가설이나 픽슬리(G. Pixly)의 '하나님 나라'의 관점이 많은 도움을 주었다. 에집트에서 탈출한 히브리인들과 팔레스타인의 농노들이 어떻게 만났는지는 별문제로 하더라도, 군주국이 형성되고 권력욕이 많은 사람들을 농노로 삼아 지배하고 수탈했을 때, 눌린 민중이 저항하고 일어나서 에집트에서 탈출해 나온 히브리인들과 연합전선을 펴서 '하나님만'(mono Yahwism)이라는 이념 아래 소위 부족동맹(Amphictyony)을 결성했다.

30 송기득, 위의 책, 1998, pp.324-329.

여기서 모노 야훠즘이란, 다른 종교들과의 경쟁에서 야웨만을 내세우는 그런 종교적인 의미만이 아니라 하나님 자리에 사람이 대신 앉으려는 인간의 권력욕에 대해서 그것을 거부하는 입장이다. '하나님만'이라는 신앙과 권력의 지배로부터 탈출한 사건은 동전의 양면처럼 불가분리의 관계에 있다. 고대 이스라엘의 부족동맹(이른바 12지파 동맹)의 야웨신앙은 소위 순수한 종교적, 피안적 성격이었던 것이 결코 아니고 그야말로 삶에서 일어난 구체적이고 현실적인 사건과 결부된, 구체적인 생활규범이었다고 생각된다.[31]

민중신학의 시각에서 성서를 본다는 것은 '민중의 자리'에서, 또는 '민중의 눈으로' 성서를 본다는 말이다. 이것을 일컬어 흔히 '민중신학적 성서해석 방법'이라고 한다. 안병무가 말하는 민중의 시각은 어떤 고정된 틀에 의거하지 않고 민중이 처한 구체적인 역사적 현장에서 그들의 절실한 요청에 따라 성서를 보아야 한다는 것을 전제로 하고 있다. 따라서 민중신학의 성서해석은 어쩔 수 없이 하나의 편향성(당파성)을 띨 수밖에 없다. 우리가 민족해방운동에 직접 참여하는 것은 사실상 성서를 몸으로 쓴다는 것을 의미한다. 성서가 민중운동의 역사라는 것은 바로 이 뜻과도 통한다. 그렇다면 결국 성서는 민중이 몸으로 직접 쓴 것이다. 이렇게 이루어진 성서이므로 민중의 눈으로, 민중의 편에서 읽어야 한다는 것이다. 성서는 민중해방의 운동사이기 때문이다. 그러기에 민중 아닌 사람이 성서를 잘 읽는 길은, 그리고 해석을 잘 하는 길은 민중해방운동에

31 안병무, 『민중신학 이야기』(서울: 한국신학연구소, 1987), pp.54-55.

직접 참여하는 길 밖에 없는 것이다. 민중신학이야말로 어느 신학보다도 '민중해방운동'이라는 성서의 맥을 제대로 잇고 있다고 보기 때문인 것이다.

2) 예수에 관하여

민중신학에서는 '예수'를 어떻게 이해하고 있을까? 이른바 민중신학의 예수론도 성서에 대해서와 마찬가지로 전통적인 서구의 그리스도론에 대한 비판에서 출발한다. 민중신학자 안병무는 지금까지 논의하여온 그리스도론이 성서에 대한 철저한 해석의 바탕에서 이루어졌다고 보기보다는 '그리스도'를 증거하겠다는 변증적 목적에서 이루어졌다고 본다.

처음 그리스-로마의 문화에서 이루어진 선교적 목적은 예수를 그 당시 널리 신격화된 구원자로 묘사함으로써 종교적 영웅을 형상화하려는 결과를 낳았다. 그리고 이를 철학적으로 뒷받침하기 위해 신인양성론을 빌려오게 되었고 이로 인하여 이른바 그리스도론이 형성되기에 이르렀다. 이것은 결국 그리스도론이 그리스-로마체제와 그 사상의 산물이라는 것을 의미한다. 이러한 신인양성의 그리스도론을 중심으로 이루어진 설교는 결국 독단적 신학에 빠질 수밖에 없으며, 그러한 기형적 표상은 동양에는 없는 것이므로 우리에게는 낯설 수밖에 없다.[32]

그런데 이러한 서구의 그리스도론에는 '예수'의 행태와 삶이 빠져 있다는 데 큰 문제가 있다. 초대교회는 예수를 '그리스도'라고

32 송기득, 위의 책, pp.329-330.

설교하면서, 예수의 '십자가'를 그리스도론의 중심으로 삼았는데 이것은 그리스-로마의 법적·제의적 사고의 소산이다. 종래의 그리스도론을 지배해 온 것은 '메시야 사상'인데 이것은 예수를 메시야 사상에 맞춰 넣어서 생긴 것이다. 그러나 나사렛 예수는 그 당시의 어느 메시야상과도 맞지 않는다. 안병무는 신약의 그리스도론에는 아무런 통일성이 없다는 브라운(H. Braun)의 견해에 동의한다. 결국 유대교적이고 그리스적인 법적·제의적 개념으로서는 예수를 말할 수 없다는 것이다. 교권마저도 이른바 '속죄론'으로 표현된 이러한 사고를 동원했지만 여기에 묶여 있는 한 인간의 해방은 요원하게 된다. 여기에서 선악의 식별도 요원하게 된다. 그리고 여기서는 또한 '죄'의 규정도 성전지배층에 의해서 결정될 소지를 남긴다.[33]

그러면 그리스도로서의 예수의 삶은 어떻게 성격화할 것인가? 그가 죽임을 당한 것을 대속이라는 개념으로만 해석해 버리는 것은 너무 단순화한 도그마이다. 적어도 예수 자신은 '죄'라는 것에 중심을 두지 않았다. 예수에게는 이른바 죄인이 없다는 것이다. 도대체 '죄'를 누가 정하는가? 기존질서가, 엄밀히 말하면 지배층이 설정한 그물에 걸리면 죄인이 되는 것이다. 예수는 그들을 죄인이라고 보지 않고 그런 손아귀에서 해방시켜야 할 대상으로 보았다.

그의 비판의 대상은 죄인을 비판하는 바로 저들이었다. 언제나 강자가 약자에게 죄를 규정하는 것이기 때문에 죄를 자꾸 강조하다

33 송기득, 위의 책, 1998, pp.330-331.

보면 결국 약자만 당하게 된다. 법적·제의적 체제를 장악하고 지배하는 자들 밑에 깔려 신음하는 사람들이 예수의 주변에 몰려 들었다. 이들에게 예수는 '너희 가난한 자는 복이 있나니 하나님의 나라가 너희 것임이요'(눅 6:20)라고 선언했다. 그 시대의 정치·제의적 질서에서 보면 죄인들이고, 도덕적으로나 윤리적으로도 보잘 것 없는 그런 무리들과 아무런 전제 없이, 마치 이태백(李太白)이 물을 못보고 달만 향해 가다가 빠져죽은 것처럼 그 민중 속에 들어가서 어울리며 나누다가 법적·제의적 덫에 걸려 사람 취급 못 받는 저들에게, 즉 체제에 억눌린 가난한 그들에게 "너희가 사실상 주인이다. 하나님의 나라는 너희 것이다. 너희야말로 참 하나님의 아들딸이다"라고 말해주었다.

이것은 의식화가 아니라 정말 그 자신이 그렇게 믿은 것이다. 단지 그들 편에 선 것만이 아니라 이들에게서만 구원(하나님 나라)이 올 수 있다고 믿었던 것이다. 가진 자들을 향해서도 자꾸 저들을 주목하라고 한 것은 가진 자들도 저들을 통해서만 구원을 받을 수 있고 구원의 길은 저들을 통해서만 열린다고 믿었기 때문이라고 보았던 것이다. 예수 자신도 그들과 똑같은 모습으로 살다가 그들을 통하지 않고는 인류 전체의 구원이 없다는 것을 알리기 위해서 결국 십자가에 달려서 죽었는데, 이 십자가의 죽음은 민중의 고난의 극치를 나타낸 것이다. 그리스도의 십자가 죽음은 한 개인(individium)의 죽음을 나타내는 것이 아니라 지배자들에게 눌려 죽은 민중의 죽음을 나타낸다. 그런데 죽이는 자들이 자신들에게 죽임을 당한 그리스도의 죽음을 바로 인식할 때만 구원을 받을 수

있고, 그밖에는 구원의 길이 없다는 것이다.[34]

> 그가 하나님께서 정하신 뜻과 미리 아신 대로 내준 바 되었거늘 너희가 법 없는 자들의 손을 빌려 못 박아 죽였으나 하나님께서 그를 사망의 고통에서 풀어 살리셨으니 이는 그가 사망에 매여 있을 수 없었음이라(행 2:23-24)

그래서 성서는 다른 그리스도상에 주목하게 되었다. 그 가운데 대표적인 것이 '고난의 종'이다. 극심한 억눌림 아래 고난당하는 민중이 강력한 승리의 메시야를 기대한다는 것은 너무나 당연하다. 그럼에도 불구하고 고난의 종의 상(像)이 예외로 등장하게 되었는데 이것은 어찌된 일인가? 안병무에 의하면, 이것은 종말사상과 메시야론의 결부로 이루어진 것인데, 여기에는 이스라엘을 고통으로 몰아넣는 적들의 멸망에 대한 바람이 강력하게 반영되어 있다는 것이다. 중요한 것은 예수의 민중들이 '고난의 종'의 모습을 한없는 멸시와 천대를 받아온 이스라엘 자신의 모습과 일치시켰다는 점이다. 그리고 더욱 놀라운 것은 그처럼 수난당하는 자신들이 세상에 대해서 메시야의 역할을 수행하고 있다는 사실을 자각한 데 있다.[35]

대속론적 그리스도상과 관련하여 민중신학에서 주목해야 할 것은 속죄론의 현대적 의의이다. 민중신학이 고전적 대속론을 글자

---

34 안병무, 위의 책, pp.98-99.

35 송기득, 위의 책, p.331.

그대로 받아들일 수는 없다고 할지라도, 민중이 역사 안에서 속죄의 제물이 되고 있다는 사실은 대속론의 현대적 의의를 더하게 한다. 그들은 우리가 겪어야 할 고통을 우리 대신 지금 겪고 있다. 또한 안병무는 복음서가 예수와 민중을 동일화했다는 점을 강조한다. 따라서 예수가 당한 죽음과 지배자들에게 짓눌려서 죽은 민중들의 죽음이 동일시되었다. 민중의 고난은 역사의 주체(주인)라는 의식에서 겪는 수난이므로 그것은 마침내 권력의 횡포를 끝장내는 승리의 표상이라는 데 그 의의가 있다고 그는 주장한다.[36]

수난 당하는 민중이 체념이나 패배의식으로 주저앉아 버리는 것이 아니라, 자신들이 역사의 주인이라는 의식을 가지고 수난을 당한 것이다. 마침내 민중이 다시 힘을 내어 역사의 전면에 나섬으로 권력의 횡포를 종식시킬 수 있었다는 것이다. 죄의식을 가지는 것이 아니라 이렇게 얻어맞은 자신들이야말로 하나님의 아들과 딸이라는 의식을 가진 무리가 바로 예수의 민중이었다. 세상을 대신하여 얻어맞고 죽어가는 민중을 통해서 우리에게 구원이 오는 것이다. 민중신학은 예수 그리스도를 믿음으로 구원이 온다기보다는 역사의 예수가 메시야의 모델로, 혁명의 선구자로 온 역사적 인물이라는 이야기가 아니겠는가?

이 나라 한국 땅에서 일어난 민중의 저항사건을 통해서 우리는 안병무의 민중구원사를 체득하게 된 것이다. 자유당 이승만 독재와

36 위의 책, pp.331-332.

3·15 부정선거에 항거하여 일어난 4·19 혁명은 박정희 군부세력의 쿠데타에 의해 철저히 짓밟혔다. 전두환 군부독재의 4·13 호헌조치에 저항하여 6월 항쟁이 일어나자 6·29선언으로 일단 부분적 승리는 얻었다. 그러나 곧이어 야권의 분열로 결국 군부독재에게 '죽 쒀서 개 준꼴'이 되어버렸다. 끊임없는 자주·민주·통일·민중생존권을 위한 운동으로 인해 애국진보인사들, 노동자·농민·철거민들이 수없이 두들겨 맞고, 간첩으로 조작되고, 감옥에 가는 인고(忍苦)의 세월을 딛고 이어서 박근혜·최순실 헌정유린, 국정농단 사건으로 다시 민중들은 모이기 시작했다.

2016년 10월부터 2018년 5월까지 광화문을 비롯한 전국 주요도시, 시군단위에서 촛불집회가 열려 연인원 1,700만 명이 비폭력·평화시위에 참여하지 않았는가! 결국 헌법재판소장 이정미는 '피고인 박근혜를 대통령직에서 파면한다'는 명판결로 대통령직에서 끌어내린 것이다. 이것은 세계혁명사상 유래를 찾기 어려운 민중해방 사건이요, 민중구원 사건이었다. 우리는 민중이 스스로를 구원하고 해방하는 현장을 체험하였다. 지금도 자력구원에 대한 확신을 갖고 있다. 그렇다고 예수 그리스도를 믿음으로 구원을 얻는다는 교리적, 구속사적 구원을 부정하는 것이 아니다. 민중해방 사건을 체험한 그리스도인들은 2천 년 전 십자가와 부활의 사건이 성령의 공시적(共時的, synchronic) 현상, 즉 성령론적 역사로 인하여 한국사회에서 촛불집회의 현장에 재현되었다고 믿고 있는 것이다.

3) 하나님에 관하여

하나님에 대한 민중신학적 이해는 하나님을 민중과 직결시킨다는 데 그 특성이 있다. '민중의 하나님'이라고 할 때, 그것은 민중이 그의 삶의 현장에서 신과 직접 관계를 맺는다는 것을 의미한다. 민중의 쓰라린 삶은 그대로 한과 절규로 표출되는데, 바로 그 한과 울부짖음 속에서 신은 현존하는 것이다. 그러나 이 때의 신은 민중의 울부짖음을 듣고 한을 풀어주는 어떤 피안의 존재는 아니다. 왜냐하면 '성서의 신은 삶의 수수께끼에 대한 대답이 아니고 삶 자체의 갈등과 모순으로 묻는 물음'이기 때문이다.[37]

민중신학자 안병무는 역설적이게도 성서의 하나님은 갈등 그 자체이며 모순 그 자체라고 본다. 그러니까 세상을 조화시키기보다 오히려 문제를 일으킨다. 사건을 자꾸 일으키는 하나님이다.

이러한 안병무의 생각은, 신을 물음과 대답의 도식에 적용하고 있는 것인데, 이것이 민중적이라고 할 수 있을까 하는 의문이 생긴다. 왜냐하면 민중은 지식인과는 달리 당장에 '대답'을 바라기 때문이다. 민중은 억압과 수탈과 고통으로부터 그들을 당장 살려주는 신을 필요로 한다. 민중은 그들의 한을 풀어주는 신을 갈망한다. 뼛속까지 한에 사무친 민중들은 십자가 형틀에 매달려서 버둥거리는 고난 받는 신을 원하기보다는, 십자가에 매달려 고통 받는 자신들을 당장에 내려주는 신을 원한다. 그러므로 신의 피안성을 거부하고 신의 현존성을 강조한다.

안병무가 민중의 신은 민중의 한과 울부짖음 속에 현존한다고 할 적에 여기에는 민중의 한과 울부짖음과 필연성이 전제되어 있는

37 송기득, 위의 책, p.376.

데, 이것이 비민중적 계층에 대한 지시적 역할을 하고 있다. 이것은 어쩔 수 없는 사실이다. 지배계층의 억압이 없이 민중의 한이 있을 수는 없기 때문이다. 그렇다면 신은 지배자들에게 결국 "심판의 신"이 될 수밖에 없다. 이것은 민중신학의 당연한 입장이다. 그렇다면 민중의 신, 해방의 신은 무엇을 하고 있었느냐고 반문하면 어떻게 대답할 수 있을까? 민중이 허구한 날 고통 속에서 울부짖어야 한다면 도대체 신은 민중의 신인가, 지배자의 신인가? 민중의 울부짖음과 한숨에 현존하는 신이라면, 그 신은 지배자의 신에게 패배한 신인가? 이러한 발상이 하나의 '논리의 유희'라면, 그것은 민중신학적이라고 할 수 없다.

안병무는 신이 '사건을 일으키는 힘'이라고 할 때, 그 신은 분명히 민중사건과 연결된다. 그것은 신이 민중사건에서 '힘'으로 현존한다는 뜻이다. 이때의 '힘'은 '의미'를 동반한 힘이다. 사건의 목적과 이념, 그것이 다름 아닌 '의미'이다. 이때의 신은 구약의 야웨 신에게서 밝혀진 대로 '해방의 신'으로 성격화된다. 해방사건과 운동을 일으키는 신이라는 것이다.[38]

안병무에 따르면 '해방의 신' 야웨는 다윗왕조를 기점으로 해서 변형되었는데, 다윗왕조에서는 '야웨'가 그의 왕권체제를 지키는 수호신이 된다. 이것은 야웨가 지배권력을 합리화하는 '이데올로기'로 바뀌었다는 것을 뜻한다. 그리고 야웨 신은 예루살렘 성역을 중심한 제사종교에 의해서 성전종교의 포로가 된다. 이것은 곧 신의

38 위의 책, pp.338-339.

계층화를 의미한다. "해방의 신이 억압의 신이 되고, 세계에 편만한 신이 성전의 신이 된" 것이다.[39]

예수가 하나님에 대해서 새삼스럽게 말한 것은 없다. 한 마디도 안했다고 할 수도 있다. 그러나 예수가 한 행동과 그의 삶 전체가 하나님 신앙의 표현이라고 볼 수 있다. 안병무는 예수가 본래적 의미에서의 "야웨만"을 회복시킨 분이라고 생각한다. 그것이 갈릴래아 민중과 더불어 사는 그의 삶에서 드러났다. 예수는 갈릴래아를 중요시하고 갈릴래아 민중과 더불어 사는 것을 중요시했다. 부활해서도 제자들과 만날 장소를 갈릴래아로 한 것 등은 바로 '야웨만'의 전통에서 봐야만 바로 보인다.

안병무는 마르코복음 13장의 '이방세력들은 백성을 강제하고….' 라는 말이 예수가 군주체제를 부정하는 중요한 증거라고 보고 있다. 또 하나 중요한 전거로서는, 마르코가 처음으로 언급한 다윗 후계로서의 그리스도론을 거부한 것이다. '오실 메시야가 다윗의 후예라면 어떻게 다윗이 그를 주님이라 하겠는가?' 앞뒤 문맥 없이 돌출된 이 말이 굉장히 중요한 자료라고 보는 것이다.

예수가 예루살렘에 올라간 것을 이 맥에서 보면 필연적이다. 예수는 분명한 목적을 가지고 그의 생애의 마지막을 예루살렘에서 지냈다. 예수는 어떤 형태로든 예루살렘으로 대표되는 체제의 종식을 위해 행동했던 것이다. 다윗에 의해 세워진 예루살렘, 그 예루살렘에 감금된 성전, 그것은 끝장이 나야 한다! 이것이 예수의 마지막 행동의 의미이다. 예루살렘과 갈릴래아는 이런 맥에서 봐야 한다.

---

39 위의 책, p.339.

결국 '야웨만'은 예수에 와서 다시 구현된다.

예수 후에 갈릴래아 민중을 중심으로 해서 '야웨만'은 다시 구현된다. 예수 후에 갈릴래아 민중을 중심으로 해서 '야웨만'은 관계를 갖고 발전되었다. 그것이 로마제국의 관인(官認) 종교화하기 전까지는 적어도 200년 동안 또다시 고대 이스라엘의 히브리인들이 역사에 모습을 드러냈던 것이다. 이런 측면에서 안병무는 구약과 신약의 통일성을 말할 수 있다고 말한다.[40]

여기에서 예수의 획기적인 권력이동의 신학적 모티브를 발견할 수 있다. 부활하신 예수는 막달라 마리아와 제자들에게 "갈릴리로 가라"고 명한다. 그것은 정치적·종교적 권력이 집중된 교권주의적, 제의중심적인 예루살렘의 종교에서 탈피해, 민중들의 사랑과 나눔, 해방공동체를 경험했던 나사렛, 즉 민중과 더불어 사는 '하나님 나라'가 도래할 것을 시사한 것으로 보아야 할 것이다.

전통신학에서는 예수가 하나님의 아들, 하나님이라는 고백을 구속사적 입장에서 '언약의 성취'라고 말한다. 교리에서도 하나님이 보낸 아들 예수 그리스도로 고백하는 것이다(요 3:16). 예수 그리스도를 창조주·구속주·섭리주·심판주·구원의 주로 가르치는 것이다.

이에 비해 민중신학에서는 예수를 하나님의 아들이라는 전제에서 출발하지 않고, 예수의 가르침과 행동과 십자가와 부활의 사건을 바로 하나님 신앙의 표현으로 보는 것이다. 민중신학에서의 예수는 역사 가운데 살아계셔서 활동하고, 하나님의 뜻 즉 '하나님 나

40 안병무, 위의 책, pp.57-58.

라'의 정의·평화·생명운동을 하러 온 것이라는 입장이다.

4) 참된 교회에 대한 이해

민중신학이 '교회론'을 제시하는 것은 그 자체의 신학적 정립에 크게 이바지하는 것이 된다. 그것은 특히 '민중신학에는 교회론이 없다'는 세평(世評)이 있기 때문이다. 안병무는 교회라는 것에 대해 어떻게 이해하고 있을까? 우선 사도권에 대한 비판이 그 대표적인 것인데, 민중신학자 안병무는 마르코복음에 나타난 사도들에 대한 비판적 서술이 사도권에 대한 민중의 저항과 고발을 시사한다고 풀이한다. 이 점에서 민중을 주제로 한 민중신학이 처음부터 교회를 비판의 대상으로 삼는다는 것은 어쩌면 숙명적인 현실인지도 모른다. 그렇다면 참된 교회는 어떤 교회인가? 안병무에 따르면, 교회는 민중이 주도하는 공동체여야 한다. 민중이 주인이 된 공동체 그것이 참 교회이다. 그래서 안병무의 민중신학은 예수와 민중이 만나는 그 현장에서 교회의 원형을 찾으려고 한다. 예수와 민중이 함께 이룬 공동체, 곧 예수의 공동체가 참된 공동체이다. 예수의 공동체는 "하나님 나라가 도래하는 천지개벽에 참여한 공동체" '하나님 나라'가 도래하는 종말론적인 순간에 지금 모인 공동체, 그것이 교회의 원 모습이다. 그렇다면 오늘날 '하나님 나라'의 실현에, 곧 인간화가 성취된 새로운 세계의 실현에 참여한 사람들이 구성한 공동체를 굳이 '교회' 아닌 것으로 몰아버릴 필요는 없을 것이다.[41]

41 송기득, 위의 책, pp.342-343.

저들의 공동체는 비록 조직적인 것은 아니었다고 할지라도 예수의 오심(來臨, parousia)을 기다리는 종말론적 대망을 안고 함께 모였을 것이라는 생각이다. 다시 말해서 맨 처음의 교회는 '모이는 공동체'였을 것이다. 이 '모이는 공동체'의 중심은 어디에 있었을까? 그것은 나눔에 있었다. 나누는 공동체라면 무엇을 나누는 것일까? 먹을 것, 입을 것 따위 모든 소유를 함께 나눈다. 이것은 자유와 권리와 생명까지도 함께 나눈다는 것을 포함한다. 안병무는 이러한 나눔의 공동체를 '밥상공동체'라는 말로 나타냈다.[42]

> 믿는 사람이 다 함께 있어 모든 물건을 서로 통용하고 또 재산과 소유를 팔아 각 사람의 필요를 따라 나눠주며 날마다 마음을 같이하여 성전에 모이기를 힘쓰고 집에서 떡을 떼며 기쁨과 순전한 마음으로 음식을 먹고 하나님을 찬미하며 또 온 백성에게 칭송을 받으니 주께서 구원받는 사람을 날마다 더하게 하시니라(행 2:44-47)

가진 자, 힘 있는 자의 교회가 되어버린 기성교회를 근본적으로 거부하고, 예수 민중운동의 전통을 이어받은 현장의 바닥공동체만을 '교회'로 인정하는 것이 민중신학답다고 할 수 있을까? 이것이 사실이라면 참된 교회야말로 예수의 해방 전통을 이은 오늘의 민중교회-민중공동체-이외에 다른 것이 아니라는 극단적인 면모를 보여준다. 이러한 극단주의를 넓히면, '그리스도'라는 이름과 관계없이 다만 '해방' 전통만을 지닌다면 어떤 민중 운동체의 모임도 '교회'가

42 위의 책, pp.343-344.

되는 데… 하나님을 부르지만 하나님이 안 계신 교회가 있고, 하나님을 안 부르지만 하나님이 현존하는 교회가 있을 수 있다는 것이다. 필자는 "하나님을 부르면서, 하나님의 역사가 일어나는 교회"를 모델로 보고 있는 입장이다.

5) 죄에 대하여

그리스도교가 죄에 대해서 말할 때 흔히 맨 먼저 제시하는 것이 '불신앙'이다. 여기서 말하는 불신앙은 하나님을 믿지 않는다는 것을 가리키기보다는 하나님에 관한 교리를 인정하지 않는 것을 가리킨다. 교회주의나 교권주의에서는 죄의 사회적 조건이 거의 고려되지 않는다고 본다. 죄에 대한 인간적인 이해를 차단하는 것이 교회주의나 교권주의라는 것이다. 안병무의 견해에 의하면, 구약성서(특히 출애굽기)는 군주체제의 관련에서 '죄'를 문제시한다. 이 견해에는 구조악이 죄의 연원이라는 그의 이론이 그대로 반영되어 있다. 그러니까 그는 군주체제가 빚어낸 구조악으로 인해 억눌리고 짓밟힌 현실을 '죄'라고 규정한다. 이것은 이스라엘의 해방이라는 관점에서 죄를 살펴보고 있음을 시사한다.

또한 안병무는 하나님과 이스라엘의 계약을 전제로 해서 죄를 규정한다. 곧 이스라엘이 하나님과의 계약을 이행하지 않는 것이 죄이다. 그런데 문제는 이 계약의 초점이 어디에 있느냐에 있다. 계약의 초점은 율법의 준수에 있으며 율법의 기본정신은 소외계층의 보호에 있다. 따라서 지배계층의 억압과 착취가 평등권을 깨뜨려 약한 자들을 못살게 굴 때, 그것은 곧 범법행위가 되며, 다름 아닌 '죄'가 된다. 출애굽사건이 평등의 박탈 때문에 군주체제에 저항함으로써 해방을 이룩한 것을 그 중심으로 삼고 있다면, 계약사건은 그렇게 이룬 민중의 해방과 평등을 유지하려는 것이 목적이었다. 출애굽사건의 중심이 악으로부터의 해방에 있었다면 계약사건(율법)의 중심은 악으로부터의 해방의 보존에 있었다.[43]

다윗왕조에 의하면 왕조에 들어서면서 '죄'에 대한 생각이 달라지게 된다. 곧 야웨종교가 제사종교로 바뀌면서 제도종교가 설정한 법을 위반하는 것이 죄로서 규정된다. 이러한 죄개념의 전도된 양상은 예수 당시 바리사이 체제에 그대로 이어진다. 체제의 의무규정을 지키지 않으면 그것이 곧 죄가 된다는 것이다.

바울도 율법의 구속성을 전제로 해서 체제가 죄를 규정한다고 봄으로써, 반체제적 입장에 섰으며, 체제에 대한 거부를 '죄'에 대한 거부와 일치시켰다고 본다. 그런가하면 바울은 죄의 내적 실체성도 인정해서 하나님과의 관계가 깨지는 것을 죄로 규정하기도 했고 나아가 죄의 연대성을 강조하기도 했다는 것이다.

그렇다면 예수님은 죄를 어떻게 이해했을까? 안병무는 마르코복음을 중심으로 예수의 죄 이해를 밝힌다. 예수님은 죄 자체에 대해서는 직접 언급하지 않고 '사탄'을 문제 삼는다. 예수님의 목표가 하나님 나라의 실현에 있었다는 점을 감안할 때. 이 '사탄의 실체'는 하나님 나라의 토대를 방해하는 구조악을 가리킨다는 것이 그의 판단이다. 사탄을 구조악의 상징으로 보는 것이다. 사탄은 구체적인 실체를 암시하고 있다. 거라사 광인 속에 들어간 더러운 악령은

43 송기득, 위의 책, pp.347-348.

'레기온'(legion)[44]이다. 레기온은 로마의 군대 단위이다. 예수님은 이 레기온을 추방했다. 이것은 곧 로마의 군대 단위이다. 그것은 곧 로마 군대의 추방을 의미한다.[45]

죄에 대한 이해를 사회적 모순과 구조악을 통해 '죄'의 실체로 규정한 것은 획기적인 발상의 전환이다. 오늘날 대다수 한국교회의 죄에 대한 메시지나 신학에서 구조악을 언급하는 일은 거의 없다. 이 시대의 정치·경제·사회·군사적 모순과 구조악을 지적하지 않는 것은 신학과 교리가 한참 잘못되었다는 의미이다. 예수님이 '죄'로 본 것은 억압의 체제가 빚어낸 '구조악'이었다. 이 구조악의 지배를 종식시키는 것이 그의 운동의 목표였다. 이 구조악의 종식은 곧 구조악에 짓밟힌 민중들의 해방을 뜻한다. 예수님은 사탄, 곧 구조악이 없어지면 민중의 해방세상이 이루어지는 '하나님 나라'가 실현될 것으로 보았다는 것이다. 죄의 근원을 '공(公)의 사유화'에서 찾고 있다는 사실이 바로 그것이다. 공적인 것을 사적인 소유로 만드는 것, 이것이 곧 죄라는 것이다. 에덴동산에 있는 선악과는 어디까지나 공적인 것인데, 아담은 그것을 따먹음으로써 그것을 사유화(私有化)한 것이다. 이 '사유화'가 곧 죄인 것이다. 우리나라의 예를 들면 오늘날 전 대통령 이명박과 박근혜, 전 국정원장 원세훈 등이 받아쓴 국정원 특수활동비 수십억이 거의 사적인 용도로 사용

44 '레기온'(legion)은 로마 제국의 시민 상비군 가운데 가장 큰 단위의 부대이다. 신약시대에는 1개의 '레기온'은 6,000명으로 구성되었다. 『아가페 성경사전』, 2001, p.154.

45 송기득, 위의 책, pp.348-349.

되었다는 점이다. 국가예산을 개인이 자신의 권력을 이용해서 가져다 쓴 것이니, 국고횡령인 것이다. 이것은 엄청난 죄이다. 이런 것을 성토하고 회개를 촉구해야 참다운 예언자가 아닌가? 과연 한국교회에 이사야·예레미야·아모스·미가·세례자 요한·역사의 예수와 같은 예언자가 어디에 있는가를 묻고자 한다. 명성교회 원로목사 김삼환과 같은 유형의 타락한 대형교회 목회자들이 교회의 공적인 재정을 비자금으로 은닉해서 사유화하는 것이 공을 사유화하는 죄인 것이다. 한국사회와 한국교회의 구조악의 극복과 체제변혁은 민중운동과 지속적인 예언자의 선포와 운동을 통해서 이루어져야 하는 것이다.

제5절 3세대 민중신학자의 관점

1. 한국 민중신학에 대한 새로운 조명

미국, 유럽 등 서구에 신학을 공부하러 간 한국 기독교인들이 그곳의 교수와 학생들로부터 동양의 종교와 고전, 또는 '한국만의 독특한 신학'을 묻는 질문들에 대꾸를 못했다는 후일담들이 어제오늘 새삼스레 들려온 것은 아니다. 오랫동안 서구에서 수입된 신학을 배우는 데만 급급했을 뿐 정작 '우리 것'에 대해선 제대로 알려 들지 않은 풍토가 빚어낸 당연한 모습이다. 그런 가운데 제국주의의 강압과 군부독재, 반인권 등 한국인들을 짓눌러온 처절한 역사현실 가운데 태어난 민중신학은 한국에선 '비주류'이지만 서구에선 주목할 만한 '한국신학'으로 조명되고 있다. 아직도 서구신학을 무조건 따르는 '아류 서구신학'이 주류이자 정통으로 취급받지만, 우리나라에서도 "민중을 구원의 대상에서 구원의 주체로" 세운 민중신학을 새로 조명하려는 시도는 꾸준히 이뤄지고 있다. 최근엔 『다시, 민중신학이다』와 『민중신학, 세계신학과 대화하다』가 대표적인 사례이다. 오늘날 "민중을 보기보다는 부자와 권력을 쳐다보며 부와 성공이 축복"이라는 기복적 신앙의 풍토 아래서 민중신학의 동력이 많이 약화했지만 새로운 저자들은 새로운 민중신학의 가능성을 이야기한다. 민중들과 함께 살았던 갈릴래아의 역사적 예수를 발견했던 서남동은 "하나님과 민중은 태초부터 하나님 나라를 함께 이루어 가는 계약의 파트너"라고 말한다. 민중은 사회경제사적으로 가난하고, 억눌리고, 빼앗기는 계층이지만 실제로 생산을 담당하는 주역으로서 자신을 구원하는 역사의 주체이며, 또한 성령론적으로 하나님과의 계약관계 속에서 하나님의 공의를 회복하는 역사의 주체라는 것이다.

1973년 '한국신학연구소'를 설립해 유신독재에 저항하는 전초기지로 키워냈던 안병무는 1970년 노동열사 전태일의 분신을 경험한 신학적 사건을 통해 그리스도에 의해서만이 구원받는다는 종래의 교리와는 달리, 민중을 통한 구원을 주창한다. 안병무는 예수가 민중과 연대한 것뿐만이 아니라 민중을 통한 구원을 약속했고, 비민중이 민중을 통해 구원받는다는 사실을 강조했다.[46]

46 한겨레신문」(2010년 7월 10일), 조현, "다시 조명 받는 한국 민중신학".

2. 김진호의 안병무 민중신학 해석

민중신학자 故 안병무의 책, 『민중신학 이야기』를 오늘의 시대에서 다시 읽어가는 '21세기와 민중, 그리고 신학적 상상력'의 마지막 강연이 2013년 7월 19일 오후 7시 30분 서울 향린교회에서 진행됐다. 마지막 강연자는 제3시대 그리스도교연구소 연구실장인 민중신학자 김진호였다. 김진호는 이 강연에서 안병무 민중신학에 있어서의 핵심 용어인 '대중, 오클로스'의 개념의 변화를 다음과 같이 지적했다. "70년 초 '비인간화한 대중'에서, 75년 설교에서는 '수난당하는 대중/민중'으로 관점이 변화하고 있다. 이러한 수동적 대중에 대한 인식의 변화는 70년대 말 경부터 점차 바뀌어 간다.며 이러한 변화는 예수의 이야기의 진정한 계승자를 '오클로스', 즉 '무지렁이 대중'으로 말하고 있는 〈전달자와 해석자, 79년〉, 〈그리스도교와 민중언어, 80년〉에 나타난다."

김진호에 의하면, 안병무는 예수의 사건은 오클로스에 의해 유언비어로 유포되었으며, "오클로스가 기억한 예수", 즉 오클로스의 경험과 관심을 통해 보존된 예수가 전달될 수 있었다는 것이다. 그렇기 때문에 예수와 오클로스를 분리하는 주객 이원론을 거부하며, 예수와 민중(오클로스)이 일으킨 사건 속에서만 예수는 존재할 수 있다는 것이다. 이는 오늘날 예수의 발견은 역사적 체험을 통해서 비로소 역사의 예수를 발견할 수 있다는 것을 말하기도 한다.

민중신학자 김진호는 "김지하의 〈금관의 예수〉를 빌려 안병무는 민중이 예수를 구원시키는 사건을 말한다. 물론 예수가 민중을 구원한다는 것이 전제되어 있다."며 "예수가 없으면 민중의 구원이 없고, 민중이 없으면 예수의 구원도 없다. 이 쌍방의 구원사건이 바로 예수사건/민중사건이다."고 전했다. 70년대 초 '비인간화한 대중', '수난당하는 대중' 등 민중을 수동적인 존재로 바라보던 안병무의 시각이 70년대 말을 거치면서 예수 사건을 전달하고 역사 속에서 재현함으로 예수사건을 일으키는 적극적 대상으로 변화한 것이라는 주장이다. 그럼에도 불구하고 안병무는 여전히 예수사건의 관찰자이며 증언자로 남아 있었다고 한다. 여전히 안병무에게는 민중은 거리감이 있었다는 것이다. 김진호는 이러한 민중과의 거리감 해소가 신학적으로 표명된 책이 『민중신학 이야기』이며, 민중신학에 대한 안병무와의 대담으로 구성된 이 책으로 인해 예수-민중과의 거리감이 해소되는 안병무 자신의 구원체험에 대한 간증의 기록으로 보았다. 그리고 이 간증에는 민중신학에 대한 절정의 사유가 녹아져 있다고 보았다.

끝으로, 안병무가 남긴 '부활'에 관한 글은 부활절 어간으로 해서 16편정도 발표되었는데 이 글들에 따르면 성서 속의 부활은 매우 다양하며 본문마다 이야기하고자 하는 독특한 의미와 연결되어 있다고 보았다. 안병무 박사는 부활을 '누가 필요로 하는가?', '어디에서 필요한가?' 등 현장과 관련해서 묻지 않으면 무의미하다고 생각했다. 그래서 부활은 "부활이 필요한 사람에게서 일어난다."며 "배제와 부끄러움의 대상인 병자·세리·죄인·창녀와 같은 오클로스는 예수의 부활을 전하는 전달자로서 절망에 빠진 스스로를 치유했으며, 그 기록이 바로 마가복음이다."고 전했다. 안병무는 예수의 부활이야기는 부활을 필요로 하는 사람들에 의해 전달되었는데, 예수의 부활을 전달하는 사람들, 오클로스로 인해 예수의 이야기가 다시 되살아났다는 것이다. 그렇기 때문에 부활은 사건의 맥락에서 이해할 수밖에 없으며, 예수와 민중을 분리해야만 예수가 보인다고 했던 전통적인 예수 연구와 달리 안병무 박사는 민중의 기억 안으로 들어가야 예수가 보인다고 주장했다는 설명이다. 아울러 1세대 민중신학자 안병무에게 민중의 부활은 '민중의 자기초월 사건'으로서 "자기에 대한 집착이 타자에 대한 부활의 갈망으로 펴져 가는 것을 말한다."며 "민중의 부활을 '타자성으로의 성찰'로 재해석했다."고 전했다. 따라서 부활한 예수는 고통당하고 절망한 이들의 실천과 열망, 가슴 속에 존재한다는 것이다.[47]

3. 민중신학 세대별 특징과 방향

민중신학 태동의 계기적 시점은, '민중'이라는 용어의 공식적 사용 이전인 1970년으로 거슬러 올라가는데 그것은 전태일 열사 사건에 접한 일단의 지식인들의 신학적, 신앙적 반성이 민중신학 태동의 계기가 된다. 민중신학이 한국의 역사현실, 특히 1960년대에서 70년대로 이어지는 개발독재에서 지속적으로 배제된 민중의 고난 현실에 대한, 그리고 이러한 상황에 저항하는 청년학생들과 노동자·농민·도시빈민 등의 항거에 접한 일단의 기독교 지식인들의 신학적·신앙적 반성에서 출발하였다는 점이다. 1975년 연세대 교수 김찬국·김동길의 출소를 기념하는 3·1절 예배의 강연에서 안병

47 김진호, "21세기와 민중, 그리고 신학적 상상력" (향린교회 강연회 강연자료, 2013년 7월 19일).

무는 '민중'이라는 용어를 신학 작업의 핵심 틀로 공식적으로 활용하였고, 같은 해 4월 서남동은 동일한 맥락에서 '민중의 신학'이라는 용어를 처음 사용하였다. 그리고 1979년 한국에서 열린 CCA(아시아교회협의회) 신학협의회에서 이러한 경향의 신학을 총칭하는 용어로서 '민중신학'을 처음으로 사용하였다. 그런데 필자는 민중신학의 전개, 발전을 설명하는데 있어, 세 단계로 나누어 설명할 수 있다고 본다. 따라서 필자는 1970년대적 콘텍스트와 80년대적 콘텍스트에 상응하는 민중신학을 각각 제1세대와 제2세대, 그리고 90년대 이후의 콘텍스트에 상응하는 민중신학을 제3세대 민중신학이라고 규정코자 한다.

1970년대 민중에 대한 기독교적 해석을 하므로 민중신학의 기초를 놓았던 신학자들이 민중신학 1세대로 불리우는 현영학, 서남동, 안병무, 김병목, 문동환 등이다.

1980년대에 들어와 한국사회는 참혹한 광주민중항쟁을 겪으면서 반미운동, 군부독재에 대한 치열한 투쟁, 노동운동, 여성운동을 통해서 새로운 변화를 추구했다. 또한 기독교 신학계에서는 남미의 해방신학이 논의되기 시작했다. 이러한 사회적·학문적 환경의 변화 속에서 2세대 민중신학자들은 마르크스주의 이념을 차용, 분석, 재해석 하면서 새로운 사회적 변화에 적응할 수 있는 민중신학의 가능성을 모색하게 되었다. 이 당시에 활동했던 박재순, 박성준, 권진관, 강원돈, 이정희를 제2세대 민중신학자라고 부른다. 또한 민중교회는 선교중심의 대중교회와는 달리 하면서 '밥상공동체'와 같은 민중중심의 교회공동체를 추구하였다.

1990년대에 이르러 민중신학은 국내외적인 환경 변화로 인해 학계의 관심에서 멀어지게 된다. 국내적으로는 정치적 민주화로 사회질서가 안정되고 경제성장을 통해 중산층이 형성되면서 학계는 민중보다는 시민의 사회현상에 주목하게 되었다. 또한 소련을 중심으로 한 동구 사회주의권의 몰락은 제2세대 민중신학자의 입지를 좁혔다. 이후 김경호·최형묵·김진호 등과 같은 민중신학 제3세대 학자와 목회자들은 1997년 국제통화기금 구제금융사태로 인한 경제위기와 신자유주의의 경제체제에서 소외된 실업자·비정규직 노동자, 그리고 이주노동자들을 대상으로 한 신학적 사유와 교회 활동을 전개하고 있었다. 오늘날 '세월호시대', '촛불혁명시대', '적폐청산시대'로 명명되는 이 시대에 제3세대 민중신학자들은 왕성한 신학적, 실천적 활동을 하고 있다.

민중의 개념에 내포된 정치적 억압과 경제적 소외의 측면은 정치적 민주화와 경제성장을 통한 물질적 풍요를 경험하게 되면서 그 의미가 약화되었다. 사회와 학계에서는 정치경제적 변화에 따라 형성된 '시민', 또는 '시민운동'에 주목하게 되었다. 이러한 국내외적인 변화에 따라 민중신학의 논의는 약화될 수밖에 없었다. 특히 마르크시즘의 이념을 민중신학과 접목하고자 했던 제2세대 민중신학자들의 입지는 좁아질 수밖에 없었던 것이다. 민중신학자들 내부에서도 민중신학의 마르크시즘 수용과 관련해서 논쟁이 벌어지기도 했다. 또한 사회적 변화에 따라 민중교회의 활동 영역도 위축되기에 이르렀다. 이후 민중신학은 민중신학회, 민중신학연구소, 제3시대그리스도교연구소 등의 제3세대 민중신학자들에 의해 전개되고 있다. 이들은 정치적 민주화와 경제성장에도 불구하고, 신자유주의적 경제체제 틀에서는 여전히 민중으로 정의할 수 있는 소외된 자들이 존재하고 있다고 말한다. 즉, 실업자와 비정규직 노동자의 생존권과 노동권, 그리고 이주노동자의 인권 문제, 더 나아가 사회적 양극화 문제는 민중신학의 중요한 관심사이자 목회의 현장이라고 보는 것이다. 필자는 분단모순과 민중모순이 있는 곳에는 여전히 민중신학이 민족해방과 민중세상의 신학과 사상으로 나아가서 행동의 동력을 부여하는 역할을 지속적으로 감당하게 될 것을 믿어 의심치 않는 바이다.

제6절 마르크시즘에 대한 민중신학의 비판

1. 마르크시즘의 사회학적 종교비판에 대한 고찰

마르크스는 포이어바흐(Feuerbach)의 종교비판에 힘입어 "인간이 종교를 만든 것이지 종교가 인간을 만든 것이 아니다"라는 전제에서 출발하고 있다. 결국 종교는 잘못된 사회의 소산이라는 것이다. 이 비인간적인 사회가 인간에게 전도된 의식을 낳은 바 이 의식이 다름 아닌 종교의식이라는 발상이다. 종교는 이 전도된 사회에서 눈을 돌리게 하거나, 아니면 여기에서 온갖 고통을 참게 만든다. 따라서 종교는 인간의 사회적인 병을 치료하는 약이 아니라, 다만 그 고통을 덜어주는 약(藥)일 따름이다.

마르크스에 따르면, 그러기에 인간사회에 고통이 그대로 있는 한, 고통을 없애는 이 약(종교)을 빼앗는다는 것은 오히려 비인간적인 것이고, 무의미한 일이다. 그래서 중요한 것은 병을 없앰으로써 고통을 잊게 하는 마취제를 필요 없는 것으로 만드는 작업이다. 이리하여 마르크스에게서는 "종교에 대한 비판은 이 세계에 대한 비판이다. 그러므로 하늘에 대한 비판은 땅에 대한 비판으로 바뀌져야"했던 것이다.[48]

마르크스가 '헤겔의 법철학에 대한 비판'(1843년)의 머리말에서 한 일은 그가 종교를 비판한 본 뜻이 '종교'라는 환상적 의식을 낳게 한 잘못된 사회를 개혁하는 데 있다는 것을 잘 나타낸다. 이 잘못된 사회란 다름 아닌 비인간화된 현실이다. 따라서 마르크스의 종교비판은 사회비판의 일환이라는 것이 드러난다. 마르크스가 비판한 사회는 이미 암시했듯이, 자본주의 사회를 가리킨다는 것은 두말할 나위가 없다. 자본주의 사회가 비판의 대상이 된 결정적인 까닭은 그것이 인간소외의 현상을 일으키기 때문이다. 인간의 머리가 만들어낸 신이 마치 스스로 생명을 가지고 인간과 상관관계를 가진 자존자로 나타나듯이, 상품의 세계에서는 인간의 손으로 만들어 낸 물품들이 사람에게 '자존자'로 나타난다. 마르크스는 이것을 물신주의(物神主義, Fetischismus)라고 부른다. 이것은 사람이 그의 머리로써 그려낸 신의 형상을 객관화하여 그것을 숭배함으로써 인간소외를 가져오는 것과 마찬가지 현상이라는 것이다.[49] 우리는 마르크스의 종교비판 하면, 무엇보다 '헤겔의 법철학비판'의 머리말에서 그가 한 유명한 말을 기억한다.

---

48 송기득, 『끝내 사람이고자』(서울: 한길책방, 1990), pp.68-69.

49 위의 책, pp.69-70.

> 종교는 현실적인 불행의 표현이며, 억눌린 사람의 한숨(탄식)이며, 인민의 아편이다라는 말이 그것이다. 마르크스가 이렇게 말한 까닭은 어디에 있을까? 이미 지적했듯이, 종교는 해방되려는 대중의 욕구를 내세에 투사케 해서 현세에서 겪는 고통을 외면하게 함으로써 지배자로 하여금 현세를 마음대로 지배할 수 있게 하는 방편이라는 것이다. 이처럼 민중의 관심을 내세로 돌리게 하므로 마르크스는 종교를 '인민의 아편'이라고 혹평한 것이다. 여기에서 종교는 그리스도교를 가리킨다는 것은 두 말 할 나위조차 없다.[50]

우리는 마르크스의 비판을 솔직하게 받아들일 아량을 가져야 한다. 그리스도교는 로마에서 국교로 인정된 이래, 거의 2000년의 역사를 거치면서 지배권력을 합리화시킨 이데올로기의 역할을 해온 것이 사실이다. 이것은 구미(歐美)의 교회사가 너무나 잘 보여준다. 콘스탄틴 대제(大帝) 이래, 그리스도교는 로마제국의 국교가 되어 로마제국의 권력과 결탁하면서 지배이데올로기로 변절되었다. 중세 그리스도교는 봉건체제와 연계되어 이른바 '그리스도교체제'(Christendom)를 이루었다. 교회의 계층구조(hierarchy)는 세계의 지배구조를 그대로 반영한다. 16세기 종교개혁자들은 이러한 지배구조를 많이 극복했다고 해도, 개신교의 큰 교파교회들은 여전히 지배체제와 연대해서 세워졌다. 아프리카·남미·아시아 등지의 식민지 개척에 서양지배자의 이데올로기 구실을 담당했다. 이러한 지배이데올로기의 역할을 담당한 교회는 "카이사르의 것은 카이사르

50 위의 책, 위의 책, p.71.

에게 돌리고, 하나님의 것은 하나님께 돌리라"(마르코 12:17)는 예수의 말을, 정치와 종교의 이원적 대립으로 잘못 받아들여서 정치권력의 횡포를 방기한 것이다. 또는 바리새인의 이러한 질문에 대해 예수를 양도론적 답변으로 위기를 피해간 지혜로운 인물로 묘사하고 있다. 한술 더 떠서 '모든 권세는 하나님께로부터 온 것이니 사람은 누구나 이 권세에 복종해야 한다'(롬 13:1)는 바울의 말을 잘못 이용해서 불의의 정권과 타협함으로써 교권을 장악하는 실리를 추구했다. 이것은 분명히 그리스도교가 현실 지배권력을 합리화하는 이데올로기의 구실을 했다는 것을 의미한다.[51]

2. 민중신학과 마르크시즘의 차이

그 사회의 정치제도·경제제도·사회제도가 재벌이나 금수저들의 재산과 권리를 옹호하고, 서민들이나 빈민들, 소외계층들의 생존권과 보호를 외면하면 그 사회는 "구조적으로 악한 사회"이다. 가난한 사람들과 소외계층·장애인 등의 권리, 즉 생존권은 옹호·신장되어야 하며 이것은 아무리 강조해도 오히려 부족하다. 모든 악은 사회의 모순된 구조 속에 있는 것이다. 그리스도교 메시지의 핵심은 바로 '가난한 자에게 복음', '포로 된 자에게 해방', '억눌린 자를 자유케 하고'라는 레위기 25장에서 말하는 사회경제적 평등공동체를 이루자는 것이다. 그리고 이것이 누가복음에 극명하게 드러나 있다.(누가복음 4:18-19) 이것이 바로 역사적 예수의 '하나님 나라' 선포가 아니고 무엇이겠는가!

51 송기득, 위의 책, pp.72-73.

오늘날 이남의 자본주의 사회에서 재벌들과 부자들의 법인세와 상속세를 인상하자고 하고, 청년실업수당을 주자고 하면, 수구보수 세력들은 사회주의하자는 것이냐고 종북 프레임으로 날을 세워 대든다. 사회주의건, 공산주의건, 자유민주주의건, 무슨 주의든 명실상부한 것은 없다. 역사상 이데올로기는 강자의 지배수탈 도구로 악용되는 일이 다반사(茶飯事)였다. 문제는 실사구시적(實事求是的)으로 다수의 민중과 사회구성원이 인간적으로 행복감을 느끼고 인간답게 살아가는 세상이 가장 바람직한 세상일 것이다.

그렇다면 도대체 그리스도교는 마르크시즘과 무엇이 다르다고 말할 수 있을까? 모든 주장이나 말은 어떤 상황에서 누구를 향하느냐에 따라 그 표현이 달라지는 것이다. 한국의 보수교회들이 개인의 영혼이나 가치를 강조한 나머지 이른바 '개인구원'을 앞세우는 것까지는 좋다. 그러나 대부분의 수구보수 대형교회들은 사회의 부조리나 불의에 대해서는 거의 외면하고 심지어 불의한 독재세력에 동조하는 아부·악행까지도 서슴지 않았지 않았던가? 60, 70년대에 인권운동을 했다는 인물들이, 즉 과거 감옥을 드나들면서 고생했던 인물들이, 오히려 불의한 교권 및 독재권력과 야합하여 일신상의 명예와 부를 탐하는 것을 수없이 보아왔다. 이런 사람들을 향해서는 이른바 '사회구원'과 '사회정의'를 강조하지 않을 수가 없는 것이다. 전통교회의 보수주의자에게는 '사회'를 강조해야 하고, 사회주의자에게는 '사회'가 모든 인간의 가치를 다 규정하는 것은 아니며, 개인 '영혼'의 가치가 따로 있는 것이라는 것을 강조하는 것이다. 예컨대, 우리는 상대에 따라서 또 상황에 따라서 민중신학의 주장도 달라진다는 점을 언급하고자 하는 것이다.

민중신학은 신학을 위한 신학이 아니다. 민중신학은 성서에서 민중해방사, 민중구원사라는 커다란 맥(脈)을 발견하고 오늘의 사회에서 고통하고 소외된 민중들의 고난의 현장에 접합하는 것이다. 즉 출애굽 해방사건과 역사적 예수의 인간해방 사건이 오늘의 역사현장에서 재현되도록 하자는 것이 민중신학의 모티브라고 생각한다. 대한민국의 헌법 119조 2항은 '소득의 공정한 분배에 관한 조항'을 이렇게 규정하고 있다.

> 국가는 균형 있는 국민경제의 성장 및 안정과 적정한 소득의 분배를 유지하고, 시장의 지배와 경제력의 남용을 방지하며, 경제주체간의 조화를 통한 경제의 민주화를 위하여 경제에 관한 규제와 조정을 할 수 있다.

오늘날 이 헌법규정이 대기업이나 노동자, 농민사회에서 법조문대로 시행되고 있는가? '적정한 소득분배'를 주장하면 '사회주의자'로, 무료급식, 등록금 반값을 주장하면 '포퓰리즘'으로 몰리기 십상이다. 소련과 동구사회에서 마르크시즘의 실패, 즉 사회주의가 실패한 이유는 '인간의 얼굴'을 잃은 사회주의로 변모한 것이 핵심적 이유이다. 공산당 간부들과 관료의 권력독점으로 인민들의 신뢰를 잃어버렸던 것이다. 즉 마르크시즘 사회에서 사회주의의 '평등성'은 빈껍데기가 되고 인간의 삶의 질이 낙후된 상황 속에서, '개혁과 개방' 운동 즉 페레스트로이카·글라스노스트 운동이 일어나게 된 것이다. 마르크시즘이 정치 이데올로기가 되면서, 소위 프롤레타리아 권력이 인민을 압제하고 특권을 독차지하는 모순이 보편화되었던 것이다.

3. 이데올로기화한 그리스도교는 그리스도교의 본질이 아니다

그리스도교의 본질은 어디에 있는 것일까? 여기에 답변하기 위해서는 우리는 그리스도교의 근원으로 돌아갈 수밖에 없다. 그것은 바로 역사의 예수의 말과 행태이다. 구체적으로 말하면, 예수가 벌인 '민중운동'에서 그리스도교의 본질이 잘 드러난다. 성서에 나타난 예수운동은 그 때 소외계층의 현실적인 구원을 지향했다는 것이 확실하다. 성서는 증언하기를 "가난한 사람들에게 기쁜 소식을 전하기 위해서"(눅 4:18)라고 했다. 여기에서 말한 '가난한 사람들'이란 실제로 '경제적으로' 가난한 사람들을 가리키기도 하지만, 정치적으로 눌리고, 경제적으로 빼앗기고 사회적으로 밀려난 소외계층 전체를 가리키는 말이다. 이 소외계층이 해방되는 세계 곧 인간화가 실현된 세계를 예수는 "하나님의 나라"라고 표현했다.

마르크스 당시 그리스도교는 인간해방의 자체본질을 망각하고, 권력계층의 지배 이데올로기로 전락했다. 그러므로 그리스도교는 마르크스의 비판의 대상이 될 수밖에 없었다. 이것은 너무 당연한 일이다. "하나님은 사람이 잠잠하면, 돌들로도 소리치게 하는" 역사에 개입하시는 분이시다. 이 점을 우리가 신앙적으로 고백한다면, 하나님께서는 하나님 나라의 참 뜻을 잊어버린 당시의 그리스도교를, 마르크스를 통해서 날카롭게 비판했다고 볼 수 있다. 말하자면 마르크스를 도구로 삼아 성경의 본질과 예수의 참 뜻과 행동에서 벗어난 타락한 그리스도 교회를 심판한 것으로 봐야 한다.

예수가 지향한 '하나님 나라' 운동의 목표가 인간화의 실현에 있다면, 그것은 곧 마르크스가 말한 '계급 없는 사회'와 상통한다. 사실상 마르크스의 계급 없는 사회는 '세속화'한 하나님의 나라라고 할 수 있다. 다시 말해서 그의 계급 없는 사회는 예수의 '하나님의 나라'에 대한 사회적 형태라고 할 수 있다는 것이다.

마르크스는 실제적으로 그의 '계급 없는 사회'를 예수의 '하나님 나라'에서 배운 셈이다. 마르크스가 하나님 나라의 뜻을 제대로 알았다면, 종교(그리스도교)를 '인민의 아편'이라고까지 말하지는 않았을 것이다. 마르크스는 당시 교회의 부패상만을 보았지, 성서에 나타난 '하나님 나라'의 성격에 대해서는 제대로 알지 못했을 것으로 생각한다. 당시 교회의 지도자들도 이 역사 가운데 민중의 몸을 입고 오신 '역사적 예수'에 대해서는 알 수 없었고, 이들은 초대교회와 중세를 거쳐 이루어진 교리(dogma)에 빠져 있었던 것이다. 오늘날도 한국교계에서도 보수정통을 자처하고 자부하는 교회일수록 이러한 오류에 빠져있는 것으로 본다.

제7절 한국 그리스도교 사회주의의 태동과 신학적 의의

한국 그리스도교 사회주의 운동은 우선 1920-30년대 한국의 역사적 상황에서 태동의 원인을 찾을 수 있다. 일제의 제국주의적 강점과 수탈에서 해방되고자 했던 3·1독립운동이 좌절되자, 조선 민중들은 깊은 절망감에 빠져 있었다. 국내의 애국인사들은 속속들이 상해로, 만주로, 러시아로 독립운동을 위해 나아갔던 시기였다. 1917년 러시아에서 볼셰비키 혁명이 성공하자 사회주의 사상이 새로운 민족민중해방론으로 등장하였다. 이어서 사회주의자들이 반그리스도교 운동을 적극적으로 전개하면서 위기에 직면하게 된 한국교회는 사회주의에 접하므로 신학적, 실천적 대응을 모색하였다.[52]

1. 그리스도교 사회주의 태동의 역사적 배경

일제는 1920년대 전후 경제공황과 관동대지진으로 발생한 경제적 난국을 극복하기 위하여 식민지 조선의 농업정책을 본격화하였다. 일제는 토지조사사업을 통해서 식민지 지주제를 확립하고 한국농민을 지속적으로 수탈할 수 있는 제도적 장치를 마련하였다. 그 결과 일본인과 한국인 지주의 숫자가 늘어나 자작농과 자소작농이 줄었으며 소작농이 급증하였다.[53]

이러한 일제의 식민적 지주제는 1920년대 산미(産米)증식계획을 통하여 강화되었고 한국 농촌을 더욱 피폐화시켰다. 한국농민들은 쌀 생산의 증가에도 불구하고 늘어난 쌀보다 더 많은 양을 일본으로 공출하여 오히려 식량부족으로 빈곤한 생활을 할 수밖에 없었다. 농민들은 농업에 의한 수입만으로는 생계를 유지하기가 어려워서 임노동(賃勞動)이나 겸업, 부업으로 생계를 보충하였다. 이와 같

52 류장현, "한국그리스도교 사회주의의 태동과 의의", 「신학비평」(2013년 봄호), p.22.

53 『한국근대민중운동사』 류장현 재인용, (서울: 돌베개, 1996) pp.218-221.

이 일제의 수탈이 가중되면서 1920년대 절대빈곤에 시달리던 노동자와 농민들 약 106만 명이 만주로 이주하였다.[54] 그것은 한국교회의 75%가 농촌교회였던 상황에서 교인수의 감소로 나타났다.

일제강점기에 한국은 전형적인 농촌사회로서 1929년대 한국 농민의 전체 호수는 274만 가구였으며 전 인구의 80%를 차지하고 있었다. 이것은 농촌경제의 피폐로 인하여 전 민족이 절대빈곤 상태에 있었다는 것을 의미한다. 그러나 한국교회는 대부분 3·1독립운동이 좌절되자 몰역사적인 개인적·내면적·신비적 신앙을 강조하면서 농민들의 고통을 외면하였다.[55] 오죽 했으면 동아일보가 1922년 1월 7일 "종교가여, 가두에 출하라"라는 사설을 통해서 교회가 세상으로 나와 사회혁신과 불의추방에 앞장설 것을 요구하였겠는가.[56] 한마디로 1920-30년대 한국교회는 민중의 삶의 현장에서 멀어져 가면서 '주일만의 기독교'로 전락하였다.

2. 사회주의자들의 반그리스도교 운동

미국의 윌슨 대통령의 민족자결주의에 근거한 3·1독립운동이 좌

54 이반송·김정명 편저, 『식민지 시대 사회운동』 류장현 재인용, (서울: 한울림, 1986), p.54.

55 이광수, 「금일 조선야소교회의 결점」(서울: 청춘, 1917년 11월호), 류장현 재인용, 이광수는 목회자와 평신도를 계급적으로 구분하는 성직주의, 교회와 세상을 선과 악으로 구별하는 교회지상주의, 목회자의 무식과 교회의 미신적 행위를 비판하였다.(이 때는 이광수가 친일부역자로 변절하기 전)

56 주재용, "한국민중과 개신교사" 『민중과 한국신학』(서울: 한국신학연구소, 1982) p.231.

절로 끝나자, 깊은 실망감을 가진 많은 청년과 지식인들은 일제강점기의 민족민중해방운동의 대안으로 1917년에 러시아에서 프롤레타리아 해방을 성공적으로 이끈 볼셰비키 혁명에 주목하였고 사회주의 혁명이론을 적극 수용하였다. 그들은 사회주의의 종교비판을 받아들여 1923년 3월 전조선청년당대회에서 공식적으로 종교의 존재를 부인하기로 결정하고 반종교운동을 전개하기 시작하였다.[57]

1925년 화요회계(火曜會系)가 주도한 민중운동자대회에서는 그리스도교에 대해 노골적으로 반대운동을 일으키자고 결의하였다. 그들은 그리스도교가 자본주의 제도를 옹호하고, 민중해방을 방해하기 때문에 철저하게 그 정체를 폭로하여 대중들이 그 유혹에서 벗어나도록 해야 한다고 주장하였다.[58] 화요회계란 조선공산주의운동의 주요계보 중 하나로, 그 계보란 주로 화요회계, 서울계, ML계, 콤 그룹 등을 들 수 있다. 화요회계는 1923년 7월 7일 서울 낙원동에서 홍명희, 홍중식, 윤덕병, 김병희, 이재성, 이승복, 조규수, 이준태, 홍덕유, 김낙준, 원우관 등이 주동이 되어 신사상연구회(新思想硏究會)라는 것을 조직했는데 그 후 1924년 11월 19일에 모임의 이름을 화요회로 바꾸었다. 화요회란 명칭은 칼 마르크스의 생일이 화요일인데서 착안한 것이라고 한다.

---

57 김창순·김준엽, "한국 공산주의 운동사 II", (서울: 청계연구소), 류장현 재인용, 1986. p.112.

58 위의 책, 류장현 재인용, pp.282-283.

이러한 사회주의자들의 반그리스도교 운동은 한편으로는 교회의 본질을 오해하고 사회주의의 종교비판의 논리를 기계적으로 적용한 부정적 측면이 있지만, 다른 한편으로는 당시 민족민중해방이라는 민족적·반봉건적 과제를 외면하고 몰역사적 신앙을 강조하면서 일제 식민지 통치기구와 협력한 교회의 반민족적이고 반민중적인 태도에 대한 비판이라는 긍정적 측면을 가지고 있었다. 여하튼 교회와 사회주의의 갈등은 한국그리스도교 사회주의운동을 태동시키는 계기가 되었다.[59]

3. 사회주의에 대한 교회의 대응

한국교회는 상술한 농촌경제의 파탄과 사회주의자들의 반그리스도교 운동으로 큰 충격을 받았다. 하지만 그것은 한국교회의 자성과 전환의 계기가 되었다. 당시 사회주의주의자들의 반그리스도교 운동에 대한 교회의 반응은 크게 세 가지로 분류할 수 있다.

1) 그리스도교에서 사회주의로 전향하는 입장

이 입장의 대표적인 인물은 이동휘와 여운형이었다. 그들은 일제 강점기에 그리스도교를 통해 민족해방운동을 전개하다가 3·1독립운동이 좌절되자 그리스도교의 한계를 인식하고 사회주의로 전향하였다. 이동휘는 1905년에 그리스도교로 개종한 후 감리교 권사와 장로교 전도인으로 강화와 성진, 간도 지역에서 교회를 거점으로 독립운동을 했으며, 1918년 하바로프스크에서 '한인사회당'을

59 류장현, "한국그리스도교 사회주의의 태동과 의의," 「신학비평」(2013년 봄호), pp.25-26.

조직하여 상해에서 활동하였다. 그는 민족의 독립을 위해서는 예수를 믿어야 한다고 눈물로 외친 '눈물의 애국자'였다. 여운형은 평양신학교를 중퇴하고 1914년 상해로 망명하여 한인교회에서 시무한 전도사였다.[60]

2) 그리스도교를 옹호하고 사회주의를 배척하는 입장

당시 그리스도교 지도자들은 일방적으로 그리스도교를 옹호하고 사회주의를 배척하는 입장이었다. 이들은 사회주의나 공산주의를 그리스도교 신앙과 공존할 수 없는 적대세력으로 이해하고 '반사회주의'와 '반공산주의'를 주장하였다. 그것은 1925년 창설된 조선공산당을 주축으로 사회주의자들이 반선교사와 반그리스도교 운동을 적극적으로 추진한 것에 대한 반작용으로 더욱 강화되었다. 특히 사회주의자들은 1926년 서울기독교청년회가 개최한 조선주일학교 대회를 방해하기 위하여 맞은편에서 종교반대강연회를 열고 성탄절을 '반기독데이'로 선포하고 대대적인 종교비판 집회를 열었다. 그 과정에서 양측 간의 물리적 충돌이 발생하여 그리스도교와 사회주의의 관계는 더욱 악화되었다. 그 결과 한국교회는 사회주의를

60 여운형은 철저한 신앙인이었다. 그것은 1930년 일본 경찰에게 체포되어 재판을 받을 때에 "나는 기독교 신앙에서 '신'이라는 관념이 뇌리에서 떠나지 않는다. (그러므로) 유물론이 유일한 것이라고 생각지 않는다."라고 밝힌 일, "지식계급에 득죄할지언정 결단코 노동대중에게는 득죄하고 싶지 않습니다."라고 말하며 노동자와 농민을 사랑한 일, 또한 "벌거벗은 나사렛 예수'의 골고다 희생정신을 부활시키지 않으면 조선 기독교의 존재는 사회에 해독만 줄 것"이라고 지식인을 책망한 일에서 잘 나타난다.(홍동근, "조선 기독교의 사회주의 크리스천들", (사)몽양 여운형 선생기념사업회 웹사이트 http://mongyang.org/ver0906/sub3/sub2.php?ptype), 류장현 재인용. p.27.

적그리스도와 용으로 규정하고 사회주의를 배척하였으며, 사회주의와의 대화를 거부하고 반공의식을 심화시켰다.[61]

3) 그리스도교와 사회주의의 공존과 협력을 추구하는 입장

이 입장은 한편으로 사회주의의 교회비판을 긍정적으로 수용하여 교회의 사회적 무책임성을 반성하고 올바른 교회를 형성하려고 노력하였으며, 다른 한편으로는 적극적으로 사회주의와의 공존과 협력을 모색하였다. 그들은 주로 기독교청년회(YMCA)를 배경으로 '청년'이란 잡지를 통해 활동하던 진보적 지식인들로서 그리스도교 사회주의를 주장하였다. 그들은 자본주의와 제국주의 침략을 비판한다는 점에서 사회주의와 의견을 같이하였다. 여기에 라우센부쉬(W. Rauschenbusch)의 '사회복음(Social Gospel)'과 일본의 가가와 도요히코(賀川豊彦)의 '하나님 나라의 신학'[62] 그리고 1928년 '예루살렘 선교협의회'의 사회복음이 직간접적인 영향을 주었다.

4. 그리스도교 사회주의자들의 신학사상과 활동

1) 그리스도교 사회주의자들의 사상

그리스도교 사회주의자들은 그리스도교와 사회주의의 공존과 협

61 위의 책, p.27.

62 라우센부쉬(W. Rauschenbusch)의 사회복음에 영향을 받은 한국 감리교회의 웰치(H. Welch) 감독과 연희전문학교에서경제학을 강의하던 조병옥을 통해 그리스도 사회주의 신학이 국내에 소개되었다. 또한 일본의 가가와 도요히코(賀川豊彦)의 신학도 일제 강점기에 진보적 교인들에게 깊은 영향을 많이 주었다. 일본 고베 빈민굴에서 민중과 함께 생활하면서 '나눔의 복음'을 실천했다. 가가와 도요히꼬의 하나님나라 운동은 일본식 그리스도교 사회주의운동이었다: 이덕주, '통일 이후 한반도 신학 모색,' 류장현 재인용, p.28.

력을 위해 신학적 모색을 하였다. 그들은 우선 사회주의의 반그리스도교 운동을 긍정적으로 수용하여 교권주의와 교파주의에 빠져 당시 반제·반봉건이라는 선교과제를 망각하고 고통당하는 민중을 외면하는 교회의 철저한 반성과 민중을 위한 교회로 거듭나는 계기로 삼아야 할 것을 주장하였다.

그리스도교 사회주의자들은 성서를 하나님 나라의 메시지를 담지하고 있는 '사회적 복음'으로 이해하고(김창준, 이대위) 현실적인 삶에서 말씀을 실천하는 '사회적 신앙'을 강조(조병옥, 김치환)하였다. 또 그리스도교 사회주의자들은 사회주의자들의 반종교운동을 '반예수 운동'이 아니라 반그리스도교 운동으로 규정하고(신흥우), 예수 그리스도를 민중해방운동의 주창자(김창제), 가난한 자들의 동지(오기영), 사회혁명가(이대위)로 이해하면서 사회주의자와의 공존과 협력의 가능성과 필요성을 제시하였다. 특히 유경상은 '사회주의자 예수'라는 논문을 발표하여 예수의 생애와 가르침이 사회주의와 동일하다고 주장하였다. 다음은 그의 주장의 일부이다.

> 社會主義者 예수가 社會主義를 가졋다하면 그것은 분명코 高尙한 主義일 것이리니 한편으로난 火의 力, 活의 力도 잇스며 또 한편으로난 愛의 力도 잇서서 하여간 이 社會를 理想村化케 하시랴고 一向突進하시난 터이오니 社會主義를 사랑하시니까? 사랑하시거든 예수의 主義로 나오서셔 두려하지 말고 一片丹心으로 그 精神으로 그 정신을 밧아 자기를 절제하며 社會를 改造하야 오직 예수의 主義를 우리 주의로 삼아 日新의 길을 取합시다.[63]

이렇게 그리스도교 사회주의자들은 사회주의의 반그리스도교 운동을 긍정적으로 수용하여 참된 교회의 모습을 찾는 계기로 삼았고, 자본주의를 그리스도교 정신과는 근본적으로 반대되는 경제 체제로 비판하면서 사회주의와의 적극적인 공존과 협력을 모색하였다.

2) 그리스도교 사회주의 실천운동의 쇠퇴

1920년대 중반 이후 그리스도교 사회주의를 현장에서 실천하려는 구체적인 운동이 일어났었다. 1929년 라우센부쉬[64]의 사회복음

63 유경상, "社會主義者 예수,"「청년」(1923년 7·8·12월호), 류장현, 재인용, p.30.

64 월터 라우센부쉬(1861-1918)의 부모는 1858년 독일에서 뉴욕으로 이주하였고 1861년 그곳에서 그를 낳았다. 하나님을 믿는 가정에서 아버지의 신앙적 훈련을 받고 성장하였다. 라우센부쉬의 초기 종교적 삶은 독일 정통침례교회 유형, 즉 성경 읽고 기도하고 주일학교와 교회 출석하며, 매일 가정예배를 드리는 신앙생활 속에서 성장하였다. 로체스터 대학과 신학교에서 공부하였고, 뉴욕 소재 독일 노동자들의 침례교회에서 11년간 목회하였으며, "지옥의 부엌"이라 부르는 빈민가 동네에서 사역하였다. 죠지(H George), 벨라미(Bellamy), 마치니(Mazzini), 마르크스(Karl Marx), 톨스토이 등의 영향을 받음으로써, 위로를 받을 길이 없는 대중들에게 경쟁적 투쟁과 협력적 서비스가 가능하며, 하나님 나라의 기쁨에 찬 대책이 있을 수 있다는 사실을 발견하게 되었다. 그는 사회개혁 운동, 특히 사회적 무관심, 정치적 부패, 경제적 탐욕에 의해 희생된 사람들에게 더 많은 관심을 갖게 되었다. 1889-91년까지 뉴욕시 노동자들의 권익보호활동에 참여하면서, 그들의 문제를 기독교 사회주의 관점에서 논하는 월간지(For the Right) 출판에 동참하였다. 라우센부쉬는 하나님 나라를 건설하기 위하여 새 법을 제시하였는데 예수 그리스도의 사랑의 법이다. 그는 하나님 나라의 생각을 예수님의 사회적 원칙에 두었다. 우리는 모두 하나님의 자녀들로서 한 사람, 한 사람 가치가 있으며, 모두 함께 하나님께 속한 사람들로서, 연대감을 지니고 있다고 이해하였다. 교회도, 하나님 나라를 건설하는 혁명적 힘으로써 사람들로 하여금, 바른 행동을 하게하며 예언자적 직능을 가지고 양심을 살리고, 부정의를 분별하게 하며, 행위의 인도자로서 영향을 미친다고 보았다. 그는 기독교가 예수님의

을 배우고 돌아온 조병옥이 만든 기독신우회, 그리스도교청년회와 여자기독교청년회(YWCA)의 농촌운동, 감리교회와 장로교회가 추진하던 농촌사업, 조민형과 유재기와 배민수 등 진보적 사상가들이 추진하던 농촌협동조합과 농촌지도자양성운동은 단순한 농촌계몽운동이나 농사법개량운동을 넘어 농촌에서 그리스도교적 이상촌을 건설하려는 '그리스도교 사회주의' 운동이었다.

그리스도교 사회주의운동을 민족해방운동으로 규정한 일제의 가혹한 정치적 탄압(반공정책)과 1930년대 보수주의적 그리스도교 지도자들이 교권을 장악하면서 그리스도교 사회주의 운동은 약화되기 시작하였다. 조선기독교연합공의회는 1932년 사회신조(社會信條)를 발표하여 사회주의를 부정하고 그리스도교의 반공노선을 공식화하였으며, 장로교총회는 농촌부를 해체하였고 기독교청년회 총무였던 신흥우를 중심으로 세워진 적극적 신앙단을 이단으로 정죄하였다.

그 후 반공주의는 한국교회의 절대적 가치와 이념이 되어 교회의 대내외적인 활동을 판단하는 이데올로기의 잣대가 되었다. 그것

마음에 근거를 둔 하나의 사회적 신앙이었다는 평가를 받는다. 즉 예수님을 떠나서 사회복음이나 사회구원을 생각할 수 없다는 것이다. 기독교는 예수님의 마음을 구체화하는 한에서, 사회에 권위를 가지는 사회적 신앙이 된다는 것이다. 그는 사회구원을 위하여, 하나님 나라의 신앙은 우리에게 영감을 주고 지침을 제공하며, 구속사업에 집중하고, 사회적 관계를 개선한다고 생각하였다. 이것은 사회질서를 기독교화하는 작업으로 이어졌고, 일하는 종교로서 기독교의 집단적 양심으로 표현되었다: "월터 라우센부쉬(1861-1918)와 사회주의 신학" https://m.blog.naver.com/PostView.nhn?blogId)

은 최근 한기총의 제10차 세계교회협의회(WCC) 부산총회에 대한 태도에서 다시 볼 수 있었다.[65] 2013년 WCC 부산총회는 역대 최대 규모로 열렸으며, 새로운 선교선언문 등이 채택되는 등 여러가지 의미 있는 결과를 냈다. 부산총회의 열흘간의 대장정은 교회의 연합과 일치, 생명과 정의, 평화를 위해 세계교회의 의지를 하나로 모으는 열기로 뜨거웠다. 그렇지만 WCC 총회에 대해 한국교회 소위 보수교단 일부에서 극렬한 비판의 목소리가 있었다. 한국교회, 보수층은 WCC는 예수 그리스도가 유일한 구원의 중보자가 됨을 부인하고 종교다원주의, 용공단체 등의 문제점을 지적한다. 이런 태도는 WCC의 진정성을 모르고 하는 말이다. 한국교회 다수의 개최측도 건전한 정통교리와 신앙심, 도덕성과 역사성을 갖고 있다. WCC 부산대회는 교리논쟁을 하자는 것이 아니었고, 주로 문명사나 세계사적인 문제를 취급하고 환경, 분단문제 등을 다루는 행사가 되었던 것이다.

제10차 WCC 총회는 보수교단의 반대와 모략에도 불구하고 성공적으로 개최되었다. WCC를 비판하는 입장들은 거의 근본주의자들이거나 교권주의자들로서 성경과 역사의 무지에서 강력한 반대를 하였던 것이다. 한국에서는 1990년 3월 5일-12일까지 WCC 모형이라고 할 수 있는 'JPIC' 대회를 성공적으로 치른 경험이 있다. JPIC는 '정의, 평화, 창조질서의 보존'을 실천하자는 주제였다.

65 류장현, "한국그리스도교 사회주의의 태동과 의의," 「신학비평」(2013년 봄호), pp.31-32.

오늘날 그리스도교의 선교는 '예수를 믿으라'에서 '예수를 믿으니 정의, 평화, 창조질서의 보존'을 국제적으로 실천하고 살자는 것이다. WCC는 반대자의 의견도 성실하게 신학적으로 경청할 수 있는 아량과 신학을 가지고 있다. 결론적으로 WCC 운동은 세계적인 기독교 협의체 운동이다. 온 세계의 교회가 하나로 모여서 하나님의 나라에 대한 선교비전을 함께 토론하고 제시하고, 실천하여 이 땅에 하나님의 뜻을 이루어 가자는 소중한 모임이었던 것이다. 즉 그리스도인의 올림픽이요, 그리스도인의 유엔총회 성격을 띤 것이었다. WCC를 반대하는 세력들에 응답하는 과정을 통해서 WCC의 진면목이 온 세계에 드러났다. WCC의 삼위일체적 신앙고백에 합당한 예배와 그리스도인으로서의 신앙생활의 필요성이 설득력 있게 부각된 것이다.

나아가서 JPIC대회를 통하여 다음과 같은 것들이 강조되었다. 전쟁이 있는 곳에 평화를, 불의가 판치는 곳에 정의를 세워야 한다는 것, 강대국들의 석탄연료의 과잉소비로 인해 발생한 이산화탄소의 급증으로 남극과 북극의 얼음은 해마다 녹아감으로써 지구환경이 파괴되고 있다는 사실, 바닷물의 수위가 해마다 올라가 태평양의 섬들은 이미 물에 잠긴 곳도 있다는 사실, 선진국의 과소비로 인한 대기오염, 수질오염도 심각하다는 점, 지구의 허파라고 불리는 아마존을 비롯한 지구상의 숲은 과다한 벌채로 인해 해마다 줄어들고 있다는 점, 급격한 기후변동으로 인해 인류는 극심한 한파와 폭염 속에서 고통하고 있다는 것, 지구의 운명은 가히 종말적 위기에까지 이르렀다는 경고 등이었다. 전 대통령 이명박 정부에 의해서 실시된 한강, 금강, 영산강, 낙동강의 보 설치와 과도한 준설로 인해 강은 녹조 라떼, 매생이국이 되어가고, 정작 물이 필요한 곳에는 전혀 물 공급이 안 되는 자연파괴형 국책사업에 22조원 이상의 막대한 국고를 들여서 이뤄놨는데, 결과는 참담한 4대강 환경훼손으로 끝이 났다. 4대강 추진본부나 어용환경학자들, 찬성론자들은 사과는 커녕 오히려 비겁한 변명에 급급한 참담한 모습을 보이고 있다. 4대강의 보를 폭발시켜야 강이 살아난다고 아우성이지 않는가? 하나님의 창조질서는 철저히 보존되어야 한다. 이렇게 함으로써 세계선교와 한국의 신학발전과 평화통일에까지도 기여할 수 있는 기회가 될 것을 확신하는 바이다.

5. 북한 정권과 북한 기독교 사이의 호혜적 협력에 관하여

해방 직후 소련군 사령관 시치코프 대장은 산정현교회 장로 조만식에게 '귀하가 공산당에 협력한다면 조선의 스탈린으로 만들어 주겠오'라는 제안을 했으나 조만식은 일언지하에 거절했다. 장로 조만식이 기독교에 대해 반감을 갖고 있는 공산주의와 타협을 안하겠다고 하는 신앙의 지조는 높게 평가받아야 마땅하다. 해방 직후 이북 땅의 교회 수는 약 1500여개였고, 교인 수는 약 12만 명 정도였다. 사실상 북한교회는 6.25 전까지만 해도 박해는 받았지만, 예배는 정상적으로 드리고 있었다. 1945년 9월 신의주 제일교회 목사 이하영, 제이교회 목사 한경직이 중심이 되어 평안북도의 기독교인을 기반으로 한 해방 후 민주주의 정부의 수립과 기독교 정신에 의한 사회개량을 정강으로 하여 기독교사회당을 만들었다. 공산당이 자리를 잡기 위해 김일성도 교회의 협력을 얻기를 원했던 것이다. 당시 정세 속에서 교회에 대한 탄압이 있었던 것은 사실이었지만,

김일성 정권과 담판 한번 제대로 하지 못하고 쉽게 북한교인들을 저버린 채 자기들만 살겠다고(물론 선교적 이유라고 변명하겠지만) 1945년 10월에 남하해 버리고 만 것이다. 해방 이후 공산당 치하에서 단 3개월도 못 버티고 도망 나오다시피 한 것은 아닌지? 당시 강량욱과 같이 사회주의 체제에 협조한 그룹과 보수정통을 넘어선 근본주의적인 신앙관을 가진 목회자들 사이에는 극심한 대립각이 세워졌던 것이다.

당시 조만식, 윤하영, 한경직과 같은 북한교회 지도자들이 북한교회를 존속시키기 위해 공산주의와의 대화와 협상을 통해서 신앙의 자유를 담보해나갔더라면 한국전쟁과 같은 동족상잔의 전쟁시기에도 기독교와 공산주의가 상호간에 극심하게 살육 보복하는 일은 미연에 막을 수 있었을 것이라는 생각을 필자는 갖고 있다. 다음 장(章)에서 밝히겠지만, 사회주의 진영의 종단 중에서 기독교와 대화를 시도하려고 애썼다는 대목이 자주 나온다. 당시 기독교 목사 강량욱, 김창준은 김일성과 긴밀한 관계를 갖고 '조선그리스도교련맹'을 조직하여 사회주의권과 대화와 타협을 하면서, 종교의 자유를 어느 정도 보장받고 있었던 것이다. 그러나 한편으로는 새로 건설되는 인민공화국 정권에 대해 사실상 기독교내의 반공세력인 서북청년단이 황해도에서 공산당과 극렬한 투쟁을 벌였다. 제주 4.3 사건이나, 여순항쟁사건, 6.25전쟁, 나아가서는 자유당 정권에서까지 공산당 때려잡기에 앞장 선 단체가 기독교인이 주축을 이루고 있던 서북청년단(서청)이었다. 이로 인해 북한 사회주의자들과 남한의 반공세력 간에는 씻을 수 없는 상호보복전을 이어갔던 것이다. 사상보다는 민족사랑, 생명존중의 차원에서 대화와 타협을 했더라면 막대한 인명살상의 민족적 비극을 최소화 할 수 있었을 것이라는 생각을 해보는 것이다.

6. 한국 그리스도교 사회주의 운동에 대한 평가와 전망

한국 그리스도교 사회주의자들은 일제의 정치적 탄압, 근본주의 신학의 지배와 반공주의 이념으로 무장한 교회지도자들의 견제 속에서 고통당하는 민중을 해방하고, 타락한 교회를 갱신하며, 새로운 사회를 형성할 수 있는 신학적 논리체제와 실천계획을 충실히 정립할 수 없었다. 그리스도교 안에는 사회주의 평등사상도 들어 있고, 자본주의의 개인소유 사상도 들어 있다. 문제는 예수 그리스도의 섬김과 나눔의 삶의 방식을 본받아 가자는 것이다. 남과 북의 교회들은 그리스도의 화해와 사랑의 정신으로 분단 이후 70여 년간 두 이질적인 사상체제에서 살아온 민족을 화해시키는 데 크게 기여했었다. 한국 그리스도교 사회주의운동가들은 신앙과 이념을 공유한 진실한 그리스도인들이었다. 이들에 대한 평가는 홍동근 목사의 말을 인용하는 것으로 대신하겠다.[66]

> 기독교 사회주의 목사와 신도야말로 선교사들의 제국주의적 식민지 교회 통치에 반대하여 '민족 교회'의 형성을 주장했던 조선 기독교의 진정한 상속자였으며, 또 미제국주의의 군사침략과 그 반공통치에 항거하여 분단된 조국의 자주통일을 위해 투쟁했던 참 민족교회의

66 위의 책, pp.32-33.

증인들이었다. 그러나 한국교회는 이 '건축자의 모퉁이 머릿돌'(마 21:42)을 버렸다. 여운형, 김규식, 이대위, 김창준, 최문식의 이름들이 한국교회에 머리 둘 곳이 없다.[67]

67 홍동근, "조선 기독교의 사회주의 크리스천들"(몽양여운형선생기념사업회 웹사이트, http://mongyang.org/ver0906/sub3/sub2.php?ptype), 류장현 재인용, p.33.

제8장

민중신학과 주체사상과의 대화

예수 그리스도는 강자들의 횡포 속에서 민중들이 신음하는 세상에 진정한 해방과 구원, 정의와 평화가 입 맞추는 세상을 이루고자 '하나님 나라'를 선포했다(막 1:15). 한국교회와 조선그리스도교련맹은 예수그리스도의 뜻을 따라 각자가 처해있는 입장과 형편, 서로의 체제와 사상을 역지사지(易地思之)하면서 진정성 있게 이해해야 한다. 8천만 민족은 민족화해와 남북교류·종전선언·평화협정과 평화통일의 민족과업을 반드시 성사시켜야 할 것이다. 이토록 급진전하는 한반도 정세와 관련하여 필자는 북측의 사상기조와 역사적 현실을 검토함으로써 남한의 민중신학과 북측의 주체사상 간의 대화 방안을 심도있게 접근해 보고자 한다.

제1절 주체사상의 창시에 관하여

1. 김정일이 '주체사상에 대하여'라는 논문을 쓴 배경

김정일은 1982년 김일성의 70회 생일을 기념하는 전국주체사상

토론회에서 '주체사상에 대하여'라는 논문을 내놓는다. 이 논문은 '주체사상의 창시·철학적 원리·지도적 원리·역사적 의의' 등 주체사상의 모든 것을 체계화하고 종합화했다는 평가를 받고 있다. 이 논문에서 김정일은 "주체의 혁명위업을 끝까지 완성해 나갈 수 있는 사상이론적 담보를 더욱 튼튼히 마련한 역사적 문헌" 또는 "주체사상을 집대성하고 체계화한 불멸의 고전적 문헌이며 기념비적 노작"이라고 쓰고 있다.

이와 같은 주체사상의 체계화·종합화에 대한 김정일의 업적은 후계문제와 밀접한 연관을 갖고 있다. 왜냐하면 1980년 조선노동당 제6차 당대회를 통해 그의 승계는 공식화된 시점 이후였기 때문이다. 또한 후계논리를 정당화하기 위해서는 1950년대 중반부터 나타나기 시작한 주체(당시는 주체사상이란 개념이 없었다)라는 개념 그리고 1960년대의 주체사상, 1970년대의 유일사상과 같은 체계적이지 못한 유일적 이데올로기를 정연하게 체계화시킬 필요성이 제기되고 있었던 것이다. 이와 같은 김정일에 의한 사상이론적 주도성은 1992년 개정헌법에서 마르크스-레닌주의를 완전히 배제하고 주체사상을 전면에 내세우는 것으로 마무리를 지었다. 그러나 당규약의 개정은 남겨놓고 있었다.[1]

김정일은 '주체사상에 대하여'에서 이렇게 기술하고 있다.

> 진보적 사상은 사회역사발전사에 중요한 역할을 한다. 인민대중은 진보적 사상에 의해 지도될 때 역사의 힘 있는 창조자가 된다. 노동

1 고태우, 『한 권으로 보는 북한사 100장면』(서울: 가람기획, 1996), p.248.

계급이 출현하기 전에도 사회의 선진계급의 지향을 반영한 사상들이 있었다. 그러나 지난 시대의 사조들은 그 역사적 및 계급적 제한성으로 하여 사회발전에서 노는 역할도 제약을 받지 않을 수 없었다. 노동계급의 혁명사상만이 시대의 요구와 인민대중의 지향을 정확히 반영하고 인민들을 혁명투쟁에 불러일으켜 사회역사의 발전을 힘 있게 추동할 수 있다.[2]

2. 노동계급 혁명사상의 창시자

노동계급의 혁명사상은 탁월한 수령들에 의해서 창시된다. 백수십년의 공산주의운동역사는 노동계급의 수령들이 혁명사상을 창시하고 발전시켜온 역사이며 그것이 구현되어 세계를 변혁시켜온 역사라고 말할 수 있다. 19세기 중엽에 마르크스와 엥겔스는 마르크시즘을 내놓음으로써 투쟁무대에 등장한 노동계급의 역사적 사명과 해방의 앞길을 밝혀주고 자본을 반대하는 투쟁을 추동하였으며 국제공산주의 운동의 시원을 열어 놓았다.

수령은 억압받고 천대받던 인민대중이 자기 운명의 주인으로 등장하는 새로운 시대의 요구를 깊이 통찰하고서 위대한 주체사상을 창시함으로서 자주성을 위한 인민대중의 투쟁을 새로운 높은 단계로 발전시켰으며 인류 역사발전의 새 시대, 주체시대를 개척하였다. 여기에서 말하는 수령이란 북한 주석 김일성을 가리킨다.[3]

당시 공산주의를 한다고 하던 사람들은 제각각 당파를 만들어

---

2 김정일, “주체사상에 대하여”(한반도 북부지역의 기독교사 세미나 자료집, 갈릴리신학대학원) 2016, pp.244-245.

3 김정일, 위의 자료집, p.245.

가지고 국제당에 승인을 받으러 다녔으며 식민지 반봉건사회였던 북측은 사대주의와 교조주의가 심하게 작용하였으므로 혁명의 앞길이 열릴 수 없었다. 그들은 역사적 조건과 구체적 현실을 떠나서 기성이론과 타인의 경험을 기계적으로 모방하려고 하였다. 수령은 이러한 사대주의, 교조주의의 후과로부터 심각한 교훈을 찾고서 혁명은 그 누구의 승인이나 지시에 의해서가 아니라 자신의 신념에 의해 자기가 책임지고 해야 하며 혁명에 나서는 모든 문제를 자주적으로, 창조적으로 풀어나가야 한다는 진리를 밝혔다. 이것이 주체사상의 다른 하나의 출발점이었다.

3. 초기 조선공산당 운동과 김일성의 혁명투쟁과의 차별적 관점

다음 내용은 김정일의 자료집에서 발췌한 것이다.

> 1920년대에 우리나라에서 민족해방운동을 한다고 하던 공산주의자들과 민족주의자들은 인민대중 속에 들어가 그들을 교양하고 조직화하며 혁명투쟁을 불러일으킬 생각은 하지 않고 대중과 이탈되어 영도권 싸움과 말공부만 하고 있었으며 대중을 단결시킨 것이 아니라 파벌싸움으로 분열시켰다. 수령은 혁명투쟁에 나선 첫 시기부터 이들의 잘못을 꿰뚫어 보고 이들과는 다른 길, 인민대중 속에 들어가 대중에게 의거하여 투쟁다운 투쟁의 길을 걸었다. 혁명의 주인은 조선인민대중이며 인민대중 속에 들어가 그들을 교양하고 조직동원해야 혁명에서 승리할 수 있다는 진리를 밝혔다. 이것이 주체사상의 출발점의 하나이다. 매개 나라에서 혁명은 주인인 그 나라 인민이 책임지고 자주적으로 하여야 하며 자기 나라 실정에 맞게 창조적으로 해야 한다. 자주성과 창조성은 혁명운동, 공산주의 운동의 본성적 요구이다.[4]

> 수령은 일찍이 초기 혁명활동 시기에 마르크스-레닌주의에 정통하였다. 그러나 마르크스-레닌주의를 조선혁명의 실천에 적용하는데 머무르지 않고 확고한 주체적 입장에서 혁명이론의 새로운 경지를 개척하였으며 혁명실천이 제기한 문제들을 독창적으로 해결하였다. 그리하여 마침내 1930년 6월 카륜에서 진행된 공청 및 반제청년동맹 지도간부회의에서 주체사상의 원리를 천명하고 조선혁명의 주체적인 노선을 밝혔던 것이다. 이것은 주체사상의 창시와 주체의 혁명노선의 탄생을 선포한 역사적 사변이었다.[5]

당시 김일성은 19세였을 것인데, 과연 이러한 주체사상에 관한 논리정립이 가능했을까 의구심이 드는 대목이다.

제2절 주체사상의 철학적 원리에 관하여

1. 주체사상은 사람중심의 철학사상이다

주체사상은 사람이 모든 것의 주인이며 모든 것을 결정한다는 철학적 원리에 기초하고 있다. 즉 주체사상은 사람을 위주로 하여 철학의 근본문제를 제기하고 사람이 모든 것의 주인이며 모든 것을 결정한다는 철학원리를 내세웠다. 사람이 모든 것의 주인이라는 것은 사람이 세계와 자기 운명의 주인이며 사람이 모든 것을 결정한다는 것은 사람이 세계를 개조하고 자기 운명을 개척하는데서 결정적 역할을 한다는 것이다. 사람은 자주성과 창조성, 의식성을 가진

4 김정일, 위의 자료집, p.246.

5 김정일, 위의 자료집, p.247.

사회적 존재라는 것을 밝혔다는 것이다.

사람은 물질적 존재이기는 하지만 단순한 물질적 존재가 아니다. 사람은 가장 발전된 물질적 존재이며 물질적 세계발전의 특출한 산물이다. 사람은 자연계에서 벗어져 나올 때 벌써 특출한 존재로 등장하였다. 생명을 가진 모든 물질은 객관세계에 종속되고 순응함으로써 자기의 생존을 유지하지만 사람은 세계를 인식하고 변혁하여 자기에게 복무하게 만듦으로서 생존하며 발전하는 것이다.

사람이 세계의 주인으로서 특별한 지위와 역할을 차지하는 것은 자주성과 창조성, 의식성을 가진 사회적 존재이기 때문이다. 세계에서 사회적 관계를 맺고 생존하며 활동하는 것은 오직 사람뿐이다. 사람은 사회적으로만 자기의 존재를 유지하며 자기의 목적을 실현해나간다는 것이다.[6]

이상은 주체사상에서의 인간론이다. 인간에 대한 철학적 이해인 것이다. 그렇다면 필자의 인간 이해는 무엇인가? 성서는 신(神)이 인간에게 묻는 최초의 질문은 '네가 어디 있느냐'(창세기 3:9) 사실 인간을 묻는 것은 인간 자신이다. '인간의 정체'에 대한 자기 확인을 촉구하는 인간에의 물음이다. 신(神)은 다만 인간이 물을 수 있도록 촉구할 뿐이다. 인간의 자기 물음의 궁극적인 목표는 결국 인간이 자신을 알자는 것이다. 나는 실존적인 나로부터 사회적·역사적인 '우리'로 넓혀진다. 신학의 주체도 인간이다. 신(神)은 인간이 홀로 서도록 역사와 상황을 펼쳐줄 뿐이다.

---

6 김정일, 위의 자료집, pp.248-249.

2. 주체사상의 인간론적 자주성

자주성은 세계와 자기 운명의 주인으로서 자주적으로 살며 발전하려는 사회적 인간의 속성이다. 자주성으로 하여 사람은 자연의 구속을 극복하고 사회의 온갖 예속을 반대하며 모든 것을 자신을 위하여 복무하도록 만들어 준다.

사회적 존재인 사람에게 있어서 자주성은 생명이다. 사람에게 있어서 자주성이 생명이라고 할 때 그것은 사회정치적 생명을 말하는 것이다. 사람은 육체적 생명과 함께 사회정치적 생명을 가진다. 육체적 생명이 생물유기체로서의 사람의 생명이라면 사회정치적 생명은 사회적 존재로서의 사람의 생명이다.

사람은 창조성을 가진 존재, 창조적인 사회적 존재이다. 창조성은 목적의식적으로 세계를 개조하고 자기 운명을 개척해 나가는 사회적 인간의 속성이다. 창조성으로 하여 사람은 낡은 것을 변혁하고 새로운 것을 만들어 내면서 자연과 사회를 자기에게 더욱더 쓸모 있고 이로운 것으로 개변시켜 나간다. 자주성이 주로 세계의 주인으로서 사람의 지위로 표현된다면 창조성은 주로 세계의 개조자로서의 사람의 역할로 표현된다.[7]

실존이란 말은 'existenta'는 ex(밖에)와 sistere(선다)의 합성어이다. 나성의 존재란 자기 창조의 과정에 나서는 존재이다. 실존이란 '지금 여기'에 있는 인간의 현실적 존재이다. 그런 뜻에서 현존(現存)이다. 인간의 삶이란 자기의 본질을 실현하는 과정이 아니고, 새로운 자기의 가능성을 '창조하는' 과정으로 이해된다. 그리스도의 인

7 김정일, 위의 자료집, pp.248-250.

간관 성서적 인간관이란 '실존적'이요 '창조적'이다. 세계 속에 자신을 내던지면서, 비인간적인 것과 투쟁하면서 인간은 자기를 형성해 간다.[8]

3. 주체사상에서 의식성

의식성은 세계와 자기 자신을 파악하고 개변하기 위한 모든 활동을 규제하는 사회적 인간의 속성이다. 의식성으로 하여 사람은 세계와 그 운동발전의 합법적성을 파악하며 자연과 사회를 자기에 맞게 개조하고 발전시켜 나간다. 의식성에 의하여 사회적 존재인 사람의 자주성, 창조성이 담보되며 그 합목적적인 인식활동, 실천활동이 보장된다.

자주성·창조성·의식성을 가진 사회적 존재인 사람은 곧 세계의 유일한 지배자이며 유일한 개조자이다. 사람은 세계의 주인인 것만큼 마땅히 사람의 이익의 견지에서 세계를 대하여야 한다. 사람이 세계를 인식하고 개조하는 것은 세계의 모든 것을 사람을 위하여 복무하도록 하기 위한 것이다. 세계에서 가장 귀중한 것은 사람이며 세계에는 사람의 이익보다 더 귀중한 것은 없는 것이다. 세계의 모든 사물은 오직 사람을 위하여 복무하는 한에서만 가치를 가지게 되는 것이다. 그러므로 사람을 위하여 더 잘 복무하게 하는 견지에서 세계를 대하는 것은 세계에 대한 가장 올바른 입장인 것이다.

인간을 묻는 관점에서 사회학적인, 역사적인 인간이해가 있다.

---

8 송기득, 『인간』(서울: 한국신학연구소, 1984), pp.55-56.

이점이야말로 그리스도교적, 성서적 인간이해의 중대한 국면이다. 흔히 종교적 인간은 인간의 내면세계에서 신(神)과 수직적인 관계를 갖는데서 그 특징이 있는 것으로 생각된다. 그러나 진정한 종교적 인간은 사회와 역사와의 수평적인 관계를 신(神)과의 수직적인 관계와 동등시한다. 인간은 사이의 존재이다. 인간(人間)이란 한자말 자체가 이미 인간이 관계적 존재임을 가리킨다. 인간의 존재도 인간과 인간의 관계에서 결정된다. 인간 존재의 관계성은 사회적·역사적 차원에서 뚜렷해진다. 사회적·성서적 인간이해는 성서적 인간이해에 주류를 이루고 있다. 여기에 대한 단적인 예(例)가 구약성서에서는 탈(脫) 에집트의 해방사이며, 신약성서에서는 '역사의 예수'가 인간화를 지향한 사건의 역사라는 사실이다.[9]

4. 박승덕의 주체사상에 대한 견해

평양 사회과학원 주체사상 연구소 소장 박승덕은 주체사상에 대해 이렇게 말한다.

> 주체사상은 현대기독교와 그 신학이 부정적인 점과 제한성에도 불구하고 민중과 민족, 인류의 운명을 개척하는 데서 긍정적인 점과 가치있는 면들을 가지고 있다고 평가한다. 원래 주체사상은 사상분야에서 편협한 배타주의를 결정적으로 반대한다. 세계에서 차지하는 인간의 지위와 역할을 높이는 데 조금이라도 이바지할 수 있는 사상이라면 그 가치를 공명정대하게 평가하고 자체의 사상체계 안에 포섭해 나가고 있는 것은 주체사상의 중요한 특성의 하나이다.

9 송기득, 위의 책, pp.56-59.

> 사랑과 평화, 사회정의와 애국·애족 등 기독교 교리에는 긍정적인 점들이 있다. 현대 기독교 신학의 종말론과 구원론에서도 가치 있는 점들을 찾아볼 수 있다. 주체사상은 기독교 사상과 공통점을 모색하고 인간의 운명을 개척하기 위한 공동의 방도를 탐구하는 것을 주요시하고 있다. 특히 1970년대에 남조선에서 창출된 민중신학, 이념과 해외의 기독교 신학자들 속에서 제창되고 있는 통일신학과 주체사상의 대화를 시작하고 활성화하는 것은 민족분단을 극복하고 민족문제, 민중문제를 해결해 나가는 데서 주요한 의의를 가지게 될 것이다.[10]

결국 인간의 자주성과 창조성과 의식성을 확고히 세우고, 개인의 인간화와 사회적 공동체성을 지향하면서 인류의 정의, 평화, 생명 환경의 보존으로 나아가는데 실사구시적(實事求是的)으로 공감한다면 주체사상과 기독교사상은 수화상극(水火相克)이 아니라 상생적인 동반자가 될 수 있을 것이다.

제3절 기독교에 대한 주체사상의 관점

1. 주체사상과 기독교 간의 대화 필요성 제기

평양 사회과학원 주체사상 연구소장 박승덕은 이렇게 말한다.

> 주체사상과 기독교가 대화하는 새로운 사상사를 펼치며 북의 학자들

10 박승덕, “기독교에 대하는 주체사상의 새로운 관점” (한반도 북부지역의 기독교사 세미나 자료집), 2016, p.273.

과 이남과 해외의 기독교인들이 민족통일성업에 공동으로 이바지하려면 기독교에 대하는 주체사상의 태도에 대하여 올바른 인식을 가지는 것이 필요하다고 본다.[11]

남측과 해외에 있는 일련의 기독교 신학자들은 주체사상을 잘못 파악한 데로부터 기독교에 대하는 태도에서 주체사상과 마르크시즘을 동일시하거나 주체사상이 마르크시즘보다 기독교를 더 배타적으로 대한다는 논조를 퍼뜨렸다. 이러한 논조는 기독교의 일부 교직자들과 신학자들 속에서 주체사상과 기독교의 대화 자체에 대해서도 의심하는 태도를 가지게 하였다. 북측의 김정일 비서는 1986년 8월 5일 문헌에서 기독교를 대하는 주체사상의 일관된 관점에 대하여 이렇게 해명한 바 있다.

수령님께서는 종교를 악용하는 반동적 지배계급과 제국주의자들의 책동을 배격하시었지 종교와 종교 신자를 배척하신 일이 없습니다. 종교에는 나쁜 점만 있는 것이 아니라 좋은 점도 있습니다. 종교에서 사람들이 서로 사랑하면서 평화롭게 살라고 주장하는 것은 좋은 점이라고 볼 수 있습니다(주체사상의 기본에 대하여, 189쪽).[12]

지난 시기에는 종교를 포함한 사회적 의식형태들이 본질을 밝히는 데 있어서 그것이 객관세계의 어떤 측면을 어떠한 형식으로 반영하고 있는가 하는 데 기초하였다. 마르크스-레닌주의에서는 세계

11 박승덕, 위의 자료집, pp.268-269.
12 박승덕, 위의 자료집, p.269.

를 형상적인 형식으로 왜곡되게 반영한 환상적이며 신비주의적인 세계관이라는 데서 기독교의 본질을 찾았다. 마르크스는 초기저서인 '헤겔 법철학 비판' 서론에서 종교를 '전도된 세계관'(마르크스, 엥겔스 전집, 제1권, 466쪽)으로 규정하였으며 엥겔스도 원시 기독교에 대하여 그것이 고대희랍 철학자 필로(Philo, BC 20-AD 50 헬라의 유대철학자)와 로마 스토아학파의 대표자인 세네카(Seneca)의 신비주의 철학에 기초하였다는 점을 강조하였다.

박승덕은 주체사상은 종교를 포함한 사회적 의식형태들이 객관세계를 반영한 지식의 면을 가지고 있지만, 보다 중요하게는 사람들의 요구와 이해관계를 담은 사상의식이라는 점을 강조하고 있다. 특히 종교는 과학과는 구별되는 사회적 의식형태로서 객관세계의 본질과 운동법칙을 해명하는 것을 직접 목적으로 내세우지 않으며 어디까지나 사람들의 일정한 생활상 요구와 이해관계를 반영하고 있다고 말한다. 즉 주체사상은 사상과 철학의 이론전개에 천착하기보다는 인민의 실사구시(實事求是)적 삶의 지향성을 추구하고 있다고 필자는 보는 것이다.

2. 성서 및 기독교에 대한 주체사상의 기본적 관점

구약의 기본사상은 창세기에 나오는 우주 창조신학이 아니라 출애굽기에 전개되는 애굽의 통치로부터의 이스라엘 민족의 탈출사건이라고 볼 수 있다. 기독교 신학에서도 신론이 기초적인 자리를 차지하고 있는 것은 사실이지만 핵심적인 내용을 이루고 있는 것은 인간론이며 그 특징은 인생관화된 인간론이라고 말할 수 있다.

주체사상은 기독교 본질에 대한 이러한 이해로부터 과학적 세계관이냐 비과학적 세계관이냐 하는 차원에서가 아니라 인간구원, 인간해방을 위한 삶과 투쟁의 공통된 방도를 모색하는 차원에서 기독교와의 대화를 주장하는 것이다. 주체사상은 기독교의 역사적 행태들을 구분하고 그 사회적 역할에 대하여 구체적인 태도를 취하고 있다.

기독교는 원래 기원 1세기에 로마제국의 예속지역인 소아시아와 근동지방에서 로마통치지배들을 반대하고 로마국가의 멸망과 평등이 지배하는 새로운 생활을 염원하였다. 즉 원시기독교 노예들과 빈민들의 요구를 반영하여 출현하였다. 이렇게 발생한 기독교는 자기 존재의 전 기간 사람들에게 생활의 목적과 이상 그리고 그것을 실현하기 위한 방도에 대하여 설교하였으며 가치관, 윤리관을 심어주는 데 주된 관심을 기울였다.[13]

필자는 북측의 주체사상가 박승덕의 성경을 보는 관점이 출애굽의 노예해방사건과 로마제국의 억압적 통치와 헤롯 대리정권의 억업하에서 고통하는 민중의 인간해방을 보았다는데 주체사상과 민중신학의 접촉점을 찾을 수 있는 것이다.

3. 마르크스-레닌이 기독교를 '민중의 아편'이라고 비판한 이유

마르크스-레닌주의에서는 기독교의 특정한 역사적 형태인 부르주아지에게 복무한 기독교를 주로 분석하고 기독교의 사회적인 역할에 대하여 폭로·비판을 하였다. 잘 알려진 바와 같이 마르크스는 기독교를 '민중의 아편'으로, 레닌은 그것을 '내세에서의 행복' '민

13 박승덕, 위의 자료집, pp.270-271.

중의 아편' 이라고 단죄하였으며, 더 나아가 레닌은 그것을 '내세에서의 행복'으로 민중을 기만하는 '값눅은 정신적 브랜디 술'로 규탄하였다. 자본주의 시기 부르주아지의 착취를 변호하고 근로대중의 사상적 각성을 가로막는 기독교의 해독적 역할에 대해서는 적지 않은 기독교인 자신들에게까지 인식되었다. 이와 관련해서는 기독교를 '민중의 아편'으로 규정한 첫 사람은 바로 기독교 사회주의자인 찰스 킹스레이(Charles Kingsley)였다는 사실을 지적하는 것만으로도 충분할 것이다.[14]

마르크스와 레닌이 보았던 당시 기독교의 지도자들이 권력과 기득권과 결탁하여 온갖 비행을 저지르는 작태를 보고 종교를 아편으로 규정하였다. 즉 기독교가 인간해방, 민중의 인간회복에 전혀 무관한 사회에 해를 깨치는 집단으로 규정했기에 '종교는 아편'이라고 선언했다.

오늘날 한국교에서도 번영신학에 취해 사회정의 실현과 평등세상을 오히려 가로막는 일부 타락한 대교회와 거짓지도자들의 행태를 볼 때 마르크스·레닌의 종교비판을 벗어나 그들의 인간화 실현에 부합한 성경의 해방정신과 사람이 사람답게 살아가는데 기여하는 성서의 정신을 교회가 회복한다면 주체사상이 말하는 인민이 중심이 되는 세상을 이루는데 파트너십을 갖게 될 것이므로, 민족화애와 통일에 크게 기여할 것을 기대하는 바이다.

14 박승덕, 위의 자료집, pp.271-272.

4. 시대변천에 따른 기독교의 변화에 대한 인식

제2차 세계대전 후 기독교신학에서는 주목할 만한 특징들이 나타나게 되었다. 현대 기독교는 그 변화의 주도적 견지에서 볼 때 기독교 본연의 자세와 사명에 맞게 점차 민중의 편으로 돌아가고 있으며 자본주의 사회에서 이루어지는 인간의 소외를 극복하기 위한 투쟁에 나서고 있다. 또한 현대 기독교는 에큐메니칼 운동으로 세계 종교로서의 특성을 강화하면서도 매개 민족의 토양에 뿌리박고 민중문제, 민족문제를 해결하는 투쟁에 참여하고 있다. 이러한 변화는 현대 기독교의 세속화 운동과 토착화 운동에서 뚜렷이 나타나고 있는 것이다.

해방신학, 혁명신학 등 현대 기독교 신학에서 일어나고 있는 변화는 커다란 관심을 모으고 있다. 내세천당으로부터 현세천당으로, 현실도피로부터 현실참여로, 개인구원으로부터 집단구원으로 자기 주장을 변화시켜 나가고 있는 것은 현대의 기독교 신학의 전진적 방향이라고 볼 수 있다. 오늘날 이남을 비롯한 세계 여러 지역과 나라들에 있는 기독교 교단들과 교파들, 교직자들과 신학자들, 평신도들은 민중과 민족, 인류를 위하여 적지 않게 긍정적인 활동을 펴고 있다. 기독교인들이 현대자본주의의 사회악을 폭로·비판하고 비인간화를 반대하는 투쟁에로 그리스도인들의 공동체를 동원하며 반핵평화·공해반대 투쟁과 반제자주화·반독재 민주화 투쟁에 참여하고 있는 사실은 모두가 공인하고 있는 것이다. 원래 주체사상은 사상분야에서 편협한 배타주의를 결정적으로 반대한다. 세계에서 차지하는 인간의 지위와 역할을 높이는 데 조금이라도 이바지할 수 있는 사상이라면 그것이 어느 시대, 어느 민족에 의하여 창조되었든지 관계없이 그 가치를 공명정대하게 평가하고 자체의 사상체계 안에 포섭해 나가고 있는 것은 주체사상이 주장하는 특성 중의 하나이다. 사랑과 평화, 사회정의와 애국·애족 등 기독교 교리에는 긍정적인 점들이 있다. 현대 기독교 신학의 종말론과 구원론에서도 가치 있는 점들을 찾아볼 수 있다.[15]

5. 주체사상과 기독교 사상과의 공통점 모색

이북의 박승덕에 의하면, 1970년대에 이남에서 창출된 민중신학, 이남과 해외의 기독교 신학자들 속에서 제창되고 있는 통일신학과 주체사상의 대화를 시작하고 활성화하는 것은 민족의 분단을 극복하고 민족문제, 민중문제를 해결해 나가는 데서 주요한 의의를 가지게 될 것이라고 한다.

앞으로 주체사상과 민중신학, 통일신학은, 민족통일 민족해방의 차원에서, 민중구원과 민중해방의 차원에서, 인도주의와 평화의 차원에서 적극 대화할 수 있으며 또 그것은 알찬 결실을 가져오리라고 생각한다. 개인과 민중, 민족의 운명을 떠나서 추상적인 논의만 거듭하여서는 주체사상과 기독교 사상의 대화를 전진시킬 수 없으며 인류의 광명한 미래를 개척하는데 이바지할 수 없는 것이다.

주체사상과 기독교, 주체철학과 기독교신학이 인간의 운명문제를 축으로 하여 진지하게 대화를 해 나간다면 민족의 화해와 단합

15 박승덕, 위의 자료집, pp.272-273.

을 이룩하고 나라의 통일을 실현하며 한반도의 인민과 인류의 밝은 장래를 열어나가는 데 응당한 기여를 하리라는 것은 의심할 바 없다는 것이다.[16]

주체사상과 민중신학 사이에는 현실적으로 사상적으로 많은 장벽이 있음에도 불구하고 상호간의 대화는 절실히 요청될 뿐 아니라, 매우 중요하다고 생각된다. 왜냐하면 주체사상은 민중신학과 많은 공통성을 지니고 있는바 그것은 '하나님 나라운동'의 인간화와 주체사상에서 내세우는 '인민의 주인의식'이기 때문이다. 특히 '인간화'라고 하는 공통분모를 통해 대화의 접촉점을 마련할 수 있다고 본다. 더욱이 자주적인 평화통일 민족공동체 실현이라는 지대한 민족사적 과제 앞에서 한국의 기독교가 수구보수 극단적인 반공의식을 떨쳐버리고 한반도의 분단체제를 무너뜨리는 변혁운동에 동참하기 위해서라도 주체사상과 민중신학이 서로 만나 대화를 갖는 것은 중차대한 의미를 갖는다고 보는 것이다.

제4절　주체사상은 마르크시즘과 확연히 다르다

1. 마르크스-레닌주의의 주체적 수용

1985년 '조선노동당 창건 40돌'기념으로 평양 사회과학출판사에서 발간한 '위대한 주체사상총서' 1권 '주체사상의 철학적 원리' 첫

16 위의 자료집, pp.273-274.

장에 의하면 "주체사상은 김일성 동지가 창시하고 전일적 사상 이론체제로 완성되었으며, 김일성 동지가 전면적으로 심화 발전시키고 있는 우리 시대의 가장 과학적인 혁명사상이다"의 짧은 문구에서 주체사상에 대해 확인할 수 있는 것은 김일성이 창시한 사상으로서 우리 시대의 가장 과학적인 혁명사상이라는 것이다. 우선 이 규정을 차례로 살펴보자.

김일성이 주체사상을 창시했다는 말은 두 가지 의미를 함축하고 있다. 하나는, 김일성이 개인으로서가 아니라 노동계급의 수령으로서 주체사상을 창시했다고 하지만, 어쨌든 김일성이라는 인간존재와 주체사상이 뗄 수없이 결부되어 있다는 점이고, 다른 하나는 주체사상이란 마르크스-레닌주의와 질적으로 다르다는 점이다. 주체사상은 김일성의 항일투쟁 경험과 북측사회의 혁명건설 과정에서 특수하게 형성된 것으로써 물론 주체사상이 공식으로 언급되고 등장하기 시작한 것은 1950년대 중반이며, 1972년 12월 27일에 비로소 북측의 헌법에서 공식적으로 주체사상을 북측의 유일사상으로 공시했다. 그러나 북측에서는 김일성의 주체사상은 1920년대 후반의 항일혁명투쟁 과정에서 그 원리가 확립되었다고 주장한다. 김일성이 1930년 6월 카륜회의에서 …… "조선혁명은 어디까지나 그 주인인 조선인민 자체의 힘으로 우리나라의 실정에 맞게 자주적으로 수행해야 한다"는 주체사상의 원리를 밝혔다고 한다. 1950년대 중반에 주체사상을 강조하기 시작한 것은 스탈린에서 후르시초프로 넘어가는 소련의 정치적 변동에서 야기된 국제정치 관계의 변화와 긴밀한 관련이 있다고 여겨지지만, 기본적으로는 주체사상이 김일성 자신의 항일혁명투쟁 과정과 북한사회의 혁명 건설 과정에서 형성되었다고 보아야 한다.

식민지 치하의 혁명투쟁 과정에서 인민의 주체적 실천과 투쟁을 극적으로 강조한다는 점에서 주체사상은 모택동사상(Maoism)과 통한다. 주체사상과 마오이즘은 북측과 중국의 혁명 투쟁과정에서 마르크스-레닌주의를 주체적으로 수용한 것이다. 양자는 인민의 자주적 역량과 주체적 자발성을 전면에 내세운다는 점에서 일치한다.[17]

2. 마르크시스트들이 처한 시대적 상황과 민중역량

마르크스는 자본주의 모순이 심화되면 프롤레타리아 계급의 대립 모순이 격화되어 프롤레타리아 계급의 주도로 사회주의 혁명이 일어날 수밖에 없다는 것을 과학적 법칙으로 논증하려 했다. 따라서 자본주의 사회의 몰락과 사회주의 사회의 도래의 필연성을 객관적으로 입증하는 데 마르크스의 관심이 있었다. 레닌 시대의 러시아는 후진자본주의 사회로서의 보수반동적이고 봉건적 요소가 온존하는 짜르(Czar) 체제의 지배를 받았다. 레닌의 말대로 러시아의 지배계급은 한 줌 밖에 안 되는 소수의 무리였고, 지배 권력의 힘은 러일전쟁의 패배로 매우 약화되었으며, 관료체제는 무능하고 부패했으며, 민중의 불평불만은 매우 고조되었다. 이러한 혁명적 상황에서 레닌은 지도적인 혁명가들과 선도적인 도시프롤레타리아를 중심으로 짜르체제를 타도하고 사회주의 혁명사회주의 혁명을 이

17 박재순, 『열린사회를 위한 민중신학』(서울, 한울, 1995), pp.92-93.

룩할 수 있었다. 레닌이 주도한 러시아 혁명은 비교적 짧은 전투과정을 거쳐 이루어졌기 때문에 인민대중이 주체적 역량을 조직하고 강화하는 과정이 주목되지 않았던 면이 있다.

그러나 김일성과 모택동이 처한 상황은 달랐다. 양자가 혁명투쟁을 시작한 1920년대 이후의 한국과 중국은 외세의 강점으로 인한 민족모순이 전면에 부각되고 봉건적 압제와 자본주의 수탈이 중첩되어 나타나는 사회였다. 이러한 후진자본주의 사회 또는 반봉건 사회에서는 도시프롤레타리아의 비중이 상대적으로 적었기 때문에 평범한 농민 대중의 역량이 결집되고 조직될 필요가 있었을 뿐 아니라, 민족해방 전쟁이라는 장기적인 투쟁 과정에서 인민 대중의 주체적 역량이 결집되고 동원되어야 했으며, 인민 대중의 주체적 실천이 집단적으로 이루어져야 했다. 김일성과 모택동은 수십 년 동안 대중과 함께 민족해방투쟁과 사회혁명 투쟁을 수행하면서 인민 대중이 혁명 투쟁의 진정한 주체이며, 모든 투쟁의 성패는 인민 대중의 주체적 역량을 효과적으로 동원하는 데 달렸을 뿐만 아니라, 인민 대중의 역량은 무궁무진하다는 것을 몸으로 확인할 수 있었다.[18]

3. 주체사상과 유물변증법과의 관계성

이러한 특수한 상황에서 혁명실천 과정을 통해 형성된 주체사상은 마르크스-레닌주의의 중심이론인 유물변증법과 어떤 관계에 있

18 위의 책, pp.93-94.

었을까? 김정일에 의하면 주체사상은 사람이 모든 것의 주인이며, 모든 것을 결정한다는 철학적 원리에 서서 세계에서 사람이 차지하는 지위와 역할을 밝히는 사람 중심의 세계관이다.

"사람은 자주성과 창조성, 의식성을 가진 사회적 존재이며, 자주성·창조성·의식성은 사회역사적으로 형성되고 발전되는 사회적 속성이다. 이러한 사회적 속성을 지닌 사람은 세계의 유일한 지배자이며, 유일한 개조자이다." 이 인용구에서 알 수 있듯이 김정일은 주체사상은 유물변증법을 전제할 뿐 아니라 유물론의 창조적 계승이라고 주장하면서도 양자의 차이를 강조한다.[19]

> 주체철학은 유물론과 변증법의 원리를 버린 것이 아니라 그것을 전제로 하여 물질세계에서 차지하는 인간의 특수한 지위와 역할을 과학적으로 밝힘으로써 유물변증법도 더욱 성숙했다.[20]

그렇다면 주체사상과 유물변증법은 어떻게 조화가 되는가? 주체사상에 의하면 인간은 물질적 존재이지만 다른 물질적 존재와는 질적으로 다른 발전수준에 이르렀기 때문에 물질세계에서 인간은 유일하게 자유로운 존재라고 말함으로써 인간의 유일성이 부각된다. 따라서 주체사상은 유물변증법을 창조적으로 계승하면서도 김정일이 종래의 유물변증법이 물질세계의 일반적 특징을 말한 것은 주체사상이 유물변증법의 테두리에 갇혀 있지 않다는 것을 밝힌

---

19 박재순, 『열린사회를 위한 민중신학』(서울: 한울), p.94.
20 위의 책, p.95.

것이다.[21]

주체사상은 인간이 모든 것의 주인이며 모든 것을 결정한다는 철학적 원리와 인류역사는 인민의 자주성을 실현해 가는 투쟁의 역사라는 사회역사적 원리에서 출발한다는 점에서 객관적·물질론적인 역사전개의 법칙성을 중시하는 마르크스-레닌주의의 유물변증법과는 이론적인 구성체제가 다르다. 그러나 철저히 프롤레타리아 계급이 주도하는 사회 혁명을 추구한다는 점에서 주체사상은 마르크스-레닌주의와 큰 흐름 속에 있다고 생각된다. 또한 인간에 대한 이전의 철학들이 사회적 관계를 떠나 순수인간에 대한 추상적인 견해에 머물렀으나 주체사상은 인간을 사회적 관계 속에서 보면서 인간의 본질적 특성을 새롭게 밝혔다고 주장한다.[22]

마르크스는 만국의 노동자들이 단결하여 투쟁할 것을 역설했지만, 직접 혁명투쟁 과정 속에서 민중과 함께 투쟁했다기보다 혁명의 필연성을 학문적으로 논증함으로써 민중에게 혁명에 대한 신념을 고취시키려 했다. 따라서 마르크스 이론 속에 프롤레타리아의 주체적 투쟁이 전제되어 있지만, 그 주체적 투쟁 자체가 이론의 중요한 대상으로 취급되지는 않았다고 생각된다. 이에 반해 김일성이 항일유적투쟁 과정의 열악한 조건 속에서 의지할 수 있는 유일한 것은 인민의 주체적 실천역량이었다. 또한 남북전쟁으로 폐허가 된

21 위의 책. pp.94-95.

22 위의 책. pp.95-96.

상황에서 북한의 사회와 경제를 재건하기 위해서는 인민의 힘을 동원하는 길 밖에 없었다. 이 때문에 김일성은 물질적 조건과 객관적 필연성을 강조했다기보다는 인민의 주체적 역량을 강조하는 사상 체제를 수립했던 것 같다.[23]

4. 주체사상과 마르크스-레닌주의의 차별성

주체사상에 따르면 노동계급의 투쟁은 19세기 중엽에 이르기까지 과학적인 혁명사상이 없었기 때문에 자연발생설과 분산성을 면할 수 없었는데, 마르크스와 엥겔스가 자본주의 사회의 모순을 분석한 데 기초하여 변증법적 및 역사적 유물론을 창시하고 잉여가치설[24]을 내놓았으며, 자본주의의 멸망과 공산주의 승리의 필연성을 논증하는 과학적 혁명사상을 창시했다.

---

23 위의 책. pp.96-97.

24 마르크스는 화폐가 자본으로 전환하게 되면, 자본은 이제 '잉여가치'의 획득을 목적으로 삼는다고 말한다. '잉여가치'(剩餘價値, Mehrwert, surplus-value)란 생산 과정에 투입된 자본이 자신의 가치를 초과하여 획득한 가치를 가리킨다. '화폐로서의 자본'이 유통의 과정에서 이처럼 자신의 가치를 증식시켜 잉여가치를 확보하게 되면, 이제 '단순한 화폐'는 '자본'으로 완전히 전환하게 된다. 제조사업 자본가가 지대를 지불하고 토지를 임차해, 이자를 지불하고 공장을 건축 후, 원자재를 구입해, 임금을 지불하고 노동력을 구매, 상품을 만들어 판매하면 자본가는 이윤을 창출하게 되는데 이 자본가의 이윤, 즉 잉여가치가 노동력을 착취한다는 것이 마르크스의 잉여가치설이면서 노동가치설이다. 그래서 자본가가 착취하는 이 이윤, 즉 이 잉여가치를 노동자에게 분배해야 한다는 것이 사회주의의 태동이다. 사업가, 지주, 대부업자는 자본가 부르주아이고, 노동자는 프롤레타리아로, 프롤레타리아가 혁명을 일으켜 부르주아를 붕괴시키고 노동자 집단이 생산, 분배의 주체가 되어 계획경제로 노동력 착취에 의한 잉여가치를 노동자에게 분배하겠다는 것이 2단계 사회주의인 공산주의의 출발이다.(잉여가치와 사회주의, 다음 창 인용)

그 다음에 자본주의가 제국주의 단계로 넘어간 새로운 역사적 조건에서 레닌은 제국주의의 특징과 역사적 지위를 밝히고, 자본주의의 정치경제적 발전의 불균형성의 법칙과 한 나라에서 사회주의 혁명 승리의 가능성에 관한 이론을 내놓았으며 소련의 사회주의 혁명을 이룩했다. 그런데 주체사상에 의하면 이제까지 착취와 억압의 대상으로 되어온 근로인민 대중이 역사의 주인으로 등장하는 새로운 시대가 도래했다. 이 새로운 시대의 요구를 반영한 새로운 혁명사상은 김일성에 의해 창시된 주체사상이다. 이 새로운 시대를 주체시대, 자주성의 시대라고 한다. 이 시대규정은 당대의 지배적인 사회제도의 유형을 기준으로 삼은 게 아니라 근로인민 대중을 중심에 놓고 밝힌 시대규정이다. 주체사상에 관한 김일성과 김정일의 말을 직접 들어보자.[25]

> 현시대는 지난 날 억압받고 천대받던 인민들이 세계의 주인으로 등장하여 자기운명을 자주적으로, 창조적으로 개척해 나가는 자주성의 시대이다.[26] 현시대는 위대한 주체시대이다. 주체시대는 인민 대중이 세계의 주인으로 등장하여 자주적으로, 창조적으로 개척해 나가는 역사의 새 시대이다.[27]

25 위의 책, p.97.
26 위의 책. p.98.
27 위의 책, p.98.

제5절 주체사상에 대한 주요내용과 비판적 견해

1. 주체사상에 대한 비판적 입장

주체사상의 원리와 체계는 매우 단순한 편이다. 그 핵심원리는 사람이 다른 동물과 달리 자주성·창조성·의식성을 가진 사회적 존재라는 것이다. 그 명제와 속성 때문에 사람을 자연·사회·문화·통치의 모든 부문에 적용하여 설명한 것이 주체사상이다. 따라서 사람이 자연과 사회와 개인의 주인이라는 인간관과 세계관에 관한 이론화가 주체사상의 원리이다. 사람이 자연과 사회와 개인의 주인이라는 인간관과 세계관에 관한 이론화가 주체사상의 철학적 원리이며, 인류역사는 인간의 자주성을 쟁취하기 위한 투쟁의 역사라는 주장이 사회학적 원리이다. 사상에서의 주체·정치에서의 자주·경제에서의 자립·국방에서의 자위 등 모든 영역의 정책에서 자주성을 견지해야 한다는 것이 지도적 원칙이다. 이 밖에도 주체사상은 혁명이론, 영도방법 등에 관하여 자세한 이론을 제시하고 있다.

북한은 주체사상이 독창적인 사상이라고 거듭 주장하고 있지만 사실은 독창적인 부분은 거의 없고 마르크스-레닌주의나 동구사회주의 국가의 이론이나 서양의 사상에서 원용하거나 표절한 것이 많은 것으로 보인다.

주체사상에서 가장 중요한 부분인 사람중심의 사상은 북한의 독창적인 사상이라기 보다는 이미 오랜 전에 서양의 계몽사상이나 인본주의 사상에서 빌려온 것으로 볼 수 있다. 또한 인간이 동물과 달리 사유능력을 가지고 있기 때문에 자연과 사회를 개조할 수 있는 정신(mind) 또는 능력이 있다는 이론은 이미 19세기 미국의 실용주의(Pragmatism)학자 존 듀이(John Dewey, 1859-1952)가 주장한 것이다. 그리고 인류역사는 인민대중의 자주성을 위한 투쟁의 역사라는 주체사상의 사회역사원리는 마르크스-레닌주의의 계급이론에서 이미 주장된 것들이다.[28]

주체사상의 가장 큰 문제점은 허위의 모순이다. 북한의 체제와 정책은 인민대중 중심의 체제도 아니고 정책도 아니다. 인민대중 중심이라는 것은 말뿐이고 당 중심·간부 중심·수령 중심이다. 이론과 현실의 괴리가 너무 크다. 또한 인민대중이 역사의 주인이라고 주장하면서도 수령의 영도가 없이는 인민대중이 역사의 주인이 될 수 없다고 주장한다. 그러므로 주체사상은 사실상 수령중심의 사상으로 귀결되고 말았다. 논리적 모순이 아닐 수 없다. 주체사상은 사실은 혁명을 위하여 만든 사상이 아니라 김일성과 김정일의 권력과 체제를 수호하기 위하여 만든 수구적 사상이다. 단지, 과거 김일성의 항일무장투쟁의 경력을 부각시키기 위하여 혁명의 논리를 도입하였는데 그것이 현재 상황과 너무 모순적이다. 가령, 혁명이론의 한 대목에 김일성의 주장이라고 인용된 명제로서 "압박이 있는 곳에는 반항이 있는 법이며, 피압박민들이 자신의 해방을 위하여 투쟁하는 것은 불가피하다"는 내용이 있다. 남측에서 이미 반체제 운동의 이론으로 사용된 것이 주체사상인데 압박이 더 심한 북측에서 어떤 영향을 미칠지가 궁금하다.

28 서재진, 『주체사상의 이반』(서울: 박영사, 2007), pp.365-366.

주체사상이 소련과 중국에 대해 취한 자주노선과 자력갱생은 명분상으로는 긍정적으로 보이지만, 실제 동기는 김일성 개인의 정치권력을 지키고 경쟁세력들을 숙청하기 위해서였다는 점에서 부정적 평가를 면할 수 없다. 소련과 중국 등 사회주의 국가들과의 경제적 교류·협력 관계를 차단함으로써 경제적으로 스스로 고립·봉쇄당하였다. 정치가 경제를 고립·고사시킨 것이다. 즉, 북한의 집단적 소유와 명령경제체제하에서 주민들의 노동의 태도는 소극주의·형식주의·요령주의·이기주의로 특징지어지는 인성이 발달되었는데 북한 지도부는 주민들에게 주인의식과 책임의식을 자각하라는 명분하에 '인간개조사업'을 위한 이데올로기로 주체사상을 발전시켰다. 특히 북한에서 인간개조사업의 핵심내용은 인간을 "김일성이 생각하는 대로 생각하고, 김일성이 행동하는 대로 행동하도록 개조"하는 사업이다. 주체사상은 사람이 주인이 되는 사상이 아니라 김일성의 노예가 되는 사상이 된 셈이다.[29]

위와 같은 비판에도 불구하고 북측의 김일성 3대 세습독재 체제가 이만큼이라도 지탱해 온 것은 무엇보다 민족주의 사상과 실천에 있다고 볼 수 있을 것이다. 김일성은 항일무장투쟁의 선봉에 섰던 인물이고, 실제로 일본정규군대와의 수많은 전투를 치렀으며, 그리고 일본군에서 공개적으로 현상금을 걸고 수배령을 내렸던 인물이다. 한동안 남한사회에서는 항일 독립군 장군 김일성은 북한의 김일성 주석보다 나이가 훨씬 많은 노장군이라고 했다. 북한의 김일

29 위의 책, pp.366-368.

성이 독립군을 이끈 장군이었다는 것은 조작이라는 설이 거의 지배적이었다. 그러나 최근에 와서는 역사가들과 여러 문헌에 의해 보천보 전투의 주역은 사실상 김일성이었다는 사실을 부인하는 사람은 극우반공주의자들 외에는 거의 없다.

1937년 6월 동북항일연군(東北抗日聯軍)이 국내진공작전(國內進功作戰)의 하나로 함남 갑산군 보천보(普天堡)를 공격한 전투의 승리는 당시 침체에 빠진 우리 민족의 독립투쟁에 활력을 불어넣었다. 보천보는 면소재지로서 일제의 각종 관청과 산림경영소가 있고, 항일유격대의 국내진출을 방해하는 군사요충지였다. 1937년 6월 4일 밤, 동북항일연군 제2군 6사는 보천보를 급습하여 군사시설, 경찰·통신기관을 파괴하고 다수의 군수품을 빼앗은 다음, '포고'와 '조국의 광복을 위하여 억세게 싸워나가자'는 격문을 살포한 뒤 압록강을 넘어 철수했다. 일제는 혜산과 장백 일대의 국경경비 병력을 동원, 총 추격전을 벌였으나 이들 역시 전멸되었다. 일제는 연속적인 참패를 만회하기 위해 조선주둔군 제19사단 74연대를 국경일대의 유격대 토벌전에 동원했지만 큰 성과를 거두지 못했다. 우리 독립군 유격대의 활약이 그만큼 우수했으며, 무엇보다 주변 동포들의 희생적인 지원이 많았기 때문이다. 우리 유격대의 국내 진격과 보천보전투 승리의 소식은 암흑과도 같았던 조선의 고을마다 삽시간에 퍼져 조선민중을 감격과 흥분으로 들끓게 했다.[30]

이 보천보 전투(普天堡戰鬪)는 김일성(金日成)이 이끄는 동북항일연군이 1937년 6월 4일, 함경남도 갑산군 혜산진에 있는 일제의 관

30 김삼웅, 『사료로 보는 20세기 한국사』(서울: 가람기획, 1997), pp.143-144.

공서를 습격하고 보천보 일대를 일시 점령한 사건임에 틀림없다. 진공작전은 동조자들이 제공한 뗏목을 타고 유격대가 압록강변을 넘으면서 시작되었다. 일명 혜산진 사건이라고도 불리우는 바 경찰주재소·면사무소·산림보호구·우체국 등 관공서를 공격하여 일경 7명을 살해하고 여러 명에게 중상을 입혔다. 나아가서 "조선민중에게 알린다, 조국광복회 10대강령" 등의 포고문과 격문을 살포하고 물자를 노획했다. 김일성은 모인 주민들을 향하여 연설을 한 뒤 압록강을 넘어 장백현으로 돌아간 것으로 전해지고 있다. 일제가 전쟁준비에 광분하여 조선민중을 가혹하게 착취·탄압하던 시점에서 일어난 사건이었다. 「동아일보」 「조선일보」를 비롯한 국내의 각 신문에 크게 보도되어 조선인의 사기를 크게 진작시켰다. 이 보천보 전투의 승리는 김일성의 이름이 알려지는 계기가 되었다. 이북 지도자들도 역사과정을 통해 살펴보자면 공과(功過)가 다 함께 있는 것이다.

한반도의 북-미간 군사적 갈등을 잠재시키고, 남북의 대화와 화해가 진행되는 이 중차대한 시기에 상대의 공(功)은 알아주고 과(過)를 덮어주는 화해정신이 요청되는 시기이다. 이제 "4·27 판문점 선언"과 북미간의 합의는 반드시 지켜져야 한다. 미국 대통령 트럼프도 조선민주주의인민공화국 국방위원장 김정은에 대해 "훌륭한 사람이다"라고 덕담을 하지 않았는가? 만에 하나 다시 냉전상태로 회귀하여 전쟁이 발발한다면, 미국도, 남한도, 북한도, 중국도 승리자는 없을 것이며 특히 한반도는 돌이킬 수 없는 재앙이 발생하게 될 것이다. 무엇보다 중요한 것은 바로 상대의 사상을 이해하고, 허물을 덮어주고, 만나서 대화하고, 협력하는 길이 우리 앞에 유일한 대안으로 남아 있는 것이다.

권력의 주도하에서 만들어진 이데올로기에는 지배적 속성이 있다. 자주성·의식성·창조성을 갖고 있는 인민에게 실사구시적(實事求是的)으로 이러한 주장이 이뤄지고 있느냐는 것이 관건인 것이다. 현재의 조선민주주의인민공화국 김정은 체제는 실제로 주체사상의 이념과 사회주의가 제시하는 인간이 인간답게 살 수 있는 평등사회를 구현하고 있는가? 이 점이 좋은 사회냐 허구적인 나라이냐를 판단하는 관건이 될 것이다. 자주성·창조성·의식성이란 어느 나라, 어느 공동체에서도 바람직한 이상을 말한다. 과연 이것은 독재를 방패막이하기 위한 하나의 논리적 요식행위인가? 그렇지 않으면, 이러한 3대 사상에 기반하여 조선민주주의인민공화국이 설립되었고 미래지향적으로 나아가고 있는 것인가? 다만 강대국의 포위 속에 들어있는 북한의 현실적 압박 속에서 전 인민을 단합시키기 위한 방편으로서의 3대 세습이요, 수령론을 대두시킨 것이 아닌가하는 점은 아직도 의문시되는 부분이다.

북한의 탈북자들이 남한 종편 채널에 나와 폭로하는 북한의 인권, 경제, 사회, 교육, 의료 등의 수준은 참으로 비인간적이고 참담하고 어렵기가 한량없다. 이들은 국정원에서 기획된 소정의 교육을 받고 북한 폄하 차원에서 그렇게 하는가? 어느 정도는 사실일까? 종편 채널에서 북한의 실상을 폭로하는 탈북자들의 경험담은 많은 부분이 기획되고 조작되었다는 의심이 같은 탈북자 김련희 씨의 최근 전국 순회강연을 통해서도 증언되고 있다. 아무리 체제선전의 우위를 점하려는 남한 당국이 북한체제와 실정을 비판할 수밖에 없지 않느냐는 실정을 감안한다고 하더라도 북한의 인권실상이 사실상 너무 열악하다는 것은 국제적으로 알려져 있다. 결국 주체사상의 진실성과 성패여부는 실제로 자율성이 얼마나 보장되는 사회에서 인민들이 살고 있는가에 달려 있다. 남북교류와 북의 경제성장, 이북에 대한 체제보장이 이북주민들에게도 국제사회의 일원으로서 더욱 인간답게 살아갈 수 있는 계기가 되기를 바라는 마음이 간절한 것이다. 그러나 인권의 개념을 구분해서 본다면 미국이나 이남의 인권에 대한 강조점을 주로 자유권에 두고 있고, 이북의 인권개념은 평등권에 두고 있음을 유념해야 할 것이다.

그렇다면 위에서 북한의 주체사상을 비판한 것처럼, 이렇게 허점이 많고 김일성·김정일의 권력을 유지하기 위한 방안으로 만들어진 것이 주체사상이라고 한다면, 왜 김일성은 지금도 그토록 인민들의 열렬한 추앙을 받고 있는 것일까? 독재와 통제사회에서 이뤄진 학습효과 때문일까? 필자는 무엇보다도 권력의 세습제를 반대한다. 교회의 세습제, 기업의 세습제도 용인될 수 없는 것이다. 이북에서 3대 세습이 통하고 있는 이유는 무엇일까? 무엇보다도 김일성에게는 항일투쟁의 경력과 그 역사가 남아있기에, 김일성 부자손(父子孫)의 3대 세습이라는 전횡적인 독단 정치 속에서도 북한 인민들의 신뢰가 부분적으로 남아 있는 것은 아닐까 생각한다.

이북의 침략을 빌미로 한미동맹을 더욱 강화한다면, 주한미군은 영원히 한반도의 남단에 주둔할 수밖에 없다. 미국은 자국의 군사력을 확대강화하고, 항공모함, 이지스함, 스텔스 전폭기, B-1B 전략폭격기, B-52전략폭격기, 렙트 22 등과 같은 최신형 전략무기를 일본, 대한민국, 대만, 베트남 등 세계 각국의 분쟁지역에 수출하므로 경제적 이익을 확대하려는 '군산복합체'(軍産複合體, Military Industrial Complex System)의 존속과 패권주의(覇權主義, Hegemony)가 지속되는 한 북측의 김씨 세습독재를 막을 길이 없는 것이다. 북측은 판문점 선언, 북-미간 협상 국면에서도 비핵화는 할지언정 경제적·국방적인 자주성을 스스로 선포하고 있다. 이북의 지도자들은 사회주의 국가의 종주국인 러시아·중국에게도 휘둘리지 않고, 세계 최대 강국인 미국의 어떠한 위협에도 당당하게 대처하는 능력을 이북의 인민들로부터 인정받고 있지 않을까를 생각해 봐야 할 것이다. 이제 정전선언, 평화협정이 이뤄지고 남-북의 교류가 활성화되고, 이북에 세계의 자본이 투자되어 각종 인프라가 구축되고, 남북상생의 협력관계가 조성됨으로써 남과 북은 서로의 장점을 상호보완해서 배우고 상생하여 동북아와 아시아, 더 나아가 전 세계의 평화세우기 시금석(試金石)이 될 날을 기대하는 바이다.

2. 주체사상의 대안적 통치이념 기능

김일성이 처음 주체사상을 만들었을 때의 그 내용은 사대주의에 대한 비판과 대외적 자주노선을 의미하였다. 그런데 1972년 황장엽에 의하여 새롭게 만들어진 주체사상의 핵심적 내용은 '사람이 모든 것의 주인'이라는 명제이다. 따라서 김일성판 주체사상은 反사대주의 또는 자주(self-reliance)의 개념에 가깝다. 전혀 다른 개념이 '주체'라는 하나의 단어에 담겨져 있는 것이다.

북한의 주체사상은 김일성의 권력이 도전에 직면했을 때 그 도전자들을 숙청하는 하나의 이념적 도구로서 반사대주의의 개념으로 만들어졌다. 정권이 안정기에 들어섰을 때 그 지배이념은 다시 정권안정기의 요구에 맞는 새로운 기능, 즉 경제적 노동동원과 정치권력에의 충성 동원을 용이하도록 인간개조이론으로 수정되었다. 이후 김정일에게 권력세습이 계획되었을 때에는 그 권력세습을 정당화하기 위하여 수령중심론의 주체사상으로 변형되었다. 이렇게 주체사상은 사회주의 고수의 논리로 변용되었다고 볼 수 있다. 주체사상은 주민들의 주인의식을 고취하여 노동생산성을 향상시키는 데는 실패하여 북한의 노동생산성이 증가하지 못하였기 때문에 오늘날의 경제난이 왔다고 볼 수 있다. 아울러 이북의 남침의도와 핵개발을 빌미로 한-미동맹체제가 연례적으로 벌이는 한-미연합군사훈련에 대응하기 위해 이들이 보유하고 있는 외화를 소진하므로 이북의 경제는 성장할 틈이 없었다고 보아야하는 측면을 간과해서는 안 될 것이다.

결국 이북의 경제적 타격은 미국의 대북경제봉쇄 전략에 기인한 것으로 보아야한다. 2019년 2월 하노이 북미정상회담에서 북측은 민수(민생)경제, 인민생활에 지장을 주는 항목만 먼저 해결해 달라고 요구했으나 미국이 주장하는 선비핵화 요구를 들어주기 전에는 해줄 수 없다고 거절한 바 있다.

특히, 주체사상을 만든 황장엽이 1997년에 남한으로 귀순한 것은 주체사상의 권위에 결정적인 상처를 입힌 것으로 북한 당국은 생각하고 있는 것으로 알려지고 있다. 바로 이듬해부터 주체사상을 대체하는 강성대국론, 선군사상 등이 새롭게 제시된 것을 중시할 필요가 있다. 만약 황장엽이 남한으로 귀순하지 않았다면 이전의 '인민대중중심의 우리식 사회주의'라는 구호가 아직도 주로 통치이념으로 활용되었을 것이다.[31]

3. 탈북목사 심주일은 주체사상은 성경에서 훔쳤다고 주장한다

1) 심주일이 복음을 받게된 경위

심주일은 김일성종합대학 정치경제부를 졸업하고, 북한군 정치장교 중좌(중령)계급을 달고 1998년 10월 13일 탈북하였다. 그는 장로회신학대학원을 졸업하고 한국성서대학에서 박사과정을 수료하였다. 현재 대한예수교장로회 창조교회 담임목사로 목회하고 있다.

그는 평양에서 모퉁이돌 선교회[32]가 배달한 하나님의 말씀인 '성경'을 보고서야 인류가 어디에서 시작되었는가를, 또 어디로 가고 있는가를 알게 되었다고 고백했다. 그것은 길이요, 진리요, 생명이신 예수 그리스도 뿐이라는 논리이다. 따라서 이 외에는 인류가 가야할 길은 세상에 존재하지 않는다는 것을 깨달았기에, 지금 그 길에서 담대히 걸어가고 있다는 것이다.[33]

---

31 심주일. 『성경에서 훔친 주체사상』. (서울: 문광서원), 2017. pp.369-370.

32 1995년에 세워진 모퉁이돌 선교회는 '평양에서 예루살렘까지' 하나님의 잃은 양을 찾아 예수의 제자를 삼고 성령과 더불어 사역하며 북방의 성도들에게 하나님의 말씀을 배달하고 있다. 순교를 각오하고 신앙을 지키는 제한받는 지역인 북한, 중국, 그리고 이스라엘의 성도들에게 하나님의 말씀을 배달하며 그들을 위로하는 사역을 하고 있으며 특별히 고통 받는 북한 교회와 성도들을 위한 사역에 힘을 쏟고 있다.(심주일, 성경에서 훔친 주체사상, p.1)

2) 주체사상은 성경에서 몰래 훔쳐다가 만든 사상이다

북한 영혼들은 주체사상으로 교육을 받아 왔고 주체사상 속에서 세대가 바뀌고, 주체사상 아래서 태어나고 있다. 체계적으로 고등교육을 받은 사람들 외에 일반의 북한 사람들은 주체사상에 대해 논리정연하게 설명하지 못한다. 그러나 그 안에서 태어나 성장을 해온 그들의 세계관은 주체사상 안에 있다. 따라서 『성경에서 훔친 주체사상』은 새로운 것이 아니며 성경을 표절한 것임을 깨우쳐 주기 위한 목적으로 집필되었다.

이북에서는 주체사상이 사람중심의 철학이라고 주장한다. 마르크스와 레닌의 공산주의 이론이 "공산주의 건설의 주체인 인간 문제를 어떻게 해결할 것인가"에 대한 문제는 해결하지 못했다는 그들의 주장이 틀린 것은 아니다.[34] 공산주의 건설의 주체인 인간 문제를 외면한 마르크스-레닌주의 사상을 김일성은 주체사상으로써 그 부재했던 인간문제의 완전한 해결을 이루었다고 말한다. 그러나 이 문제가 완전히 해결되기 위해서는 인간의 죄 문제를 해결해야 한다. 그것이 인간 문제의 본질을 뜻하기 때문이다. 하지만 분명히 해야 할 것은, 인간의 죄 문제는 오직 하나님 외에는 그 누구도 해결할 수 없다.

인간의 구원문제가 영혼의 죄만 해결하면 구속받으리라는 심주일의 주장은 기독교 교리적 전통에만 얽매인 듯한 인상을 지울 수 없다. 인간의 구원이란 영혼의 구원과 더불어 정치적 해방· 경제적

33 위의 책, p.8.

34 위의 책. p.8.

생존권보장·사회적 평등·인간성의 표현이 담보되는 문화를 누리고, 생명적인 환경 속에서 살아갈 때 진정한 '하나님의 나라'가 구현되는 것이다. 나아가서 역사의 심판주이신 예수 그리스도의 재림으로 인하여 전 인류는 심판을 받고 영원한 생명에 이르게 되는 것이다. 주체사상은 구원의 복음을 말하는 교과서가 아니라 인간은 창조적이며, 강대국에게 예속되지 않는 자주성을 가지고 인간이 인간답게 살아가자는 주체철학인 것이다. 사실 성경은 교리적이고 관념적인 죄에 대해서 먼저 말하는 것이 아니고, 죄가 저질러진 역사적 상황과 배경, 정치·사회적 불평등, 세상에서 고통당하는 민중의 해방 이야기로부터 시작한다. 이것이 출애굽사건이요, 바벨론 포로해방사건이요, 바로 갈릴리 나사렛 예수의 '민중해방운동' '하나님 나라' 운동인 것이다. 주체사상도 성경이 중요하게 생각하는 인간의 권리와 존엄성에 대해서 말하고 있기 때문에 인간해방, 인간회복, 인간화된 사회건설에 상호 동질성을 발견하여 인간다운 세상을 더불어 만들자는 것이다. 여기에 민중신학과 이북의 주체철학이 서로 만나 대화할 수 있는 근거가 될 수 있는 것이다.

우리가 북한의 복음화를 위해서는 북한을 잘 알아야 한다. 북한을 안다고 하면서도 북한의 지도사상인 주체사상을 모른 채 하나님의 사상만으로 이북의 주체사상을 변증할 수가 없다. 사실상 오늘 대한민국의 많은 목회자들이 북한을 선교한다고 하면서 주체사상에 대하여 잘 모르고 있는 것이 현실이다. 물론 주체사상을 모르고도 북한의 영혼들에게 복음을 전할 수는 있다. 그러나 주체사상을 변증하는 이 일은, 북한의 영혼들에게 하나님을 좀 더 빨리 깨닫게 하는 지름길이 될 수 있을 것이다. 특히 북한의 엘리트 계층의 영혼들을 복음화하기 위해서는 주체사상을 성경으로 변론하는 것보다 더 효과적인 방법은 없다고 보아도 과언이 아니다. 실제로 주체사상은 성경에서 표절한 것이기에 북한의 영혼들을 감동시키는데 있어서 현실적으로 많은 성과들을 거둘 수 있다.

대한민국에서는 주체사상에 물든 사람들을 '주사파'라고 하는 비아냥이 있다. 그러나 주체사상에 물든 사람들을 구원해야 할 사명은 목회자들에게 있다. 이들을 구원하기 위해서라도 주체사상을 하나님의 사상으로 변증함으로써, 주체사상은 결코 새로운 사상이 아니라 실은 성경에서 몰래 훔쳐다가 만든 사상임을 깨우쳐 주어야 한다.[35]

필자는 북한에서 공작원으로 남파되었다가 무기수로 30여년 이상 옥고를 치른바 있는 이공순과 인권선교 차원에서 자매결연을 맺었었다. 10여년 이상 교도소 안팎에서 서신교환 및 면담을 한 바가 있다. 그는 2000년 비전향 장기수 북한송환 시기에 북으로 올라갔다. 그는 서신을 통해서, 혹은 직접 대화를 하면서도 수차례 '성경을 읽어보면, 북의 주체사상과 너무 비슷한 점이 많다고 생각한다'고 말한 것을 기억한다. 최근 인터넷에서 '이공순'을 검색해보니 80회 생일을 맞아 조선인민공화국 국무위원장 김정은의 생일상을 받았으며, 평양에서 잘 살고 있다는 소식을 들은 바 있다. 향후 남북교류와 평화협정, 평화통일의 그날이 오면 재회의 기쁨을 누릴 수

35 위의 책, p.9.

있기를 바라는 마음 간절하다.

3) 주체사상이 나오게 된 배경은 어디에 있는가?

주체사상은 일본제국주의 식민통치에 대항하는 혁명투쟁 과정에서 인민의 주체적 실천과 투쟁을 극적으로 강조한다는 점에서 마오이즘(Maoism, 毛澤東 思想)과 통한다. 주체사상과 마오이즘은 북측과 중국의 혁명 투쟁과정에서 마르크스-레닌주의를 주체적으로 수용한 것이기 때문에 그럴 수밖에 없다. 위 두 사상은 민중(인민)의 자주적 역량과 주체적 자발성을 전면에 내세운다는 점에서 일치한다. 그러나 김일성과 모택동이 취한 사상과 처한 상황은 달랐다. 양자가 혁명투쟁을 시작한 1920년대 이후 한국과 중국은 외세의 강점으로 인한 민족모순이 전면에 부각되고 압제와 자본주의 수탈이 중첩되어 나타나는 사회였다. 이러한 후진자본주의 사회에서는 도시프롤레타리아의 비중이 상대적으로 적기 때문에 광범한 농민 대중의 역량이 집중되고 조직할 필요가 있었을 뿐 아니라, 민족해방전쟁이라는 장기적인 투쟁 과정에서 인민 대중의 주체적 역량이 결집되고 동원되어야 했다.

주체사상은 김일성에 의해 독창적으로 창시된 사상이라는 것이 일반적인 중론이다. 사회주의 공산주의 건설과정에서 구소련과 중국은 그 노선과 정책에서 의견 충돌이 잦았다. 조선인민공화국의 입장에서 보면 중국은 좌경, 소련은 우경 기회주의자들이었다. 원래 공산당 정권은 프롤레타리아 독재[36]의 수단인 폭력과 테러로 탄생하였으며, 그 후 프롤레타리아 독재에 의해 공산주의 사회가 건설되었다고 한다. 궁극적인 공산주의 사회 자체는 무계급사회로서 프롤레타리아 독재가 필요치 않는 사회이다. 그러면 "공산주의를 건설하는 도상에서 언제까지 프롤레타리아 독재를 실시하여야 하는가"하는 문제를 놓고 공산주의 종주국인 소련과 중국은 입장이 달랐다.

구소련은 사회주의 제도만 수립되면 프롤레타리아 독재가 더 이상 필요 없다고 본 것이고, 중국은 공산주의가 완전히 승리할 때까지 프롤레타리아 독재는 계속 되어야 한다는 입장이었다. 이 중간 지점에서 김일성은 소련 편만을 들 수도 없고 그렇다고 중국 편만을 들 수도 없는 상황이었다. 그리하여 생각한 것이 '주체'의 길로 가야 한다는 것이었다. 그래서 1955년, 1956년에 이르러 '당 사업에서 주체를 세우는데서 제기되는 몇 가지 문제에 대하여'라는 김일성의 연설에서 '주체'를 세우기 위한 노선과 정책을 제시했다.[37]

김일성은 연설에서 소련의 노선도, 중국의 노선도 선택하지 않겠다는 것을 밝힌다. 두 나라가 갈등했던 프롤레타리아 독재의 시기를, 주체사상은 사회주의 완전승리가 이루어지면 프롤레타리아 독

36 마르크스 사회주의 혁명이론에서 프로레타리아 독재는 '유혈투쟁을 동반한 폭력혁명'을 통한 프롤레타리아의 집권과, 프롤레타리아 당의 일당독재를 의미하는 것이다. 프폴레타리아의 독재는, 자본주의 반혁명세력에 대한 독재이며, 프롤레타리아 당이 프롤레타리아의 모든 이익을 대표한다는 전제하에 당의 국가에 대한 지도력은 보장된다. 따라서 인민민주주의에 의한 국가권력의 조직과 행사는 그 자체가 반혁명세력을 제외한 제 민주세력과의 연합정권을 의미하는 것이다. "프롤레타리아 독재에 대하여," http://4living.tistory.com/m/119).

37 김일성, 『당 사상사업에서 주체를 세우는 데서 제기되는 몇 가지에 대하여』(평양: 조선노동당 출판사, 1956), p.5, 위의 책 재인용.

재는 필요가 없다고 설명한 것이다. 한편 김일성은 마르크스와 레닌이 내 놓은 공산주의 이론이 미흡하기 때문에 주체사상의 창시는 시대적 요구였다고 이야기 한 바도 있다. 심주일은 이 문제도 일리가 있다고 인정한다. 왜냐하면 마르크스나 레닌은 공산주의 건설을 위한 이론에서 공산주의 건설의 주체인 인간 문제를 어떻게 해결하겠는가 하는 문제를 제시한 것은 없기 때문이다. 말하자면 인간의 죄의 문제를 면밀히 들여다보지 못했던 것이다.[38]

어떻든 주체사상은 김일성에 의해서 창시되었다고 볼 수 있다. 그것은 단순히 이론의 산물이 아니라, 실천의 산물이라는 데 큰 의의를 갖는다. 김일성은 일찍이 조선의 독립과 사회주의 혁명을 위한 실천의 원리로서 주체사상을 내놓았다. 그는 마르크스-레닌 사상을 가졌음에도 사대주의자나 교조주의자들과는 달리 인민 대중이 자주적이고 창조적으로 혁명의 앞길을 개척해 나갈 것을 절실히 요구했다 주체사상은 변증법다운 유물론의 세계관이 변형된 것이라기 보다는 사람 중심의 새로운 실천철학이라는 점에서 주체사상의 독창성이 드러난다.

4) 주체사상이 밝힌 인간의 역할

주체사상에 따르면 “사람이 모든 것의 주인이며 모든 것을 결정한다는 것이 주체사상의 기초입니다.”라고 되어 있다. 이것은 김일성이 정의한 것이다.(사실은 북한 노동당 국제담당 비서였던 황장

38 심주일, 위의 책, pp.20-22.

엽이 정의한 것이지만 대외적으로는 김일성이 주체사상을 만들었다고 공식화되었기 때문에 황장엽에 대한 문제는 언급하지 않았다.) 이 세상 만물 중, 사람의 지위는 바로 '중심'에 있다는 것이다.

이러한 기저사상으로부터 "사람이 이 세상에서 가장 귀중한 존재이며, 그런고로 혁명과 건설은 반드시 인민대중을 위한 것이고, 인민대중에게 복무해야 한다"는 주체사상의 요구가 제기된다. 이렇게 주체사상은 이 세상 모든 만물 중에 인간의 지위문제를 그 중심에 놓고 있다. 사물을 고찰할 때도 반드시 인간을 그 중심에 두고 고찰하라는 것이다. 이것은 너무나도 당연하다. 그러나 하나님께로부터 나온 인간이 하나님을 배제하고, 인간을 중심에 놓는다면, 나침반이 없는 배가 표류하여 갈 길을 모르고 배회하다가 종말을 고하는 것과 다름이 없다.

김일성은 이렇게 주장한다. '근로인민대중은 역사의 주체이며 사회발전의 동력입니다.' 이 논리에 의하면 인간이 사회발전, 역사발전, 인류문명의 발전에서 결정적 역할을 하는 힘이다. 그렇다면 오늘의 북한은 주체사상을 지도사상으로 하고 있으면서도 왜 인민대중이 인류문명발전에서 결정적 역할을 못 하고 있느냐 하는 문제가 자연히 제기될 수밖에 없다. 그 원인은 간단하다. 하나님의 자리에 서있는 '수령 김일성'은 단지 인간일 뿐이다. 즉 수령도 우리와 같은 죄인이다. 그는 하나님의 자리에 서있는 것처럼 보이지만, 신적인 능력을 발휘하여 북한의 인민을 이끌 능력은 없다. 그러므로 오늘날 북한의 복음화는 사람이 하나님을 떠나면 '사망'이라는 것과, 수령의 존재는 신이 아닌 '인간'임을 증명하는 것으로

시작해야 한다.[39]

김원식은 그의 논문 '북한 주체사상의 비판과 개정방안'에서 '수령주의는 북한 주민들의 의식을 무비판적으로 만들고 그를 통해 개인 독재를 정당화하는 기능을 하는데 이것은 북한 주체사상 교육의 가장 부적절한 부분이라고 할 수 있다'라고 지적하고 있다.[40]

사실 탈북목사 심주일의 주체사상 비판은 기존의 주체사상 비판에 비해 진일보한 점이 있다. 주체사상은 성경에서 훔친 것이라든지 베꼈다고 하는 표현은 탈북목사로서 한계점이기도 하다. 그러나 중요한 것은 주체사상의 인간론과 성경의 인간론이 결코 다르지 않다고 보는 점이다. 바로 여기에 남-북교회와 조선인민공화국 사회주의자들과의 대화의 실마리가 있다고 보는 것이다.

4. 북한의 3대 세습제에 대한 비판과 이해

북한이 1980년 10월 6차 당대회를 통해 '후계자 김정일'을 외부에 공포하기 직전 중국은 공산당 기관지 '인민일보' 논설(1980년 9월 18~19일)을 통해 북한의 부자(父子) 승계 시도를 공개적으로 맹비난한 역사적 선례가 있다. 중국은 당시 "수령은 인민이 선택하는 것이지 수령이 임의로 조직할 수 없으며 '수령론'은 봉건사회에서나 있을 수 있는 논리다. 개인숭배·신격화는 일종의 미신으로 인민을 비천시하는 소행이자, 반마르크스주의로 지탄받아야 한다. '당중앙'이란 하나의 집단으로서 당기관을 뜻하는 것이지 결코 어느

39 심주일, 위의 책, pp.22-25.

40 "주체사상과 인간중심의 철학" 통일정책연구소, p.372, 위의 책 재인용.

개인일 수 없다"는 등의 지적을 통해, 당시 이북의 '수령' '김일성 주석'과 당중앙 김정일을 싸잡아 비난했다.

국방위원장 김정일은 후계자로 지명되기 전인 1965년 3월 김일성종합대학 교원들과의 담화에서 "후계자의 요건과 징표'로 수령에게 무한히 충성할 것, 수령의 탁월한 영도력과 고매한 공산주의 덕성을 그대로 체현할 것, 혁명과 건설에서 이룩한 업적과 공헌으로 인해 인민들 속에서 절대적인 권위와 위신을 지닐 것" 등을 제시했다고 평양방송이 '김정일혁명력사강좌 124회'(1997년 10월 2일)에서 전한 바 있다.

하지만 북측이 20대 후반의 약관인 김정은을 최고지도자의 후계자로 공식화하려는 점은 북측 사회주의 헌법이 '영원한 주석'이자 '사회주의 조선의 시조'라고 규정한 김일성 주석의 손자이자 김정일 위원장의 아들이라는 사실을 빼고는 설명하기 어렵다는 게 일반적인 평가이다. 북측 내각에서 중간간부로 일한 경험이 있는 한 탈북자는 "북쪽 인민과 지식인들 사이에도 3대 권력승계는 사리에 맞지 않는다는 여론이 많다"고 말했다. 익명을 요구한 한 전문가는 "남북기본합의서의 상호체제 존중과 내정불간섭 원칙에 따라 공개비판을 삼갈 필요도 있지만, 민주주의와 인권, 평화의 원칙에 비춰 강하게 비판해야 할 심각한 문제이기도 하다"고 말했다.[41]

41 「한겨레신문」 2010년 9월 29일, 이제훈·황춘화, "근현대사 유례없는 '3대 승계' 추진".

권력을 세습하는 왕조의 기원은 중국 하(夏)나라로 알려져 있다. 요(堯)임금은 순(舜)에게 왕위를 물려주었다. 순임금은 왕의 치수사업을 잘 마무리하는 등 출중한 능력을 보여준 우(禹)에게 왕위를 물려주었다. 하지만 우임금은 죽음이 임박하자, 그동안 나라 안에서 최적임자를 뽑아 왕위를 물려준 전통을 버리고 아들 계(啓)에게 왕위를 물려주었다. 이것이 권력세습의 효시이다.

이북의 정권은 1980년 김일성의 공식 후계자로 그의 아들 김정일을 지명하였었다. 이후 1994년 김일성 사망 이후 이북의 최고 권력자가 되었다. 이북의 공식 국호는 '조선민주주의인민공화국'이다. 크게 보아 민주주의와 공화주의라는 현대 정치이념의 두 축을 근간으로 한 정치체제이다. 그런데 북한의 김정일 국방위원장은 2010년 9월 27일 자신의 3남 김정은에게 '조선인민군대장' 칭호를 부여함으로써, 사실상 '3대 세습' 작업을 본격화할 것임을 외부에 공표하였다. 김일성 주석→김정일 국방위원장→김정은 조선인민군 대장으로 이어지는 3대에 걸친 권력승계 시도로 사실상 '왕조의 길'로 후퇴하고 있는 셈이다. 북쪽의 이런 3대 권력 승계 작업은 근현대 세계정치사에 유래가 없을뿐더러 사회주의 이론과 역사에서도 근거를 찾을 수 없는 전례 없는 상황 전개라는 점에서 국제사회의 비판을 피하기 어렵다는 지적이 많다.

북측은 사회 전체를 '사회주의 대가정'이라고 인식하고 또 표현한다. 우리가 이해하든 하지 못하든 어버이 수령을 중심으로 한 전 사회의 대가족 개념이 그것이다. 북측 사회를 '유교적 사회주의 체제'라고 평가하는 경우가 있는데, 북측의 집단주의 내면에는 '우리는 가족'이라는 인식이 저변에 깔려있다는 것이다.[42] 북측의 '3대 세습화'나 '수령론', '백두혈통론'에 대한 북측의 가부장적 사회의 대가족 개념에 대해서 비판의 소지가 많은 것은 분명하다. 이것은 북측이 내세우는 이북식 이데올로기요, 통치수단이다.

그럼에도 불구하고 2018년 4월 27일 열린 남-북 정상회담의 결과로 발표된 '판문점 선언'은 우리 민족의 앞날에 민족화해와 평화통일의 새 희망을 불러일으키고 있다. 요동치는 북-미 협상단계에 우여곡절이 있으나, 반드시 북-미간에 협정은 성사되어야 한다. 우리 민족은 남북화해와 평화통일로 나아가는 길에서 남과 북의 내정간섭식 비판은 자제하고, 서로의 현실을 인정하면서 만나서 대화해야 한다. 서로의 사상을 이해하면서 실사구시적으로 민족상생, 우리 민족끼리, 남북교류, 정전선언, 평화협정, 평화통일의 길로 당당히 나아가야 하는 것이다. 향후 우리 민족은 남북의 신학적·사상적 교류를 통해서 파사현정(破邪顯正)의 정신을 가지고 서로가 남북에 정의로운 나라를 세워가야 한다.

5. 정치권과 교회 내 수구보수세력에 의한 반북 이데올로기 공세

문재인 정부 첫 대통령 비서실 국정감사가 열린 2017년 6월 6일 국회에서 전희경 자유한국당 의원은 '주사파 전대협·운동권이 장악한 청와대'라는 제목의 프레젠테이션 화면을 띄우며 노골적인 색깔론을 제기했다. 전 의원은 전국대학생대표자협의회(전대협) 의장 출신인 임종석 실장에게 "전대협의 강령은 반미와 민중에 근거한

42 김진향, 『개성공단 사람들』(서울: 내일을 여는책, 2015), p.36.

진보적 민주주의라고 밝히고 있다. 청와대에 들어간 전대협 인사들이 이 같은 사고에서 벗어날 수 없다" "이런 인사들이 도널드 트럼프 대통령의 방한을 이야기한다고 하는데, 반미운동을 하는 사람들과 뭐가 다른지 알 수가 없다"고 말했다. 이에 임실장은 "모욕감을 느낀다. 그게 질의인가"라며 반박했다. 임 실장은 "5·6공화국 때 군인들이 광주를 짓밟고 민주주의를 유린할 때 전 의원님이 어떻게 살았는지 제가 살펴보지 않았다. 그런데 의원님이 거론한 대부분의 사람들이 인생을 걸고 민주주의를 위해 노력했다. 의원님이 말씀하신 정도로 부끄럽게 살지 않았다"고 했다.[43] 이에 앞서 2013년 1월 공안검사출신 고영주 변호사는 보수단체 모임에서 "문재인은 공산주의자"라고 공언하므로 결국 벌금형을 받았은 바도 있다.

최근 한국기독교총연합회(한기총) 대표회장 전광훈 목사의 이데올로기 공세적 막말이 교회와 사회에 큰 파장을 일으키고 있다. 한기총은 2019년 6월 5일 '시국선언문'을 낸 데 이어, 7일에는 한기총 블러그에 '국가적 탄압에 대한 성명서'를 발표하고 11일 "문재인 대통령 하야"를 촉구하는 기자회견까지 가졌다. 그동안 대한민국이 문재인 정권으로 인하여 종북화 공산화되어 지구촌에서 사라질 지도 모르는 위기라고 말해온 전광훈 목사는 문 대통령에 대해 "자신의 잘못된 신념으로 전 국가와 국민에게 북한 공산주의 이념인 주체사상을 강요하고 있다"고 주장했다. 그는 자신을 히틀러의 독재에 맞서 유럽과 독일의 평화를 위해 항거했던 독일 신학자 본회퍼에 비유하며 지난 5일 '시국선언문'을 낸 데 이어, 7일에는 한기총

43 한겨레신문, 2017년 11월 7일.

블러그에 '국가적 탄압에 대한 성명서'를 발표하고 11일 "문재인 대통령 하야"를 촉구하는 기자회견까지 가졌다. 전광훈 한기총 대표회장은 "현 정권이 주체사상으로 국가기관과 시민단체들까지 점령했다"라고 말했는데 이 말은 촛불민심으로 태어난 문재인 정권의 정통성을 정면으로 부인하는 것이다. 이처럼 전광훈 목사는 성직자로서, 종교인으로서 용납할 수 없는 국민주권을 무시하는 망언을 서슴치 않고 하고 있는 실정이다. 전광훈 목사의 막말행보는 자유한국당 등 정치권의 상황과 맥락을 같이하고 있다. 전 목사는 최근 황교안 자유한국당 대표가 한기총과 만난 자리에서 "위기적 상황에서 우리 하나님께서 일찍이 준비하셨던 대표님(황교안)을 세워주시고, 제 개인적 욕심으로 이승만 대통령 그리고 박정희 대통령에 이어가는 세 번째 지도자가 되어줬으면 좋겠다."고 주문했다.

반북과 보수를 내세우는 정치권과 종교세력의 추악한 유착현상을 우리는 보고 있다.

이에 따라 한기총 비대위에서는 전광훈 목사의 사퇴를 촉구하고 "한국교회와 대한민국에 얼마나 해악을 행했는지 낱낱이 고하고 밝히겠다."며 비판과 자성의 목소리를 높이고 있다. 전 목사의 '막말' 행보가 계속되자 이를 반대하는 한기총 회원들은 전광훈 목사가 넘지 말아야 할 선을 넘은 것으로 보고, 성명을 통해 "대표회장직을 내려놓고 재신임을 받든지, 회장직과 목사직을 사표내고 정치가가 돼라."고 하면서 "전광훈 목사는 더 이상 하나님을 욕되게 하지 말고 1200만 성도를 우롱하지 말라."며 사퇴를 주장했다.

필자는 전광훈 목사를 비롯한 소위 태극기 부대 참가자들이 터트리는 종북몰이식 주사파 막말을 자기 진영의 정치적 욕망과 이익을 얻기 위해 지지자들을 결집시키는 신호탄으로 보는 것이다. 과거 군부독재정권에 뿌리를 자유한국당을 비롯한 극우보수세력들은 소위 한국판 메카시 선풍을 일으키고 있다. 1950년 2월 미국의회의 매카시 의원은 "국무성 안에 205명의 공산주의자가 있다"는 폭탄적인 연설을 하였다. 결국 반대파 정치인들을 공산주의자로 몰아 공격하는 프레임을 벌인 것이다. 결국 사실무근한 정치공세로 밝혀졌으며, 매카시는 이후 낙담하여 윈스콘신에서 살다가 쓸쓸히 죽었다.

극우수구세력들이 종북 프레임으로 한국사회에 혼란을 야기시키고 있다. 한국교회는 위기를 맞고 있다. 이 기회에 한국교회 목회자와 성도들은 반북주의 뿌리가 서북청년단을 비롯한 기독교 보수세력에 기인한 것임을 깨닫고 자성하고 해야 한다.

6. 주체사상에 대한 인민들의 비판적, 자유로운 토론이 보장되어야 한다

주체사상은 김일성 및 김정일 당과 결합됨으로써, 북한사회 지배권력의 교조적인 이데올로기로 작용하는 측면이 없지 않은지 그리고 북한 인민의 자발적 주체성을 억누르는 결과를 초래해 오지는 않았는지 비판되어야 할 것이다. 북한사회 내부에서 나라의 주인이 되는 인민들이 주체사상에 대해 양심의 자유를 가지고 토론에 참여하도록 보장되어야 한다는 것이 필자의 견해이다.

주체사상이 인민의 자주성 및 변혁운동과 혁명건설의 과정 속에서 집단적으로 실현하려는 의도와 목표를 가졌지만, 당과 수령의 지도원칙이 절대적으로 작동하기 때문에 인민의 자주성이 억눌릴 위험이 있다. 인민이란 위대한 역량을 지닌 존재이지만 인민의 자발성에만 맡길 수 없고 사상적 각성과 조직적 동원을 위해 당의 지도가 필요하다는 것은 일면 수긍할 수 있는 사실이다. 따라서 인민 대중의 힘은 선도적 지도자들의 지도와 결합될 필요가 있다. 그러나 당과 수령의 지도가 절대화되면 인민 대중이 예속화되기 마련이다.

조선민주주의인민공화국에서는 당과 수령의 지도가 절대적 성격을 갖는 것은 김일성 수령이 창시한 주체사상이 당과 국가의 유일사상이며 공산사회 건설을 위한 인간의 개조를 일차적 과제로 설정하기 때문이다. 선택과 논란의 여지가 없는 유일사상이라는 것부터 민주적 발상이 아니다. 아무리 김일성-김정일에 의해 창설된 주체사상이 유의미하다고 해도 유일사상(唯一思想)이라는 절대논리는 정치적, 민주적 발상이 아니라 종교적 발상인 것이다. 수령에 의한 절대적 영도는 인민의 자주성이라는 원칙과 모순되지 않는가? 국가 비상사태에 있을 때는 국민의 절대 신뢰를 받는 인물에게 한시적으로 권력을 위탁할 수는 있다. 그런데 조선민주주의인민공화국에서 김일성-김정일-김정은 3대가 세습을 하는 체제는 왕조체제이지, 민주적 권력구조는 아닌 것이다. 역사상 세계 어느 사회주의 국가에서 3대가 세습을 하는가?

민족의 위대성이 민족지도자의 위대성에 따라 좌우되고, 수령이 사회정치적 집단의 생명의 중심이며, "수령-당-대중"의 결합이 영생하는 사회정치적 생명체를 이룬다는 주장[44]은 결국 수령의 우상화로 귀결된다. 남측에서는 재벌의 3대 세습, 즉 삼성의 이병철-이건희-이재용 3대가 재벌 총수로서 세습이 이뤄지고 있다. 박근혜도 박정희를 실제로 세습했다고 보면 된다. 북에서는 김일성 부자, 김정은에 이어지는 3대 세습이 지속되고 있는데, 남과 북이 모두 깊은 반성과 성찰이 필요한 대목이다. 한반도에 명실공히 사회주의건 자유민주주의 체제건 세습과 같은 왕조시대의 낡은 유산은 없어야 할 것이다.

김일성에 대한 찬양과 숭배가 개인에 대한 것이 아니라 북측 사회의 집단적 생명체의 중심에 있는 수령에 대한 것이라 해도 그것은 상대적일 수밖에 없는 역사적 존재를 절대화하는 이데올로기적 성격을 지녔다고 보아야 한다. 더욱 모택동이 중국대륙을 인민 대중과 함께 누비면서 항일민족 투쟁과 사회주의 혁명을 완수한데 반해, 김일성은 소수의 유격대를 지휘했을 뿐 항일 투쟁과 사회주의 혁명을 전 민족적으로 주도하고 쟁취한 것은 아니었다. 모택동에 비해 업적이 떨어지는 인물을 인민 대중의 집단적 삶의 화신으로 보고 주체사상의 집단생활 창시자로 받드는 것은, 북한사회의 집단생활이 아무리 훌륭하다 해도, 권력자에 대한 지나친 아첨이 아닌가? '수령-당-대중'의 결합에 의해 이루어졌다는 영생하는 사회정치적 생명체는 김일성이 지도하는 북한 사회체제의 절대화가 아닌가?[45]

---

44 박재순, 『열린사회를 위한 민중신학』(서울: 한울, 1995), p.100.

45 위의 책, p.100.

최근 이북의 수령론에 커다란 변화의 조짐이 보이고 있다. 미국과의 하노이 담판이 결렬된 후 조선민주주의 인민공화국 국무위원장 김정은이 내놓은 첫 메시지가 흥미롭다. 그는 노동당 초급선전일꾼대회에 보내는 공개 서한에서 "경제발전과 인민생활 향상보다 더 절박한 혁명임무는 없다"고 강조하며 "수령의 혁명활동과 풍모를 신비화하면 진실을 가리게 된다"고 말했다. 또 "수령은 인민과 생사고락을 같이하며 인민의 행복을 위해 헌신하는 인민의 영도자"라며 "수령에 인간적으로 동지적으로 매혹될 때 절대적인 충성심이 나오는 것"이라고 했다. 이전의 "백전백승 강철의 영장"의 수령 이미지에서 김정은의 진일보한 인간적 수령론 변화는 민족화해를 준비하는 긍정적 변화로 볼 수 있을 것이다.[46]

또한 주체사상은 인간중심적인 사상임을 역설한다. 공산사회의 건설을 위해서 인간이 공산주의적으로 개조되어야 한다는 것이다.[47] 인간을 주체와 목적으로 파악할 뿐 아니라 인간에 의한 인간의 개조를 주장한다는 점에서 주체사상은 철저한 휴머니즘이라고 생각한다. 그러나 사상혁명과 문화혁명을 통한 인간개조, 정치사회적 학습을 통한 인간의식의 개조는 어디까지 가능할까? 인간에 의한 인간의 개조를 아무 제한 없이 추구하는 것은 인간의 지나친 오만이 아닌가? 민주주의 체제에서 모든 인간은 사상과 언론, 집회 자유를 갖는 것이 아닌가? 인민 대중에 대한 창조성·의식성·자주성의 발현을 위한 사회주의적 사상교육에 대해서는 공감할 수 있다. 그

46 이유식, jtinolee@hankookilbo.com

47 위의 책, p.100.

러나 여기에는 어디까지나 인민의 자발적인 동참과 비판의 자유와 선택의 자유가 보장되어야 진정한 사회주의 건설의 목표에 도달할 수 있지 않을까? 인간성의 개조, 인간성의 변화는 사상을 넘어선 종교의 영역이요, 신의 영역이 아니겠는가?

주체사상과 민중신학 사이에는 현실적으로 또는 사상적으로 많은 장벽이 있음에도 불구하고 상호간의 대화는 절실히 요청될 뿐 아니라, 매우 중요하다고 생각된다. 왜냐하면 주체사상은 민중신학과 많은 공통성을 지니고 있기 때문이다. 그것은 '하나님 나라운동'의 인간화와 주체사상에서 내세우는 '인민의 주인의식'이다. '인간화'라고 하는 공통분모를 통해 대화의 접촉점을 마련할 수 있다. 더욱이 자주적인 평화통일 민족공동체 실현이라는 지대한 민족사적 과제 앞에서 한국의 기독교가 수구보수 극단적인 반공의식을 떨쳐버리고 한반도의 분단체제를 무너뜨리는 변혁운동에 동참하기 위해서라도 주체사상과 민중신학을 비교 검토하는 만남과 대화를 갖는 것이 중차대한 의미를 갖는다고 보는 것이다.

제9장

민족의 화해와 통일을 저해하는 극우반공주의 극복

제1절 한국기독교 신학의 현주소와 반공주의적 행태가 갖는 문제점

1. 한국전쟁과 한국교회 반공주의의 신앙화 과정

1950년 6월 25일 한국전쟁이 일어나자 강력한 반공투쟁에 앞장섰던 한경직은 이 사태를 해결하기 위해 한국기독교교회협의회(NCCK) 총무 남궁혁을 만났다. 그들은 한국기독교교회협의회 명의로 트루먼, 일본 동경에 있는 맥아더, 그리고 국제선교협의회(IMC)에 즉각적인 도움을 요구하는 전보를 보내도록 요청하였다. 미국 교회 지도자들과 국제선교협의회는 세계교회협의회(WCC)의 지원을 요청했다. 세계교회협의회는 이 문제를 신속하게 처리했고 한국전쟁을 북한의 침략으로 규정하였다. 그리고 국제연합(UN)의 즉각적인 개입을 요구하였다. 그동안 월남 기독교인들의 경험에만 그쳤던 공산주의자들과의 물리적인 충돌이 한국전쟁으로 한반도 전역을 휩쓸게 되자 월남 기독교인들만이 아닌 대부분의 기독교인들은 '전투적 반공주의자'가 되었다. 한국전쟁이 끝날 즈음 남한에서 한국교회는 전투적인 반공주의자들의 거점이 되었다.

한국전쟁이 발발했을 때 일부 기독교인들은 전쟁을 신(神)의 심판론으로 이해하기도 했으나 대다수 기독교인들은 전쟁을 겪으면서 공산주의자들을 성서에 나오는 사탄과 동일시하였다. 이러한 사탄론과 함께 선민의식, 구원론도 등장하였다. 일부 기독교인들이 한국전쟁을 신의 심판이라고 이해한 것은 전쟁 발발 2개월을 앞두고 교권을 둘러싼 무력충돌 때문이었다. 이러한 사태 이후 한국전쟁이 일어나자 이러한 분열 때문에 신이 심판한 것이라고 단정지었다.[1] 일선에서 군목을 하던 황금천도 "민족의 양심이요, 빛과 소금이 되어야 할 교회가 허위모략, 분열교권, 다툼, 불신앙들을 회개하고 하나님의 용서와 구원을 받아야 한다"고 주장했다.[2]

2. 한국교회는 기독교의 일방적인 친미반공주의를 극복해야 한다

한국교회는 전투적 반공주의가 성경의 가르침에 어긋난다는 것을 알아야 한다. 기독교의 기본정신은 정의와 사랑, 화해와 용서, 겸손과 감사, 섬김과 나눔이다. 그럼에도 불구하고 지금까지도 수구보수성향 대형교회 목회자들은 "전투적 반공주의와 숭미주의에 가득 차" 있다. 한국교회는 반공주의를 표방함으로써 군사독재정권 때부터 정부의 지원을 받아 막대한 특혜를 얻었기 때문에 정부나 시민단체 차원에서 한국 대형교회의 특혜에 대한 규제가 필요하다는 것이다. 예컨대 종교인 과세에 대해서도 막대한 부를 축적하고

1 윤정란, 『한국전쟁과 기독교』(서울, 한울, 2015) pp.265-266.

2 윤정란, 위의 책, p.266.

있는 대형교회에서 부정적으로 대하고 있다는 것은 참으로 국민주권시대 속에서, 시대 착오적 태도를 취하고 있다고 아니할 수 없다.

최근까지만 해도 한국교회의 일부 수구보수적 대형교회 목회자들과 성도들은 소위 탄핵받은 대통령 박근혜를 구명하자는 태극기·성조기 집회에서 촛불세력, 개혁세력을 종북·좌경·용공으로 몰아세우는 언사를 남발해 왔다. 이들은 확고한 반공주의를 내세움으로써 남한 지배엘리트층과의 유대를 형성하고, 기득권 세력과의 우호적 동맹관계를 이룸으로써 정치적, 경제적 반사이득을 얻으려는 흑심이 있다고 보지 않을 수 없다. 2017년 5월 이후, 문재인 정부가 출범하므로 '국민주권' '시민주권' 시대가 열렸다. 신고리 5, 6호기 건설문제 찬반을 결정하는데 500여명의 선발된 시민대표들이 집단적으로 학습하고, 토론하고, 민주적 방법으로 투표를 하여 원자력 발전소 건설에는 합의했으나, 향후 원자력 발전소의 건설을 축소해 나가는데 의견을 모았던 것이다. 이제 국민주권시대가 열린 것이다. 흑백논리를 주장하는 반공주의로는 통합과 소통의 시대를 열어갈 수 없다.

반공주의를 통해서 획득했던 모든 특권을 한국 교회는 내려놓아야 한다. 한국교회는 시민주권시대에 화합과 통합의 모범을 보여야 할 것이다. 나아가서 '전투적 반공주의' '선동적 종북몰이식'에서 벗어나서 북한의 사회주의자들과의 대화와 협력의 길을 모색해야 한다. 원수를 사랑하라는 성경의 가르침에 철저히 순종해야 할 것이다. 진실로 교회가 진리로 거듭나면, 민족문제, 평화통일 문제, 여러 가지 사회적·민족적 모순을 해결할 수 있다. 교회는 민족과 사회의 앞날에 걸림돌이 아니라, 봉사자요 희생제물이 될 각오를 해야 할 것이다. 이것이 바로 실천적으로 이 민족의 역사 가운데서 자기를 부인하고 자기 십자가를 지는 모습이 아니겠는가!

제2절 한반도 평화통일의 걸림돌 종북몰이·빨갱이 몰이에 대한 반론과 대책

1. 반공 이데올로기 양산하는 세력의 진면목(眞面目)

이승만 정권 시기의 반공주의는 헌법 위의 가치였다. 자유당 정권에 걸림돌이 되는 야당인사나 지식인들을 '빨갱이'로 몰아서 구속했다. 죽산 조봉암 같은 이는 이승만의 정치적 경쟁상대로 그냥 놔둘 수 없는 거물이었다. 결국 그는 '국가변란 목적 진보당 창당 및 간첩 혐의'로 사형을 선고받고 처형되었다. 조봉암은 1959년 7월 31일 서대문형무소에서 교수형을 당했는데, 집행 직전에 입회목사에게 누가복음 23장 22절을 읽어달라고 부탁했다.

> 빌라도가 세 번째 말하되 이 사람이 무슨 악한 일을 하였느냐 나는 그에게서 죽일 죄를 찾지 못하였나니 때려서 놓으리라 하니(눅 23:22)
> For the third time he spoke to them "Why? what crime has this man committed? I have found in him no grounds for the death penalty. Therefore I will have punished and then release him."(Luck 23:22)

소설가 박완서의 말처럼 "빨갱이라면 젖먹이 어린 것까지도 덮어 놓고 징그러워하고 꺼리던" 시절을 겪은 뒤, 온 국민의 생각과 행동은 "오로지 빨갱이냐 아니냐의 문제에 지배당하고 있었다." 경찰의 폭력이 어찌나 가혹했던지 사람들은 "경찰서 소리만 해도 안색이 단박에 바래지며 덜덜" 떨었다. 이승만 정권은 6.25 한국전쟁을 거치면서 일제 치하에서 항일독립운동을 했던 좌익계 지도자들은 물론 중도 민족주의 성향의 지도자들까지 빨갱이로 몰아서 제거했다. 게다가 이승만 개인과 정권에 비판적인 보수우익 성향의 지도자까지 눈엣가시로 여기기 시작했다. 이승만 정권에서 정부·군·경찰 요직에 등용된 사람들은 기독교 인사이거나 이승만의 미국 망명 시절의 측근, 그리고 일제 천황과 총독부 체제에 협력하여 동포를 토벌하거나 핍박한 사람들이었다. 따라서 언론인 송건호는 한국의 반공주의를 가짜라고 말했다.[3]

> 우리나라 반공은 가짭니다. 친일파들은 대세를 쫓은 거예요. 원래 친일파와 반공은 다른 개념이지만, 실제로 이들은 똑같은 사람들이에요. 친일파들이 반공을 한 것입니다. …… 지나친 말인지는 몰라도 한국의 반공은 진짜 반공이 아니에요.[4]

한국의 반공이 가짜라는 말은 한국의 반공주의는 헌법상의 자유민주주의를 뒷받침할 수 있는 이념이나 실천과 무관한 것이란 뜻이다. 실제로는 친일파의 기득권 상실에 대한 두려움 혹은 권력 유지를 위한 욕망을 그럴듯하게 포장한 것에 불과하다는 말이다. 1972년 박정희 정권도 남북 정상회담을 비밀리에 추진하면서 국민들에

3 김동춘, 『대한민국은 왜?』(서울: 사계절, 2015), pp.142-144.

4 "참 언론인 송건호" (민주화운동기념사업회 홈페이지, 2008년 12월 29일), 김동춘 재인용, pp.144, 146.

게는 반공으로 엄포를 놓고 뒤에서는 '괴뢰정부'라고 부른 이북의 최고 권력자들과 만나서 거래했다. 1997년 대선 국면에서 발생한 총풍사건도 마찬가지다. 당시 한나라당 후보였던 이회창의 지지율을 높이기 위해 청와대 행정관 등 3명이 베이징에서 아시아태평양평화위원회 참사 박충에게 북한이 휴전선 인근에서 무력시위를 해 달라고 요청했다. 이처럼 집권 세력에게 반공과 반북은 권력 유지를 위한 국내 정치용이었다.[5] 실제 무력행위로 이어지지는 않았으나 그간 제기되어온 '북풍조작설'이 실체를 드러낸 사건이라하여 큰 파장을 몰고 왔다.

2. 파르티잔·빨치산·빨갱이의 어원과 역사적 등장 배경

1) 파르티잔(Partizan)의 역사성

1941년 4월, 독일과 이탈리아가 유고슬라비아를 침공하여 점령했다. 그 해 6월 독일의 소련 침공이 시작된 뒤에야 유고슬라비아의 공산당원들이 파르티잔(Partizan) 분대를 조직화하여 추축국(독일, 이탈리아, 일본)의 점령에 대한 민중 봉기를 지휘하기 시작했다. 1941년 9월까지는 세르비아와 몬테네그로에 걸친 넓은 지역이 파르티잔과 체트니크에 의해 해방되었으나, 11월 파르티잔은 독일군에 의해 세르비아에서 모두 축출되었다. 1943년 말까지 파르티잔이 약 30만 병력으로 늘어나 독일군 20개 사단을 물리칠 수 있었다. 파르티잔은 독일군의 대대적인 공세를 7차례 유도하여 다수의 적군이 다른 연합군 전선으로 이동하지 못하도록 했다. 결국 파르

5 김동춘, 위의 책, p.146.

티잔은 독일군에게 맹렬히 저항한 덕택에 연합군 측의 정부들로부터 파르티잔을 이끄는 티토가 유고슬라비아 저항군의 지도자로 인정받았다. 1944년 여름에는 파르티잔이 유고슬라비아의 산악지방을 대부분 장악했고, 10월에는 소련 적군(赤軍)의 베오그라드 해방전에 파르티잔 부대가 참가했다. 해방시킨 지역들 내에 지방과 연방의 임시정부들을 수립했다. 파르티잔이 장악한 이 지방정부망은 공산당이 전후에 정치적 성공을 거두는 데 기여했다. 1945년까지 티토의 공산당은 정치적, 군사적으로 유고슬라비아 전역을 지배하기에 이르렀다. 2차 세계대전 중 파르티잔 사이에 형성된 티토에 대한 충성심과 국민적인 감정이 1948년 티토가 스탈린의 정치적 공격에 저항하는 데 큰 힘이 되었다. 한국에서는 이 파르티잔의 발음이 전와(轉訛, 잘못 전함)되어 빨치산이 되었다.[6]

빨치산은 이북 역사에서 아주 중요한 개념이다. 일단 1대 왕주석인 김일성부터가 동북항일연군을 통한 게릴라전으로 경력을 쌓았고, 이 당시의 김일성부대 인물들이 이북을 구성하는 초기 멤버들이 된다. 동북항일연군 이후 김일성이 조직한 조선인민혁명군을 비롯한 다양한 부대들은 북한의 정신을 이루는 근간이 된다.

빨치산은 정치·사회·종교·이념적 변혁의 시기에 자신의 사상이나 입장을 지키기 위하여 무력으로 항쟁하는 사람들의 별칭이다. 프랑스어로 '동지' 또는 '당파'라는 뜻의 '파르티(parti)', 또는 이탈리아어에서 같은 당에 속한 동지를 뜻하는 '파르티자노(partigiano)'에서 파생한 '파르티잔'(나라에 따라 partizan, partisan, partizansk 등

6 "파르티잔의 역사성" 다음 창, http://100.daum.net/encyclopedia/view/b23p0594a.

으로 쓰임)을 한국에서 부르는 말이다. 한편 파르티잔은 그 활동의 측면에서는 스페인어에서 유래한 게릴라(guerrilla)와 거의 같은 뜻으로 사용된다. 게릴라는 소규모로 적의 배후에서 비정규전을 펼치는 군인들을 의미한다. 파르티잔(partisan)은 정규부대에 속하지 않은 무장 전사를 말한다. 1930년대와 1940년대 중국 북동부 또는 소련 지역에 있던 항일 유격대(동북항일연군)를 '빨치산' 또는 '항일빨치산'이라고 부른다.[7]

2) 어떻게 빨갱이가 되었는가?

1945년 8월 우리 민족은 감격적인 해방을 맞이했다. 38선 이남에는 미군이 진주하여 미군정을 실시했다. 이후 일제의 손아귀에서 벗어났지만 자주독립의 꿈은 사라졌다. 미군정은 대한민국이 민주적으로 발전할 토양을 없애버렸다. 민주주의는 자발적으로 참여한 사람들의 손에 의해 만들어 지는 것이다. 미국은 당시 대한민국 국민이 어떠한 염원을 갖고 있는지에 대해서 또 해방 후의 대한민국이 어떤 상황에 처하게 될지 전혀 파악하지 못했다. 그들의 입장에서는 미국의 요구를 잘 따르는 정부만 구성이 되면 그만이었다. 친일파니, 민족반역자니 하는 것은 그들에겐 중요한 사항이 아니었다. 미군정을 운영하면서 친일파든지, 일본군 출신이든지, 일제하에서 경찰을 했던지 안 했던지를 가리지 않고 인재를 기용했다. 단 독립운동가나 상해임시정부 세력은 철저히 배제되었다. 이것은 향후 대한민국 역사에 결정적인 영향을 끼쳤다.

7 "빨치산" 다음백과 검색창, http://100.daum.net/encyclopedia/view/b10b3988a.

1950년 6.25전쟁이 발발하므로 동족상잔의 비극이 일어났다. 진영 간의 이념 대립에 한 나라가 전쟁터가 된 것이다. 한반도는 이러한 좌우세력다툼의 희생양이 되었다. 무고한 많은 사람이 좌우이념 대립 과정 속에서 죽었다. 결국 정전협정으로 분단이 고착되고 말았다. 군사적·정치적·이념적으로 대립과 갈등은 2019년 현재 69년째 지속되고 있다. 얼마 전까지만 해도 한반도는 가장 전쟁 위험이 높은 지역으로, 한-미-일과 북-중-러가 상호 가공(可恐)할만한 첨단무기를 동원하여 전쟁연습을 진행하던 "평화가 깨어진 땅"이 되어 있었다.

이승만 정부를 비롯, 친일파로 구성된 고위 관료들은 이 기회를 놓치지 않았다. 한국전쟁을 전후하여 이승만 정권의 반대파들을 모두 좌익, 공산당, 빨갱이 세력으로 매도하여, 구속하거나 학살했다. 이승만 정권은 6.25전쟁을 전후해 좌익성향으로 분류되었던 소위 "보도연맹 가입자"들도 확실한 범죄에 대한 혐의도 없이 재판도 없이 죽였다. 이북 공산당도 마찬가지로 상호 보복하여 이념의 잣대로 동족을 고문하고, 학살했다. 제주 4.3 학살은 여기서 시작된 비극이었다. 전쟁은 국민의 이성을 빼앗아 갔고, 광복 이후 제대로 된 민주주의가 형성될 기회도 날렸다.

빨치산으로 시작된 빨갱이란 말은, 한국전쟁 직후 당시 사회에서는 패잔병을 뜻하는 뉘앙스를 풍기는 말로 사용되기도 했다, 6.25 도중 미군의 참전으로 전선이 북으로 이동할 때, 미처 퇴각하지 못하고 전라도, 경상도 산간지역에 남아있던 북한의 게릴라 군을 빨치산이라고 불렀으며 이것이 구소련 연방의 상징, 붉은색과 합쳐지면서 빨갱이라는 말로 불리게 되었다.

과거 프랑스 혁명 직후, 시민의회를 구성할 때 뜻이 비슷한 사람끼리 모여 앉았는데, 그때 좌파와 우파라는 말이 생겼고, 진보적 성향을 지닌 좌측의 집단을 가리켜 좌파라는 말이 생겼다. 그런데 박정희 군부독재 시대에는 기존의 빨갱이 논리에 지역감정까지 더해서 자신의 독재정권의 기반을 다졌다.

그리고 전두환 군부에 이르러서는 1980년 5월, 민주와 인권을 수호하기 위해 계엄군에 저항했던 광주의 애국시민들을 빨갱이로 몰아 학살하는 만행을 저질렀다. 심지어 극우인사 지만원이라는 사람은 5·18 광주 민주화 운동 당시 북한군 개입설을 주장해 왔다. 따라서 광주광역시 시장 윤장현은, 5·18광주항쟁을 폄훼하고 광주시민의 명예를 훼손한 혐의로 지만원을 고소한 바 있다. 최근(2017. 5. 10) 서울중앙지검이 지만원을 불구속기소했다고 밝혔다. 벌금행을 받아 상당액의 벌금을 낸 사실이 보도되었다.

3) 대한민국 사회에서 빨갱이 몰이의 실상

매카시즘(McCarthyism)은 1950-1954년 미국을 휩쓴 일련의 극단적 반(反) 공산주의 선풍이었다. 당시 미국 상원 국내치안분과위원장이던 '조지프 레이먼드 매카시(Joseph. R. Mccarthy)'의 이름에서 유래된 말이다. 1950년 2월 매카시 의원은 "국무성 안에는 205명의 공산주의자가 있다'는 폭탄선언을 했는데, 끝내 공산주의자를 발견하지 못한 채 이 사건은 유야무야되고 말았다. 냉전시대에 반공주의를 주창한 미국 대통령 트루먼은 "자유국가에서는 행위에 대해서 처벌하지, 결코 그가 가진 사상이나 의견에 대해서 처벌하지 않는다"고 말했다.

그런데 우리나라에서는 6.25 한국전쟁을 전후로 해서 여순사건·제주 4.3사건·보도연맹사건·거창양민학살사건 등 뚜렷한 범죄혐의나 물증도 없이, 더 나아가 재판이나 절차도 없이, 얼마나 많은 양민들을 학살했던가? 우리 민족은 화해와 통일의 시대를 열면서 억울하게 죽어간 좌우이념대립의 희생자들과 그 유족들에게 사죄하는 일부터 시작해야 한다.

결국 남한 국민은 근 50년을 빨갱이 논리, 지역감정을 이용하는 독재정권의 지배에 살아왔으며 반복된 학습효과로 반공논리를 몸에 익혔다. 거짓말도 세 번 들으면 진실이 된다는 말이 있듯이, 전쟁세대에게 가장 중요한 가치관은 반공이 된 것이다. 그리고 전쟁을 겪지 않더라도 군부 독재정권 치하에서 영향을 받은 사람은 자신도 모르게 빨갱이와 지역감정의 색안경을 끼게 되는 것이다.

이 논리는 아직까지도 정치권에서는 활발히 사용되고 있다. 한나라당 → 새누리당 → 자유한국당을 비롯한 일부 당들은 선거철만 되면 빨갱이 논리와 지역감정을 들먹이며 국민을 선동해왔다. 이것은 오직 선거에서 승리하기 위한 전략이자, 생존전략이기에 포기할 수가 없었을 것이다.[8] 이 책략은 아직도 약빨이 가장 잘 받는다고 믿는 사람들이 상투적으로 동원하는 것이다. 그러나 이북과 합의한

8 위의 자료.

대로 7.4 공동성명, 6.15 남북공동선언, 10.4 선언은, 이남의 통일운동가들이 부르짖는 자주·평화·민족대단결·연방제 통일론·남북교류에 관한 주장으로서 항상 '국가보안법'이라는 칼날에 베어질 위험을 각오하고 소신과 양심을 밝혀온 결과물이라고 할 수 있다. 최근 촛불정국 현장에도 여전히 한편에서는 태극기와 성조기를 같이 들고서 개혁세력·촛불시민들을 좌경·좌익·좌빨·빨갱이로 매도하는 현상을 볼 수 있다.

부당하게 정권을 쟁취한 권력층이 일반 시민을 학살하기 위해 이용되었던 좌빨, 빨갱이 등의 용어 등이 일반인의 일상 속에서 지금도 사용되다니 아직까지도 우리는 무서운 세상에서 살고 있는 것이다. 예를 들어 심지어 고영주 MBC 방송문화진흥이사장은 문재인 대통령을 공산주의자로 매도했다. 학생시절부터 민주운동권이요, 인권변호사요, 대통령 비서실장을 지낸 후, 촛불민심에 의해 대통령에 당선된 현 대통령 문재인을 공산주의자라고 국회국정감사장에서 뻔뻔하게 매도한 것이다. 이와 같이 개혁적인 것, 민중과 노동자의 생존권과 이익을 주장하면 곧 바로 포퓰리즘, 좌파, 심지어 빨갱이로 매도해왔던 것이다.

2018년 4·27 남북정상회담 직후, 8천만 민족과 온 세계가 한반도의 비핵화와 평화를 염원하는 축하의 메시지와 덕담이 오고가며 남과 북의 화해와 평화를 여는 마당에 자유한국당 대표 홍준표는 "북한 빨갱이들의 위장평화쇼에 문재인 정부와 국민들이 속아 넘어가고 있다"고 공언하였다. 오죽했으면 한 집 식구인 자유한국당의 한 당직자는 "홍대표가 빨갱이, 주사파, 귀족노조 등에 대한 고

루한 관념을 갖고 있다. 이념적 지평이 편향돼 그런 식의 발언이 나온다"고까지 비판했을까![9]

'판문점 남-북정상선언'과 '북-미정상회담'이 이뤄지고 있는 만큼 이제부터는 한반도에서 좌우이념갈등과 무력경쟁, 전쟁연습은 사라져야 한다. 한반도의 비핵화와 조선민주주의인민공화국에 대한 체제보장이 이뤄져야 한다. 하노이에서 열린 제2차 북-미정상은 미국의 일방주의로 인해 결렬되었지만, 향후 제3차 북-미 정상회담 이후에는 남-북 관계가 급물살을 탈 것으로 기대한다. 개성공단을 복원하고, 이산가족 만남을 상시화하고, 금강산을 비롯한 북한의 명소도 관광하면서 지난 김대중-김정일 두 정상 간에 선언했던 6.15 남북공동선언과 노무현-김정일 간에 합의했던 10.4 선언, 문재인-김정은 간에 합의하여 발표했던 '판문점 선언'이 지속적으로 실천되어야 한다. 남-북이 자주·평화·민족대단결로 나아갈 희망을 안고서, 이제 더 이상 이 땅에서 빨갱이란 비속어(卑俗語)는 없어져야 한다. 물론 북측에서도 '미제 앞잡이' 등등의 모욕적인 언사를 더 이상 사용하지 않아야 한다. 문재인 대통령은 2019년 3월 1일 3·1절 100주년 기념사에서 '빨갱이'란 표현은 청산해야 할 대표적 친일잔재라고 말했다. '빨갱이'는 일제가 모든 독립운동가를 낙인찍는 말이었고 지금도 정치적 경쟁세력을 비방하고 공격하는 도구로 사용되고 있다고 말하므로 오늘날 민주·통일세력을 향해 빨갱이·종북몰이를 하는 극우반통일세력에 대해 엄중한 경고를 한 것이다.

9 「한겨레 신문」, 2018년 5월 5일, "위장평화쇼" "빨갱이".

해방 이후 지금까지 분단현실의 현대사를 돌이켜 보면 매우 적절한 지적이 아닐 수 없다.

4) 빨치산의 딸 정지아

'빨치산의 딸'이란 소설은 정말 처절한 개인역사의 기록이며, 동시에 아픈 시대의 역사 기록이다. 이 소설은 남로당 소속으로 1947년부터 남한에서 비합법활동을 시작한 빨치산(구빨치)의 일원이었던 부모님의 삶을 저자가 사실에 입각해 재구성한 실록소설이다. 1990년 실천문학사에서 세 권의 장편으로 첫선을 보였으나 출간 직후 공안당국에 의해 이적표현물로 분류돼 판금조치를 당했다. 당시 이 책을 출판한 실천문학사의 대표 이석표는 구속돼 실형을 선고 받았고 작가 정지아는 수배되어 고단한 도피생활을 했다는데, 참 만감이 교차한다. 왜 구속을 하고 수배를 하고 그 야단들을 쳤을까?

그런데 오랜 기간 금서(禁書)로서 절판상태였던 이 장편소설이 이번에 두 권으로 새롭게 복간됐다. 정지아 지리산의 '지'와 백아산의 '아'에서 따온 이름이다. 지리산과 백아산이 어떤 곳이던가. 현대사의 핏빛 소용돌이의 핵이었던 곳, 봄이면 지천(至賤)으로 피어나는 철쭉이 원래는 흰색이었으나 사람들의 피에 물들어 붉게 변했다는 전설이 생긴다 해도 의심가지 않을 곳이 아니던가. 남로당 전남도당 인민위원장이던 아버지와 남부군 정치위원을 어머니로 둔 정지아는 빨갱이의 자식이라는 '붉은 낙인'으로 부모와 마음의 문을 닫은 채 성장한다.

대학에 진학해 현실과 역사에 눈을 뜨며 부모님을 이해하게 되고 『빨치산의 딸』을 통해 부모님과 화해하게 된다. 어린 나이에 자신에게 덧씌워진 천형의 굴레를 오롯이 받아들일 수 있게 된 것이다. 그래서인지 20대 여성이 쓴 글임에도 묵직한 진정성을 느낄 수 있는 소설이다. 여순 반란 사건 때 부모가 다 빨치산이었다. 중학교 때 아버지는 감옥에 있었다. 연좌제가 있어서 그들의 자식도 차별과 제약이 컸던 바 그것이 가장 큰 상처였다. 학교에서 빨갱이는 괴물이라고 가르쳤다. 그러나 그의 부모는 나쁜 사람이 아니었다. 대학에 가서 역사를 배우면서 부모의 삶이 우리나라 현대사와 관련 있음을 깨닫게 되었다. 그의 부모는 꿈과 희망을 가지고 혁명하려고 했던 분들이다. 밤마다 부모들은 지리산에서 겪은 이야기를 나누었고 정지아는 그것을 듣고 자랐다. 세상이 손가락질하는 부모, 그러나 정지아는 용기를 잃지 않고 노력하여 작가가 되었다. 중등학교 시절엔 밤을 새며 책을 읽었다.[10]

작가 정지아와 같이 잔혹한 민족사 안에서 빨갱이로 덧 씌워져 어린 시절, 아니 평생을 좌익 콤플렉스의 굴레에서 벗어나지 못한 사람이 정지아 한 사람 뿐일까? 수년전 광주광역시의 진보인사들이 작가 정지아를 초청하여 강연회를 가졌다. 질의응답시간에 필자는 작가 정지아에게 이런 주문을 했다. "빨갱이나 빨치산에 대한 어원, 역사적 뿌리, 사상적 개념, 빨갱이 몰이로 이념논쟁을 부추기는 자들의 실체에 관해서 글을 써 볼 계획은 없는가?" 작가 정지아는 씁

10 위의 자료.

씁한 웃음을 지으면서, "방금 말씀하신 분이 한 번 써보는 것이 더 좋을 것 같네요." 공은 즉시 필자에게 돌아왔다. 필자는 평생을 이념몰이의 희생양으로 살아온 작가 정지아에 대한 인간적·윤리적 채무의식에서 이 글을 쓰고 있다고 말하고 싶다. 필자는 우리 조국 한반도의 이념의 대결과정에서 상처받은 사람들에게 "당신 혼자만의 죄가 아냐" "우리 민족 모두의 죄야" "이제 모두 회개하자" "이제 더불어 살자" "이제부터는 사상의 자유와 소유의 평등과 표현의 자유를 누리면서 남과 북이 오가며 우리도 행복하게 살아보자"는 염원에서 이 글을 쓰고 있다.

3. 군부독재정권에서의 간첩조작 사건의 정체

1970년대 이후 조작간첩이 늘어난 것은 아이러니하게도 이북에서 간첩을 안 내려 보냈기 때문이다. 이북에서는 간첩이라고 부르지 않고 '대남공작원'이라고 부른다. 1970년대에 접어들어 이북 정권이 간첩을 내려 보내지 않은 것을 흔히 7.4 남북공동성명에 따른 신사협의로 설명하기도 하지만, 북한이 간첩 침투를 중단시킨 진짜 이유는 다른 데 있다고 보아야 할 것이다. 북한은 그동안 한국전쟁 때 월북한 남쪽 출신들 중에서 우수한 인재를 선발·교육하여 남쪽으로 침투시켰다. 1950년대만 해도 별다른 문제없이, 그리고 1960년대 초반만 해도 남쪽 출신들이 그럭저럭 연고지에서 정착하거나 임무를 수행할 수 있었다. 그러나 북한이 정작 공세적인 대남전략을 펼친 1960년대 중반 이후에는 공작원을 보내는 족족 주민들의 신고 등으로 남쪽당국에 적발되었던 것이다. 남파된 여성의 경우 남쪽 출신이었음에도 불구하고 15-20년 사이에 변화된 생활환경에 적응하지 못해 자신이 북에서 왔음을 스스로 드러내기도 했다. 시꺼먼 원통에 구멍이 숭숭 뚫려 거기서 불이 피어오르고 사람들이 그것으로 방도 데우고, 밥을 지어 먹는 것을 보고 '저것이 뭐에요?'라고 묻는 사람이 바로 간첩이었다. 연탄이 무엇인지 모르고 1970년 군산에서 적발된 유문희·이점순 부부 간첩사건이 바로 그런 사례이다.

간첩침투는 고비용·저효율이었다. 그런데도 북쪽은 – 당시 남쪽도 마찬가지였지만 – 계속해서 간첩을 침투시켰다. 통혁당 사건, 1·21 청와대 기습사건, 울진·삼척 무장공비 사건 등 굵직굵직한 사건을 거치면서 남쪽의 방첩당국이 기구를 크게 확장한 것은 당연한 일이었다. 그런데 북쪽이 갑자기 공작원을 내려 보내지 않았던 것이다. 이남의 반공태세가 점차 강화되고 이북이 대규모 무장공작대를 파견하여 주로 빈농들이 사는 울진과 삼척의 산간 오지에 농촌해방구를 건설하려던 공작이 주민들의 고발로 인해 실패로 돌아가자 이북에서도 대남정책을 크게 수정하지 않을 수 없었다. 1970년 조선노동당 제5차 당대회에서 이북은 당의 모든 사업을 주체사상에 입각하여 정비하면서 대남사업전략에서는 '남조선 혁명은 남조선 인민의 손으로'라는 구호를 채택했다. 이후 이북정권이 직접 대남공작원을 남파하는 일은 근절된 것은 아니라 해도 크게 줄어들었다.[11]

대한민국의 안보와 남북관계를 생각할 때 간첩 남파가 격감한

11 「한겨레신문」 2014년 3월 22일), 한홍구, "간첩이란 무엇인가".

것은 크게 환영할 일이었지만, 방첩 일선의 대공수사요원들로서는 직업안보에 빨간불이 켜진 것이다. 대공수사 요원들 자신들의 존재 이유를 분명히 하기 위해서는 간첩이 반드시 필요했다. 오지 않으면 만들어내기라도 해야 했다. 1960년대까지의 간첩사건을 보면 더러 불순물이 섞여 있기도 했지만 대부분이 순도 높은 북한산 간첩이었던 반면에, 1970년대에 접어들면 재일동포·납북어부·유학생 간첩 등 '메이드 인 저팬'이나 '메이드 인 사우스 코리아' 등 순도가 떨어진 짝퉁 수준의 간첩이 양산되기 시작했다.

70년대의 간첩사건 중 주목할 사건은 1974년 3월 중앙정보부가 발표한 '울릉도 간첩단 사건'이다. 방첩당국은 사건을 발표할 때 '사상 최대 규모'라든가 '최장 시간 암약'처럼 규모나 활동 시간을 부풀리곤 한다. 이 사건은 울릉도와 경상북도 일원에 사는 전씨-김씨 일가가 관련된 사건 등 전혀 상관이 없는 두 개의 사건을 하나로 합쳐 최대 규모라고 발표해버렸다. 중앙정보부가 이러한 꼼수를 쓴 이유는 이 사건을 발표할 당시가 유신(維新)에 대한 대학생들의 저항이 부글부글 끓어오르려 하고 있었기 때문이다. 울릉도 간첩단 사건을 발표하고 제3주가 안 되어 유신정권은 긴급조치 4호를 선포하고 민청학련 사건과 인혁당 재건위 사건을 일으켰다. 당시 방첩당국은 멀쩡한 사람을 두들겨 패서 간첩을 만들기도 했지만, 필요에 따라 멀쩡한 간첩의 침투 시기와 목적을 조작하여 대대적으로 선전하기도 했다.[12]

12 위의 글, p.20.

4. 공안사건에서 간첩사건의 조작 문제

2005년 14대 이용훈 대법원장 취임 후, 대법원은 1972년에서 1987년 사이에 시국 공안사건 판결문을 수집하라는 공문을 전국 주요 법원에 보냈다. 사법부의 과거사를 정리하기 위한 목적에서다. 2005년까지 대법원에 도착한 판결문은 3600개에 달한다. 이 대법원장은 '사법부의 수장으로서 사법부의 과거에 대해 가슴 깊이 반성한다'고 말했다.

1) 진도 제2차 간첩단 사건

국가안전기획부(이하 안기부)는 1981년 전남 진도에서 박씨 성을 가진 자가 간첩 활동을 하고 있다는 제보를 받고 진도 출신으로 한국전쟁 당시 행방불명된 박동운의 아버지 박영준을 찾아내 그 일가족을 간첩으로 몰았다. 공안 정국이 서슬 퍼런 칼을 휘두르던 1981년, 30대 중반이던 박씨는 옛 국가안전기획부 수사관 등에게 영장도 없이 불법연행되었다. 교도소 복역 도중 수없이 자살을 기도하는가 하면 여기저기 억울함도 호소했지만 늘 돌아온 건 '간첩의 자식', '빨갱이'라는 비아냥거림뿐이었다. 박씨는 공중에 거꾸로 매달려 매를 맞고, 얼굴에 고춧가루 물을 맞는 등 가혹한 고문을 당한 것으로 알려졌다.

60일 넘게 고문을 당한 끝에 "이대로 가면 죽을 수도 있겠구나"는 생각에 허위자백을 하고 말았다. 그 길로 '간첩'이 되었던 것이다. 이에 박동운은 1심에서 사형을 선고 받았다. 2심에서는 무기징역으로 감형됐고 1982년 대법원에서 무기징역이 확정됐다. 결국 박씨는 어머니, 동생, 고모부 등 가족 7명으로 간첩단을 구성, 24년간 고정간첩으로 활동한 혐의로 무기징역을 선고받아 18년간 복역했던 것이다. 그는 1998년 8·15 특사로 억울하고도 길었던 감옥살이를 마치고 가석방되었다. 박씨 외에 다른 가족 7명도 상당 기간 옥고를 치렀다. 하지만 박씨는 2009년 과거사 정리위원회의 진실규명 결정에 이어 서울고법의 재심에서 무죄판결을 받았다. 박동운의 긴 세월의 고통과 피맺힌 억울함을 과연 누가 보상할 것인가?

'2차 진도 간첩단 사건'의 피해자 박씨는 2009년 무죄판결을 받은 이후 형사보상금을 청구해 11억 원을 수령한 뒤 8개월 만에 국가를 상대로 손해배상을 청구했다. 1, 2심에서 이미 지급된 형사보상금 공제액 등을 고려해 박씨에게 17억원 등 원고 27명에 대해 모두 56억 원의 국가배상이 결정됐다.

하지만 대법원은 "재심 무죄 판결을 확정 받은 후 형사보상을 청구해 2010년 9월 형사보상결정까지 확정 받았는데도 그로부터 6개월 이상이 지난 2011년 5월에야 손해배상 소송을 제기했다"며 소멸시효가 지났다는 정부의 주장을 받아들였다. 간첩으로 몰려 억울한 옥살이를 한 박씨 일가는 국가를 상대로 한 손해배상소송에서 결국 한 푼도 받지 못하게 된 것이다.[13] 악한 정권과 사법정의도 양심도 없는 사법부가 박동운을 한 번 더 죽인 것이다. 박동운씨와 간첩단 멍에를 둘러 쓴 가족들에게 국가의 보상이 반드시 이루어져야

13 "16년 억울한 옥살이 '2차 진도간첩 조작 사건" (뉴스포스트 외, 2015년 1월 29일)

했는데 그 결과가 어떻게 되었는지 궁금하다.

2) 방양균 조작간첩 사건

국회의원 재직 중 정부의 허락 없이 이북을 방문하여 조선인민공화국 주석과 면담하고 돌아온 평민당 소속 국회의원 서경원의 비서관인 방양균은 1988년 9월경 국회의원회관에서, 서의원으로 부터 "독일로 출국해서 교포로부터 3만 불을 받아오라", "추기경 김수환의 북한 방문 추진 메시지를 교포에게 전달하라"는 요청을 받았다. 당시는 김수환 추기경이 평양교구장을 겸임하고 있는 상황에서 김 추기경의 북한방문이 남북한 이데올로기를 허물 수 있고, 거시적으로 통일을 지향 할 수 있다는 신념에서 주저함이 없이 출국을 결심했다. 그리하여 1988년 11월 30일 출국해서 덴마크 교포에게 김수환 추기경의 북한방문 추진 메시지를 전달하고, 그 교포로부터 3만 불 중 1만 불을 받아왔다.

안기부에서는 방양균에게 간첩 서경원을 수사기관에 신고하지 않았다는 이유로 혹독한 철야수사를 통해 자포자기 상태로 몰아갔다. 야전침대 각목으로 폭행을 가해 공안기관의 날조된 각본에 적합한 허위자백을 강요하여 간첩으로 조작한 것이다. 안기부 수사관과 검사는 연속적으로 똑같은 고문수사 방식으로 "간첩교육을 어떻게 받았느냐", "북한 공작원에게 무엇을 전달하고 지령은 무엇을 받았느냐?", "북한을 몇 번 갔다 왔느냐?", "서경원 간첩이 김대중에게 1만불을 전달하는 것을 봤느냐?" 등등 방양균의 행적과는 전혀 무관한 수사를 통해 방양균을 괴롭힌 것이다. 헌법에 보장된 변호인 접견권 요청은 불허되었으며 터무니없는 수사권 남용에 대해 묵비권의 정당성을 주장하면, 고정간첩의 수법이라면서 막무가내로 폭행을 하거나, 권총으로 이마 겨누기, 잠 안 재우기, 목에 밧줄걸기, 거꾸로 매달기, 식수 못 마시게 하기, 대소변 못 보게 하기 등등 가혹행위를 통해 허위자백을 할 수밖에 없도록 만들었다.

방양균을 서의원과 접목시킨 주된 까닭은 13대 국회가 여대야소 정국으로써, 김대중 당시 평민당 총재를 서의원 방북사건에 연관시켜 김대중 씨의 도덕성을 상실시켜서 정치생명을 끊어버리려는 정치적 노림수가 있었던 것이다. 안기부에서 폭행당한 사실을 비로소 폭로해서 변호인단이 증거보존신청을 함으로써 그것이 서울지법에 받아들여져 서울대학교 법의학 교수 이정빈으로부터 신체감정(사건기록 89초2908)을 받아, 고문에 의한 상처라는 감정결과가 나왔다.

방양균은 가톨릭 유아세례를 받은 모태 신자로서, 광주살레시오 초·중·고를 졸업했다. 로마에 유학하여 경영학을 수학했다. 신부로 가는 길을 포기하고, 고향 성당에서 신자들에게 교리를 가르치고, 본당 승격을 위한 준비 차원의 활발한 사목회 활동을 하고 있었다. 1980년 5월 광주민중항쟁이 일어나자 시민군으로 참여해 계엄군과 싸우다 계엄군에 붙잡혀 모진 폭행(광주민주화유공자 인정)을 당했던 전력도 있었다. 방양균은 “함평 고구마 사건”의 본거지로 널리 알려진 가톨릭 학다리 농민회의 총무직(1986년)을 맡아 지역 농민들을 이끌고 수세거부운동, KBS시청료 납부 거부운동을 펼쳤으며 농협중앙회장 및 대통령직선제 관철운동 등을 주도했다. 방양균은 이때 전국 가톨릭 농민회 회장이던 서경원과 첫 인연을 맺고, 선거에 동참해 제13대 평민당 소속 국회의원에 당선된 서경원 의원의 5급 비서관에 채용 된 후, 서 의원의 의정활동을 돕고 재야관계 및 가톨릭 활동을 하였다. 방양균은 간첩조작 사건으로 인하여, 출소한 이후 이 공안사건의 후유증으로 부인과 이혼하고, 경제적으로 빈궁한 형편과 대인기피증, 우울증 등의 정신적 고통 속에서도, 오직 재심에서 무죄가 밝혀질 날을 학수고대하면서 기도하고 있다. 필자는 이모저모로 그를 도왔었다. 출소 후 현재까지도 상호 신뢰와 동지애를 가지고 교제하고 있다.

5. "민족정의에 역행하는 '종교집회' 그만 두라"는 필자의 한겨레신문 기고문

가을하늘은 티 없이 맑고 공활(空豁)하였다. 그러나 이 나라 안팎은 심히 혼란스러운 상황이었다. 2004년 10월 4일 서울 시청 앞 광장에서, 한국대형교회들의 모임인 '한국기독교총연합회' 산하 교인들과 재향군인회와 자유총연맹 등 관변단체 회원 10만여 명이 모여, '나라를 위한 구국기도회'와 국가보안법 폐지를 반대하는 대형집회를 개최하였다.

필자는 기독교 목사로서, 보수성향 대형교회 지도자들이 민족의 화해와 통일에 역행하는 '반역사적인 집회'를 주도한데 대해 참담함을 느꼈다. 이 집회는 '공산주의의 침략으로부터 자유대한민국이 적화위기에 처해 있을 때, 도와준 미국과 부시 대통령에게는 축복을 빌었다. 그러나 "국가보안법을 폐지해야 한다"는 노무현 대통령은 "대통령 자격이 없다"고 내몰았다. 그리고 "북한 김정일은 원자탄과 미사일을 준비하고 있다. 어느 순간 우리는 불바다에 처할지 모르는 위기상황이다"라고 외쳤다. 이들은 대부분 엄혹했던 군부독재 시절, 정의를 외쳐야 할 때 침묵을 지켰고, 오히려 독재자들에게 조찬기도회 등을 베풀어 무운장구(武運長久)를 빌어주는 거짓 예언자 노릇을 해왔었다.

국가보안법은 반세기 이상 국민의 사상과 표현의 자유를 억압하고, 민족의 화해와 통일을 저해하고, 정권안보 차원에서 애국통일 인사들을 감옥에 가두었던 악법이다. 보안법 폐지를 반대하는 사람들은 대다수가 안보를 우려하고 있었다. 보안법을 폐지하면 당장 백주에 공산당이 날뛰게 되고, 나라가 북한정권에 넘어간다는 것이었다. 그러나 나라의 질서와 통치권을 위협하는 경우에 대처하는 명쾌한 해답을 형법학자들이 내놓았다. 한국형사법학회 등 형사법 3대 학회는 현행 형법으로 얼마든지 보안법을 대체할 수 있다고 못박았다. 유엔을 포함한 엠네스티(Amnesty International) 등 국제인권단체들도 국보법 폐지가 당연하다는 여론이 지배적이었다.

당시 북한의 남침위협은 어떠했던가? 북한의 경제규모는 남한의 33분의 1에 불과할 정도로 열악하였다. 남한의 군대는 69만, 북한은 105만이지만 국방비는 국가정보원과 국방부 정보본부 자료에 의하면 남한이 157억 8천만 달러, 북한이 50억 달러였다. 이 중에서 남한은 70억 달러가 인건비였지만 북한은 50억 달러를 가지고 105만 대군을 먹이고 입혀야 할 처지였다. 북한은 휴전선 부근에 1만 2천문 정도의 장사포를 포진시켜 놓고 있어, 남한과 주한미군에게 사실상 위협이 되고 있었다. 그러나 상대보다 전력이 3-4배 정도 우월해야 선제공격이 가능한데, 북한은 턱없이 힘이 부족하다는 것이 군사전문가들의 견해였다. 북한은 미국의 경제봉쇄정책으로 인해 식량난, 에너지난에 허덕이고 있었다. 현재 북한이 가지고 있는 핵은 북한의 생존을 위한 비상카드로 보아야 한다.

이러한 남·북한의 위급한 상황에서 남한의 대형교회 지도자들의 의식은 미국에 대해서 친미 수준을 넘어 숭미의 경지에 이르고 있다. 이들은 6.25전쟁이 본질적으로 미국과 소련에 의한 대리전쟁이었음을 간과하고 있는 것이다. 미국은 현재 북한과의 관계개선을 통한 협력관계보다 적대관계를 지속하므로 한반도에 긴장을 조성하여 패트리어트 미사일, 이지스함, 조기경보기, 스텔스기, F-15 전투기, 아파치헬기 등의 첨단군수무기를 팔아 미국의 군수재벌을 살리려는 군산복합체 전략과 패권주의를 중심에 두고 있다는 사실을 우리는 알아야 한다.

예수님은 당시의 국가보안법인 악한 율법체제와 로마제국의 치안유지법에 의해 사형언도를 받고 십자가에서 죽었다가 다시 살아나셨다. 그리스도인들은 이 땅에 하나님의 정의·평화실현을 위해 적극적으로 기도하고 행동해야 한다. '구국기도회'를 하려면, 분단의 원인인 외세의 간섭을 떨쳐버리고 남북공조로 화해와 평화의 민족공동체를 이룩하기 위해 기도했어야 했다. 한국교회는 지난날의 죄를 온전히 회개하고, 민족의 화해자로서 올바른 역사의식을 갖고, 6.15 남북공동선언문에 의한 자주·평화·민족대단결 정신으로

한반도의 평화통일운동에 동참함으로써, 이 민족의 희망으로 새롭게 태어나기를 간절히 기원했었다.[14]

6. '좌파타령'에 대한 속셈과 국가보안법 폐지 이유

색깔론은 분단체제에 편승해 집권한 친일 독재 기득권 세력의 오래된 무기다. 이승만 정권은 통치기반을 강화하기 위해 야당 의원들을 남로당 프락치나 국제공산당으로 몰았다. 1958년 진보당 사건을 조작해 조봉암 당수를 사형시켰다.

쿠데타로 집권한 박정희·전두환 정권도 부실한 정통성을 메우려고 '빨갱이 사냥'을 일삼았다. 박정희 정권은 재일유학생과 납북 어부들을 간첩으로 조작했다. 1974년 인혁당 재건위 사건을 조작해 1975년 4월 9일 8명을 사형시켰다. 전두환 정권은 아예 김대중 내란음모사건을 조작하여 이를 발판으로 출범했다. 민주화운동하는 사람들을 간첩으로 몰았다. 1981년 5월 18일 오전 광주망월동 묘역에서 1주기 추모행사를 했다는 이유로, 유족회장 정수만을 국가보안법 위반으로 구속하였다. 이와 같이 참으로 거짓과 살인마가 지배하던 악한 시대를 우리는 살아왔다.

북한에서도 김일성 주석이 독재와 통치기반을 강화하는 데 분단체제를 활용했다. 정적을 '종파 분자'나 '미제의 간첩'으로 몰아 처형했다. 남한의 기득권 세력과 북한의 기득권 세력은 '적대적 공존' 관계였다. 대통령이 되기 전 문재인은 2013년 12월 자신이 쓴 책 "1219 끝이 시작이다"에서 "좌파는 커녕 중도에도 미치지 못하는

14 「한겨레신문」(2004년 10월 12일), 김병균, "민족정의에 역행하는 '종교집회'".

한국의 중도우파 노선 정치세력이 극우세력으로부터 종북좌파로 몰리는 건, 한국만의 후진적 정치 현실일 뿐이다"라고 했다. 현실 정치를 살펴보면 실제로 그렇다. 지금 진보 정당은 정의당과 민중당이다. 더불어민주당은 중도쯤 되는 정당이다.

그런데도 문재인 정부를 좌파나 진보로 몰아붙이는 집단이나 세력은 어떤 사람들일까? 독재에 법통이 닿아 있거나 친일파의 후손들이다. 이유가 무엇일까? 독재와 친일의 피를 물타기 위해서이다. 아무나 멱살을 붙잡고 "이 새끼야 너 빨갱이지"라고 흔들던 그 못된 버릇이 남아 있는 것이다. 하기야 오른쪽 끝에 서 있으면 세상이 온통 다 좌파로 보인다.[15]

2018·4·27 남북정상회담 당시, 대한민국 대통령 문재인이 조선민주주의인민공화국 국무위원장 김정은과 함께 군사분계선을 넘어 북쪽에 10초 동안 머문 것을 두고, 보수단체들이 보안법 위반 논란을 제기했다고 한다. 잠입·탈출 혐의란다. 국가보안법에 기댄 우스꽝스러운 억지가 아닐 수 없다. 1948년 12월 반공법 제정으로 시작된 국가보안법은 한때 우리의 삶을 옥죄었다. 술에 취해 정부에 대해 불만을 토로하고 비판했다고 구속하던 '막걸리 보안법' 시절도 있었다. 따라서 대한민국 16대 대통령 노무현은 재임 중인 2004년 "국가보안법을 역사박물관으로 보내야 한다"며 폐지를 시도했다.

15 「한겨레신문」(2017년 1월 9일) 성한용, "어디다 대고 좌파 타령인가".

국가보안법은 이미 사문화의 길로 들어섰다. 정부는 1989년 검찰이 화가(畵家) 신학철을 구속한 근거가 된 작품 "모내기"를 지난 2018년 1월 국립현대박물관에 보관하기로 했다. 보안법 위반 기소자도 2015년 50명, 2016년 27명, 2017년에는 14명에 그쳤다. 법무부가 공개한 국가인권정책 기본계획에서도 보안법 남용을 막겠다며 "입건하지 않거나 기소유예하는 방안도 적극 검토하겠다"고 밝혔다. 평화협정이 체결되면 북한을 반국가단체로, 김정은 위원장을 그 수괴로 보는 국가보안법은 존재 이유를 상실한다. 보안법을 역사박물관에 보낼 날을 기다린다.[16] 판문점 북쪽지역 통일각에서 2018년 5월 26일 오후에 두 번째 문재인-김정은 남북정상회담이 열렸다.

회담 전 대한민국 대통령 문재인은 조선민주주의인민공화국 국무위원장 김정은에게 "김위원장은 남쪽에서 인기가 높다"는 등 덕담을 주고받으면서 회담에 들어갔다. 국가보안법을 조문대로 엄격히 적용한다면 문재인은 "반국가 단체 수괴인 김정은을 고무하고 찬양한 것이다"라고 시비를 걸 수도 있다. 국가보안법은 민족대결의 시대를 청산하고 한반도에 화해와 평화를 갈망하는 8천만 민족과 주변 나라들의 염원에 의해서 용도폐기될 단계를 앞두고 있는 것이다.

16 「한겨레신문」(2018년 5월 3일), 신승근, "보안법, 박물관에 가는 날".

제3절 분단의 장벽을 넘어서 평화협정을 이루어야 한다

1. 평화협정

전쟁을 치른 당사자가 전쟁상태를 법적으로 끝내고 정상적인 관계를 회복하기 위해 맺는 정치·군사조약, 평화협정에는 보통 종전선언, 정치·외교관계 정상화, 영토 경계선, 외국군대 문제, 군비축소, 분단국의 경우 민족자결 또는 통일문제, 평화감시기구 구성 등이 포함된다. 한반도 평화협정이 체결되면 한반도 정세는 한국전쟁 이래 최대의 전환점을 맞게 될 것이다. 지난 66년 동안 유지되어 온 정전체제가 평화체제로 전환되고, 적대와 희생을 강요해 온 분단체제가 해체되고, 통일의 문이 활짝 열리게 될 것이다.

전쟁을 끝내는 평화협정을 체결하면 더 이상 외국군대가 우리 땅에 남아 있을 이유가 없다. 정전협정 4조 60항에도 모든 외국군대 철수문제를 협의하도록 되어 있다. 따라서 정전협정을 평화협정으로 바꾸면 현재 남아있는 외국군대인 주한미군은 당연히 철수해야 한다. 이처럼 우리는 분명하고도 설득력 있는 명분과 근거를 가지고 주한미군 철수를 요구할 수 있다.

또 우리 국민의 60% 이상이 주한미군 철수를 원하고 있고, 60년이 넘게 전쟁위협에 시달려온 조선민주주의인민공화국도 미군철수와 한미동맹 파기를 집요하게 요구해 왔다. 데이너 페리노 전 백악관 대변인을 비롯한 미국 관리들도 '만약 주둔군 국민이 미군철수를 요구하면 우리는 떠날 것'이라고 말한바(연합, 2008. 2. 14) 있다.

2. 평화협정 체결 이후 전망

1) 평화협정 체결하면 예속에서 자주로 나아가게 된다

① 한미상호방위조약과 한미주둔군지위협정(SOFA) 등 700여개 각종 불평등한 한미간 협정이 폐기된다.

② 한반도와 동북아 평화를 위협하는 미사일 방어체제(SOFA)나 대량살상무기 확산방지구상(PSI) 등 대북 적대정책이 설 자리를 잃게 된다.

③ 아프가니스탄 등 미국의 침략전쟁에 한국군을 동원하려는 미국의 요구를 뿌리칠 수 있다.

④ 20조원에 달하는 기지이전비용, 매년 1조원 안팎의 방위비 분담금 등 미군주둔으로 인한 각종 경비를 절감할 수 있다.

⑤ 평택 미군기지 확장, 무건리 훈련장 확장 등 미군기지와 훈련장으로 인한 주민 생존권 박탈에서 벗어날 수 있다.

⑥ 여중생 압사사건, 성폭행 등 미군범죄와 매향리 폭격장 오염 등 미군기지 환경오염과 파괴로부터 자유로워진다.

⑦ 한미 FTA로 인한 불평등성을 최소화할 수 있다.

2) 평화협정 체결하면 전쟁에서 평화로 간다

① 북한과 미국의 적대관계가 청산되고 국교가 수립되며, 상호불가침이 보장되어 군사적 대결과 한반도 전쟁 위험이 사라진다.

② 북핵 폐기와 연동하여 남한에 대한 미국의 핵우산이 제거됨으로써 남북이 핵무기의 위협으로부터 자유로워진다.

③ 주한미군 철수와 함께 남북 평화군축이 이뤄져 남북 군사적 대결과 소모적인 군비경쟁을 멈출 수 있다.

④ 분쟁지역인 비무장지대와 서해 해상이 각각 평화지대와 평화수역·공동어로구역으로 바뀌어 상생과 평화의 장으로 변모한다.

⑤ 외국군대와의 전쟁연습이 중단되어 무력시위와 전쟁위협이 사라진다.

3) 평화협정체결로 분단에서 통일로 간다.

① 통일의 최대 걸림돌인 한미동맹이 폐기되면 자주적 평화통일과 민족 공동의 번영을 약속한 2000년 6.15 남북공동선언과 2007년 10.4 선언 이행이 전면화되고 더욱 진전된 남북합의도 채택하게 된다. 이에 따라 남북은 곧 바로 통일로 나아갈 수 있다.

② 남북연합·연방정부와 의회가 구성되고 단일국호 유엔가입이 이뤄진다.

③ 중립외교의 길이 열리고 연방군 창설이 준비된다.

④ 남북의 경제협력이 활성화되어 민족 공동 번영의 길이 열린다.

⑤ 사회문화 및 종교, 체육 교류가 대폭 확대되고, 통신과 왕래, 특히 관광이 자유로워진다.

4) 평화협정 체결로 빈곤과 박탈에서 복지와 번영으로 간다

① 매년 5조 5천억 원이나 되는 미국행 경비가 절감되고 남북 군비경쟁으로 인한 현재의 과도한 국방비를 1/2 수준까지 줄일 수 있다.

② 위 비용을 민생복지비로 전환하면 비정규직의 정규직화, 무상

의료, 무상교육 등이 실현되어 가난과 질병의 고통으로부터 해방되고 육아 부담과 교육기회 박탈에서 벗어날 수 있다.

③ 군복무기간도 1년 내외로 획기적으로 단축되어 젊은이들이 창의적이고 생산적인 일에 종사할 수 있다.

3. 한(조선)반도 평화협정(안) 개요

다음은 한(조선)반도 평화협정(안)은 "평화통일을 여는 사람들"(평통사)에서 작성한 '평화협정제안' 문서이다. 필자는 광주-전남 평통사 상임대표를 맡아 일한 후, 2019년 5월 현재 전국 평통사 공동대표로 참여하고 있다.

1) 서문

대한민국 조선민주주의 인민공화국, 미합중국, 중화인민공화국(이하 당사국들이라 한다)은 한국(조선)문제의 평화적 해결과 모든 외국군대의 철수를 규정한 '국제연합군 총사령관을 일방으로 하는 조선(한국)군사정전에 관한 협정'(이하 정전협정이라고 한다) 제4조 60항을 존중하여, 반세기 넘게 한(조선)반도에서 이어져 온 정전상태를 끝내고 전쟁 재발을 방지하며 영구적 평화를 보장받기 위해 이 평화협정을 체결한다. 당사국들은 외세에 의한 분단으로 오랫동안 고통을 받아온 한국(조선)인이 하나의 민족으로서 평화통일을 이룩하는데 이 협정이 기여할 것으로 확신한다. 나아가 당사국들은 이 협정이 동북아시아의 평화와 안정 그리고 세계평화에 이바지하기를 바라면서 이를 준수하고 이행할 것을 다짐한다.

2) 각 장 요약

1장. 한국(조선)인의 기본권리

2장. 전쟁종료와 국제연합군사령부 해체 및 외국군 철수

3장. 조선민주주의인민공화국과 미합중국 사이의 관계 정상화 및 불가침

4장. 대한민국과 조선민주주의인민공화국의 불가침과 통일

5장. 평화지대와 군사적 신뢰구축 및 군축

6장. 평화협정의 이행을 위한 공동위원회 구성

7장. 국제평화감시단

8장. 부칙

35조 : 이 평화협정은 서명과 동시에 효력을 발생한다.

36조 : 이 평화협정은 대한민국과 조선민주주의인민공화국이 통일을 이룩할 때까지 유효하다.

37조 : 이 평화협정은 당사국들의 합의에 따라 수정, 보충할 수 있다.

38조 : 이 평화협정은 한국(조선)어, 영어, 중국어로 작성하고 모두 동등한 효력을 갖는다.

20○○년 ○월 ○일

대한민국을 대표하여 ○○○

조선민주주의인민공화국을 대표하여 ○○○

미합중국을 대표하여 ○○○

중화인민공화국을 대표하여 ○○○

6. 민족의 힘으로 한반도 평화협정 실현을 이뤄내야 한다

미군철수와 동맹폐기, 한반도 비핵화, 남북군축을 함께 해결하는 한반도 평화협정은 한반도에 공고한 평화와 자주·평화·통일의 길을 여는 가장 합리적이고 현실적인 해법이다.

이를 관철하려면 침략적 한-미동맹을 고수하려는 한-미 당국의 힘을 압도하는 민족적 힘을 모아야 한다. 이를 위해 각종 모임과 행사를 통해 주한미군 내보내는 한반도 평화협정 실현운동의 절박성을 널리 알리는 것이 필요하다. 이를 바탕으로 이 운동에 적극적인 사람들이 앞장서서 각 지역과 부문에서 튼튼한 토대를 마련한 데 기초하여 범민족적인 평화협정 실현 운동 기구를 만들어야 한다. 이 기구가 남북과 6자회담 당사국들을 상대로 범민족적인평화협정 실현운동을 전개해 나가야 한다.

제4절 분단의 증오에 대한 죄책고백과 화해신학

1. 분단체제하에서 한국기독교교회협의회(NCCK)의 죄책고백

한국의 그리스도인들은 평화와 통일에 관한 선언을 선포하면서 분단체제 안에서 상대방에 대하여 깊고 오랜 증오와 적개심을 품어왔던 일이 우리의 죄임을 하나님과 민족 앞에 고백한다.

한국민족의 분단은 세계 초강대국들의 동서 냉전체제의 대립이 빚은 구조적 죄악의 결과이며, 남북한 사회내부의 구조악의 원인이 되어왔다. 분단으로 인하여 우리는 '네 이웃을 네 몸과 같이 사랑하라(마 22:37-40)'는 하나님의 계명을 어기는 죄를 범해 왔다. 우리는 갈라진 조국 때문에 같은 피를 나눈 동족을 미워하고 속이고 살인하였고, 그 죄악을 정치와 이념의 이름으로 오히려 정당화하는 이중의 죄를 범하여 왔다. 분단은 전쟁을 낳았으며 우리 그리스도인들은 전쟁방지의 명목으로 최강최신의 무기로 재무장하고 병력과 군비를 강화하는 것을 찬동하는 죄(시 33:16-20, 44:6-7)를 범했다. 이러한 과정에서 한반도는 군사적으로뿐만 아니라 정치·경제 각 분야에서 외세에 의존하게 되었고, 동서 냉전체제에 편입되고 예속되게 되었다. 우리 그리스도인들은 이러한 악(롬 9:3)을 범하여 온 죄책을 고백했다.[17]

대부분의 한국교회가 가장 회개해야 할 주제 중 하나는 조국의 분단과 남북의 갈등에 대한 화해와 평화통일 운동에 대한 무관심이라고 생각한다. 상대적 소수자를 대표하는 한국기독교교회협의회(NCCK)의 선각자적 통일운동에 관한 눈물겨운 통일선교에 대해서는 높이 평가한다. 그러나 소위 보수를 자처하는 대형교단과 대형교회는 거의 이승만 독재정권·박정희·전두환·노태우 정권의 정권안보를 지탱하기 위해 내세웠던 반공이데올로기에 편승하여 종교적 반사이익을 얻어온 것이다. 즉 독재자들과 권력자들의 울타리 노릇을 해왔던 것이다.

17 “민족의통일과 평화에 대한 한국기독교회 선언” (한국기독교교회협의회, 위의 자료집), pp.104-105.

2. 이념을 달리하는 동족에 대해 극도로 증오한 죄를 회개해야 한다

우리는 한국교회가 민족분단의 역사적 과정 속에서 침묵하였으며 면면히 이어져온 자주적 민족 통일운동의 흐름을 외면하였을 뿐 아니라 오히려 분단을 정당화하기까지 한 죄를 범했음을 고백한다. 남북한의 그리스도인은 각각의 체제가 강요하는 이념을 절대적인 것으로 우상화하여 왔다. 이것은 하나님의 절대적 주권에 대한 반역죄(출 20:3-5)이며, 하나님의 뜻을 지켜야 하는 교회가 정권의 뜻에 따른 죄(행 4:19)이다.[18]

1920년대부터 시작된 기독교인과 공산주의자들 사이의 갈등은 1945년 8월 일본이 연합군에 항복한 이후 미군정과 소군정이 한반도에 들어오면서 물리적인 충돌로 이어졌다. 특히 소군정이 점령한 북한에서 훨씬 더 격렬했다. 소군정과 공산주의자들에 의해 탄압받기 시작한 북한의 기독교인들은 월남한 후 남한에서 가장 강력한 반공 집단이 되었다. 한국전쟁을 겪으면서 남한에서는 월남한 서북 출신 기독교인들뿐만 아니라 기독교인 대부분은 공산주의자들을 악마로 규정하고 무력으로서 완전히 전멸시켜야 한다는 전투적 반공주의자가 되었다. 1945년 8월 일본이 항복한 후, 기독교 기반이 강했던 북한 지역에서 소군정(蘇軍政)과 김일성 그룹은 점차 기독교인들을 반혁명의 주체로 단정하고 적으로 간주하기 시작했다.[19]

---

18 위의 선언문, p.105.

19 장병욱, 『6·25공산남침과 교회』(한국교육공사, 1884.), pp.33-39, 윤정란 재인용, p.263.

기독교인들은 이에 맞서 정당을 조직했지만, 계속적인 탄압으로 더는 유지할 수 없었다. 교회의 수많은 지도자와 평신도가 처형 혹은 행방불명되면서 많은 기독교인들은 월남했다. 이들은 모두 공산주의를 적으로 간주하면서 삼팔선을 넘었다. 월남한 서북 출신 기독교인들은 남한에서 정치적으로 세력이 점차 강해지고 있던 김구와 이승만의 비호를 받았고, 이와 동시에 한국을 다시 찾은 선교사들과 더욱 강고한 관계를 맺으면서 정치적·사회적 영향력을 확대했다. 그동안 월남 기독교인들의 경험에만 그쳤던 공산주의자들 간의 물리적인 충돌이 한국전쟁으로 한반도 전역을 휩쓸게 되자 월남 기독교인들만이 아닌 대부분의 기독교인은 '전투적 반공주의자'가 되었다.[20]

한국전쟁이 발발했을 때 일부 기독교인은 전쟁을 신의 심판론으로 이해하기는 했으나, 대다수 기독교인은 전쟁을 겪으면서 공산주의자들을 '성서'의 사탄과 동일시했다. 이러한 사탄론과 함께 선민의식과 구원론도 등장했다.[21] 일부 기독교인이 한국전쟁을 신의 심판이라고 이해한 것은 전쟁이 발발하기 2개월 전에 교권을 둘러싸고 발생한 무력 충돌 때문이었다. 1950년 4월 36회 장로회 총회에서 교권을 둘러싸고 난투가 벌어져 무장 경관까지 출동하는 사태가 벌어졌다.[22] 총회는 더 이상 계속할 수 없었고, 1951년에야 연속 총

20 윤정란, 위의 책, p.265.

21 강인철, 『한국개신교반공주의의 형성과 재생산』 p.51, 윤정란 재인용, p.265.

22 김양선, 『한국기독교해방십년사』(대한예수교장로회 총회종교교육부, 1956.), p.249, 윤정란 재인용, p.265.

회가 개최되었다. 이렇게 교회의 분란의 와중에서 한국전쟁이 일어나자 기독교인들은 이와 같은 분열 때문에 신이 심판한 것이라고 단정했다. 일제강점기에 식민지 독립운동으로 옥살이를 한 후 기독교를 받아들인 김인서는 36회 장로회 총회가 "신학교 문제와 고신파 노회 문제로 불상사가 일어나 정회되었으니 이는 한국 교회 사상에 일대 오점이었다"라고 하면서 이 불상사 때문에 한국전쟁이 일어났으므로, 모든 기독교인은 회개해야 한다고 주장했다.[23]

특히 남한의 그리스도인들은 반공 이데올로기를 종교적인 신념처럼 우상화하여 북한 공산정권을 적대시한 나머지 북한동포들과 이념을 달리하는 동포들을 저주하기까지 하는 죄(요한복음 13:14-15, 4:20-21)를 범했음을 고백한다. 이것은 계명을 어긴 죄이며 분단에 의하여 고통 받았고 또 아직도 고통 받고 있는 이웃에 대하여 무관심한 죄이며 그들의 아픔을 그리스도의 사랑으로 치유하지 못한 죄(요 13:17)이다.[24]

월남한 기독교인을 대표하는 한경직을 비롯해 많은 기독교인은 한국전쟁을 공산당들의 야욕에서 비롯되었다고 주장했다. 한국 기독교인들은 공산당을 적룡(赤龍)·아낙 자손·사탄·마귀로 표현했다. 기독교인들은 여러 차례의 집회와 성명서를 통해 공산주의자를 마귀로 표현했다. 예를 들어 1953년 "세계교회에 보내는 휴전 반대

23 김인서, 『제삼십육회총회』(서울: 신앙생활, 1951년 7월 8일), 정인영 엮음, 『김인서 저작전집 1』(신망애사, 1973년) p.370, 윤정란 재인용, p.266.

24 "민족의 통일과 평화에 대한 한국기독교회 선언" (한국기독교교회협의회, 1988년 2월 29일), 위의 자료집, p.105.

성명서"에서는 "마귀의 승리를 초래할 휴전을 반대", "휴전은 그리스도로 하여금 마귀와의 타협을 강요하는 것"이라고 주장했다. 미국 대통령 드와이드 아이젠하워에게 보내는 메시지에서도 공산주의는 "영원히 회개할 수 없는 마귀"라고 표현했다. 한국전쟁 발발을 공산주의자인 '마귀'들이 일으킨 것으로 여기면서 그들을 전멸시키는 것만이 세계 평화를 이룩하는 것이기 때문에 이 전쟁에서 이길 수 있도록 신의 축복이 내리기를 기원했다.[25]

3. 다수의 한국교회는 독재정권과 반통일 세력들에게 부역한 죄악을 회개해야 한다

1980년 5월 광주시민들이 전두환 부하들의 총칼에 무참히 난도질당한 후, 얼마 되지 않아 전두환을 위한 용비어천가(龍飛御天歌)를 불렀다. 그 중에 아직도 눈이 시퍼렇게 살아있는 목사들도 있다. 광주민중항쟁 기간 중 민주화를 부르짖다 계엄군의 무자비한 총탄에 죽어간 무고한 광주시민들의 피가 채 마르기 전, 1980년 8월 6일 롯데호텔에서 기독교 지도자들은 "국가와 민족의 장래를 위한 조찬 기도회"를 열었다. 이 기도회에서 문만필(군목출신) 목사가 사회를 맡고 설교는 한경직 목사, 기도에 정진경·조향록·김지길 목사와 김인득 장로가 참여했다. 이들은 하나님께 "이 어려운 시기에 막중한 직책을 맡아서 사회 구석구석에 존재하는 악을 제거하고 정화할 수 있게 해준 데 대해 감사한다"고 기도했다.

이 조찬기도회는 KBS와 MBC를 통해 현장 중계됐으며 다음날

25 김양선, 『한국기독교해방십년사』 pp.140-143, 윤정란 재인용, p.267.

두 번에 걸쳐 녹화 중계방송됐다. 영락교회 목사 한경직은 박정희 대통령을 위한 조찬기도회에서 '박정희 = 모세'라고 찬양했다. 또한 광주학살의 주범인 전두환을 "여호수아와 같은 지도자가 되게 하옵소서"라고 기도했다. 교회지도층의 카멜레온 같은 삶은 일일이 열거하기도 어렵다. 양의 탈을 쓴 종교지도자들은 회개해야 한다. 1972년에는 〈대한기독교연합회〉 등에서 유신헌법을 지지하는 성명서를 발표하고 국가보안법수호국민대회를 열고, 2001년부터 연이어 3년 동안 세 차례에 걸친 미군철수반대와 숭미집회를 열기도 했다. 그런 반면에 한국의 예언자 목사 고영근은 1981년 5·18 제2주기 광주YWCA에서 열린 추모예배에서 '전두환 살인마'라는 소리를 8회에 걸쳐서 외쳤다. 이제 더 이상 한국에 예언자는 나오지 않을 것인가?

2007년 이명박 정권이 출범할 당시 총화단결이라고 해도 과언이 아닐 만큼 한국개신교는 '장로대통령 만들기'에 올인했다. 하지만 2013년 박근혜가 대통령이 되던 제18대 대선에서 개신교 목사들의 참여는 크게 줄었다. 더욱이 2016년 20대 총선(4·13총선)에선 새누리당을 이탈하여 개신교 독자정당파로 많은 교계지도자들이 모여들었다. 이렇게 이명박-박근혜 정권을 거치면서 정치화된 개신교 목사들의 분화는 보수대연합의 와해과정을 잘 보여준다. 하지만 최근까지도 전 대통령 박근혜를 열렬히 지지하는 교계지도자들의 수는 적지 않았다.

박근혜-최순실 게이트의 진상규명, 박근혜 탄핵과 퇴진, '이것이

나라냐', '박근혜 구속'을 외치는 전대미문의 촛불혁명이 광화문의 밤을 촛불의 바다로 일렁이게 했다. 온 국민들은 '적폐청산'을 외치며 거리로 나왔다. 이 과정에서 한국의 대형보수교회, 기독교 수구언론·지식인·정치인·일부 탈북자·관변단체·기독교에 기반을 둔 서북청년단들은 촛불집회에 맞불을 놓았다. 국정원의 사주와 전경련의 재정적 지원을 받는 친박보수단체와 함께 태극기와 성조기를 번갈아 들고 '박근혜 탄핵반대' '구속반대'를 외치면서 촛불집회에 맞불을 놓았다. 민주·개혁세력을 상투적으로 '좌경세력', '종북좌파', '빨갱이'로 몰아쳤다. 이런 구호를 외쳐야 정의의 세력이 타격을 입고, 민주개혁이 후퇴하고, 보수가 탄탄대로를 갈 수 있다고 생각했기 때문이다. 독재정권과 유착하여 권력과 금력의 기득권을 누릴 수 있다는 속셈이 깔린 것이 아닌가? 최근 이름 있는 보수논객들이 국정원의 재정지원과 사주를 받아 친정부, 민주세력 종북몰이에 관한 신문기고문과 인터넷에 댓글을 달아 왔다는 사실이 점차 드러나고 있다. 그동안에는 심증은 가나 물증이 없는 바였다. 이제 어둠 속에서 암약했던 반민주, 반통일 세력의 마각(馬脚)이 점차 드러나고 있는 것이다.

2016년 10월부터 박근혜-최순실 국정농단, 헌정유린 사건이 터진 이후, 19대 대선 직전 2017년 4월까지 박근혜 전대통령 탄핵반대·구속반대 집회에 참여한 열혈 지지자들은 주최측의 기대를 훨씬 못 미쳤다. 2017년 첫 번째 집회가 열리던 1월 7일 '박근혜대통령 탄핵 기각을 위한 국민총궐기 운동본부'(이하 탄기국) 대변인은 마침내 "태극기를 든 애국시민이 촛불 종북좌파를 압도하게 되었다"고, 잔뜩 고무된 멘트를 날렸다. 한데 그 집회에, 1천 명의 목회자들이 대열의 선두에 서서 행진할 것임이 예고되었지만, 목사 수가 턱없이 부족했다. 그리하여 주최 측은 준비한 목사 가운을 불특정 다수의 자원자들에게 무차별로 나눠주었다. 참으로 목사 바겐세일이었다. 이렇게 웃을 수도 없는 장면이 연출되었된 것이다. 보수주의적 개신교회 연합체인 한국기독교총연합회와 한국교회연합이 주최한 3·1구국기도회는 같은 장소에서 열린 3·1절 태극기집회로 바로 이어졌는데 이날 기도회 참여자는, 예상을 훨씬 못 미치는, 2만 명 정도로 추산되었다. 이는 3·1절에 열린 또 한 번의 대대적인 광장기도회였던 2003년의 구국기도회와 비교하면 규모가 십분의 일밖에 되지 않는 수치였다. 더욱이 이 기도회 참여자를 한 축으로 해서 500만 명이라는 전무후무한 규모의 정치집회를 열고자 했던 탄기국의 계획은 첫 단추에서부터 크게 엇나갔다. 교인들의 동원도 턱없이 부진했고 목사들의 참여도 매우 저조했다.

이렇게 목사들의 참여가 저조한 것에 대해 한 개신교계 언론사 기자는 이렇게 말했다. "교인을 두려워하는 것 같아요." 개신교 목사들은 한국사회에서 안하무인격 무례함의 표상처럼 보이지만, 실상은 교인들의 반응을 읽는 데 있어 눈치 백단의 전문가들이다. 보수적 기독교인들은 해방과 한국전쟁을 통해 남한 체제의 주류세력의 하나로 자리를 잡았다. 개신교 보수 세력의 정치참여는 단순히 보수우익 정당의 행동과는 다소 다른 양상을 띤다. 보수주의 국가를 세우는 데 목적이 있는 것이 아니라, 어디까지나 교회의 생존과 성장을 명분으로 행동한다. 그것이 곧 신앙과 선교의 자유를 확보하는 것이라고 이해하고 있다. 이 가치를 지켜 줄 수 있는 체제에는

타협하고, 침해당할 우려가 있는 체제에는 적극적으로 저항하는 방식인 것이다.[26]

한국개신교는 선교초기부터 지난 130년이 넘는 시간을 보내면서 복음을 전하고 교회를 세우고 구제하고 교육하는 등의 사회적 통합 기능을 감당해왔다 그러나 당대의 불의한 권력과 교회생존과 성장이라는 명분으로 타협했고, 적대세력을 용서하지 않으며, 새로운 시대적 과제를 안고 신앙적, 신학적으로 적용해 나아가려고 몸부림 치지도 않았다. 오직 번영과 축복이 선교의 기준이었던 것이다.

이러한 와중에도 이 암울한 시대에 예언자적 소리를 발하는 목사나, 신학자나 청년이나, 교회의 지식인들은 변방으로 밀려났다. 감리교의 신학자 변선환·홍정수는 수구보수들에게 밀리고 억압받아, 결국 교단에서 파문을 받고 말았다. 통일목사 문익환은 분단의 십자가를 지고 방북하여 이북의 주석 김일성과 연방제 통일방식을 논의하고 왔다. 공안당국은 국가보안법을 적용하여 '잠입탈출' '회합·통신' 등의 혐의로 구속하고, 결국 징역형을 선고했다. 그는 10여 년간 감옥을 드나들었다. 자주·민주·민중·통일운동 과정에서 창조적 소수는 감옥에 갇혀야 했다. 해방신학으로, 민중신학으로, 역사의 예수의 재발견으로 예수의 원형을 찾아서 고난의 길을 갔던 것이다. 성경은 이집트 제국의 노예적 삶을 거부하면서 만들어진 이스라엘의 기억과, 로마제국에 살면서도 자신의 주인은 황제가 아

26 이강일, "태극기 휘날리며, 십자가 지다" (한국복음주의연구소, 황해소리 기고문), 다음 창, http://iemk.tistory.com/57.

니라 예수 그리스도라고 고백하기를 두려워하지 않았던 하나님나라 백성들의 이야기를 담고 있다.

하나님의 권세를 남용하다 속절없이 무너져 내리는 세상 권력들의 추악한 모습을 바라보면서, 한국개신교의 수구보수 세력들이 권력과 금력을 우상화하고 있음을 봐왔다. 보수와 진보를 넘어서 그리스도인이라면 모두 분단된 조국과 독재정권과 악덕재벌들의 수탈 가운데 신음하는 민중과 민족을 방기해왔던 책임을 통절히 회개하고 이 땅에 '하나님 나라' 구현을 위해서 남은 생을 살아야 한다.

제5절 남북교회의 화해운동과 북한교회의 현실

1988년 2월 29일 서울 연동교회에서 개최된 한국기독교교회협의회(NCCK) 제37회 총회에서 "민족의 통일과 평화에 대한 한국기독교회 선언"이 총대들의 기립박수 속에 만장일치로 채택되었다. 통일선언문은 이렇게 시작한다.

'우리는 먼저 한반도에 그리스도의 복음을 보내주셔서 우리로 하여금 예수 그리스도의 십자가 죽음과 부활을 알게 하시고, 그것을 믿는 우리를 당신의 자녀로 삼으사 구원해 주신 하나님의 은혜와 사랑에 찬양과 감사를 드린다. 또한 하나님의 성령이 한반도의 역사와 모든 형제 자매들 속에 함께 하셔서 온 교회가 민족의 해방과 구원을 위하여 하나 되어 일할 수 있도록 선교의 결단을 하게 해주신 것을 감사드린다.[27]

1. 민족의 분단과 남북 그리스도인이 당한 고난의 세월

한반도의 남북분단은 현대 세계의 정치구조와 이념체제가 낳은 죄의 열매이다. 세계초강대국들의 군사적·이념적 대결과 상호분쟁 속에서 한국민족은 속죄양의 고난을 당하여 왔다. 1945년 제2차 세계대전이 끝나자 한국민족은 일본 제국주의의 식민지 노예상태로부터 해방되었으나 남북분단이라는 또 다른 굴레가 민족을 속박하기 시작하였다. 일본제국주의 침략군대의 무장을 해제시킨다는 명목 하에 설정된 남북분단선은 소련과 미국의 냉전체제에 의하여 고착화되었고, 남북한에는 각각 서로 다른 정부가 수립되어 한반도에서는 지난 70여 년간 군사적·정치적·이념적 갈등과 불행이 심화되어왔다.

1950년 6월 25일에 일어난 한국전쟁은 동족상잔의 비극을 낳았으며, 국제적 갈등은 극대화되었다. 제2차 세계대전 동안에 유럽 전 지역에 투하된 폭탄보다 더 많은 양의 폭탄이 투하되어 한반도는 초토화되었다. 이 전쟁에서 남한군 22만 명, 북한군 60여만 명, 중공군 1백만명, 미국군 14만 명, 유엔군 1만 6천여 명의 사상자가 났으며 전쟁 중에 병으로 사망한 숫자를 포함하면 2백 50만 명이나 되는 군인들이 희생되었다. 남한 50만과 북한 3백만의 민간인 사망자를 합치면 6백만의 피가 이 땅에 쏟아진 것이다. 그리고 3백만 명의 피난민과 1천만 명의 이산가족이 생겼다(브리테니카 백과사

27 "민족의 통일과 평화에 대한 한국기독교회 선언"(한국기독교교회협의회, 1988년 2월 29일), 위의 자료집, p.103.

전 1970년도의 통계).

6.25를 전후하여 북한 공산정권과 대립했던 북한의 그리스도인들은 수난과 죽음을 겪어야 했으며, 수십만의 이북 그리스도인들이 고향과 교회를 버리고 이남으로 내려와 피난생활을 감내해야 했다. 한국전쟁동안 적지 않은 이남의 그리스도인들이 납치되었고 참혹하게 처형되기도 했다. 한편 공산주의 동조자들은 이념전쟁의 제물이 되었고 '부역자'라는 명목으로 사회에서 매장을 당하지 않으면 안 되었다.[28]

2. 대한민국은 학살의 무덤 위에 세워진 나라였다

한국전쟁은 대학살극을 가져왔다. 해방 공간에서 어떤 나라를 세울 것인가를 둘러싸고 벌어진 대립이 외세 개입과 더불어 전쟁을 불러왔고 전쟁은 싸움에 직접 가담한 군인보다 더 많은 민간인들의 희생을 요구했다. 그중 다수는 전투와 무관한 학살의 희생자들이었다. 민간인 학살은 1948년 정부 수립 이전부터 시작되었다. 남한만의 단독 정부 수립에 반대하는 싸움이 불붙으면서 저 남도 제주는 무참한 살육의 땅으로 변해갔다. 제주 4.3사건진압 출동명령을 거부한 국군 여수14연대병사들의 항쟁으로 시작된 여순 사건은 전남 동부 일대를 살육의 땅으로 만들었다. 유격전의 주무대가 된 소백산맥 주변에서 군경의 초토화 작전이 펼쳐지면서 전쟁 전에 이미 10만 이상의 민간인 희생자를 냈다. 1950년 6월 25일 전면전이 벌어지고 서울이 점령되면서 가장 먼저 철퇴를 맞은 것은 보도연맹원

28 위의 선언문, p.103.

들과 수감자들이었다. 전향한 좌익활동 전력자들, 그리고 할당된 숫자를 채우기 위해 무차별로 편입된 평택 이남의 보도연맹원 25만과 그밖의 예비 검속자들이 아무런 절차도 없이 재판을 받았거나 재판 대기 중이던 기결수, 미결수 수만 명도 이승만 정권에 의해 죽임을 당했다. 전선이 밀리고 미군이 직접 개입하면서 전선 근처의 피난민, 주민들은 공비로 통하는 불그스레한 인간들로 간주되어, 억울한 희생을 당했던 것이다.

맥아더의 인천상륙작전으로 서울이 수복되었다. 인민공화국 체제에서 석달을 견딘 사람들은 주로 이북이 좋아서가 아니라, 이승만의 '국군이 용감히 싸워 북한공산군을 물리치고 있으니 안심하라'는 거짓방송에 속아 서울을 빠져나가지 못한 양민들이었다. 이승만은 1950년 6월 27일 새벽 3시 30분 서울 시민을 헌신짝처럼 버리고 도망한 주제에 서울이 수복되자 돌아와서 맨 먼저 한 일이 좌익협력분자들의 색출이었다. 총을 가진 인민군이 나오라면 나오고, 부역을 하라고 하면 할 수밖에 없는 형편이었다. 자신의 의사와는 상관없이 인민군 치하에서 견딘 서울시민들을 부역자로 몰아서 대부분 재판도 없이 즉결처분했던 것이다. 현대사학자 한홍구(성공회대 교수)에 의하면 이 때 희생된 사람이 55만 명이라고 한다. 서울 이외의 지역에서도 부역자 색출이 무차별적으로 진행되면서 헤아릴 수 없는 민간인이 빨갱이로 몰려 개죽음을 당했던 것이다.

북녘 땅의 피해 역시 만만치 않았다. 이전부터 적성 지역이던 이북에서는 미군과 국군, 우익단체의 민간인 학살이 더 무자비하게 진행되었다. 한편, 남쪽으로 내려온 인민군 밑에서 일하던 지방 좌익에 의한 민간인 학살도 10만을 헤아린다. 한국 전쟁 전후의 우리 역사는 남쪽 땅에서만도 백만에 육박하는 학살의 희생자를 냈다. 그럼에도 그 슬픈 역사는 대부분 장막에 가려져 있었다. 문제를 삼는 이조차도 빨갱이로 몰려 쥐도 새도 모르게 죽어갈 판이었기 때문이다. 이 땅의 아버지들이 아들에게 들려주는 제일의 교훈은 '입 조심, 몸 조심'이었다. 강요된 침묵에 진실이 가려지면서, 대한민국은 학살의 무덤 위에 세워진 나라가 된 것이다. 대한민국의 토대는 이렇게 하여 반석(?)처럼 다져졌다.[29]

한국전쟁 전후의 민간인 학살은 국제적으로도 주목받아왔다. 2001년 6월 미국 뉴욕에서는 코리아 국제전범재판이 열렸다. 원고는 남북 해외의 칠천만 겨레, 피고는 한국전쟁 당시의 '미국 트루먼 정부', 죄목은 '인간성에 반하는 범죄' '평화에 반하는 범죄' '전쟁범죄', 주관 단체는 '미군학살만행규명 전민특위', 바로 한국전쟁 당시 미국의 민간인 학살 책임을 묻기 위한 민간 국제법정이었다. 그 자리에는 한국전 참전 16개국의 대표들, 남북해외의 대표들과 전 세계의 대표적인 양심들이 재판관으로 참여했고, 세계 각국에서 모여든 700여 명 참가단이 함께 했다.

한국전쟁을 전후한 민간인 희생사건 '진상규명' 등을 위한 특별법 제정 목소리가 높다. 참여정부 때 활동하다 이명박·박근혜정부에서 중단되었던 '진실화해위' 같은 기구를 다시 만들어야 한다는

29 민간인학살 특별법 제정을 위한 전국공동대책위원회(준), 2001, pp.4-5.

것이다. 경남사천지역에서 한국전쟁을 전후해 일어난 민간인 희생은 1950년 7월에 집중됐다. 당시 보도연맹사건으로 최소 수백 명 이상이 무고하게 희생당한 것으로 추정되나 진실규명 결정을 받은 희생자는 26명에 그쳤다.

미군에 의한 총격, 폭격 등으로 희생당한 경우(곤명면 조장리, 마곡리 등)는 진실규명 결정을 받지 못했다. 사천지역 민간인희생자 합동위령제가 2017년 7월 24일 오전 사남면 사천왕사에서 열렸다. 이날 100여 명의 유족과 시 관계자 등이 참석해 희생자들의 원혼을 달랬다. 사천유족회는 한국전쟁 전후 민간인 학살에 대한 진상규명과 명예회복을 담은 특별법 제정을 촉구했다. 문재인 정부는 2017년 과거사정리 기본법을 개정하여 제2기 진실화해위원회를 구성하고 2018년 상반기부터 과거사 사건을 접수하는 한편, 2019년 과거사 통합재단 설립을 추진하여 과거사 후속조치를 지원하겠다고 발표하기도 했다.[30]

3. 동서냉전체제 속에서 남북 군사대결 상황

한국전쟁으로 초토화된 한반도는 계속해서 동서냉전체제의 국제정치적 갈등과 반목에 휘말렸으며, 이에 따라 남북분단의 벽은 높아져 갔고 남북한의 두 체제는 단절과 대결 속에서 적대적이고 공격적인 관계를 지속시켜 왔다. 남북한의 군비경쟁은 가속화되었고, 북한병력 84만과 남한병력 60만을 합하여 근 1백 50만 군대가 무장대치하는 상태에 이르게 되었으며 한반도에 배치되었거나 겨냥

30 “민간인 학살 진상규명” 다음 창, https://m.search.daum.net/search?w.

되고 있는 핵무기는 이 땅을 없애버리고도 남을 정도의 파괴력을 보유하게 되었다.

민족의 분단이 장기화되면서 양 체제에서 모두 안보와 이데올로기의 이름 아래 인권은 유린되어 왔으며, 언론과 출판, 집회와 결사의 자유는 억압되어 왔다. 그리고 서신왕래도 방문도 통신도 두절된 양쪽은 한 땅덩어리 위에서 가장 멀고 이질적인 나라가 되었다. 남북한의 이념 교육과 선전은, 상대방을 상호 체제경쟁을 통하여 약화시키고 없애야 할 철천지 원수로 인식하게 하고 있다. 따라서 남북한 국민들은 동족의 상황과 문화에 대하여 서로 무지할 뿐 아니라 서로 알아서는 안되는 관계로까지 길들여져 왔다. 양 체제는 같은 피를 나눈 동족을 가장 무서운 원수로 인식하게 하고 있는 것이다.[31]

4. 남북한 교회의 만남과 민족화해와 평화통일의 장이 열렸다

1984년 10월 일본 도잔소에서 남북교회 대표와 동서 진영에 속한 한반도의 관련국 대표들이 초빙되었다. 북한교회는 참석하지 못했으나, 분단으로 인해 나뉘어졌던 교회가 하나의 교회로 회복되는 중요한 경험을 제공해 주었다. 이 도잔소 회의의 경험은 1986년 9월 글리온 회의에서 남-북 그리스도인들이 최초로 재회하는 역사적 순간을 잉태하는 초석이 되었다.

제1차 스위스 글리온 회의는 남-북의 분단 이후 민간 차원에서의 첫 만남으로 여기에서 참석자들은 성찬을 함께 나누면서 이념과 사

31 위의 선언문, p.104.

상을 초월하여 그리스도 안에서의 화해와 일치를 경험했다. 1988년 2차 글리온 회의에서는 남-북간에 대립된 쟁점으로 남아있는 현안에 대해 7개 원칙에 합의하였다. 여기에서 1995년을 평화통일 희년으로 선포하고, 특히 불가침 선언, 군축 및 비핵화와 외국군 철수, 이산가족 재회, 북조선 그리스도교연맹과 남한 NCCK의 에큐메니칼 통로 개설이 합의되었다. 1990년 제3차 글리온 회의에서는 제2차 협의회 선언문의 정신을 계승하면서 5년간의 공동사업을 계획하고 추진하기로 합의하였다. 특히 남-북 불가침선언을 체결, 단계적 군비 축소의 실현, 팀스피리트를 포함한 대규모 군사훈련을 중지하도록 촉구하기로 결의했다.

1988년 2월 NCCK 제37차 총회는 "민족의 통일과 평화에 대한 한국기독교회 선언"을 채택했다. 이 선언을 통해 한국교회는 한반도의 통일을 위해 처음으로 포괄적인 신학적 입장과 정책적 과제를 밝히게 되었던 것이다. 이 선언은 1972년 남-북간에 최초로 합의했던 7.4 공동선언에 나타난 자주·평화·사상 이념을 초월한 민족적 대단결의 원칙에다 "인도주의와 민중우선의 참여원칙을 더한 것" 이었다.[32]

이후 NCCK와 조선그리스도교연맹의 교류사업은 진행되었고, 해마다 공동기도문 채택, 남-북교류방문이 최근까지 지속되었으나, 2017년에 들어서 북한의 수소탄 실험·위성발사·사드배치논란·개성공단폐쇄·UN 안전보장이사회의 대북강경제재 압박·키리졸브/

32 김병균, 『새날을 향한 예언자의 소리』(광주: 해동출판사, 1995), pp.273-276.

독수리 훈련·북의 무수단 미사일 발사 등으로 인한 전쟁분위기로 급변한 상황 가운데 처해 있었다. 그러나 2018년에 들어와 남-북관계, 북-미관계가 세기적 대변화를 맞게 되었던 바, 남-북정상의 만남으로 '판문점 선언'이 발표되고, '북-미정상'의 싱가포르 회담으로 북측의 완전한 비핵화와 미국의 북측에 대한 체제보장이 담긴 선언문이 공표되었다. 이렇듯 한반도의 정세는 화해와 평화로 순항하고 있는 중이다. 그러므로 어떠한 돌연한 변수가 발생할지라도 남북의 교회는 민족화해와 평화를 여는 십자가를 지고 서로 만나서 한반도 평화의 메신저 역할을 해내야 할 것이다.

5. 북한 당국의 교회예배 허락

1970년대 이후 북한에서는 그리스도교의 예배 장소가 준비되어 있다는 소식이 전해지기 시작했다. 더 나아가 1980년대 와서는 공식 예배가 몇 곳에서 허락되었다는 소식이 들렸다. 일본 요미우리신문(讀賣新聞)은 1986년 6월 24일에 북한 가정교회를 방문해 취재한 기사와 사진을 실었다. 유병철 전도사(51세)의 인도로 8명의 교인이 모여 찬송가와 설교 등으로 약 1시간 동안 온돌방에서 예배가 진행되었다. 유전도사가 전하는 바에 의하면 평양에 가정교회가 40여개 있고, 북한 전역을 모두 합치면 약 500곳에 1만여 명의 교인이 있다고 했다. 이 가정교회가 17년이 되었다니 그렇다면 1969년부터 북한에서 기독교 예배가 다시 허락된 셈이다. 김일성이 이른바 '종교 문제 해결'을 선언한 그 다음 해이다.

이는 두 가지 차원에서 풀이할 수 있을 것이다.

하나는, 공산주의 체제에 도전할 만한 어떤 종교인도 철저하게 숙청하고 처형함으로써 더 이상 본래의 교회예배는 없다는 것, 아니면 공산주의를 반대하던 교인들은 다 처리했으니 공산주의 정권을 인정하고 거기에 충성하는 교인들에게 소규모로 예배모임을 허락했다는 것일 수 있다.

1988년 평양 만경대 지역 봉수동에서 건축이 시작된 봉수교회가 완공되어 세계 각지에서 평양을 찾는 교인들의 예배 처소가 되었다. 한국의 여러 교회와 세계교회협의회, 한국교회협의회 등 많은 기관에서 경제적으로 지원해 의자, 피아노 등의 성물(聖物)을 갖춘 아름다운 예배당이 되었다.

2005년 대한예수교장로회(통합측) '남선교회(男宣教會)'에서는 북측당국의 건축허가를 받아 구 예배당을 헐고, 대지 2,300평에 건평 600평의 3층 콘크리트 건물로 총공사비 33억 원을 봉헌하여 예배당 건축을 시작하였다. 냉난방 시설, 동시통역시설, 음향영상시설까지 갖춘 현대식 봉수대 교회가 재건축되어 2008년 헌당예배를 드린 바 있다. 남북한 통일선교 위원장 김갑수 목사는 이렇게 말했다.

> 가짜 그리스도인, 가짜 교회, 북에 이용당하고 있다는 등 …… 수 없는 질의를 받았을 때에 한결같이 대답한 말이 있었습니다. "우리는 하나님의 능력을 믿기 때문에 혹 동원된 사람들이라 할지라도 복음을 들을 수 있는 기회가 주어졌다는 점에서 감사해야 하며, 이유는 다르지만 북한 당국이 이를 허락하여 많은 사람들에게 복음을 들을

수 있도록 했다는 점만으로도 우리는 기뻐하고 기뻐해야할 것입니다.” 이 말은 다음과 같은 사도 바울의 말과 완전히 일치하므로 감격스럽지 않을 수 없다. “어떤 이들은 투기와 분쟁으로, 어떤 이들은 착한 뜻으로 그리스도를 전파하나니 이들은 내가 복음을 변명하기 위하여 세우심을 받은 줄 알고 사랑으로 하나 저들은 나의 매임에 괴로움을 더하게 할 줄로 생각하여 순전치 못하게 다툼으로 그리스도를 전파하느니라 그러면 무엇이뇨 외모로 하나 참으로 하나 무슨 방도로 하든지 전파되는 것은 그리스도니 이로써 내가 기뻐하고 또한 기뻐하리라”(빌 1:17-18)

제6절 남북교회는 민족화해의 중심에 서야 한다

1. 화해의 모델은 삼위일체(三位一體)이다

화해는 예수 그리스도를 통하여 하나님의 영원한 창조와 구속을 이룩한 삼위 하나님의 작업이다. “하나님께서는 그분 안에 모든 충만함을 머무르게 하시기를 기뻐하시고, 그분의 십자가의 피로 평화를 이루셔서, 그분으로 말미암아 만물을, 곧 땅에 있는 것들이나 하늘에 있는 것들이나 다, 자기와 가까이 화해시켰습니다.”(골 1:19-20) 예수의 인격 안에서 신적인 것과 인간적인 것이 화해되어 영원히 연결되며 전혀 상반적인 것들이 하나를 이루는 곳이 그리스도이다. ‘셋이 하나’라는 삼위일체 하나님의 신성은 우리 믿음의 공동체가 추구해야 할 핵심인 화해의 본질이다. 화해가 없는 교회는 그리스도의 교회가 될 수 없다. 화해가 없는 나라와 가정은 그리스도가 떠난 곳이다. 기독교적인 것에는 반드시 화

해가 있다.[33]

마태복음 5장 24절에 언급된 화해는 개인 간의 화해이지만, 사도 바울의 경우 화해를 하나님의 본질적인 요소로 보았으며, 기독교인의 본질적인 덕으로 이해했다. 바울로 인하여 이 단어가 기독교의 본질적인 용어가 되었다.(고후 5:17-20, 롬 5:10-11, 11:15, 고전 7:11, 엡 1:16, 골 1:20-22) 바울이 이 화해를 강력하게 주장했기에 기독교의 중요한 개념이 되었다. 심지어 바울은 이 단어를 하나님의 속성을 나타내는 표현으로 사용했다. 특히 바울에게 복음의 핵심이란 깨어진 공동체를 회복하고 부러진 관계들을 복원하여 새로운 공동체를 세우는 것이었다. 소외, 미움, 불의를 제거하여 치유하는 작업이 화해라는 말이다. 모든 깨어진 관계들을 화해시키려고 예수께서 이 땅, 지구에 오셨다. 구원은 바로 이 깨어진 관계의 회복이다. 먼저는 하나님과 인간 사이의 깨어진 관계를 회복하는 것이고, 그다음으로 사람 사이의 관계를 회복하는 일이 구원이다. 사도 바울은 예수의 지상 선교의 핵심이 화해임을 다음과 같이 확신했다.

> 그리스도는 우리의 평화이십니다. 그리스도께서는 유대 사람과 이방 사람이 양쪽으로 갈라져 있는 것을 하나로 만드신 분이십니다(엡 2:14)

이에 따라 바울이 추구한 선교 역시 화해의 선교이다. 바울은 모

---

33 홍성현, "남북의 화해선언," 「기독교사상」(2017년 9월), p.45.

든 피조물의 변화(골 1:20)를 강력하게 요청하고 있다. 갈라지고 깨어진 관계를 회복시키고 잘못된 관계들을 바로잡고 화해시켜서 서로 사랑하면서 재미있게 살도록 만드는 것이 바울의 선교 내용이다. 기독교가 말하는 화해의 복음은 그래서 예수의 성육신·고통·죽음·부활, 그리고 승천과 직결된다. 나사렛 예수가 겪은 고난의 여정은 온 인류의 고난을 대신한 아픔이다. 화해도 하나님과의 깊은 결합이면서 동시에 죄악 속에 아파하는 인간, 지구와의 화해이다.[34]

2. 진정한 화해를 위한 절차는 '회개'(*repentance*)이다

회개는 화해를 위한 절차적 규정이라고 하지만, 회개는 구체적인 현실에서 일어나기 어려울 수 있다. 제7차 켄버라 WCC에서 화해는 이웃에 대하여 저질러진 죄악을 솔직히 인정하고 거기에 대해 실제적인 회복을 해야 한다고 선포한다. 그래야 회개와 용서가 만날 수 있으며 성령이 인도하는 코이노니아 공동체로 인도할 수 있다고 한다.[35]

교회의 회개가 어디 한국교회 뿐이겠는가? 미국을 비롯한 제국주의의 군산복합체와 패권주의 횡포는 여전히 대규모로 진행 중인데 어떻게 이들에게 회개를 요구할 수 있겠는가? 과연 국가차원에서 공교회 차원에서 회개의 요구가 현실적으로 가능하겠는가? 회개하기는커녕 지금도 타락의 길을 걷고 있지 않는가? 나치의 6백만 유태인 학살에는 분노하면서, 신대륙 아메리카로 건너간 영국인들의

34 위의 책, pp.46-47.

35 이형기, "세계교회협의회 역대총회 종합보고서" p.521.

원주민 대량학살에는 관대한 건 왜일까? 최근 러셀 톤턴(Russell Thornton)의 연구(*American Indian Holocaust and Survival*)에 따르면 유럽 이주민들이 서반구 곧 아메리카 대륙에 도착했을 당시인 1492년의 원주민 인구수를 7,500만여 명으로 잡고 있는데, 500년의 세월이 흐른 뒤에 25만 명이 돼버린 것이다. 이렇게 인구수가 감소한 원인으로는 유럽 이주민들이 지니고 있는 각종 바이러스에 노출되어 전염병으로 사망한 경우, 그리고 콜럼버스(Columbus)의 예처럼 인디언들을 노예처럼 부리다 잔인하게 죽인 경우, 또한 이런 역사를 뒤로 하고 원주민들과 이주민들 사이의 마찰로 인해 벌어진 전쟁으로 사망한 사람들, 더 나아가서는 부족 전체를 대상으로 종족 말살을 꾀하며 사냥에 나섰던 백인들의 학살로 인해 죽어갔던 것을 그 이유라 할 수 있을 것이다.

포르투칼, 스페인의 잉카문명 파괴와 아울러 중미, 남미 아메리카 대륙에서 살육된 인디언의 숫자가 1억 명이라니 서구 유럽인들의 잔악함이란 필설로 다 형언할 수 없는 일이다. 중남미의 원주민의 인구는 콜럼버스 원정대가 처음 도착한 1492년 인구 1억 명에서 1640년대(148년간) 300만 명으로 절멸되다시피 했다. 과연 미국과 서구선진국들이 진정으로 기독교국이었을까? 아직까지도 이렇다 할 회개 및 회개의 열매가 없는 것은 참으로 가슴 아픈 일이 아닐 수 없다.[36]

36 "미국의 인디언 대학살" 다음 창, http://m.blog.daum.net

중남미에서 약 500년 동안 계속되어 온 소수의 백인 천주교인들에 의한 정치·경제·교육면에서의 독점 지배 하에서 다수의 원주민들과 혼혈인들은 아직까지도 차별받고 있다. 백인의 피부에 제도적으로 부착되어 있는 특권과 편견이 따라다니기 때문이다. 인권투쟁의 경력이 인정되어 노벨 평화상을 받은 젊은 과테말라 원주민 출신 맨추(Menchú)의 저서가 지적하는 것과 같이 인종차별, 종교차별, 언어차별, 정치·경제적인 차별, 사회·문화적인 차별, 노동자 농민의 인권탄압 등 침략자들의 식민지 통치정책이 남기는 전형적인 사회 부조리와 부당한 탄압·차별·착취·정책이 아직도 존속하고 있는 것이다.[37]

3. 남아공의 '진실과 화해위원회'(Truth and Reconciliation Commission, TRC)의 화해모드

남아공의 흑백연합정부는 1995년부터 1997년까지 '하나가 되는 남아공·차별 없는 남아공'을 건설한다는 미래지향적인 관점에서 과거사를 청산하였다. Missio Dei(하나님의 선교)의 입장이 자연스럽게 드러났다고 볼 수 있는데, 어쨌든 과거에 집중하는 것으로는 소정의 성과를 거둘 수 없다는 현실적인 한계론이 작용한 것 같다. 1961년부터 1994년까지 있었던 여러 인권사례의 조사는 폭력의 진실을 규명하고 그것을 토대로 화해를 추구하는 것이었는데, 피해자들에게는 '진실과 화해'를 보상하고 가해자들에게는 '진실과 용서'를 보상하였다. 이처럼 남아공은 과거사를 청산함으로 '분열이 아

37 조찬선, 『기독교 죄악사(하)』(서울: 평단출판사, 2000.), p.37.

닌 통일'이라는 징검다리를 구축하였다.[38]

다이아몬드와 각종 자원의 풍부함은 17세기 말부터 남아공에 대한 유럽인의 침공을 불러왔다. 1945년에 법으로 제정된 흑백간의 차별체제는 1990년까지 지속되었다. 백인들은 인종해방과 정당한 권리를 주장한 흑인들에게 총과 수류탄 등으로 다스렸다. 또한 흑인 종족간의 갈등을 유도하여 서로간의 대규모 살육을 일어나게 하는 잔인한 행위를 하였다. 흑인들은 1961년 샤프빌 봉기, 1976년 소웨토 봉기, 1986년의 인민봉기 등을 통해 보복공격들이 일어나자 과도적인 백인정부는 '평화적인 과거사 정리'를 현실적으로 요구했으며 흑인 지도자들 입장에서도 사태의 심각성을 충분히 인정하여 그러한 입장에 흔쾌히 수긍했다.[39]

1994년 남아공 역사상 최초로 흑백연합정부가 수립되는데, 흑인을 대표하는 아프리카 민족회의와 백인을 대표하는 국민당이 연합한 것이다. 그들은 먼저 당시의 통합되는 분위기를 뒷받침 해줄 법을 제정하는 데 그것이 'TRC법'이었고 초대 위원장에 투투 주교가 임명되었다. 데스몬드 투투(Desmond (Mpilo) Tutu, 1931~)는 남아프리카 공화국의 성공회(Anglican Church) 성직자이다. 남아프리카 공화국의 인종차별 반대운동에 이바지한 공로로 1984년 노벨 평화상을 받았다. 1961년 성공회 교구사제로 임명되어 요하네스버

38 참된 평화를 만드는 사람들 편, 『하나님의 고통과 눈물』(서울: 평화의 선교, 2008), p.246, 송현석, "한국인의 화해와 하나님의 선교", 갈릴리 신학대학원 박사논문 재인용, p.109.

39 위의 자료, pp.109-110.

그에 있는 신학교에서 강의했다. 1972~75년 세계교회협의회(WCC)의 부의장을 지냈으며, 1975~76년 흑인으로서는 최초로 요하네스버그 대성당의 수석사제가 되었다. 1978년 남아프리카 교회협의회 의장에 임명되었고, 남아프리카 흑인의 권리를 옹호하는 주요대변인이 되었다. 비폭력 저항을 강조하고, 남아프리카 공화국의 교역국들에게 남아프리카 공화국에 경제압력을 가하도록 촉구했다. 그는 인종차별 정책의 반대자들이 폭력을 사용하는 것을 비난하면서, 대신에 흑인 및 백인 공동체 간의 평화로운 협상을 통한 화해를 모색했다. TRC의 핵심활동기조는 기본적으로 "용서보다 오히려 존경스러운 기억과 진실을 토대로 화해"를 추구하자는 것이었다. 진실과 기억만이 용서와 화해로 가는 지름길이라고 생각했고, 진실을 향한 '고통과 희망의 다리를 연결하는' 징검다리를 놓고자 했다. 그러나 결코 그 과정은 쉽지 않았다. 기득권을 가지고 있는 백인들의 동의가 필요했으며, 보복의 정서를 용서와 화해의 마음으로 전환해야 하는 흑인들의 결단이 필요했다. 그래서 우선 '진실'에 대한 파악이 중요했고, 과거의 아픈 기억들을 미래 사회를 향한 희망의 주춧돌로 밟고 지나가야 했다.

바로 Missio Dei의 화해절차인 진실과 참회 그리고 용서가 현실에서 그대로 적용되는 예가 되었다. 과거에 대한 진실과 기억이 있었으며, 가해자들의 적극적이거나 소극적인 참회, 그리고 기독교인이 아니라면 가능하지 않겠지만 피해자들의 예수 그리스도 십자가 정신에서의 용서이다. 결코 쉽지 않은 과정이었지만, 지금 기회가 왔을 때 흑백을 대표하는 정당들이 서로 용서와 화해의 마음으로 즉 그리스도의 심정으로 해결하여야만 향후 흑백이 하나 된 사회의

정치·경제적 민주화와 평등이 열리는 것이었다.[40]

남아프리카 공화국 만델라의 경우를 보자. 만델라는 1918년에 남아프리카 공화국 케이프주의 동부에서 태어났다. 아버지는 템부 왕족 대추장의 자문역을 지낸 인물이다. 만델라는 그 추장의 도움으로 공부를 시작했다. 1948년에 총선거에서 승리한 백인들의 정당 국민당은 아파르트헤이트(Apartheid)라는 인종차별법을 제정한다. 이 법이 제정된 후 남아공 정부는 조직적으로 흑인들을 차별했다. 여기에 저항해 1950년 노동절 공산당이 광산파업을 일으키며 흑인들의 저항도 조직화되기 시작했다.

만델라는 공산당투쟁에는 참가하지 않았으나 민족회의 청년동맹의 의장이 되고 곧 아파르트헤이트 법에 대한 불복종 운동을 시작했다. 네덜란드인의 아프리카 상륙 300주년이 되는 1952년 4월 6일 만델라는 비폭력시위를 총지휘했고 그 일로 체포당한다. 불복종 운동은 전국에 확산되고 외국에서도 주목하기 시작했다. 이 일을 계기로 7,000명에 불과했던 ANC(아프리카 민족회의)의 회원이 10만 명으로 늘어난다. 이무렵 법률사무소에서 근무하고 있던 만델라는 ANC[41]활동과 투쟁 중에도 공부를 계속해 1952년에 변호사 시

---

40 Republic of South Africa, "The Promotion of National Unity and recociliation Act" 1995. 7. 26, 송현석, 한국인의 화해와 하나님의 선교, 갈릴리 신학대학원 박사논문 재인용, p.109.

41 ANC(African National Congress)는 아프리카 민족회의의 약자로 남아프리카 공화국의 흑인해방조직으로 잠비아의 수도 루사카에 망명 본거지를 두고 있다. 1925년에 정식으로 발족하면서 1960년의 샤프빌사건을 계기로 불법화되었고, 1962년 해방운동의 심볼인 넬슨 만델라 의장(당시)이 체포되었다. ANC는 게릴라 활동을 펴는 한편, 합법화와 만델라 석방을 요구했으나, 정부측이 무장투쟁 포기를 요구했기 때문에 대화는 진척되지 않았다. 1986년 5월 정부

험에 합격한다. 그리하여 곧 거리에서의 저항은 곧 법정투쟁으로 이어졌다.

1955년 ANC는 인민대회를 열어 3,000여명이 참가한 가운데 자유헌장을 채택한다. 인종차별정책반대와 민주사회건설을 골자로 하는 이 헌장은 흑인 운동의 마그나 카르타가 됐다. 국민주권을 선언한 이 헌장은 이미 사회복지대상자들에 대한 국가적 책임을 세우고 광물자원, 은행 독점기업의 국유화를 제창하고 있다. 아파르트헤이트 법은 피부색과 언어, 신체로 인간을 구분하고 흑인들의 시민권까지 박탈했다. 전체인구의 70%인 흑인은 국토의 13% 안에 갇혀 지냈다.

1980년대에 들어와서 만델라의 석방운동이 세계각처에서 일어났다. 당시 남아공 대통령이었던 보타는 85년 국회연설에서 "만델라의 석방은 그 자신에게 달렸다"고 했다. 만델라는 옥중서신을 통해 "나는 폭력을 싫어한다. 무기를 선택할 수밖에 없도록 정부는 우리를 몰아세웠다"고 응수했다. 만델라는 또 "남아공의 사람들은 ANC와 정부가 협력해 새로운 시대의 기초를 놓기 바란다. 인종차별·편견·탄압·대립·죽음과 파괴행위들은 다 구시대의 유물이다. 그것들을 과거로 하고 나아가야 새 시대가 온다"고 했다. 만델라는 백인정권의 수장인 드 클락 대통령과 적극적으로 대화하고 협력해서 과도기의 혼란을 막고 용서와 화해를 기초로 한 새 정부 수립을

군은 이웃 3개국의 ANC 기지를 공격, 힘에 의한 봉쇄를 기도했다. 현재는 합법적 반정부단체로 전 국민의 80%를 차지하는 흑인들을 이끌고 있으며, 1994년 최초로 흑인정부를 세웠다(http://www.anc.org.za)

추진했다. 그 공로로 1993년 만델라는 드 클락과 나란히 노벨 평화상을 수상한다. 그리고 다음해에 대통령으로 취임한다.

만델라는 대통령직에 오르자마자 성공회(聖公會)의 투투 주교를 수장으로 하는 '진실과 화해위원회'를 출범시켰다. 드 클락은 전반적인 사면을 주장했으나 만델라는 이를 거부하고 "범인이 진실을 밝히고 그들의 행동이 정치적 동기였음을 증명하면 위원회는 개인별로 사면을 행한다"고 정리했다. 진실이 밝혀지기 전에는 사면과 화해는 없다고 주장한 만델라는 "우리는 용서할 수는 있으나 결코 잊을 수는 없다"고 했다. 이것은 교섭에 의한 혁명이었다.

27년 만에 햇빛을 본 만델라의 제일성은 화해였다. "인종차별을 끝내라. 정치범들을 전원 석방하라. 정부도 ANC도 다 같이 무력사용을 포기하라." 만델라의 화해 주장은 세계적인 반향을 일으켰다. 만델라의 동지였던 사모라마셀의 미망인 그라샤는 이렇게 말했다. "용서와 화해는 남아공 뿐 아니라 아프리카 전역의 문화가 돼야 한다. 만델라는 광범위한 사람들에 대한 용서와 이해와 사귐의 상징이다. 만약 그가 석방된 뒤 다른 메시지를 보냈더라면 이 나라는 불바다가 됐을 것이다. 비극에서 나라를 구하려는 사람들에게 화해행위는 지나칠 수가 없다." 투투 주교는 집권여당이 된 ANC의 반발에 대해 "어제의 피압박자가 아주 쉽게 오늘의 압박자로 변신할 수 있다"고 경고했다. 이 논쟁에 말려든 만델라는 위원회의 결정을 받아들였다. 백인들의 악정에 저항했던 동료들의 아픔을 몰라서가 아니었다. 자신의 살을 도려내면서 절규한 만델라 대통령의 화해의

메시지이다. 그 순간 그의 눈은 화해자 예수의 십자가를 쳐다보고 있었을 것이다.[42]

4. 좌우이념과 남북대결 구도에서 화해의 메신저(Messenger) 되는 한국교회

1988년에 2월 29일 발표된 민족의 통일과 평화에 대한 한국기독교 선언의 일부는 다음과 같다. "우리는 예수 그리스도가 '평화의 주'(골로새서 1:20)이심을 믿으며, 하나님의 인간구원과 해방을 위한 선교사역이 우리의 이념과 체제가 다른 사회 속에서도 이루어지고 있음을 믿는다. 다른 사회체제 속에서 살고 있는 그리스도인들이 갖는 신앙고백의 형태와 교회의 모습이 비록 우리와 다르다 할지라도 우리는 그들이 한 분이신 하나님, 한 분 그리스도에 매여 있으므로 우리와 한 몸을 이루는 지체들임(고전 12:-26)을 믿는다." 최근 몇 년간, 놀랍게도 우리와 떨어져 있던 북한 사회내의 신앙의 형제 자매들과 접촉하고 있는 세계 에큐메니칼 공동체는 우리에게 소식을 알려 줌으로써 우리의 이 같은 확신을 더욱 굳게 하여 주었다.[43]

1988년 9월 한국기독교장로회에서는 민족통일선언서를 발표하고 '민족분단과 상처를 치유하는 교회'라는 장(章)에서 다음과 같은 내용을 선언하였다. 이 신앙선언에서 '창조주 하나님'과 '화해의 주'

42 "만델라와 투투 주교" 다음 창, https://m.search.daum.net/search?w.

43 "민족의 통일과 평화에 대한 한국기독교회 선언"(한국기독교교회협의회, 1988), 위의 자료집, p.108.

와 '하나 되게 하시고 자유케 하시는 영'을 고백하였다. 또한 그 신앙고백은 교회를 "세상에서 봉사하고 이 땅에 하나님의 나라가 임할 때까지 세계의 평화와 민족의 평화 통일을 위해 일하도록 부름받은 하나님의 선교공동체"라고 선언하였다. 이러한 신앙고백에 토대하여 우리 교회는 분단 반세기를 살고 있는 이 민족을 향해 그리고 이 민족을 위해 분단의 상처를 치유하고 남-북의 화해와 평화와 통일을 실현하기 위해 미력이나마 노력하고 이를 위해 우리는 남북교회와의 선교협약을 통해서 통일에 대한 교회의 사명을 연대하여 추진하기로 확인하였다.

나누어진 교회는 그리스도의 몸의 탈선이요(고전 1:13) 성령을 근심케 하는 것이다. 만약에 교회들이 서로 화해할 수 없다면 복음의 부름에 응답하지 못하는 것이고 증언에 있어서 신빙성을 잃을 것이다. 인류공동체의 경쟁과 파편화 와중에서 일치와 더 큰 상호의존을 필요로 하는 세상 속으로 파송 받는 교회는 하나님의 화해케 하시는 사랑의 징표와 도구가 되도록 부름을 받는다.[44]

화해는 기독교 복음의 가장 핵심적인 내용이라는 사실과 이 땅에 교회는 화해의 사절로 있다는 기본적인 사실 등을 확인한다. 우리가 증언하고 실천하는 화해는 먼저는 하나님과 인간간의 수직적 화해이다. 이 수직적 화해는 수평적 화해의 근거가 되고 동시에 이의 가능성과 필연성을 가능케 한다. 수평적 화해는 인간과 인간 사이의 화해이고, 인간과 자연간의 화해를 포함한다. 자연과의 화해

44 이형기, 위의 책, p.523.

를 관심 할 때 환경적으로, 생태적으로 지속가능하고 생명살림의 경제개발과 경제성장을 관심하게 된다. 그리고 인간과 인간 사이의 화해는 개인 간의 사적인 차원에서의 화해만을 의미하는데 그치는 것이 아니고 인간 집단과 집단, 민족과 민족, 나라와 나라간의 공간적이고 공공적인 사회생활의 분야에까지 적용되는 것이다.[45] 북한과의 화해를 원한다면 북한의 변화를 유도한다는 말도, 북한의 이질화라는 말도 삼가해야 한다. 그러한 사고방식과 표현의 전제가 변해야 할 측은 우리가 아니고 북한만이라는 것이기 때문이다.

북한을 유도한다는 말은 화해의 정신이 아닐뿐더러 오히려 화해를 가로막는 것이다. 화해를 진정 원한다면 화해에 장애가 되는 악의에 찬 상호비방이나 중상은 물론, 일방적인 자기 옹호와 선전 등을 즉각 중단하여야 한다. 이것들을 이루어내기 위해 노력하는 것이 적어도 화해의 메신저인 그리스도인들이 수행해야 할 화해의 목회와 선교의 과제이다. 오늘날 이 땅에서 그리스도인이 된다는 것은 반세기 동안 분단된 남·북 민족 간에 화해의 사절이 되는 것이고 평화와 통일의 선구자가 되는 것을 의미한다.[46]

5. 남-북, 남-남 갈등 정쟁화하여 화해와 통일을 저해하는 반통일 세력 경계

2017년 12월까지만 해도 북-미 사이에 말 폭탄이 오가고, 북한은

45 "1998년 민족통일선언서" (기독교장로회, 한국교회평화통일운동자료집), pp.415-416.

46 위의 자료, pp.416-417.

미국이 주도하는 UN 대북제재에 아랑곳없이 화성 15호 ICBM을 쏘아 올렸다. 문재인 정부는 북핵위기, 미국발 강경제재 국면 속에서도 제재와 대화라는 기조를 잃지 않고 지켜왔다고 본다. 2018년 북측 지도자 김정은이 신년사에서 '평창올림픽 참가'를 제안했을 때, 남측은 즉각 수락하였다. 남과 북의 체육관계자, 예술단이 강릉과 마식령 스키장 등을 방문하고, 북측의 아이스하키단이 휴전선을 넘어오므로 '평창 동계올림픽'은 차가운 날씨 가운데서도 민족의 가슴을 뜨겁게 달구었다. 나아가서는 세계의 여론도 여기에 부응하였고, 세계올림픽위원회(IOC)가 개최당사자인 남측당국보다 한발 더 앞서가는 협조정신을 보여주었다. 이렇게 올림픽의 기본정신인 '평화'의 정신이 구현되고, 동계올림픽 이후 남-북 대화, 북미 대화로 이어지기를 바라는 소망의 분위기가 고조되고 있음에도 불구하고 한편에는 재를 뿌리는 세력들이 있었으니 한심할 노릇이었다.

당시 자유한국당 당대표인 홍준표는 신년기자회견에서 "이번 올림픽은 평창올림픽이 아니라, 평양올림픽이다" "피땀흘려 연습해온 하키 팀의 선수들이 단일팀이 되면 부득불 제외되게 될 터인데, 그 선수들의 상처를 외면해도 되는가?" 등 불평을 늘어 놓았는데 이처럼 평화도 민족의 장래도 외면하는 언동은 참으로 한심스러웠다. 극우 수구보수세력들은 온갖 궤변을 동원해서 동계올림픽에 흠집을 내고, 문재인 정권의 이미지에 먹칠을 하여 극우반통일 세력을 규합하고자 하는 모양새를 지속했던 것이다.

그 뿐만 아니라 북-미 회담이 미국 내의 강경파와 북측의 자주적

외교노선 사이에 마찰음을 내므로 한동안 요동쳤다. 그리고 미합중국 대통령 트럼프는 북미 회담 취소의 결정까지 내린 바 있었으나, 다행스럽게도 북미 간의 물밑접촉과 남북정상의 제2차 판문점 회담을 통해 즉시 정상적으로 복구되었다. 앞으로도 비핵화의 과정 속에서 순탄치 않는 국면이 얼마든지 조성될 수 있으나, 북미는 비핵화와 체제보장이라는 큰 틀 속에서 순항해 나아가야 한반도와 동북아를 넘어서 세계 평화에 크게 기여할 수 있을 것이다.

북미 회담 이후 '판문점 선언'에 대한 실천으로 남북관계는 긴밀한 교류협력 관계를 재개해야 한다. 조선민주주의인민공화국에서는 미국에 대해 종전선언을 해야 한다고 주장하고 있다. 미국도 이북에 대해 종전선언을 할 수 있는 '비핵화'에 대한 구체적 조건을 제시해서, 말 대 말·행동 대 행동의 기본원칙을 지켜가면서 한반도 화해와 평화협정의 목표를 향해 순항해 나가야 할 것이다. 이어서 이산가족 상봉, 개성공단 복구, 북측의 산업인프라 구축, 자원과 기술교류, 조건 없는 식량지원, 의약품 지원 등을 전면적으로 시작하는 데 있어서 남-북간의 지속적인 대화와 미국을 비롯한 국제사회의 통큰 결단과 협력이 적극적으로 요청되는 바이다.

또한 인도적 입장에서 북한의 어린이들에 대한 지원은 지속적으로 실시되어야 한다. 대화와 화해는 서로 쌍무적이어야 한다. 정전선언 이후 평화협정으로 곧장 나아가야 한다. 최근 한-미동맹이 주도하는 군사훈련은 중단하겠다는 잠정적 결정이 나왔다. 미국은 한-미동맹에 의해 이뤄지는 최첨단 무기를 동원한 정례적인 전쟁훈련을 중단해야 한다. 나아가서 미국과 일본은 북한과의 외교관계를 새롭게 수립하고, 조선민주주의인민공화국이 국제사회 일원으로 활동할 수 있도록 협력자가 되어야 한다. 한국교회는 지난날 냉전 시대의 반공신학적 낡은 틀에서 환골탈태해야 한다. 민족의 화해와 협력, 평화통일에 그리스도의 정의와 평화와 사랑의 정신으로 선교적 차원에서 동참해야 하는 것이다. "예수 믿자"에서 진일보해 "예수로 살자"의 실천이 남-북 관계에서 이뤄져야 이 땅에 '하나님의 나라'를 구현하는 것이 아니겠는가.

6. 한국교회의 회개와 개혁, 선교적 과제로서의 평화통일 사명

1970년대 한국사회는 급격한 산업화로 인한 도시인구의 급증으로 팽창하였다. 박정희 정권의 수출주도형 경제성장정책은 노동자들에게 값싼 식량을 공급하기 위해 농민들에게 저곡가 정책을 강요했다. 농촌사회의 몰락은 도시지역 공단에 인구가 급속히 유입되게 된 원인을 제공했다. 객지에 나와 빈곤과 외로움과 성공에 대한 희망을 꿈꾸던 민중들은 도시교회로 몰려들기 시작했다. 그 대표적인 성공(?)사례가 세계에서 가장 대형화된 교회라는, 영혼과 건강과 성공을 기원하는 부흥목사 조용기가 담임하는 순복음교회였다,

이후 한국교회는 대형교회 운동, 성장주의로 나아가면서 물량주의, 자본의 논리를 그대로 따르고, 온갖 교권주의적 파벌싸움과 추문이 사회의 네티즌들에 의해 패러디되고 교회의 도덕성과 신뢰는 실추되었다. 교회는 더 이상 거룩한 곳이 아니라 세상 지식인이나 네티즌들의 조소의 대상이 되었다. 언필칭 10만 명이 모인다는 명성교회의 원로목사 김삼환은 그의 아들에게 총회 헌법을 위반하

고, 그리스도인의 신앙양심을 범해가면서 불법세습을 했다. 중대형 교회 150여개가 이러한 불법세습을 해왔다니 참으로 개탄스런 일이다.

이 사람들은 거의가 보수반공신학을 표방해 왔고, 독재정권을 음으로 양으로 지지해 온 자들이다. 130여년 전, 구한 말 기독교 복음이 들어와서 민족의 개화와 복음선교, 병원선교, 교육선교에 헌신해 온 선배 그리스도인들의 헌신을 생각할 때 송구스럽기 한이 없는 것이다. 그래서 요즈음 한국교회에서는 청년들이 교회를 계속 떠나가고 있다. 한국교회에 "교리의 그리스도"는 있으나 "역사의 예수"는 없는 상황이 벌어지고 있다. 이런 상황이 계속된다면 한국교회는 희망이 없다. 따라서 교회가 갱신하려면 개혁이 있어야 한다. 철저한 반성과 회개가 있어야 하는데, 특히 삭개오의 회개가 요청되며 회개의 열매를 맺어야 한다. 먼저 북측에 굶주리고 있는 동포들에게 식량을 보내고, 병든 동포들에게 의약품을 보내고, 개성공단의 복원과 금강산을 비롯한 북측의 관광명소를 개방하여 방문케 해야 한다. 외국에 나가서 돈을 쓰도록 할 것이 아니라, 이북관광의 문을 열어야 한다. 한국과학기술정보연구원 사업단장인 최현규는 "남북이 서로 만족할만한 교류는 이젠 북한의 인적자원, 광물자원, 생물자원의 강점을 충분히 이해하고 활용함으로써 서로가 '윈윈'하는 교류가 이뤄져야 한다"고 말했다.[47] 더욱 중요한 것은 이북의 완전한 비핵화, 미국의 조선민주주의인민공화국에 대한 체제보장이 이뤄져서 국제사회의 대북제재가 풀려야 한다. 북이 가지

47 「한겨레신문」(2018년 5월 27일), 오철우, "우리가 잘 몰랐던 북한 과학기술".

고 있는 지하자원과 노동력만 수출해도 이북의 경제는 급속도로 진전될 것이다. 우리 세대에 평양을 지나 신의주 및 단동으로, 시베리아를 지나 모스크바로 동유럽과 서유럽의 끝인 포르투갈까지 이남의 학생들이 수학여행을 갈 수 있는 현실을 우리 손으로 만들어야 한다. 강대국의 눈치만 볼 때는 이미 지났다. 조선민주주의인민공화국의 과학수준과 핵무기 개발수준을 보라! 이제 비핵화문제도 확실히 해결하고 그 노하우를 우리 민족의 번영과 세계의 화해와 평화를 위해서 사용해야 할 것이다. 대한민국 정부는 세계경제규모 17위, 군사강국 7위에 들어섰다. 이제 남-북교류에 마음을 모은다면 세계가 주목하는 나라가 될 것이다. 이제 한-미-일, 북-중-러의 협력을 받아 우리 민족의 장래는 "우리 민족끼리" 결정을 해야 한다. 결정권이 결국 우리에게 있다는 사실을 명심해야 한다. 이제 우리 이남·이북·해외 8천만 민족은 자주·평화·민족대단결의 원칙에 굳건히 서서 정전협정을 평화협정으로 바꾸고, 평화통일로 나아가야 할 것이다.

제10장

주체사상과 민중신학의 대화 필연성에 관하여

북한사회를 주도하는 이념인 주체사상과 남한의 기독교 변혁운동을 선도하는 민중신학은 민중이 주체적으로 수행해 가는 민족의 자주적 통일이라는 과제 앞에서 서로 만날 수 있다. 주체사상과 민중신학은 많은 형식적 차이에도 불구하고 내용적으로나 실천적으로 많은 공통점을 지니고 있다. 주체사상은 서구 기독교 사상을 한반도의 북쪽 상황에서 주체적으로 수용한 것이라고 볼 수 있다. 즉 한반도의 민족적 상황 속에서 주체적으로 형성되었다는 점에서 주체사상과 민중신학은 일치한다. 양자는 민중의 주체적 역량을 신뢰하고 그 역량을 한국사회의 변혁운동과 새로운 사회의 건설에 동원하려 한다는 점에서 일치한다. 더 나아가서 양자는 인간중심적 사상으로서 고조선의 홍익인간 사상에서부터 동학의 인내천(人乃天) 사상에까지 이르는 한국적 휴머니즘을 계승한다는 점에서 서로 일치한다고 볼 수 있다.

제1절 주체사상과 민중신학의 만남의 필요성

1. 주체사상과 민중신학의 비교

주체사상과 민중신학은 평면적으로 비교할 수 없다. 그 까닭은 주체사상은 북한의 지배이념인 반면, 민중신학은 남한사회의 불의한 기득권 세력에 대한 저항사상이기 때문이다. 더욱이 민중신학은 기독교라는 특정종파의 사상이기 때문에 양자의 평면적 비교는 더욱 어려워진다. 주체사상과 민중신학이 인민 또는 민중의 주체적 역량을 신뢰하고 강조하는 점에서 일치하지만 양자가 처한 사회적 상황과 지위가 다르기 때문에 강조점과 지향점도 다르다. 주체사상은 민중에 대한 당과 수령의 지도를 강조하는데, 민중신학은 민중에 대한 지도를 배격한다. 당과 수령의 지도를 강조하는 주체사상이 결과적으로 민중의 주체성을 위축시킬 수 있다면 민중에 대한 모든 지도를 거부하는 민중신학은 무정부적인 민중방임주의에 빠질 위험이 있다고 본다.

주체사상은 외세의 식민지지배와 지배계급의 압제에서 해방된 인민을 상정하고 인민의 주체적 역량을 효율적으로 동원하는데 목표가 있다. 민중신학은 외세와 지배계급의 억압과 독점 아래 짓눌린 민중의 투쟁을 격려하고 그 투쟁에 동참할 것을 호소하면서, 고난 받고 투쟁하는 민중에 대한 소위 지도층의 섣부른 간섭을 배제하고 민중 스스로 민중이 주인 되는 사회를 열어가도록 민중 편에서 지배권력과 반민중 계층에 저항하는 데 목표가 있다. 주체사상이 인민의 해방을 전제하고 해방된 인민을 지도하려 한다면 민중신

학은 억눌리고 수탈당하는 민중 편에서 민중과 함께 지배권력 및 지배이념에 저항하려 한다.[1]

2. 제1세대 민중신학의 경우 : 반신학과 마르크스주의

민중신학은 상징적 의미에서나 실질적 의미에서 '민중사건'에서 출발하였다. 그 '민중사건'에 대한 자각은 구체적으로 1970년 '전태일 사건'에서부터이다. 청계천 봉제노동자 전태일이 열악하고 비인간적인 노동조건에 저항하여 '근로기준법'을 지키라는 투쟁을 하다가 결국 자신의 몸을 불태우므로 노동착취현실을 폭로하였다. 그의 죽음은 결코 헛되지 않았다. 노동자들을 일으켜 세웠으며 지식인들의 양심을 후려쳤기 때문이다. 서구전통신학의 추상성에서 아직 벗어나지 못했던 안병무·서남동·문동환 등 진보적 신학자들을 각성시켰다. 훗날 민중신학자들로 불리게 될 이들은 그 사건의 역사적 의미에 공감하고, 신학적 의미를 발견하였으며 그 사건을 신적 구원의 사건으로 인식했다.

신적 초월의 지평을 거부하는 마르크스주의적 입장에서는 하나의 역사적 사건을 신적인 구원사건으로 인식한 신학의 발상이 오히려 그 사건의 본질을 은폐하는 것처럼 보일지 모른다. 그러나 신학적 입장에서는 하나의 역사적 사건을 신적 구원의 사건으로 인식한 것은 중대한 의미를 지닌다. 그렇게 해서 탄생한 것이 민중신학이다. 모세라는 민중지도자가 이끌었던 히브리 노예공동체가 이집트

1 박재순, 위의 책, pp.111-112.

의 파라오 제국주의 횡포에 저항하여 해방을 쟁취하였던 사건은 바로 성서의 하나님이 일하신 까닭이었으며 그래서 하나님은 '사건의 하나님'이라 일컬어진다. 이 출애굽 해방공동체에 내려진 말씀이 십계명이요, 계약법전이요, 율법이다.

전통적 신학에서라면 한 노동자의 죽음을 어떻게 바라볼 수 있을까? 자기 목숨을 스스로 버리는 일은 교리적으로 용납될 수 없는 일이라고 단정할 수밖에 없을 것이다. 그러나 민중신학은 그 사건을 '예수사건' 곧 신적인 구원사건으로 인식하였다. 민중신학은 전태일의 죽음에서 예수의 죽음을 보았던 것이다. 그 죽음이 말하는 진실, 그것이 바로 신적인 구원사건이라고 민중신학은 인식한 것이다. 따라서 민중신학은 당연히 전통적 신학에서 이탈할 수밖에 없었다. 그래서 민중신학자들 스스로 언명하듯이 민중신학은 '반신학'(反神學)이요, '탈신학'(脫神學)이다. 반신학, 탈신학은 이전의 신학들과 달리 새로운 인식, 새로운 언어를 요구하였다. 민중신학이 마르크시즘의 유의성을 인정한 것은 이러한 맥락에서였다. 스스로 '크리스챤 마르크시스트'라고 자임했던 서남동에게서 그러한 인식은 가장 뚜렷하였다. 스스로 그와 같이 밝히고 있다는 사실은 적어도 그 스스로 마르크시즘적 인식을 명시적으로 수용하고 있다는 것을 말한다.

서남동은 당대의 혁명·정치·해방의 신학이 마르크시즘의 도전에서 촉발되었다는 사실을 인정하면서, 마르크시즘과의 대화와 경쟁으로 기독교가 잃었던 활력을 되찾아 민중의 종교로 복귀하려 한다는 것을 분명히 했다. 서남동이 마르크시즘적 인식을 수용한 흔적은 그의 민중신학 구상 전반에 나타난다. 그는 매우 빈번히 '사회사적 해석', '사회경제사적 해석' 또는 '물질주의적 해석'이라는 말을 사용하였다. 그와 같은 개념들을 사용하는 의도는 분명하다. "지배세력에 대한 민중의 제약조건"을 분명히 밝히고, 나아가 "자기 역사와 운명의 주체가 될 민중의 정체"를 포착하기 위한 방법론을 지시한 데서 그와 같은 개념들을 사용하고 있다. 그와 같은 개념들이 마르크시즘의 유물론을 유념하고 있다는 것은 어렵지 않게 판단할 수 있다.

서남동은 사실상 마르크시즘적 인식을 의미하는 '사회사적 해석' 내지는 '물질주의적 해석'을, 기존 신학의 전제들을 비판하고 분석하는 도구로 사용할 뿐 아니라, 새로운 신학을 구성하는 하나의 인식론으로 삼는다. 서남동은 신의 '계시' 자체가 물질적 하부구조를 갖고 있다고 주장하며 "계시의 하부구조"라는 개념을 창안한다. 이 개념은 서남동이 마르크시즘의 유물론적 인식을 얼마나 비중 있게 받아들이고 있는지를 분명히 보여준다. 이 개념을 통해 그가 말하고자 하는 것은, 신학에서 말하는 "신의 계시는 역사적 사건을 통해 표현된다"는 점이다. 즉 민중신학·해방신학을 비롯한 제3세계 상황신학은 신의 하부구조라는 말이다. 그러므로 신의 계시는 '사회과학적' 연구의 대상이 되어야 하며 그런 의미에서 계시는 '물질적 계시'라고 본 것이다. 더 구체적으로 말하면 신의 선택을 받은 '가난한 사람' 곧 민중은 단순히 계시의 매체가 아니라 계시의 구성적 요인이라고 보았다. 이러한 착상에서 시작하여 서남동은 "하부구조(몸)에서 유리된 상부구조(이념)만의 전통적 신학”은 “유령이요 아편”이라고 단정지었다. 여기에서 서남동은 확실히 마르크스의 종교비판 이후의 신학의 가능성을 제시하고 있음을 알 수 있다.

한편 서남동과 함께 민중신학의 또 다른 정초자(定礎者)인 안병무에게서도 마르크시즘의 영향은 미묘하기는 하지만 결코 무관한 것이 아니었다. 그는 “물과 계급에 대한 인식의 혁명”을 말함으로써 마르크시즘적 인식의 유의성을 인정하였다.

서남동은 민중에 대해 말하기를, “땅을 정복하고 생활가치를 생산하고 세계를 변혁시키며 역사를 추진해온 실질적 주체이면서도 지배권력으로부터 소외·억압되어 천민·죄인으로 전락”했지만, “역사의 발전에 따라서 자기의 외화물(外化物)인 권력을 원자리로 돌리고 하나님의 공의회복을 주체적으로 이끌어서 그로써 구원을 성취하게 되었다”고 했다. 이처럼 민중신학은 마르크스의 종교비판의 진의를 충분히 헤아림과 동시에 마르크스의 현실인식 방법을 진지하게 수용한 결과이다. 요컨대, 민중신학이 마르크시즘의 유용성을 인정한 것은 다른 어떤 관심사보다도 민중의 주체성을 해명하려는 관심 때문이었다 할 것이다.[2]

3. 제2세대 민중신학의 경우 : 정치경제학적 현실분석과 신학적 성찰의 결합

역사 주체로서 민중의 해방을 추구하는 민중신학과 마르크시즘

2 최형묵, “민중신학과 마르크스주의” “제1회 ‘마르크스-코뮤날레’에서 발표한 논문”, (이화-삼성문화교육관, 2003)

의 관계 모색은 1980년대 학생운동과 민중운동의 폭발적인 성장과 함께 새로운 전기를 맞이한다. 광주민중항쟁(1980년) 이후 급성장한 학생운동과 민중운동은 여러 가지 면에서 이전의 운동 양상과는 구별되었다. 그 가운데 두드러진 현상은 조직적 발전 양상과 함께 과학적 인식의 대두였다. 운동의 조직화는 전체운동과 부문운동의 관계 정립을 요구하였고, 운동의 과학화는 새로운 현실인식과 이념적 선택을 요구하였다. 운동의 조직화와 과학화는 당시 민중운동에 참여하고 있는 기독교운동 진영에 커다란 도전이 되었다. 심각한 조직적 사상적 갈등을 겪어야만 했던 기독청년학생운동 활동가들의 강력한 문제제기에 응답하여 등장한 제2세대 민중신학은 우선 기독교의 정체성(identity)을 심각하게 다시 묻는 시도부터 시작하였다.

기독교의 그와 같은 새로운 정체성의 모색은, 박성준[3]이 제기한 "두 개의 기독교"론에서 더욱 분명해졌다. 지배자의 종교가 아니라 민중의 종교로서 기독교를 재설정하려는 시도였다. 기독교의 정체성을 다시 묻는 그와 같은 문제제기는, 이전의 역사적 기독교를 다

3 서울대 상대, 미국유니언 신학교, 일본 릿꼬대학에서 석·박사과정을 거쳤다. 1967년 전 국무총리 한명숙과 결혼했으나, 통일혁명당사건으로 1심에서 징역 15년, 자격정지 15년을 선고받고 이듬해 대법원에서 刑이 확정됐다. 검찰은 박성준에게 국가보안법 위반, 내란음모, 반공법 위반죄를 적용했다. 그 후 실형을 선고받고 13년 동안 복역하다가 1981년 전두환 때 출소해 진보 성향의 활동과 저술 활동을 했고, 미국 유니언 신학교와 일본 릿쿄 대학교 대학원에서 신학을 공부하기도 했다. 이후 한신대학교 겸임교수를 역임하였고 2001년부터 성공회대학교 NGO대학원 겸임교수로 재직하고 있으며, 아름다운가게 공동대표와 비폭력평화물결 공동대표를 맡고 있기도 하다.

시 돌아보게 만들었고, 친미 반공주의의 포로가 된 현실의 지배적 기독교에 대한 비판을 더욱 철저하게 수행하도록 하였다. 아울러 그간의 기독교 신학이 근거로 삼아 왔던 형이상학에 대해 근본적인 재검토를 요구하였다. 한신대 교수 강원돈의 '물의 신학'은, "정치경제학적 현실분석과 신학적 성찰의 결합을 방법론적 기축으로 삼은 해석학의 일반이론"으로서 자기 성격을 분명히 했다. '물의 신학'은 이전의 민중신학이 사회현실의 분석과 기독교에 대한 비판적 분석도구로서 마르크시즘의 유물론을 수용한 데서 한 발자국 더 전진하였다. 역시 마르크스의 종교비판이후의 기독교 신학을 건설하려는 목적을 분명히 하는 가운데, 마르크스의 유물론적 세계관을 정면으로 받아들여 응답하고자 한 것이다.

그것은 결국 기독교 신학과 마르크스의 유물론을 결합하려는 시도로 나타났는데, '물의 신학'이 전제하는 유물론은 '유물론적 존재론'과 구별되는 '실천적 유물론'이었다. '유물론적 존재론'과 '실천적 유물론'의 구획선은 의식과 존재의 매개·통합 문제에 접근하는 관점과 방식의 차이에 있다. 마르크스가 표방한 '실천적 유물론'은, 인간과 대상의 세계를 결합시키는 것은 대상에 대한 인간의 감성적이고 물질적인 활동으로서 노동이라고 본다. 마르크스에게서는 노동과 무관하게 사물의 본질이나 실체를 묻는 것은 무의미한 것으로 간주되고 있다고 본 것이다. 반면에 '유물론적 존재론'은 의식과 무관하게 존재하는 대상들, 곧 물질적 대상들에 대한 존재론적 형식을 제시하려 했다고 본다. 강원돈은 그러한 경향이 교조적인 변증법적 유물론의 골간이 되고, 결국에는 국가권력을 장악한 지배 엘리트에 의해 지배 이데올로기가 되었다고 본다. '물의 신학'은 그와 같은 두 경향이 나름대로 독특한 정치투쟁과 사상투쟁의 맥락에서 형성되었음을 주목하며, 그 정식들을 실천의 자리에서 '비신화화' 해야 한다고 본다.

"세계를 이러저러하게 해석하는 것이 아니라 변혁하는 것"을 문제 삼는 실천의 자리에서 판별해야 한다는 것이다. 이 점에서 '물의 신학'은 당대의 운동 현실에서 다급하게 수용된 마르크시즘의 한 경향을 매우 주의 깊게 성찰하면서, 마르크시즘의 원 자리를 회복하려 했다고 할 수 있다.

실천적 유물론을 전제하는 '물의 신학'은 그에 걸맞게 실천적인 신 인식론 또는 신앙론을 필요로 한다. '물의 신학'은 유물론적 세계관과 기독교 신앙의 종합을 가능하게 하는, 기독교적 신앙 내용의 핵으로 "하나님이 육신(Sarx)이 되었다"는 '성육신론'(成肉身論, Incarnation)을 지목한다. 성육신론은 역사적으로 구체적인 사회적 관계 안에서 한 인간으로서 살았던 예수를 통해 신을 인식하는 관점이다. 그의 삶과 죽음을 통해 신의 섭리, 곧 역사의 진실을 깨닫는 신앙의 이해 방식이다. 고립된 개별적 존재로서가 아니라 구체적인 역사 현실에서 민중과 함께 했던 그의 삶을 기독교 신학에서는 '예수운동'이라 명명한다.

민중신학에서는 예수를 개인으로 보지 않고 민중이라는 집단적 인격의 대표로 본다. 그러므로 예수운동은 곧 민중운동이다. 성육신론은 예수운동 곧 민중운동을 통해 하나님을 인식하는 방식이다. 실천적인 신 인식론인 것이다. 이 점에서 '물의 신학'으로 대표되는 제2세대 민중신학은 제1세대 민중신학의 핵심을 당대의 상황에서 더욱 철저화하였다고 볼 수 있다. 예수와 민중을 동일시하고, 신학의 하부구조를 말했던 민중신학의 핵심은 실천적 유물론과의 결합을 통해 '물의 신학'으로 재현되었고, 그것은 1980년대 민중운동에 참여하는 기독교운동의 주체들에게 분명한 하나의 신학적 대안으로 몫을 감당하였다.4

4. 해방 담론으로서의 민중신학과 마르크스시즘

1990년대 이후 민중운동의 지형이 달라짐과 함께 민중신학과 마르크시즘과의 접합관계 또한 양상이 달라졌다. 우선 신학이 사회과학을 수용하는 데서 제기되는 문제점을 따지는 논의가 중요한 쟁점 가운데 하나로 부각되었다. '반신학' '탈신학'의 계보에 선 제3세대 민중신학은 여전히 마르크시즘과의 접합을 모색했던 시도를 하려고 하지만, 그에 대한 반동으로 제기된 신학적 인식의 고유성 문제를 해명해야 하는 과제가 제기된 것이다.

신학이 마르크시즘의 유의성을 인정했던 맥락은 해방의 담론으로서의 그 몫 때문이다. 신학은 마르크시즘적 인식을 수용함으로써 자신을 기존의 도그마로부터 해방시키고자 했으며 나아가서는 민중의 해방에 기여하고자 했던 것이다. 오늘 다시 새삼스럽게 제기되고 있는 신학의 고유성 문제도 그와 같은 맥락에서 판단해야 할

---

4 최형묵, 위의 논문 참조..

것이다. 과연 신학적 인식이 어떤 의미에서 해방적일 수 있는가를 따져야 하는 것이다. 일단 형식논리로 보면 신학은 언제나 신에 관한 물음을 기본 전제로 한다. '존재자'로서보다는 운동 속에서의 '존재방식'을 물은 것이다.

신학에서 말하는 신의 영역은 '궁극적 가능성'의 차원이다. '궁극적 존재'라기보다는 '궁극적 가능성'이다. 그것이 '초월'의 지평이다. 궁극적 가능성으로서의 초월은 언제나 현재 상태를 뛰어넘는 것을 의미한다. 현재 상태를 정당화하기보다는 끊임없이 파기하도록 한다. 진정한 혁명의 가능성이다. 바로 그 궁극적 가능성 앞에 자신을 개방하는 것이 신학적 인식의 고유성이다. 그와 같은 의미에서 신학적 인식은 끊임없는 해방을 추구한다. 만일, 변혁을 위한 현실 분석과 판단을 과제로 삼는 사회과학이 신학적 인식을 필요로 한다면, 바로 그와 같은 인식일 것이다. 도그마에 대한 한 맹신으로서 신학적 인식이 아니라, 궁극적 가능성 앞에 자기를 열어두는 의미에서의 신학적 인식이다. 마르크시즘이 사실상 국가 이데올로기로 작동하였던 역사를 돌이켜보면, 그와 같은 의미의 신학적 인식이 사회과학 또는 마르크시즘에도 분명히 유의성을 지닐 수 있을 것이다. 신학과 마르크시즘이 그와 같이 개방적일 때 서로가 진정한 해방의 담론으로서 역사에 기여하게 될 것이다.[5]

5 위의 논문 참조..

제2절 주체사상과 민중신학 사이의 대화 가능성

한반도 분단모순 해결과 남북교류를 원하는 사회적 욕구는 높은데, 이북의 사상을 대표하는 주체사상에 대해 관심을 갖고 연구한다는 것을 우리 사회가 선뜻 용납하지는 않는다. 아직도 국가보안법이 현존하고 있고, 더군다나 북한과의 극심한 군사적 대결구도 속에서는 더욱 쉽지 않는 사회 분위기가 지속되고 있는 것이다.

2017년 8월 아메리카 합중국 대통령 트럼프의 이북을 향한 '화염과 분노'(fire and fury) 발언이 나왔다. 뒤이어 조선민주주의인민공화국 국무위원장 김정은은 '괌도 미사일 포격' 발언으로 응수하였다. 이에 한반도 및 동북아와 온 세계에 전쟁위기의 분위기가 고조되었다. 대한민국 대통령 문재인은 2017년 8·15 경축사에서 '한반도에서 전쟁만은 안 된다'고 선언한 바 있다. 위기는 기회를 가져올 수 있다. 이제 핵전쟁 위기 일촉즉발의 북-미 대결구도 이후, 기적처럼 찾아온 북측의 평창올림픽 참가를 서곡으로 한반도에는 "평화의 봄"이 찾아왔다. 남-북정상의 "판문점 선언"에 이어 세기의 회담으로 주목을 받은 싱가포르 "북-미 정상회담 선언문" 발표는 북측의 비핵화 약속과 미국의 체제보장 선언으로 순항하고 있는 중이다. 이후 종전선언에 이어 남-북, 북-미, 더 나아가서는 6자간에 협상테이블을 마련해야 한다. 정전협정 66년째를 맞고 있는 이 엄혹한 대결구도와 준전시사태를 벗어나기 위해서는 결국 종전선언에 이어 평화협정의 단계로 나아가야 한다.

향후 남과 북이 만나서 서로의 생각과 사상을 토론하므로, 한반도에 이뤄야할 평화통일의 청사진을 그려야 한다. 북의 사상은 무엇인가? 이북의 철학관과 종교관은 무엇인가? 이북 인민들은 어떠한 생각을 하면서 살고 있는가? 이북은 공식적으로 주체사상을 조선민주주의인민공화국의 유일사상으로 내세우고 있다. 이북의 주체사상, 이남의 민중신학, 함석헌의 씨알사상 등을 알고 민족의 종교와 사상에 관해 토론하고 연구해야 남-북간에 이해와 신뢰가 구축되지 않겠는가? 서로를 알고, 알아보고, 대화할 때 민족화해와 평화, 나아가서는 평화통일로 나아가는 길이 좀 더 쉽게 열리지 않겠는가? 민족의 동질성, 남-북 휴머니즘, 인간이해와 소통이 필요한 적기를 맞고 있는 것이다.

1. 민중신학의 자리에서 본 주체사상

우선 민중신학은 '신학'이고 주체사상은 '철학'인데, 신학과 철학은 생각하는 틀이 서로 다른 데가 있어서 견주기가 어렵지 않을까? 그리고 주체사상은 사상인데 민중신학은 사상이라고 말하기에는 조금 이르지 않을까하는 의구심이 들기도 한다. 그러나 주체사상의 '철학다움'이나 민중신학의 '신학다움'이 둘 다 궁극적으로는 민중(인민)의 인간화 실현을 겨냥하고 있기 때문에 공통점이 많으며 대화가 가능하다고 본다. 주체사상과 민중신학이 만나서 소통해야 한다는 것은 사실 절실한 상황이다. 지금까지 서로의 사상을 접한다고 하는 것이, 남측에서는 '빨갱이'로 북측에서는 '반동'으로 몰리기 십상이었다. 하지만 우리 민족이 민족화해와 평화통일이라는 민족적 대의를 역사적 사명으로 생각한다면 민중신학과 주체사상의 만남은 상호 사상적 이해를 갖는 중요한 지점인 것이다.

2. 주체사상과 민중신학이 만날 수 있는 공통성

북한사회를 주도하는 이념인 주체사상과 남한의 기독교 운동을 선도하는 민중신학은 민중이 주체적으로 수행해 가는 민족의 자주적 통일이란 과제 앞에서 서로 만날 수 있다. 주체사상과 민중신학은 많은 형식적 차이에도 불구하고 내용적으로나 실천적으로 많은 공통점을 지니고 있다. 주체사상이 마르크스-레닌주의를 민족적 상황에서 주체적으로 수용한 것이라면, 민중신학은 서구 기독교 사상을 한국적 상황 속에서 주체적으로 수용한 것이다. 따라서 '주체철학'과 '민중신학'은 한반도의 민족적 상황 속에서 각기 주체적으로 형성되었다는 점에서 양자는 일치한다.

또한 주체사상은 북한사회의 입장에서 민족의 자주적 통일을 추구하고, 민중신학은 남한사회에서 기독교적 바탕을 가지고 민족의 자주적 통일에 복무하려 한다는 점에서 서로 일치한다. 아울러 민중(인민 또는 노동자 계급)편에 서서 민중이 주인 되는 사회를 지향하고 건설하려 한다는 점에서 양자는 일치한다. 양자는 민중의 주체적 역량을 신뢰하고 그 역량을 한국사회의 변혁운동과 새로운 사회의 건설에 동원하려 한다는 점에서도 일치한다. 더 나아가서 양자는 인간중심적 사상으로서 고조선의 홍익인간사상에서 동학의 인내천(人乃天) 사상에 이르는 한국적 휴머니즘을 계승한다는 점에서 서로 일치한다.[6]

6 박재순, 『열린사회를 위한 민중신학』(서울: 한울, 1995), p.88.

제3절 주체사상과 민중신학을 견줄만한 "몇 가지 주제들"

1. 주체사상과 민중신학의 독창성

주체사상은 김일성에 의해서 창시되었으며 그것은 단순히 이론의 산물이 아니라, 실천의 산물이라는 데 의의를 가진다. 김일성은 일찍이 조선의 독립과 사회주의 혁명을 위한 실천의 원리로서 주체사상을 내놓았다. 그는 마르크스-레닌주의 사상이나 공산주의 사상을 가졌으면서도 외세에 의존해서 독립과 혁명을 완수하려는 사대주의자들과 교조주의자들과는 달리, 인민 대중이 자주적으로 창조적으로 혁명의 앞길을 개척해나갈 것을 절실히 요구했기 때문이었다. 나아가서 주체사상은 6.25전쟁 때 철저하게 초토화된 북녘의 땅을 새로 일구어 "인민의 나라"를 일으켜 세우는 데 지도원리가 되었다는 점을 감안해야 할 것이다. 주체사상은 변증법다운 유물론의 세계관이 변형된 것이 아니라, 사람 중심의 새로운 실천철학이라는 점에서 독창성이 드러난다.[7]

남녘의 민중신학도 서구신학의 한국다운 토착화가 아니라, 서구신학과 아주 다른 남한의 독창적인 신학이다. 민중신학은 1960년대와 1970년대에 걸쳐 노동자·농민·도시빈민과 같은 민중계층의 유린된 인권을 회복하고, 극심했던 경제착취를 막고, 나아가 군사독재에 맞서 정치의 민주화를 실현하기 위해서 창안된 한국적 신학이다. 민중의 소리와 민중사건을 증언하고 거기에 이론의 근거를

7 송기득, 『그리스도 해방과 인간해방』 p.460.

제시하여 밑받침하려는 것이 민중신학의 처음 뜻이다. 민중신학은 민중에 의한 신학이 아니고 민중을 위한 신학이었다. 민중의 참여를 열어놓은 신학이었고, 또한 민중운동에 몸소 참여한 사람들이 하는 신학이기도 해서 "민중신학"이라는 이름을 가지게 되었다. 주체사상이나 민중신학은 세계에 없는 특이한 사상으로써, 그것은 우리 겨레의 뛰어난 슬기를 실증한 것이기도 하다.

김정일에 따르면, "주체사상은 사람중심의 새로운 철학이다. … 주체사상은 사람이 모든 것의 주인이며 모든 것을 결정한다." 그는 여기에 덧붙여, "사람이 모든 것의 주인이라는 것은 사람이 세계와 자기 운명의 주인이라는 것이고, 사람이 모든 것을 결정한다는 것은 사람이 세계를 개조하고 자기 운명을 개척하는 데서 결정적 역할을 한다"고 말한다.

따라서 사람의 사람다움은 "자주성과 창조성, 그리고 의식성을 가진 사회적 존재"라는 데 있다. 자주성·창조성·의식성은 사회적 존재인 사람에게만 고유한 속성이다. 사람 중심과 사람 위주의 이러한 주체철학은 철저한 인간주의 철학이라고 할 수 있다. 그렇다면 이것은 민중신학과 어떤 관계를 가지는 것일까?

먼저 그리스도교 성서와의 관계를 보도록 한다. 성서에 따르면 사람은 '신의 형상'(Imago Dei)으로 만들었다고 한다(창 1:26). 신의 형상은 사람의 바탕을 가리키는 것이다. 그것은 곧 사람의 존엄성·세계지배성·공동체성을 뜻한다고 볼 때 결국 사람은 자주의 존재·창조의 존재·의식의 존재로 창조되었다고 할 수 있다.

이것을 한마디로 묶으면 "주체적인 존재"에 다름 아니다. 사람은 세계와 자기 운명의 주인으로서 세계를 개조하고 자기 운명을 개척하는 주체성(자주성·창조성·의식성)을 그 속성으로 하는 존재이다. 주체사상과 그리스도교의 인간관은 여기에서 별로 차이가 나지 않는다. 여기에 민중신학과 주체사상이 소통하고 대화할 수 있는 통로가 있다고 보는 것이다. 주체사상에서, "사람"은 존재론적 개념이고, "인민"은 사회학적 개념이라고 볼 수 있다.[8]

민중신학과 주체사상은 그의 주장과 사상에 사람을 중심에 두었다는 점이 바로 상호대화할 수 있는 조건에 부합하는 것이다.

2. 인민의 자주성과 당(수령)의 지도

주체사상은 공산주의 혁명과 사회주의 사회건설에 인민대중을 절대 요건으로 내세운다. 그러나 인민대중의 자주성과 자발성에만 맡겨두지 않고 당과 수령의 영도에 의해서 효과 있게 실현시키려 한다. 인민들의 자주성에 기대하면서도 이들을 깨우쳐서 혁명운동에 짜임새 있게 응원하기 위해서는 당과 수령의 지도가 절실하다는 논리이다.

그러나 당과 수령의 지도(영도)가 절대화하면 인민대중의 자발성이 사라져서 인민들이 수령에게 종속될 위험이 있다. 비판자들은 이것을 극단화하여 '수령의 우상화'로 표현한다. 우상화의 의미는 신 아닌 것을 신(神)으로 섬기는 것을 뜻하는데, 북녘에서 김일성을 신으로까지 섬기지는 않을 것으로 본다. 민중(인민)이 민중해방의

8 위의 책, pp.461-463.

실체이다. 따라서 당과 수령은 부차적인 것이다. 민중신학에서 말하는 민중의 메시야(그리스도)성, 민중의 예수다움은 여기에 좋은 본보기가 될 것이다. 오늘날에는 민중(인민)이 예수의 구실을 대신하고 있기 때문이다.[9]

다만 문제는 수령의 영도체제에서 인민의 자주성이 어느 만큼 확보되는 것일까에 있다. 인민의 자주성이 제대로 확보되지 않는다면 주체사상의 수령론은 해방의 신 앞에서 민중주체와 자주를 철저화한 민중신학의 세례를 받아야 하지 않을까? 수령론이 수령의 영도체제와 인민에게 맹종을 강요하거나, 인민을 억누르는 지배이데올로기가 되어서는 안 되겠기 때문이다.

3. 주체사상의 그리스도교 이해

박승덕에 따르면, 종교란 "압박과 착취, 예속과 불평등에서 벗어나 자기 운명을 개척하려는 인간의 본성적 요구를 구현하고 그것을 실현하기 위한 길을 밝히는데 그 동기와 목적이 있다." "그리고 그 본성적 요구를 신에 의존해서 해결하려는 사상의식의 형태라는 데 종교의 본질이 있다"[10]고 말했다. 그리고 종교는 "모든 사람들이 서로 사랑하고 평화롭게 살며 정의와 평등의 원칙이 구현된 사회를 건설하여 죽지 않고 영원한 삶을 누리는 것"을 근본 되는 교리로 내세운다. 그런데 주체사상에서도 사랑과 평화, 정의와 평등, 영생

9 위의 책, pp.466-467.

10 박승덕, "주체사상의 종교관" 『기독교와 주체사상』,(신앙과 지성사), p.184, 위의 책, p.471.

은 중요한 이념이 되고 있다. 이것은 종교와 주체사상이 넓은 포용력을 가지고 종교사상이 지니고 있는 긍정적인 측면을 포섭하고 있음을 의미한다. 뿐만 아니라, 주체사상은 현실세계에서 종교의 이념을 구체적으로 실현하는 길을 밝혀주는 일까지 도모한다. 이것은 주체사상이 종교사상보다 윗자리에 있음을 나타내는 대목이라고까지 볼 수 있다.

그렇다면 주체사상은 그리스도교에 대해서 어떻게 평가하고 있을까? 원시 기독교는 민중을 위한 종교였으며 노예와 빈민들에 대한 노예 소유자들의 억압과 학대를 반대한 종교로서 그리스도교의 본래 사명을 전형적으로 체현했다라고 말한다. "억압받은 민중을 구원하고 해방할 사명을 지닌 (이러한) 기독교는 … (결코) 배척의 대상이 될 수 없다." 그러나 그리스도교가 "착취계급의 리익에 복무하고 민중의 자주의식을 마비시키는 력할을 하게 된데 대해서는" 용납할 수 없다는 것이 주체사상이 서 있는 자리라고 할 수 있다.[11]

마르크스시즘과 주체사상은 '무신론'(無神論)인가? 마르크시즘에서도 주체사상에서도 신 그 자체의 존재를 부정하는 데 그 뜻이 있는 것이 아니다. 신이 사람을 비인간화할 때 그러한 신을 부정하는 데 그 뜻이 있다.

그렇다면 민중신학에서는 신의 실재성을 인정하고 있기 때문에 '유신론'(有神論)이 그의 필수라고 해야 하는가? 엄밀한 뜻에서 유신

11 위의 책, pp.470-471.

론이나 무신론과 같은 틀은 참 하나님과는 별로 관계가 없다. 하나님은 그 틀(도식)을 넘어서 이른바 논(論)의 대상이 아니다. 그래서 우리가 말할 수 있는 신은 민중현장에서 만나는 신이고 또 거기에서 뜻으로 고백된 신일 따름이다. 신은 민중해방운동 속에 실재하기 때문이다. 이것이 신의 내재성이 가지는 참 뜻인 것이다.

서구의 전통신학과 실존적 신학에서 말하는 신은 민중이 억압받는 현장에서 눈물이나 닦아주는 비역사화된 신일 뿐이다. 역사의 하나님, 해방의 하나님은 민중이 억압받는 곳에 항상 성령론적으로 함께 하신다. 필자가 성경에서 체득한 신의 뜻은 신의 민중해방성에 있다. 그래서 필자는 신을 '민중의 하나님' '역사의 하나님' '해방자 하나님'으로 부르는 것이다. 오늘날도 이 세계도처에서 들려오는 민중들의 한숨과 고통과 통곡의 울음소리를 들어보라! 제국주의·패권주의, 군산복합체·민족우월주의·종교차별·성차별·불평등한 노사관계·소수민족의 고통, 이민자들의 불안한 삶, 독재에 견디다 못해 보트를 타고 탈출했다가 지중해·태평양에서 풍랑을 만나 표류하는 난민들 등 이루 말할 수 없는 민족모순과 민중압제의 현장에서 지금도 민중의 하나님은 해방사역의 동역자들을 부르고 계신다.

본디 하나님은 히브리 노예들의 하나님 아니던가? 이러한 뜻에서 "신학은 인간학이다." 인간의 실존과 고통 받는 현실 속에 찾아오는 신, 응답하는 신이 참 신이다. 인간의 억압과 착취에 침묵하고 동조하는 신은 바로 우상인 것이다. 그래서 폴 틸리히는 "정의가 없는 종교는 우상이다"라고 말했다. 신은 그리스도교의 한 모퉁이에서 지배이데올로기가 되어서는 안된다. 민중신학은 이것을 허용하지 않는다. 신은 어디까지나 해방자여야 한다. 주체사상에서는 무엇으로 자기비판의 거점을 삼는 것일까? 모든 사상이 그렇듯이 주체사상도 지배 이데올로기가 될 위험이 있는데, 무엇을 잣대로 해서 그것을 만들 것인가? 수령론인가? 지도자론인가? 아니다. 주체사상의 핵심은 인민의 소리, 인민의 주권이다. 이렇게 본다면 민중과 인민이 주인 되는 세상에서 민중신학과 주체사상은 만날 수 있는 것이다.

제4절 주체사상과 민중신학의 상호보완과 연대의 길 모색

지금까지 필자는 민중신학과 주체사상의 독창성·민중(인민) 중심성·민중의 역사주체성·인민의 자주성과 수령(당)의 지도·민중신학과 사회주의 경제관·주체사상의 그리스도교 이해 등의 주제를 정리해 보았다. 이것은 분단 70여년의 벽을 헐고 남과 북이 화해하고 상생하여 결국 평화통일로 나아가기 위하여 신학적으로, 사상적으로 헌신하고자 하는데 목적이 있는 것이다. 이와 관련하여 주로 양자의 공통점과 대화가능성에 관한 연관성에 초점을 두고 논리를 전개하였다.

과연 민중신학과 주체사상 사이에는 공통점만 있고, 상이한 점은 없겠는가? 민중신학은 군부독재라는 남녘 사회의 억압현장에서 나온 반체제적인 비판이론이라고 할 수 있다. 반면에 주체사상은 북녘사회의 통치이데올로기인 것이다. 민중신학은 민중에게 '인간다운 특권'을 부여함으로써 그들의 자주적인 역량을 높이 평가한다. 주체사상은 인민에 대한 당과 수령의 '지도'를 강조한다. 그래서 북녘의 구호 중에는 '당과 수령이 결정하면 인민은 따른다'는 말이 있다. 그러나 이러한 차이는 두 사상이 발생하게 된 역사적 상황이 다른데서 기인한 것임을 알아야 할 것이다. 그럼에도 불구하고 실제로 두 사상은 '민중의 인간화'라는 공동목표를 향해서 가고 있다는 데에 대화의 길이 열릴 수 있다고 본다.

그렇다면 민중신학과 주체사상은 모순이 없고, 수정·보완할 것이 없을까를 비판적인 관점에서 봐야한다. 북녘의 주체사상은 인민들에게 주체사상 자체를 '유일사상'이라고 지나치게 강조할 뿐 아니라, 당과 수령의 지도를 절대화함으로 인민들의 자발성을 억누를 염려가 있음을 배제할 수 없다. 즉 주체사상은 정치·사상·군부의 영도자인 김일성에게서 나온 위로부터의 지도이념이요 교시적 성격이 강하다고 본다. 그러므로 주체사상은 민중의 주체성을 크게 고양시키고 확산하기 위해서, 민중의 역량에 기대는 민중신학에서 배울 바가 있을 것이다. 민중신학은 노동자·도시빈민·농민·양심수·공권력의 폭압 등 각양 상이한 현장에서 나온 민중해방운동이다. 그런고로 민중의 역량을 조직화하지 않으면, 각개전투가 되어 공중분해할 염려가 큰 것이다. 예컨대 남녘에서는 민주화운동과정에서 숱한 분열과 실패를 맛보았던 것이다. 민중운동이 자칫 명망가 중심으로 갈 위험도 있고, 또는 당면한 현장투쟁의 잇슈중심에 국한될 염려도 있는 것이다. 그러므로 민중의 조직적 역량을 한데 모으고, 합종연횡하여 더욱 거시적 목표를 향해 민중과 조직의 역량을 실천하는 길을 보완해야 한다. 이런 점은 민중신학이 주체사상으로부터 배울점이다. 이것은 민중신학의 관념화를 막는 길이기도 하다.

주체사상과 민중신학은 우리 민족의 독창적인 사상이요 신학임에 틀림이 없다. 그러나 태생의 배경은 상이하다. 주체사상은 일제치하에서 민족해방을 외치며 일본제국주의와 싸우던 사회주의 사상가의 각성으로 출발하였다. 한편 민중신학은 군부독재의 억압과 수탈, 악덕 기업들의 노동착취가 극도에 이르렀을 때, 한 민중출신 노동운동가 전태일이 "노동3권 보장하라"는 외침 속에 청계천에서 분신하던 참담한 민중생존권 투쟁현장에서 발단이 되었다. 그러나 서로 함께 민중과 인민의 중심성과 주체성과 자주성을 내세우고 지향한다는 점에서 상호 공통성을 확인할 수 있는 것이다. 나아가서 더욱 중요한 것은 무엇보다 강대국의 억압 속에서 자주권을 제한 당하고, 남북분단의 갈등과 군사적·이념적 대결구도 속에서 정전협정을 맺고 있는 상황인데 이것을 청산하고 평화협정으로 나아가야 한다는 공통된 과제를 민중신학과 주체사상이 공유하고 있다는 점이다.

민족적·사상적인 측면에서 본다면 민중신학과 주체사상은 하나님의 두 아들이다. 민중신학과 주체사상 안에 '하나님의 정의와 평화' '평등과 자유' '민주화와 인간화' '섬김과 나눔'의 평등세상을 공유하고 있는 것이다. 이제 어떠한 이념도 민족공동체를 대신할 수 없다. 어떠한 우방도 민족보다 앞서지 못한다. 민중신학과 주체사상의 공통점이 남북이 만나는 통로를 열어주고, 상이점이 서로의 발전을 도모하고 보완하는 원숙한 신학과 사상으로 발전시켜 인간을 자유케하고 평화롭게 하며, 행복하게 하는 위대한 신학과 사상이 되기를 간절히 기원하는 바이다.

제11장

결론

우리 민족과 한국교회에 있어서 한반도의 화해와 통일은 무엇인가? 우리 민족은 지난 70여년 동안을 분단체제에서 살아왔다. 오랜 식민통치에서 만신창이가 된 이 나라는 해방의 기쁨은 1945년 8월 15일 단 하루였고, 미-소 양대 강대국의 이익에 따라 분단되었다. 이후 1948년 정치적 명분에 따라 남북에 정부가 따로따로 세워졌다. 1950년 전쟁이 일어나고 수백만명이 죽고, 다치고, 천만 이산가족이 발생했다. 6.25전쟁 이후, 상처와 비극은 지금까지 69년이 넘도록 아물지 못하고 민족의 분열과 대립으로 이어졌다. 전쟁 이후 평화와 통일을 내세우는 인사들을 모두 용공·친북인사로 내몰았다.

1961년 5.16 이후 남한의 군사정권은 군부독재에 대해 비판하는 세력들과 평화통일 인사들을 1964년 인민혁명당사건(인혁당)·1974년 민청학련사건·1979년 유신말기 최대의 공안사건인 남민전 사건(남조선민족해방전선) 등을 조작하여 용공분자 및 간첩으로 몰아서 처형하고 수감시켰다. 이것이 정통성 없는 권력을 갖고 군림하려던 독재정권의 권력욕이 빚어낸 조작된 공안사건이었다. 이 시기에 이 나라의 국시는 반공이요, 숙적은 북한이요, 목표는 북진통일이요, 외교는 한미동맹이 최우선이었던 것이다. 사상과 표현의 자유는 보장되어야 하고 언론·집회·결사의 자유가 권력의 안보를 지키기 위해 탄압받아서는 더욱 안 된다. 국민이 국가로부터 보장받을 수 있는 자유권은 민주주의의 기본이다.

통일운동가요 한양대 교수였던 리영희는 『새는 좌우의 날개로 날아간다』는 그의 저서에서 "나는 좌·우의 어떤 정치 이데올로기적 권력이건 진실을 은폐, 날조, 왜곡하려는 흉계에 대항해서 진실을 찾아내고, 그것을 바른 모습대로 세상에 밝혀내는 것을 글 쓰는 목적으로 삼고 일관하였다. 광적인 반공·냉전·전쟁애호·반통일 세력이 이 나라를 지배하고 있던 시기에는 특히 그러했다."고 말했다. 그로부터 24년이 지난 후, 평범한 시민들 1,700만 명이 손에 촛불을 들고 "이것이 나라냐" "박근혜 탄핵" "박근혜 구속"을 외치면서 추운 겨울밤에도 광장으로 쏟아져 나왔다. 칼바람이 부는 광화문에 어린아이를 태운 유모차를 끌고 나온 젊은 부부들도 있었다. 이후 국정농단, 헌정유린·권력을 사유화하고 국가예산을 횡령했던 자들이 줄줄이 검찰에 소환되고, 법원에서 실형을 받아 구속 수감되었다. 이러한 와중에서도 촛불로 탄생된 문재인 정권에게 좌파 딱지를 서슴없이 붙이고 있는 수구보수반통일 세력들이 있다.

오늘날 이 지구상에서 사회주의니, 공산주의니, 좌파니 우파니를 첨예하게 따지는 이념대결 시대는 이미 지나갔다. 오직 한반도에서만 냉전시대의 유물인 수구보수세력들이 진보세력을 빨갱이·친북·종북 딱지를 붙이며 잔존하고 있는 상태이다. 많이 버는 자들에게 세금을 더 받아서 소득이 적은 대중들에게 복지라는 이름으로 혜택을 받게 하자는 당연한 주장이 좌파로 몰리고 있는 실정이다. 다수의 사회적 약자들이 인간적이고 복지적인 삶을 누리게 하는 것이 정부의 임무이고, 국민주권시대에 있어서 국민 된 도리이다. 유럽 독일에 있는 사민당보다도 한국의 진보적 정당이 오히려 더 보수적인데도, 사회주의자로 몰아가고 있는 것이 이 땅의 안타까운 현실이다. 아니 독일에는 사민당(사회민주당)도 있고, 가까운 일본에는 소수이지만 공산당도 국민들의 신뢰를 받아가면서 의정활동을 펼치고 있지 않는가? 반공·반북 이데올로기를 정쟁의 도구로 삼고 있는 수구보수 세력들의 이념공세의 등살에 약자와 대중들의 삶에 기여하는 사회보장정책에 대해 운을 떼기도 어려운 실정인 것이다. 이토록 약자도 인간답게 살아가자는 평등사회 구현에 대한 적대감 내지 조롱에도 불구하고, 통일을 염원하는 8천만 민족과 세계평화를 갈망하는 인류의 성원 가운데 "남-북정상판문점선언"과 "싱가포르 북-미정상합의문"은 선포되고 말았다.

향후 정치회담·군사회담·경제교류협력회담·체육회담과 아울러 남북의 사상적, 종교적 만남과 대화가 필요하다. 나아가 각 학문의 분야에서 또는 남북 간의 정치적 소통이 요청되는 것이다. 조선민주주의인민공화국의 사상은 주체사상이다. 주체사상이 종교화된 경지에까지 이르렀다고 볼 수도 있다. 주체사상을 모르고 조선민주주의인민공화국의 인민들에 대한 이해가 과연 가능할까? 주체사상은 그 원류가 마르크시즘에 있다. 조선민주주의인민공화국의 공산주의는 마르크시즘과 레닌의 혁명이론에 세례를 받았음에 틀림없다. 그러나 여기에 머물지 않고 북측은 마르크시즘을 모형으로 하여 인간의 자주성·창조성·의식성에 바탕을 둔 새로운 인간형을 만들어 낸 것이다. 북측이 즐겨 쓰는 '우리 식으로 생각하고, 우리 식으로 살자'는 주체의식을 가지고 연구해 낸 사상이 곧 주체사상이라고 보는 것이다.

필자는 현대의 무신론자들의 종교에 대한 비판을 숙고하므로, 그리스도교의 가르침에 대한 역사적 또는 사회·경제적 본질에 천착(穿鑿)하고자 했다. 현대의 무신론자라고 하면 먼저 니체(Nietzsche, 1844-1900)를 들지 않을 수 없다. 니체는 '신은 죽었다'라는 선언으로 20세기를 열었다. 니체가 죽었다고 선언한 신은 무엇을 가리키는 것인가? 그것은 먼저 그리스도교의 신을 가리킨다. 그때에 이르기까지 유럽의 그리스도교 교회의 신은 이미 모두 죽었다. 어째서 그랬을까? 니체가 죽었다고 하는 신은 그때까지 내려온 일체의 기존(전통) 가치를 가리킨다. 니체는 왜 그렇게 생각했을까? 그것은 이제까지 내려온 유럽의 모든 가치는 사람을 사람 아니게 하는 반(反)인간적인 가치라는 데 있었다. 사람을 부정하는 가치체제를 그대로 보고만 있을 수 없는 것이다. 그래서 니체는 그것에 대한 죽음을 선포하기에 이른 것이다. 그리스도교의 세계관이 지배하고 있는 세계에서는 모든 가치의 바탕은 "신"에게 있다. 신이 가치체제를 밑받침하는 근거이다. 니체는 신(기존가치체제)의 죽음을 선포했다. 이것은 다만 신을 부정하기 위한 부정, 거부하기 위한 거부에 그치는 것일까? 결코 그렇지 않다 거기에는 신에 대한 강력한 요청과 긍정이 깃들어 있다. 그것은 무엇이겠는가? 새로운 신에 대한 탄생이다. 새로운 가치체제의 도래이다. 여기에 대한 간절한 염원이 니체에게 신의 죽음을 선포하게 된 것이다.

마르크스의 종교비판은 과연 얼마만큼이나 정당한 것인가? 한국교회와 이 세계의 기독교가 가진 자의 편에 서고, 강자의 횡포에 침묵하면서, 지배이데올로기의 역할을 담당하고 있는 한, 마르크스의 비판은 지속적으로 정당성을 상실하지 않을 것이다. 하지만 그리스도교에서 "그리스도"로서 고백하고 있는 "역사의 예수"에게는 그 정당성이 결코 인정되지 않을 것이다. 예수는 지배 이데올로기화한 종교(유대교)에 대해서 철저히 저항했다. 그 종교를 지배이데올로기로 삼는 권력계층에 첨예하게 맞서서 인간화운동을 전개했기 때문이다. 이 대목에서 적어도 초기 마르크스는 오늘의 예언자로 이해하지 않고서는 제대로 이해되지 않는다는 것이 현대신학의 거장인 폴 틸리히(Paul Tillich, 1886-1965)의 입장이다. 따라서 마르크스가 종교(그리스도교)를 비판한 근본 동기나 목적은 단순히 그리스도교나 그 신을 부정하려는 데 있는 것이 아니라, 그것이 사람들을 비인간화하는 짓을 정당화하는 이데올로기로 이용되었다는 데 있다.[1]

---

1 송기득, "간추린 서양 철학사", 미간행물, 2006, p.87.

조선민주주의인민공화국에서 나온 주체사상은 어떠한가? 종래의 철학들이 사회적 관계를 떠나 순수인간에 대한 추상적 견해에 머물렀으나, 주체사상은 인간을 사회적 관계 속에서 보면서 인간의 본질적 특성을 밝혔다고 주장한다. 마르크스적 인간, 유물론적 관점에 의하면 인간의 의식은 '… 순간부터 하나의 사회적 산물'이다. 마르크스가 인간의 객관적 규정성을 보다 강조했다면, 주체사상은 인간의 자주적 욕망에 더욱 주목했다고 말할 수 있다. 마르크스와 김일성이 각기 처했던 상황과 입장은 어떠한 차이가 있는가? 마르크스는 만국의 노동자들이 단결하여 투쟁할 것을 역설했지만, 그는 직접 혁명투쟁 과정 속에서 민중과 함께 투쟁했다기보다 혁명의 필연성을 학문적으로 논증함으로써 민중에게 혁명에 대한 신념을 고취시키려 했던 것이다. 이에 반해 김일성이 항일 유격대의 열악한 조건 속에서 의지할 수 있는 유일한 보루는 인민의 실천적 역량이었다. 이어서 6.25전쟁을 통한 폐허 속에서 조선민주주의인민공화국의 사회와 경제를 재건하기 위해서는 인민의 힘을 동원하는 길밖에는 없었기 때문에 김일성은 물질적 조건과 객관적 조건의 필연성을 강조하기보다는 인민의 주체적 역량을 강조하는 사상체제를 수립했던 것 같다. 마르크스나 레닌이나 김일성 등 공산주의자들은 신의 존재여부에 대한 이견을 제시한 것이 아니다. 그들은 신이 지배하는 세계, 즉 기독교 사상과 전통을 가지고 살아가는 국가와 정부, 가진 자들의 민중착취와 부패현실을 보면서, 사회주의자로서 무신론적 철학과 역사적 유물사관, 즉 유물론의 변증법적 법칙의 규범으로 비판을 한 것이다.

여기에 대해 기독교는 역사적 예수의 교훈과 실천, 종교사학파

신학, 해방신학·민중신학·흑인신학·여성신학 등의 상황신학적 신학사상과 성경관과 실천으로 답변하고 응전해야 할 것이다. 왜냐하면 '역사의 예수'를 올바로 알고, 실천하는 기독교야말로 세상의 빛이요, 소금이라고 말할 수 있게 될 것이기 때문이다. 여기에 기독교가 '하나님의 나라', 하나님의 정의·평화·생명력이 넘치는 정치·경제사회를 이뤄가는 실천적 종교로 변화될 것을 기대하고 있기에 필자는 이 저서를 세상에 내놓는 것이다.

민중신학은 1970년대 중반에 한국 그리스도교와 한국 민중운동이 합류하는 가운데서 형성되었다. 민중신학은 민중의 인권과 생존권회복 투쟁현장에서 민중의 주체적 역량과 위대한 삶을 증언하는 데 집중했다. 고난 받는 민중의 삶 속에서 그리스도(하나님)의 현존(現存)을 증언함으로써 '고난 받는 민중의 하나님 됨'과 '증언자로서의 민중교회'를 민중신학은 증언했다. 민중신학은 민중의 주체적 역량을 신뢰한다.

민중신학자 안병무(1922~1966)는 독일로 유학을 가서 말씀으로만 전해지는 예수가 아니라, '역사의 예수'를 찾는데 주력했다. 1970년 안병무가 한신대 교수로 재직하고 있을 때였다. 안병무는 그해 11월 청계천 노동자들의 억울한 노동현장을 고발하며 분신자살한 전태일의 죽음을 목격하고 커다란 충격을 받았다. 전태일은 겨우 초등학교만 나온 가난한 노동자로서, 신앙생활을 열심히 하는 그리스도인이었다. 그는 엄연히 '근로기준법'이라는 것이 있는데도, 하루 15시간 이상의 중노동에 혹사당하고 저임금에 시달리는 청계천 다락방 노동자들의 실상을 세상에 알리려 했다. 당시

대통령 박정희에게 호소하는 편지도 수차례 보냈으나, 끝내 답장은 없었다. 전태일은 자신이 분신하므로 자기 자신을 불태워 노동자들의 열악한 실태를 만천하에 알리자고 결단했던 것이다. 전태일이 자기 몸을 태워 분신한 사건은 이 시대 가운데 "행동하는 예수 사건"이었다. 안병무는 예수를 따르는 교수요 지식인으로서 자신을 부끄러워했다. 전태일 사건을 발화점으로 안병무에 의한 민중신학은 시작되었던 것이다. 기독교는 사건의 종교이다. 사건 속에 말씀이 역사하신다. "모세가 이끈 출애굽사건", "역사적 예수의 갈보리 십자가 사건", "노동자들의 인간해방과 노동자생존권을 쟁취하기 위한 전태일의 분신사건"은 하나님의 구원사 속에서 인간해방과 평화가 넘치는 '하나님 나라'를 이 땅에 구현하기 위한 해방사건이었다.

1980년대 광주민중항쟁을 거치면서 민주화·농민·노동자·빈민운동은 해방신학과 민중신학을 교과서로 삼아 민중의 역량을 결집하고 조직하였다. 70-80년대 민주화·민중·통일운동은 반민중 세력에 맞서 민중이 주인되는 사회를 건설하자는 실천적 운동으로 발전하였다. 사실상 민중신학의 세례를 받은 민중목회자들의 현장목회활동을 통해 기독교노동자회·기독교농민회·기독교빈민운동 등이 확산되었다. 민중교회에 다녔던 청년들이 민중신학과 민중의식에 눈을 떠서, 기독교 신앙으로 현장민중운동을 실천했던 것이다. 2019년 현재 이 나라의 진보개혁 정치인, 시민운동가, 평화통일운동가들은 거의 민중신학의 영향을 직·간접으로 받은 사람들로서 한국사회 변혁운동의 중핵을 이루고 있다고 본다. 여기에 비해 보수신학과 보수교단을 스스로 표방하는 교회 출신 중에서는 정치·경제·민중운동·통일운동가를 거의 찾을 수가 없다.

사실 그리스도교는 민중의 해방 사건에서 시작되었다(출 20:1-2). 이집트 제국주의 파라오 왕권하에서 종살이를 하던 히브리(Habiru → Hebrew) 노예들을 해방시킨 사건이 바로 출애굽(Exodus) 사건이다. 예수도 해방자로 이 땅에 온 것이다. 예수는 로마제국의 식민지 백성으로서 억압과 착취를 당하고, 타락한 예루살렘 성전체제하에서 거짓 가르침을 받고 거짓 예배를 강요당했던 이스라엘 백성을 자유하게 하기 위해 이 역사 가운데 온 것이다. 예수는 갈릴리 나사렛 회당에서 "포로 된 자" "눈 먼 자" "억눌린 자"들에게 복음을 선포하였다(눅 4:18-19). 오늘날에도 그리스도교의 한 구석에서는 비인간화에 대한 싸움에 반동을 걸고 있는 세력들이 있다. 이것은 아직도 그리스도교가 권력계층의 지배 이데올로기로 이용되고 있다는 것을 실증한다. 1700만 명이 거리와 광장으로 쏟아져 나와 "박근혜 탄핵" "이것이 나라냐" "박근혜 구속"을 외칠 때에, 태극기와 성조기(미국 국기)를 들고 나와서 촛불세력을 "종북세력", "친북세력"으로 매도하던 사람들의 대부분이 기독교 수구보수대형교회 목사들의 사주를 받은 신도들이었다는 사실을 알아야 한다. "토지공개념"이 사실상 구약성경의 희년법(레 25장)에 나오는 평등공동체의 모델인데, 이것을 사회주의로 매도하는 세력들이 바로 기독교극우세력 안에 편재하고 있는 것이다. 사실상 마르크시즘의 종교비판에서 자유로우려면 바로 기독교가 해방의 종교, 민중의 종교, 평화와 평등과 사랑의 공동체를 이 세상의 도처에서 이뤄가야 하는 것이다.

예수 그리스도의 정의와 평화와 사랑과 헌신의 정신을 북측동포들에게 실천하게 되면 한국교회의 모습도 위상도 일신하게 될 것이다. '판문점 선언'과 북-미간에 비핵화와 체제보장의 빅딜이 이뤄진 후에도, 남-북간에 '하나님 나라선교' 차원에서 실천해야 될 한국교회의 사명은 막중하다고 할 것이다. 지금까지 한국교회가 이 민족사회에 범죄하고 탐욕스럽게 행동하였던 바를 회개하고, 이제부터라도 심기일전하여 남북교류협력, 평화통일 선교에 앞장선다면 이 역사 앞에서 한국교회가 잃었던 신뢰를 다시 한 번 회복할 수 있는 기회를 마련하게 될 것이다.

분단 73년 기간 중에 가장 평화로웠던 때는 남북이 대화하고 교류하고 협력하던 김대중, 노무현 대통령 시절 10년이었다. 그때는 평화시대와 통일의 꿈을 가지고 있었다. 6.15 남북공동선언과 10.4 선언은 우리 민족의 자주·평화통일을 향한 새로운 이정표를 제시했다. 그러나 이러한 평화는 2010년 천안함이 폭파되고 46명의 아까운 생명을 잃으면서 사라졌다. 천안함이 북측의 잠수함이 발사한 어뢰공격에 의해 폭파되었다는 이명박 정부측 주장은 선박 전문가 신상철에 의해 조목조목 거짓임이 밝혀지고 있다. 천안함이 폭침되었다는 과학적 증거는 하나도 나오지 않았다. 예컨대 이북 어뢰가 폭발하여 생긴 버블제트(Bubble jet)로 인해 천안함이 폭침되었다는 합조단의 주장은 과학적으로 납득할 수 있는 증거가 아무것도 없다. 폭침이 아니라는 증거는 스무 가지도 넘는다는 재야, 학계 과학자들의 주장이 구구절절이 합리적이고도 과학적 설득력이 있는 것이다. 예컨대 천안함이 폭침되었는데, 어떻게 함선내의 형광등이 깨지지 않을 수 있겠는가! 소위 '이북 잠수함에 의한 천안함 폭침설'은 전면 재조사되어야 한다. 이것이 바로 적폐청산이요, '역사 바르게 세우기' 작업인 것이다. 이로 인해 이명박 정권은 천안함 폭침사건을 들먹이며 5·24 조치를 발표하므로 남북관계는 단절되었다.

2016년 2월 전 대통령 박근혜는 뚜렷한 명분도 없이 돌연히 개성공단을 철수시켰다. 남북이 합의해 북측 지역인 황해북도 개성시에 조성된 이 공단은 남측의 자본·기술력과 북측의 노동력이 결합된 경제협력 모델로 운영되어 왔다. 무엇보다 남과 북 사이에 안전판 역할을 해주었던 것이 더 큰 민족적 이득이었다. 이후 북-미 핵폭탄 발언(설전)으로 인해 평화는 완전히 깨지고 한반도에 전운이 감돌고 있었다. 그러나 2018년 조선민주주의인민공화국 국무위원장 김정은이 발표한 신년사에서 "평창올림픽 참가의사"를 표명하므로 남-북관계, 북-미관계는 급물살을 타고 종전선언과 평화협정을 향하여 진행되고 있는 중이다.

2018년 4월 27일 한반도 냉전의 상징으로 불리는 판문점에서 대한민국 대통령 문재인과 조선민주주의인민공화국 국무위원장 김정은이 극적으로 만났다. 미국을 비롯한 UN 안보리의 제재에도 아랑곳하지 않고 핵실험을 하고 대륙간탄도탄(ICBM)을 쏘아 날리는 김정은은 과연 어떠한 태도를 보일 것인가? 모두 궁금하게 생각했다. 판문점 "평화의 집"에 내려온 김정은 위원장은 2,200만 조선인민의 수장으로서 당당했다. 그는 오만하지 않았고 최대한 예의를 갖추고 있었으며, 상식적인 인물로 비쳐졌다. 김정은 위원장은 70여 년간 반공체제 속에서 살아왔던 한국국민들의 적대감과 편견의 시각에서 상당히 벗어난 것이다. 든든한 우리 민족의 다른 한편의 지도자로 인정하는 신뢰를 얻은 것이다. 문재인 대통령은 노련했고, 겸손했다. 인내를 갖고 북-미간에 조정자 역할을 잘 감당한 것이다. 우리는 2018년 4월 27일 판문점에서 남·북 두 정상이 손잡고 분단의 경계선을 넘나들던 모습, 도보다리에서의 산책에서 깊은 속내를 서로 주고받는 모습을 감격스럽게 보았다. 우리 민족에게도 이런 날이 오는구나 하고 가슴이 뜨거웠고, 눈시울이 찡하도록 감격했다. 남-북 정상이 발표한 선언문은 '한반도의 평화와 번영, 통일을 위한 판문점 선언'으로 명명되었다. 한반도 비핵화와 연내 종전 선언, 평화체제 구축을 위한 남·북·미 정상회담, 남북 간 경제 협력 등의 내용이 담겼다. 지난 보수정권 이명박·박근혜 정권 9년간에 막혀있던 반북·반통일에 대한 냉전의 장벽이 무너지고, 민족화해와 통일의 새로운 장이 열리는 순간임을 체감했다.

조선민주주의인민공화국 국무위원장 김정은과 아메리카합중국 대통령 도널드 트럼프는 70여년간의 북-미간 적대관계를 뒤로하고, 아무도 상상할 수 없었던 평화 대장정의 첫발자국을 역사의 새로운 장에 찍었다. 북-미 정상은 2018년 6월 12일 싱가포르 카펠라 호텔에서 열린 첫 정상회담에서 북-미 관계를 재구축하는 역사적인 공동성명에 서명했다. 한반도 비핵화와 양국의 새로운 관계 수립을 약속했다. 이것으로 한반도와 동북아의 평화정착에 중대한 전환점을 마련한 것이다. 1989년 미-소 몰타 회담 이후 마지막 남은 냉전의 잔재를 걷어내는 세계사적 전진의 신호탄을 쏘아올린 것이다. 8천만 남북 겨레와 평화를 염원하는 세계인과 함께 북-미 정상의 첫 만남은 한반도와 동북아, 아시아와 세계평화에 대한 희망과 기대를 새롭게 가질 수 있게 하였다. 물론 북-미간에 비핵화와 제재완화라는 양국의 첨예한 이해관계와 생존이 걸린 협상이 간단치는 않다. 남·북의 민족자주의 결단과 남측의 지속적 중재역할이 요구되는 것이다.

2018년 6·12 북-미 정상회담의 가장 큰 성과는 '공동성명'이라는 형식에 '완전한 비핵화'와 '체제 안전보장'의 약속을 담아 두 정상이 직접 서명한 것이라고 할 수 있다. 이와 함께 두 정상은 '새로운 북-미 관계'를 수립해 나가기로 했다. 이런 내용을 담은 공동성명을 두 정상의 이름으로 냈다는 것만으로도 이번 회담은 성공으로 기록될 만하다.

북-미 정상회담이 열리기 직전까지도 예측불허의 위기가 있었다. 그러나 이 합의는 양자의 절실한 필요에 의한 것이었다고 보는 것이다. 북-미 정상협상의 키워드는 CVID에 있었다. 이는 핵을 완전히 폐기하는 일을 의미하는 말로 완전하고(Complete), 검증가능하며(Verifiable), 돌이킬 수 없는(Irreversible), 폐기(Dismantlement)를 의미하는 말의 영문 앞 글자를 딴 것으로 조지 W. 부시 대통령이 북핵 문제에 대한 미국의 목표를 천명할 때 사용한 표현이다.

조선민주주의인민공화국 국무위원장 김정은은 대한민국 대통령 문재인에게 "미국이 우리에게 체제보장만 해준다면 우리가 어렵게 살면서 구태여 핵을 보유할 이유가 없다"고 자신의 진정성을 토로한 바 있다. 미국이 체제보장만 해준다면 비핵화는 단 번에 할 수는 없어도, 단계별로 상호간의 말과 행동을 확인하는 과정에서 가능하다는 의미였다고 본다. 미국은 북측에 대하여 이 서명에 앞서 "세상은 중대한 변화를 보게 될 것"이라고 했던 대로, 이 공동성명으로 북-미 관계가 이제까지와는 다른 근본적인 변화로 가는 길이 트였다고 할 것이다. 조선민주주의인민공화국이 가장 큰 관심을 보였던 체제 안전보장과 관련해 양국은 '한반도 평화체제 구축을 위해 함께 노력한다'는 정도에서 타협했다. 결국 시브이아이디(CVID)와 시브이아이지(CVIG) 곧 '완전한 체제보장'이 맞교환되는 가장 높은 수준의 합의에는 이르지 못했다고 할 수 있으나, 공동성명 전문에 '트럼프 대통령이 북한의 안전보장을 제공하기로 약속했다'는 문구를 넣어 본문의 한계를 보완했다는 점도 고려해야 한다. 비핵화와 체제보장을 이행하는 과정에서 북-미가 완전한 신뢰에 이르기까지는 넘어야 할 산이 많다고 본다. 하지만 트럼프 대통령이 기자회견에서 북한 핵이 중대 위협이 되지 않는다는 것이 확실해질 때 제재를 해제하겠다고 한 것은 시사하는 바가 크다.

2018년 9월 19일 대한민국 대통령 문재인과 조선민주주의인민공화국 국무위원장 김정은은 온 세계가 지켜보는 가운데 '평양공동선언'을 발표했다. 평양공동선언에 따른 부속문서로서 '역사적인 판문점 선언 이행을 위한 군사분야 합의서'도 함께 채택했다. 특히 국무위원장 김정은이 육성으로 전 세계에 '비핵화' 의지를 밝힌 것도 괄목할만한 성과였다. 대통령 문재인이 '우리 민족은 우수하고, 우리 민족은 강인하고, 평화를 사랑하고, 우리 민족은 함께 살아야 한다.'고 말한 연설은 참으로 감동적이었다. 남-북 정상은 성심을 다하여 민족자주와 평화·번영을 다짐했다. 이제 우리 민족의 앞날에 민족화해와 평화통일, 민족공동번영의 대로가 열린 것이다.

이후 2019년 2월 하노이에서 열린 제2차 북-미정상회담은 결렬되고 말았다. 북측은 영변핵시설에 대한 폐기와 사찰, 검증에 대한 거래 조건으로 민생(민수)에 관련된 대북제제 완화를 요구했으나 미국은 선비핵화만을 일방적으로 고집한 것으로 보인다. 미국은 북측에 미국식 패권주의적 일방주의로 협상국면에서 유리한 고지를 확보하겠다는 속셈과 한편으로는 북-미간에 긴장조성에 군산복합체를 유지시키는데 유리하다고 보는 인식도 깔려있었던 것으로 보인다.

우리 민족의 분단 70년사 가운데 절호의 기회를 맞고 있는데 이 기회를 무산시킬 수는 없다. 판문점선언 1조 1항에 '남과 북은 우리 민족의 운명은 우리 스스로 결정한다'고 명시하고 있다. 남북의 지도자들이 민족자주와 북미간의 상호주의 원칙을 지켜가면서 한반도와 세계평화 정착에 모멘텀을 만들어 가야 할 것이다.

우리 민족은 일제의 강점기에 우리 민족의 자주독립을 선언했던 '3·1 독립선언 100주년'을 맞았다. 1919년 3월 1일 민족대표 33인은 독립선언문을 세계만방에 선포하였다. '아아, 신천지가 전개되도다. 위력의 시대가 거하고 도의의 시대가 도래하도다'라고 선언한 것이다. 한반도는 이제 더 이상 대결과 갈등의 지대가 아니라, 화해와 소통의 한반도, 세계에 민족화합의 본을 보이는 나라로 온 세계의 기대가 모아지고 있다. 더 이상 자기 동족에게 총을 겨누고, 최첨단 신무기를 개발하면서 무력으로 상대방을 위협하고, 피 흘리는 비극은 없어야 한다. 이제 세계는 "무리가 그 칼을 쳐서 보습을 만들고 창을 쳐서 낫을 만들 것이며 이 나라와 저 나라가 다시는 칼을 들고 서로 치지 아니하며 다시는 전쟁을 연습하지 아니하고"(미 4:3)라는 구약성경의 예언자 미가의 선언을 이뤄야 하는 것이다. 이제 남-북과 한-미-일·북-중-러와 세계의 강대국들은 창과 칼을 내려놓고 이것들을 쳐서 보습과 낫을 만들어야 한다. 생명농사와 환경보존, 생명과 평화가 넘치는 세계를 만들자는 것이다.

이제 한반도에서 비핵화가 실현되고, 조선민주주의인민공화국에 대한 제재가 풀어지고 종전선언과 평화협정이 조속히 이뤄져야 한다. 이어서 미국을 비롯한 핵강대국·군사강대국들은 모두 핵무기를 폐기하고, 전쟁연습을 그치고 첨단무기생산을 줄여야 한다. 남-북 군축회담도 시작되어야 한다.

남-북 이산가족들이 이제는 만나서 한을 풀고 왕래해야 한다. 더 이상 피눈물을 흘리게 해서는 안되는 것이다. 이제 우리 민족과 세계열강은 "첨단 핵무기를 함께 없애고 군축을 해야 한다." 이 나라와 세계에 정의·평화·생명의 세상을 만드는 새로운 패러다임으로 나가야 한다. 이것이 우리 민족이 인류와 더불어 살아가는 대변혁의 길이다.

참고문헌

■ 단행본

고태우. 『한 권으로 보는 북한사 100장면』. 서울: 가람기획, 1996.
『공동번역 성서』. 서울: 대한성서공회, 1977.
권오창. 『우리민족끼리』. 서울: 녹두, 2004.
김균진. 『20세기 신학사상 I 』. 서울: 연세대 출판부, 2004.
김동춘. 『대한민국은 왜?』. 서울: 사계절, 2015.
김병균. 『새날을 향한 예언자의 소리』. 광주: 해동출판사, 1995.
김병희 편저. 『한경직 목사』. 서울: 규장문화사, 1982.
김삼웅. 『사료로 보는 20세기 한국사』. 서울: 가람기획, 1997.
김애영. 『칼 바르트 신학의 정치·사회적 해석』. 서울: 대한기독교서회, 1991.
김양선. 『한국기독교해방십년사』. 대한예수교장로회 총회종교교육부, 1956.
김진향. 『개성공단 사람들』. 서울: 내일을 여는책, 2015.
김진호. 『시민K, 교회를 나가다』. 서울: 현암사, 2012.
김창순·김준엽. 『한국 공산주의 운동사 Ⅱ』. 서울: 청계연구소, 1986.
김형아(신명주 옮김). 『박정희의 양날의 선택 : 유신과 중화학공업』. 서울: 일조각, 2005.
김흥수. 『일제하 한국기독교와 사회주의』 서울: 한국기독교역사연구소, 1992.
김활란. 『그 빛 속의 작은 생명』· 서울: 이화여자대학교출판부, 1965.
민경배. 『월드비전 한국 50년 운동사』. 서울: 홍익재, 2001.

박순경·파블로 이햐르 외. 『제3세계의 상황신학』. 서울: 민중사, 1987.
박재순. 『열린사회를 위한 민중신학』. 서울: 한울, 1995.
『브리테니카백과사전』. 1970.
부루스 커밍스, 『한국전쟁의 기원』. 서울: 일월서각. 1986.
사계절편집부, 『사회과학사전』. 서울: 사계절, 1986.
서남동. 『민중신학의 탐구』. 서울: 한길사, 1983.
서재진. 『주체사상의 이반』. 서울: 박영사, 2007.
소병훈, 임석진 감수. 『철학사전』. 서울: 이삭, 1983.
송기득. 『그리스도교 신학과 인간해방』. 서울: 대한기독교서회, 1998.
______. 『끝내 사람이고자』. 대전: 한길책방, 1990.
______. 『인간』. 서울: 한국신학연구소, 1984.
______. 『하느님의 두 아들』. 서울: 한국신학연구소, 1995.
심주일. 『성경에서 훔친 주체사상』. 서울: 문광서원, 2017.
『아가페 신학사전』. 서울: 아가페, 2001.
안병무. 『갈릴래아의 예수』. 서울: 한국신학연구소, 1990.
______. 『민중신학 이야기』. 서울: 한국신학연구소, 1987.
윌프레드 켄트웰 스미스, 길희성(역). 『종교의 의미와 목적』. 서울: 분도출판사, 1991.
울리히 단네만, 이신건 역. 『칼바르트의 정치신학』. 서울: 한국신학연구소, 1991.
유시민. 『부자의 경제학 빈민의 경제학』. 서울: 푸른나무, 1992.
윤정란. 『한국전쟁과 기독교』. 서울: 한울, 2016.
이반송·김정명 편저. 『식민지 시대 사회운동』. 서울: 한울림, 1986.
E. 부에스 / M. 마트뮐러, 손규태 역, 『예언자적 사회주의』. 1987.
이원규. 『한국교회와 사회』. 서울: 도서출판 나단. 1989.
이형기 역. 『세계교회협의회 역대총회종합보고서』. 서울: 한국장로교출판사, 1993.

장병욱. 『6·25공산남침과 교회』. 한국교육공사, 1884.
조찬선. 『기독교 죄악사(하)』. 서울: 평단출판사, 2000.
G. 엥겔스, 박준석 외 옮김. 『영국 노동자계급의 상태』. 서울: 도서출판 두리.
테리 이글턴, 황정아 역. 『왜 마르크스가 옳은가』. 서울: 도서출판 길, 2014.
한경철. 『한국교회성장 어디까지왔나』. 삼영서관, 1984.
『한국근대민중운동사』. 서울: 돌베개, 1996.
홍성현. 『마르크스주의자들의 종교비판을 넘어서서』. 서울: 한울, 2015.
홍성현 편저. 『중국교회의 전기와 새로운 중국의 신학』. 서울: 한울, 1992.

Dirks, Walter. *Marxismus in Christliche Sicht*. Frantfurter Hefte, 1947.
Lenin, Vladimir, 1937. "The Attitude of the Worker' Parry Toward Religion." *Religion, Little Lenin Library* Ⅶ. NY: International Publishers.
Marx, Karl. *The Difference Between the Natural Philosophy of Democritus and the Natural Philosophy of Epicurus*. NY: Schocken Books, 1964.
Marx, Karl. *On Religion*. NY: Schocken, Books. 1964.
Osbome, Perter, Leo Panich and Colin Lays (eds.). *The Communist Manifesto Now: Socialist Register*. New York, 1998.

■ 정기간행물(신문, 잡지)

「경향신문」
「국민일보」

「기독교사상」

「농촌과 목회」

「동아일보」

「신학비평」

「신학사상」

「청년」

「청춘」

「한겨레신문」

The New York Times

■ 논문 및 선언문

강인철. "한국개신교반공주의의 형성과 재생산", 「역사비평」(역사문제연구소, 2005).

고기준. "사회주의와 기독교", (한반도 북부지역의 기독교사 세미나 자료집, 갈릴리신학대학원), 2016.

기독교장로회. "1998년 민족통일선언서", (한국교회평화통일운동자료집) 1998.

김일성 고급당학교. "주체철학 당간부 양성기관에 한함"(서울: 문광서원, 2017)

김일성. "당 사상사업에서 주체를 세우는데서 제기되는 몇 가지에 대하여" 심주일, 『성경에서 훔친 주체사상』(서울: 문광서원, 2017)

김정일. "주체사상에 대하여"(한반도 북부지역의 기독교사 세미나 자료집, 갈릴리신학대학원), 2016.

김진호. "21세기와 민중, 그리고 신학적 상상력" 「향린교회 강연회 강연자료』 2013.

김흥수. "분단 70년, 북한 기독교의 이해", (한반도북부지역의 기독교사 세미나 자료집, 갈릴리신학대학원), 2016.
칼 마르크스. "공산당 선언" (사회과학출판사 철학연구소, 평양종합인쇄공장, 1895).

민간인학살 특별법 제정을 위한 전국공동대책위원회(준). "백만 민간인 학살, 이제는 밝혀야 합니다" 2001.
박승덕. "기독교에 대하는 주체사상의 새로운 관점", (한반도북부지역의 기독교사 세미나자료집, 갈릴리신학대학원), 2016.

방양균. "조작간첩 방양균 국가보안법사건 재심청구자료", 2010.
송기득. "간추린 서양철학사상사" 강의노트, 2006.
윤하영·한경직. "Gentleman (Ha Young Youn and Kyong Chik Han)의 편지", (한반도북부지역의 기독교사 세미나 자료집, 갈릴리신학대학원), 2016.
평화통일을 여는 사람들(평통사). "한(조선)반도 평화협정(안)", 2014.
최형묵. "민중신학과 마르크스주의" 「제1회 '마르크스-코뮤날레'에서 발표한 논문」(이화-삼성문화교육관, 2003)
한국기독교교회협의회. "민족의 화해와 평화에 대한 한국기독교회 선언", 1988.

■ 학위논문

송현석. 「한국인의 화해와 하나님의 선교」 갈릴리신학대학원 박사학위논문, 2014.

■ 기타

「한반도 북부지역의 기독교사 세미나 자료집」. 갈릴리신학대학원, 2016.

[Abstract]

The Dialogue between Minjung Theology, Marxism, Juchae Philosophy for Reconciliation and Peace Unification on Korean Peninsula

This book was written in the hope that a new world of reconciliation, unification, independence, and peace, and being governed by people would be held on the Korean Peninsula that has been long suffering from the contradiction divided by the US and Soviet powers and the oppression and exploitation by dictatorial regimes. Although the Second World War ended with the defeat of Japanese imperialism, the Korean Peninsula was forcibly occupied and divided by the US and Soviet powers. Our people, who had been subjected to the harsh colonial rule of Japanese imperialism, were not liberated, but were under the control of the new masters of the US and Soviet forces. As a result of the Korean War waged by Kim Il Sung, the Korean people had to suffer the worst of the tragedy of fratricidal war.

The war between the South and the North was in fact the proxy of the great powers. The Third World War was on this narrow peninsula. Bruce Cumings, a professor at the University of Chicago in the United States, insisted that the United States induced the North to attack the South by withdrawing US troops from the peninsula strategically.

Since the armistice agreement in 1953, the two Koreas have strengthened their armaments, developed and introduced new weapons, and the South and the North have maintained military confrontation, ideological offensive, and mutual slander. Meanwhile their dictatorial regimes used the tragic situation for the security of the regime as they turned their peoples to become enemies against each other. In the meantime, there have been several efforts to advance toward the reconciliation and unification of the nation by deriving the 7.4 Joint Statement, the Inter-Korean Agreement, the 6.15 South-North Joint Declaration, and the 10.4 Declaration. However, in the end, those efforts had been thoroughly exploited by the interests of the United States' military-industrial complex and by the power-security schemes of anti-democratic and anti-people regimes. The Democratic People's Republic of Korea(DPRK) has conducted nuclear tests from the 3rd in October 2006 to the 6th in 2017, with the intent to become a nuclear power. In November 2017, the DPRK asserted right after the test launch of the new ICBM Mars-15 type that the Nuclear Armed Forces of the country were completed. The nuclear test and the launch of the ICBM in the country had to be sanctioned by the international community.

Until December, 2017, peace was completely broken due to the verbal war between North Korea and the US, and war clouds hung over the Korean Peninsula. However, the relationship between South and North Koreas progressed rapidly in 2018 when Kim Jong-eun, chairman of the DPRK expressed his intention to participate in the "Pyeongchang Winter Olympics" in his New Year's message. The Panmunjom Declaration, which was followed by the summit meeting between the two Koreas, became a big milestone for the reconciliation of the two countries and for the peace on the Korean Peninsula. Subsequently, the Singapore summit between North Korea and the US was held successfully. A bilateral agreement has been reached and released to the press during the summit that the US receives a promise of complete denuclearization from the DPRK, and that it offers security guarantees to the DPRK. That was a historic event that broke the last Cold War on earth. There remain many procedures and much time for a complete thaw in the Cold War on the Korean Peninsula and for the peace era in Northeast Asia to be opened. Above all, I expect Korean people to move forward from the declaration of the end of the Korean war to a peace treaty with national self-determination.

This book suggests the direction of the practice of the field theology in order to settle the historical conflict and confrontation history of the South and North Korean churches and to pursue the missionary reconciliation. This paper provided an insight into and condemned the crime committed by the dictatorial regimes in a frenzy of 'Pal-gang-yi Mori', which created a security state and falsely denounced peaceful-reunification groups as radical leftists or pro-communists by the name of National Security Law. This paper suggested the necessity that the present regime and the Korean church through peaceful unification movement should end the armistice agreement and establish a peace treaty, and it also suggested a specific action plan. I as author of this dissertation attempted to engage in a theological and ideological dialogue with the socialists and communists who had Juche ideology as the ideological system in the DPRK.

I would like to say that the Bible and Christian faith came from the reality of the oppression of the people in this society and in the phenomenon of winning liberation and humanization from imperialism. The intention of Marx and Lenin's socialist ideas and contradictions of capitalist society were addressed. Understanding and studying Karl Marx require a lot of courage and determination because Marx pointed out the contradiction of capitalism. He was a philosopher and an outstanding economist. Marx did not limit the purpose of philosophy to interpreting the world, but to transform the world. Those who turn Marx into enemies are those who belong to a class that Marx claimed dehumanized humans. Marx saw the system suppressing human beings as private property system. He emphasized "class struggle" as a way to abolish the system. My interest was in tracing his truth, beyond Marx's philosophy and economic theory, which criticized Christianity at the time, saying that "religion is the opium of the people"

According to Marx, religion is an "invention" designed by the ruling class to turn the attention of the people from the temporal (phenomenon of dehumanization) to the afterlife. In other words, religion plays an anesthetic role to ignore the suffering in this world by letting people's desire to be liberated to be projected into the afterlife, Religion here means Christianity which was at the center in his argument.[2]

What is the nature of the "Kingdom of God" that Jesus proclaims? The Kingdom of God is first realized in concrete realities in the specific politics, economy, society, culture and history of this land. Now, here, it is realized in a practical way. According to so-called Realized Eschatology, as C. H. Dodd asserted, the end is already realized in Jesus and is expressed as being present with him. In other words, "the Kingdom of God" is now present in the earth where the events of the cross and resurrection of Jesus are reproduced. Christ Jesus lived a concrete life on this earth as a "friend of the poor", bearing the sufferings of the people in the people of Israel groaning under the rule of the Roman Empire. Jesus challenged the contemporary laws and the corrupt system forcing repression and extermination of humanity which were the Sabbath law and the holiness law. The lesson and life of Jesus was restoration of humanity, and his thought and action were "the restoration of humanity as the subject of the world", which promotes human subjectivity. This is where "Jesus of history" meets and talks with Minjung theology.

According to Kim Jong-il, "the Juche idea is a people-centered new philosophy. The Juche idea says that man is the master of everything and decides everything," Namely, it says that man is the master of everything,

2 Song Gi-Deuk, "Brief History of Western Philosophy" (Suncheon: Theological Criticism, 2018.) p.86.

the master of the world, and his destiny. A man deciding everything means that man plays a decisive role in transforming himself and in exploiting his destiny." Therefore, humanhood is "social existence with independence, creativity, and consciousness". This "Juche philosophy of the human-focused and human-centered" like the Juche idea is a thorough humanistic philosophy. How does this relate to Minjung theology? The Bible says that God made man "in his image(imago Dei)" (Gen. 1:26). I think that it means human dignity, world dominance, attributes of community. This can be seen from the words of the Juche idea that man is made to exist as a self-determined existence, a created existence, and a conscious existence.

From a Minjung theological point of view, Jesus proclaims the principles in common with those of Juche Ideology in the Sabbath law controversy.

"A man is not for the Sabbath, but the Sabbath is for man" "Man is the master of the Sabbath" (Mark 2: 27-28). The Sabbath law at the time of Jesus was the dominant ideology of the people. That is to say, "the people are the masters of ideology." It is a message that "the people must be free from the subordination of ideology and become the subject of it".

Dialogue between ideology and religion is important in the reconciliation phase of the South and the North. The dialogue between Minjung theology and the Juche ideology is desperately requested in the sense that there is a room for communication between the Minjung theology that liberates people from the oppression and the exploitation by men of power to live like a human being and the Juche idea emphasizing human-centeredness. This dissertation was written with the hope that the inter-Korean reconciliation and dialogue could progress in the sense that the idea of "human-centered", as a positive element of Juche idea is close to the Minjung theology and what South Koreans wish.

According to the Juche idea, "human history is the history of the struggle to defend and realize the independence of the people. The struggle for socialism and communism perpetually ends the exploitation of man by man in human society, the oppression of class by class, the domination of state by state. This is a struggle to escape from all kinds of oppressions of the society." That is, it is people's struggles in order to enjoy complete independence. Compared to the practicality of this Juche idea, Minjung Theology is criticized for trying to testify to the people's case but for lacking the practical "transformationalism" for the liberation of the people. The search for the direction of Minjung Theology remains a big task for the Minjung Theology to confront the historical experience of the Juche Ideology, Marxism, and the progressive civil society movement today and to present practical measures.

The Juche idea also puts the people as absolute necessities in the construction of communist revolution and socialist society. However, it is not left only to the independence and spontaneity of the people, but to be effectively realized by the guidance of the communist party and its supreme leader. In order to mobilize the revolutionary movement effectively, not only the independence of the people but the leadership of the party and the leader are inevitable. However, when the leadership of the party and the leader becomes absolute, the people's spontaneity disappears and there is a danger that the people will become dependent on the leader. In effect, Su-ryeong(leader) must be elected by democratic means among the people. After the declaration of the North Korea-US agreement, I wish that the DPRK can revitalize its own identity as a member of the international community and build up the society and country fit to the People's Republic of Korea by adhering to the principle of democracy. The people (In-min) are the reality of the liberation of the people. Therefore, the party and the leader are subservient. Today the people take the place of Jesus. The Juche idea has the danger of suppressing the importance of the people's spontaneity by imposing a confined and uniform ideological system on the people. They should not absolutize the instruction from the party and the leader but learn from the Minjung

Theology of serving for the realization of the people's independent capacity. On the other hand, Minjung Theology failed to raise specific goals and means to promote the process of transformation of the Korean Peninsula by leaving the people's movement to the people and criticizing the ruling power and ruling system. The role of the historical Jesus (Minjung activist) in the Minjung movement should be clearly explained. In this respect, Minjung Theology can learn from the Juche idea of awakening and mobilizing the power of the people.

The North and South Korean churches should be the messengers of reconciliation between South and North Koreas in order to resolve the confrontation and conflict structure of the divided nation. We must confess that the work of the Holy Spirit in this age makes us being united with 'the God Creator' and 'the Lord of Reconciliation, Christ' and to be liberated. In addition, this profession of faith must help all Korean churches establish a right view of the church in this generation which is 'the mission community of God', called to work for the peace of the world and for the peaceful unification of the nation until the kingdom of God comes upon earth. Based on these professions of faith, the South and North Korean churches have endeavored to heal the wounds of division for the sake of the people and to achieve reconciliation and peace and unification of the South and the North. Even though we are living in different ideologies and systems, South Korean believers believe that the North Korean believers are members of one body (1 Corinthians 12: 26), because they are bound to one God, one Christ. To live as a Christian is to be an ambassador of reconciliation between divided South and North Koreans. Above all, I think it means to become a pioneer of peace and unification. Furthermore, we should work together with the World Council of Churches (WCC) to solidarate and spread the scope of ecumenical activities, unite the Korean Peninsula, and accomplish the mission as a reconciler of Christ in the conflict areas of the world.

In this book, I proposes that the North and South Korean churches should meet and communicate with each other in the spirit of reconciliation and peace to resolve the suffering of national division and the crisis of war caused by the confrontations between South and North Koreas as well as between North Korea and the US as the envoys of reconciliation of national conflicts. As the division of the nation has prolonged, human rights have been violated under the name of security ideology in both systems, and freedom of speech, publishing, assembly and association have been suppressed. The Korean Peninsula has become the most heterogeneous nation in the world. The education and propaganda of the two Koreas are mutually slanderous, and the others are perceived as the worst enemies who must be weakened and destroyed. The bipolar system is making the fellow countrymen of the same ancestors divided as the worst enemies. It should not happen any more in the Korean society that people are incarcerated because of their beliefs, that they are branded as 'Pal-gang-yi' for their academic debates, that those advocating social equality for living like human beings are under surveillance, or that people go to in jail by evil laws such as the National Security Law.

On April 27, 2018, the "Panmunjom Declaration", the agreement which President Moon Jae-in of the Republic of Korea and Kim Jong Eun, the Chairman of the DPRK, reached became a big milestone in the reconciliation of the people and peace on the Korean peninsula. Subsequently at the Singapore summit between North Korea and the US talks, DPRK promised complete denuclearization. The corresponding agreement that the US offers security guarantees to the DPRK in return concentrated the attention of the whole world. This is because the human race is now hoping to escape the state of anti-human war and to realize the world in which mankind can co-exist with one another, as in the Lord's prayer, 'let your will be done as it is in heaven.' A single meeting and declaration can not resolve the issues of denuclearization and security guarantees. On the path to peace and reunification on the Korean Peninsula, there can be numerous difficulties and obstacles. All of us should exercise wisdom and perseverance and unleash the last cold war and open the era of peace in Northeast Asia. In the process of improving South-North relations, far-right anti-unification groups are still lying in ambush to arouse South-North conflicts by playing 'pro-North Korea mori' or 'Pal-gang-yi mori.' However, the fall of the conservative power in the 6.13(2018) provincial election was a result of the voters' complaints about the performances of the conservative opposition parties because they ignored the people's desire for peace and unification of two Koreas and opposed peace mood hovering on the Korean peninsula recently.

In particular, it should not be forgotten that the effect of the anti-communist ideology education that the dictatorial authorities in the past enforced as a means of security for their regimes still exist.

In order to destroy these specters, I think that the Minjung Theology of the Republic of Korea and the Juche philosophy of the DPRK should have candid debates and research process through the common theme of "humanization." In the process of developing interchange and dialogue between South and North Korea in the future it is suggested that we should advance the "realization of the Kingdom of God on this land" by frequently having an opportunity of the philosophical and theological communication. With these in mind I wrote this dissertation titled 'The Dialogue between Minjung Theology and Marxism, Juchae Philosophy for reconciliation and peace unification on Korean peninsula.'

찾아보기(Index)

ㄴ

ㅂ

ㅇ

ㅈ

ㅊ

ㅎ

기타